알기 쉬운 요한계시록

알기 쉬운 요한계시록

강신해 지음

하움출판사

책을 펴내며

오늘날 대부분의 한국 교회들은 말씀에 바로 서는 교회라고 자처한다. 이른바 말씀주의다. 하지만 정작 들여다보면 가장 기초적인 부분부터 말씀하고는 담을 쌓는다. '말씀'의 주인되신 분이 교회의 한쪽 모퉁이에서 참으로 슬퍼하실 일들을 일삼고 있는 실정이다. 이를테면 구원의 모형을 나타내는 침례의 본질을 저버리고 약식이라는 미명 아래 물뿌림으로 대처하는 세례 행위, 매주의 첫날에 있었던 주의 만찬 기념의 연 1~2회 축소 양상, 아브라함부터 시작된 할례는 율법으로부터 자유롭지만 만연되어있는 십일조의 강요적 행태, 인봉하지 말라는 요한계시록의 봉인 등이다.

특히 요한계시록에 대한 함구로 대부분의 목회자들이 그 내용조차 이해하지 못하고 성도들을 이단으로 양산하고 있다. 두루마리 전문의 전체적 맥락에서 흐르는 중심사상을 이해하려 들지 않고, 우물 안 개구리식의 지엽적 해석으로 숲은 보지 못하고 나무만 봄으로써 예수 그리스도의 전체적 계시도를 잘못 그려내고 있다. 또 말씀의 뜻을 하나님께 간절히 여쭤보는 묵상이 없이 비논리적인 자기 생각들을 주님의 계시인 양 주장하는 경우가 허다하다.

요한계시록을 바르게 이해하는 데 유의해야 할 점은, 시대의 사조적 프레임에 갇히기보다 성령 안에서 무오하신 주님의 말씀을 올바르게 깨닫는 영안이 필요하다. 우리는 신앙생활을 하며 성경에 기록된 말씀들에 대해 이해를 달리하며 논쟁하는 경우가 종종 있다. 이때 중요한 것은 자기가 주장하는 해석이 성경 말씀들에 비추어 충돌함이 없도록 참 지혜를 주시는 성령께 깊이 여쭤보는 마인드를 가져야 한다는 것이다.

또한 성경은 항상 부분적이 아닌 전체적 맥락에서 이해해야 한다. 단순히 한 부분만 가지고 하나님의 뜻인 양 얘기하는 것은, 크게는 이단이 될 수 있고 작게는 본질에서 벗어난 니가복음(비성경적인 자의적 주장)이 되는 오류를 범하기 쉽다. 요한계시록 전문을 아름다운 숲에 비유할 때, 단편적 지엽적 해석을 지양하고 전체적 통전적 해석 원리를 따라야 나무만 보고 자기만의 상상으로 이상한 숲을 그리는 우를 범하지 않을 것이다.

성경을 이해할 때 항상 Standard The Bible의 자세를 확실히 견지해야 한다. 하나님의 말씀을 자꾸 왜곡하여 변질시키는 것은 누구의 뜻이겠는가? 마귀는 우는 사자와 같이 삼킬 자를 두루 살핀다고 하였다. 성도들이 하나님께 순종한다는 뜻은, 언약의 말씀(그리스도를 구주로 믿음으로 하나님의 의를 얻어 영생케 하시는 은혜의 복음)을 믿으며 그리스도 안에서 성령을 좇아 살아가는 것이다.[1] 다시 말해 내 안에 사시는 그리스도를 믿음으로 그분만을 의지하며, 성령 안에서 묵상을 통해서 참된 말씀주의의 길을 걸을 수 있다.[2] 이러할 때 사탄에게 속지 않고 성경에서

---

1 갈 5:16 "내가 이르노니 너희는 성령을 따라 행하라 그리하면 육체의 욕심을 이루지 아니하리라"
2 갈 2:20 "내가 그리스도와 함께 십자가에 못 박혔나니 그런즉 이제는 내가 사는 것이 아니요 오직 내 안에 그리스도께서 사시는 것이라 이제 내가 육체 가운데 사는 것은 나를 사랑하사 나를 위하여 자기 자신을 버리신 하나님의 아들을 믿는 믿

난해하게 느껴지는 요한계시록도 쉽고 온전히 깨달아질 것으로 필자는 확신한다.

성경에서의 구약은 오실 그리스도를 바라보았으며, 신약은 오신 그리스도의 속량을 믿는다. 그리고 요한계시록은 승천하신 그리스도께서 사도 요한을 통해 보여주신, 왕으로 다시 오실 약속의 계시다. 이는 불신자들에 대한 심판의 경고와 더불어, 교회들로 하여금 하나님의 경륜을 바르게 깨닫고 위로와 격려 가운데 확실한 천국 소망을 갖게 해주신다. 더욱이 다양한 은유와 상징적 표현들로 인해 성도들이 묵상을 통하여 그분과 더욱 가까워질 수 있도록 해주셨다. 그러므로 모든 성도들은 하나님이 인봉하지 말라고 하신 예수 그리스도의 계시를 반드시 익히고 알아야 한다. 이 두루마리에 담긴 내용들을 바르게 깨닫고 이해할 때, 하나님이 계획하신 일들을 더욱 선명히 알므로 더 큰 소망 속에 기쁨으로 충만해질 것이다.

하나님은 제사와 번제보다 인애와 그분을 아는 지식을 원한다고 하셨다.[3] 따라서 참 진리에 대한 탐구의 바른 자세는, 학파 또는 설說에 맹목적으로 줄을 서는 행태를 지양하고, 오직 진리를 사랑함으로 성경을 기준으로 무엇이 참인가를 묵상을 통해서 이해의 깊이와 폭을 넓혀야 한다.[4] 이를 위해 성경을 항상 통전적統全的[5] 시각으로 바라보며 말씀 상호 간 상충되지 않는 이론을 정립하는 마음가짐이 절대 필요하다 하겠다.[6]

음 안에서 사는 것이라"

3 호 6:6 "나는 인애를 원하고 제사를 원하지 아니하며 번제보다 하나님을 아는 것을 원하노라"

4 성 어거스틴, 『참회록』, 오병학 임금선 역(서울 : 예찬사, 2011), 61.

5 단어의 사전적 낱말 이해가 아닌, 성경 전체 또는 앞뒤 단락의 문맥을 살펴서 말씀 상호간에 충돌이 없도록 내용이 뜻하는 바를 온전히 깨닫는 것.

6 Ibid., 66.

"길 가에서 한 무화과나무를 보시고 그리로 가사 잎사귀 밖에 아무 것도 찾지 못하시고 나무에게 이르시되 이제부터 영원토록 네가 열매를 맺지 못하리라 하시니 무화과나무가 곧 마른지라"(마 21:19)는 말씀 가운데 무화과나무는 이스라엘을 상징한다. 약 2천년 전 이 땅에 오신 예수님을 십자가에 못박음으로써, 열매를 맺지 못하고 흩어졌던 디아스포라 유대인들은 1948년 5월 14일 마침내 이스라엘 국가를 재건하기에 이르렀다.7 이들은 집단 농장의 한 형태인 키브츠에서 시작되어 이제는 첨단 농업 기술로 사막의 황무한 자리가 젖과 꿀이 흐르는 동산으로 변하고 있다.

더욱이 '21세기 고레스'라 불리는 미국 트럼프 전 대통령은, 이스라엘 독립 70주년인 2018년 5월 14일에 예루살렘을 수도로 인정하기에 이르렀다. 이로써 "무화과나무의 비유를 배우라 그 가지가 연하여지고 잎사귀를 내면 여름이 가까운 줄을 아나니 이와 같이 너희도 이 모든 일을 보거든 인자가 가까이 곧 문 앞에 이른 줄 알라"(마 24:32~33)는 예수님의 말씀에서 이스라엘의 회생과 변화를 보고 여름, 곧 그분의 재림이 가까워옴을 우리는 알아야 한다.

하나님은 성경을 통해 미리 모든 것을 계시하였다. 하지만 우리의 영성과 영안이 부족하여 이해하지 못하고 있는 경우가 많다. 어떤 신학자는 자기의 영적 어두움을 깨닫지 못하고 성경을 오류가 있는 고문서 정도로 이해하는 것을 볼 때 안타깝고 가련하기 그지없다. 강조

---

7 겔 37:12~14 "그러므로 너는 대언하여 그들에게 이르기를 주 여호와께서 이같이 말씀하시기를 내 백성들아 내가 너희 무덤을 열고 너희로 거기에서 나오게 하고 이스라엘 땅으로 들어가게 하리라 내 백성들아 내가 너희 무덤을 열고 너희로 거기에서 나오게 한즉 너희는 내가 여호와인 줄을 알리라 내가 또 내 영을 너희 속에 두어 너희가 살아나게 하고 내가 또 너희를 너희 고국 땅에 두리니 나 여호와가 이 일을 말하고 이룬 줄을 너희가 알리라 여호와의 말씀이니라"

하거니와 Standard The Bible, 즉 진리의 말씀인 성경에 기초한 요한계시록의 바른 이해로써 하나님의 구원에 대한 경륜과 로드맵을 발견해야 한다. 이때 더욱 높아진 경지에서의 구원의 확신과, 천국 소망의 기쁨과 더불어 성삼위 하나님께 대한 경외감을 갖게 될 것이다.

"주 여호와께서는 자기의 비밀을 그 종 선지자들에게 보이지 아니하시고는 결코 행하심이 없으시리라"(암 3:7)고 하셨다. 그리고 하나님이 예레미야에게 알려 주신 칠십 이레의 의미에 대해 다니엘은 깊은 묵상을 통해 알게 되었다.[8] 그래서 필자는 요한계시록을 주해함에 있어서 성경적 해설, 곧 해석의 주안점을 하나님의 계시인 성경 말씀에서 그 근거를 찾아 말씀 상호간 서로 충돌하지 않도록 통전적, 논리적으로 입증하기 위해 부단히 애썼다. 또한 성령 안에서 깊은 묵상을 통해 전문의 내용이 한 폭의 완성된 그림으로 그려지도록 최대한 노력하였다.

마침내 초판을 발행한 지 2년여 만에 부족한 점들을 보완하여 금번 개정판을 출간하기에 이르렀다. 이 책을 읽는 모든 그리스도인에게, 항상 성경을 기준으로 묵상하는 자세와 성령의 조명을 통해 계시의 내용을 바르게 깨닫고 이해할 수 있는 하나님의 참복이 임하시길 간절히 소망한다. 끝으로, 『알기 쉬운 요한계시록』을 잉태케 하신 하나님과 우리 구주 예수 그리스도께 감사와 영광의 찬송을 올려드린다. 또 이 책의 출간을 위해 산고를 함께 하신 (주)하움출판사 문현광 대표님을 비롯한 임직원님들에게 감사드린다. 그리고 항상 변함없이 후원을 아끼지 않는 아내에게 감사하는 바다.

---

8 단 9:2 "곧 그 통치 원년에 나 다니엘이 책을 통해 여호와께서 말씀으로 선지자 예레미야에게 알려 주신 그 연수를 깨달았나니 곧 예루살렘의 황폐함이 칠십 년 만에 그치리라 하신 것이니라"

목 차

I
들어가며

사도 요한이 밧모 섬에서 예수 그리스도로부터 받은 계시 내용의 특성상 본서를 읽기 전에 우선 알아둬야 할 사항들이 있다. 따라서 요한계시록의 본문 해설에 대한 이해를 돕기 위해 범례 및 유의사항을 기록한 일러두기, 수의 상징적 의미, 기간에 대한 수의 해석, 그리고 숫자 7의 유형들에 대해 대략 수록하였다.

1. 일러두기

1) 범례

○ 요한계시록 본문 말씀에 대해 몇 구절씩 단락을 구분하여 그 하단부에 해설하였으며 관련 성경의 내용 및 참고 서적을 각주에 표기하였다.

○ 주해와 연관된 성경 말씀의 장, 절 및 해설 부분의 한자, 상징적 언어 등은 작은 글씨로 덧붙였다.

○ 요한계시록의 본문 수록과 해설 인용 시에는 권(계) 표기를 생략하고 장, 절만 표시하였다.

○ 일반적으로 자주 쓰이는 고유명사적 단어, 이를테면 천년왕국, 칠년 대환난, 전삼년반, 후삼년반, 인개봉(재앙), 나팔울림(재앙), 대접부음(재앙), 남자(사내)아이, 전천년설, 후천년설, 무천년설 등은 붙여쓰기 하였다.

○ 각 장의 서두에 본문 줄거리를 정리하여 내용의 흐름을 쉽게 이해할 수 있도록 도왔다.

○ 전문 속의 두루마리를 개봉함으로써 시작된, 6~18장에 나타난 일곱 인개봉, 일곱 나팔울림, 일곱 대접부음 장면들을 '본 계시'로 구분했다. 또 이 7-7-7 시리즈 전후에 상세한 상황 설명을 위해 삽입 또는 부연하여 실상을 보여주신 장면들을 '막간'으로 명명하여 해설하였다.

○ 본문의 내용은 성경 개역개정본을 수록하였다.

2) 유의사항

○ 요한계시록은 주후 95년경, 그리스 에게 해에 속하며 소아시아 연안에서 멀리 떨어진 유배지 밧모 섬에서, 요한이 받은 예수 그리스도의 계시다. 이는 유대 문학의 한 유형인 묵시 형태로 기록되었으며, 인간의 언어에 대한 영적인 면의 전달 한계성을 극복하고 하나님의 승리에 대한 궁극의 목적을 알리고자 상징적인 이미지들을 많이 사용하신 것으로 보인다.

○ 상징적 표현들은 다니엘의 기도처럼 깊은 묵상을 통해 깨달으려는 자세가 절대 필요하다.[9] 주님의 계시들을 바르게 이해하기 위해 오직 그리스도께 겸손한 마음으로 의지할 때 내주하시는 성령이 모든 것을 가르쳐 주실 것을 확신한다.[10]

○ 요한계시록을 이해할 때 통전적 시각이 절대 필요하다. 즉 두루마리 전체를 하나의 체계화된 문장으로 바라보아야 한다는 것이다. 부분만을 가지고 해석하는 것은, 전체의 흐름을 크게 잘못 그려내므로 근절되어야 할 이단적 해석 방법이다.

---

9 단 9:2~3 "곧 그 통치 원년에 나 다니엘이 책을 통해 여호와께서 말씀으로 선지자 예레미야에게 알려 주신 그 연수를 깨달았나니 곧 예루살렘의 황폐함이 칠십 년 만에 그치리라 하신 것이니라 내가 금식하며 베옷을 입고 재를 덮어쓰고 주 하나님께 기도하며 간구하기를 결심하고"
단 9:22~23 "내게 가르치며 내게 말하여 이르되 다니엘아 내가 이제 네게 지혜와 총명을 주려고 왔느니라 곧 네가 기도를 시작할 즈음에 명령이 내렸으므로 이제 네게 알리러 왔느니라 너는 크게 은총을 입은 자라 그런즉 너는 이 일을 생각하고 그 환상을 깨달을지니라"

10 요 14:26 "보혜사 곧 아버지께서 내 이름으로 보내실 성령 그가 너희에게 모든 것을 가르치고 내가 너희에게 말한 모든 것을 생각나게 하리라"
요일 2:27 "너희는 주께 받은 바 기름 부음이 너희 안에 거하나니 아무도 너희를 가르칠 필요가 없고 오직 그의 기름 부음이 모든 것을 너희에게 가르치며 또 참되고 거짓이 없으니 너희를 가르치신 그대로 주 안에 거하라"

○ 먼저 나무를 보지 않고, 전체적인 숲을 그린 후 세세한 나무를 그릴 때 실상에 적합한 그림이 완성된다. 따라서 전문의 전체적, 통전적 바른 이해를 위해 반드시 먼저 Ⅱ부(요한계시록 구성 이해)를 숙지한 후 본문 읽기를 권한다. 그리고 주요 포인트와 난해한 부분을 정리한 Ⅲ부의 핵심 주해 편을 살펴본 후 본문 해설에 접근할 때 더욱 쉽게 깨달아질 것이다.

○ 전문의 구성 원리에 따른 구조적 틀 속에서, 계시 내용을 시제적時制的 흐름에 따라 이해하는 것이 중요하다.

먼저 전문을 대별하면 세 부분으로 나뉘어진다. 즉 ① 네 본 것과 ② 이제 있는 일과 ③ 장차 될 일들이다. '네 본 것'은 예수님의 어떠하심이요(1장), '이제 있는 일'은 소아시아 일곱 교회에 일어난 일들이다(2~3장). 또 '장차될 일'은 요한이 계시를 받고 있는 시점 이후에 일어날 일들로 기록되었다(4~22장). 그리고 전문이 '이 일 후에'로 단락지어 7개 편으로 구성된 드라마틱한 대서사시로서, 계시된 사건들이 순차적으로 기록되어 있는 것을 볼 수 있다. 특히, 본 계시인 인 개봉—나팔울림—대접부음의 사건들이 7-7-7 시리즈로 진행되고, 구성의 흐름상 본 계시 전후에 보완적으로 삽입된 세세한 막간 장면들이 나타난다.

○ 전문 가운데 '두루마리'는 네 가지 유형, 즉 일곱 교회에 보내는 편지(1:11), 일곱 봉인 책(5:1), 작은 책(10:2), 요한계시록 전문(22:7)으로 분류할 수 있는 바, 혼동하지 않아야 한다.

○ 전문의 구성 원리들을 바르게 이해할 때, 계시 내용이 꿀처럼 달아 평강과 더불어 실로 더할 나위 없는 만족과 기쁨을 얻는다. 나아가 요한처럼 많은 백성과 나라들에 다시 증언해야 하는 거룩한 부담도 안게 될 것이다.

2. 수의 상징적 의미

성경에 나타난 숫자들의 상징적 의미를 살펴보면 아래와 같다.[11]

〔1〕은 절대적이요 유일하신 하나님을 표시하는 수다(1:8).

〔2〕는 증인의 수다(11:3~4, 신 19:15, 마 18:16, 막 6:7, 눅 10:1, 요 8:17~18, 고후 13:1).

〔3〕은 삼위일체 하나님(성부, 성자, 성령), 즉 하늘의 수다(마 28:19, 고전 15:4).

〔4〕는 동서남북(사방), 즉 땅의 수다(4:6, 5:8, 7:1, 20:7~8, 단 7:2, 사 11:12).

〔5〕는 고통의 수요 괴로움의 수다(9:5).

〔6〕은 마귀의 수요 육적인 세상의 수다(13:18, 창 1:31).

〔7〕은 하늘의 수와 땅의 수를 합한 수(3+4)로써, 하나님의 행정의 완전
수다(1:11~20, 4:5, 5:6, 마 18:22).

〔8〕은 구원의 수요 새 출발의 수다(창 7:13, 창 17:12, 눅 1:59).

〔9〕는 열매의 수다(고전 12:4~11, 갈 5:22~23).

〔10〕은 시험과 고난의 수요, 세속적 완전 수다(2:10, 12:3, 13:1, 17:3, 출 12:29-
30, 단 1:12~13).

〔12〕는 하나님의 택한 수요 행정의 완전 수(3×4), 즉 충만한 수다(21:12~14,
22:2, 눅 6:12~13, 요 6:70).

〔24〕는 천사의 대표 수요 네 생물의 여섯 날개를 합한 수다(4:4, 4:8).

〔40〕은 시험의 수요 고난의 수다(출 16:35, 눅 4:1).

〔666〕은 적그리스도의 이름을 나타내는 수다(13:17~18).

〔1,600〕은 땅의 수와 사방의 수(4×4=16)에 시험의 수와 세속적 완전 수
(10×10=100)를 곱한 수(16×100), 즉 온 세상에 내려지는 최종적 재앙의
수다(14:20).

〔7,000〕은 하나님이 예정하신 많은 수(7×1,000)다(11:13, 왕상 19:18). 여기서

---

11 강종수, 『다시 오실 예수 그리스도』(서울 : 영문, 2008), 160.

1,000은 수많은 또는 셀 수없이 많은 수를 뜻한다(벧후 3:8).

〔12,000〕은 하나님이 택정하신 많은 수(12×1,000)다(7:5~8).

〔144,000〕 7장 4절은 이스라엘 백성 중 대환난 전에 하나님의 인침을
받은 충만한 수(12지파×12,000많은 택한 수)요, 14장 1~4절은 이스라엘 민
족과 각 나라 백성 가운데 첫 열매로 구원 얻은 충만한 수(12지파×12사
도×1,000수많은)를 나타낸다.

〔년, 월, 일, 시〕는 하나님의 경륜에 따라 예정하신 때를 의미한다(9:15).

3. 기간에 대한 수의 해석

요한계시록과 다니엘서에 나타나는 '기간'에 관한 숫자는, 성경의 역사
적, 통전적 관점에서 내용이 상호 충돌없이 논리성이 결여되지 않도록 유
의하여 해석해야 한다.

1) 십 일(ten days)

2:10 "너는 장차 받을 고난을 두려워하지 말라 볼지어다 마귀가 장차 너희 가운
데에서 몇 사람을 옥에 던져 시험을 받게 하리니 너희가 십 일 동안 환난을 받으
리라 네가 죽도록 충성하라 그리하면 내가 생명의 관을 네게 주리라"

'십 일'(ten days)은 서머나 교회 성도 몇 사람이 고난으로 장차 시험을 받
는 기간이다. 이는 특정한 기간의 일십 일(a ten days)이 아닌 그리스도인들
이 시험을 당하는 불특정한 상징적 기간으로 해석된다. 그 환난 동안 배
반하지 않고 죽도록 충성하면 생명의 면류관을 얻을 것이다. 한편 예언적

의미에서, AD 303~312년 동안 로마 디오클레티아누스가 실시한 기독교인들에 대한 마지막 박해 정책 시기였던 10년간의 환난을 말하기도 한다.

2) 천이백육십 일(a thousand two hundred and threescore days)

11:3 "내가 나의 두 증인에게 권세를 주리니 그들이 굵은 베옷을 입고 천이백육십 일을 예언하리라"

고레스 왕의 예루살렘 중건 명령으로부터, 곤란한 동안에 성벽이 건축되고 기름부은 왕이 끊어지는 예수님의 십자가 사건까지, 일곱 이레(7×7년)와 예순두 이레(62×7년)가 지난다.[12] 이 기간은 일흔 이레 가운데 각각 정한 시점이 기한인 함의적 표현이다. 하지만 하나님이 예정하신 마지막 한 이레는, 다니엘 선지자와 사도 요한을 통해 구체적으로 중첩 계시한, 주님 재림하시기 전인 7년 대환난의 특정한 기간을 말한다.(V부. 구성 흐름도 참고)

그리고 두 증인이 예언하는 '천이백육십 일'은 한 이레 동안, 곧 칠년대

---

12 단 9:24~27 "네 백성과 네 거룩한 성을 위하여 일흔 이레를 기한으로 정하였나니 허물이 그치며 죄가 끝나며 죄악이 용서되며 영원한 의가 드러나며 환상과 예언이 응하며 또 지극히 거룩한 이가 기름 부음을 받으리라그러므로 너는 깨달아 알지니라 예루살렘을 중건하라는 영이 날 때부터 기름 부음을 받은 자 곧 왕이 일어나기까지 일곱 이레와 예순두 이레가 지날 것이요 그 곤란한 동안에 성이 중건되어 광장과 거리가 세워질 것이며 예순두 이레 후에 기름 부음을 받은 자가 끊어져 없어질 것이며 장차 한 왕의 백성이 와서 그 성읍과 성소를 무너뜨리려니와 그의 마지막은 홍수에 휩쓸림 같을 것이며 또 끝까지 전쟁이 있으리니 황폐할 것이 작정되었느니라 그가 장차 많은 사람들과 더불어 한 이레 동안의 언약을 굳게 맺고 그가 그 이레의 절반에 제사와 예물을 금지할 것이며 또 포악하여 가증한 것이 날개를 의지하여 설 것이며 또 이미 정한 종말까지 진노가 황폐하게 하는 자에게 쏟아지리라 하였느니라 하니라"

환난의 절반이다.[13] 이 역시 전前삼년반 동안의 실재 기간이며, 동 기간인 후後삼년반에 대하여는 '마흔두 달'로 표현되었다(11:2, 13:5). 이는 같은 기간일지라도 적그리스도가 성전에 선 때를 구분하여 강조하고자 다른 표현을 사용한 것으로 보인다.

3) 한 때와 두 때와 반 때

12:14 "그 여자가 큰 독수리의 두 날개를 받아 광야 자기 곳으로 날아가 거기서 그 뱀의 낯을 피하여 한 때와 두 때와 반 때를 양육 받으매"

한 때는 일 년을 의미한다.[14] 따라서 성도들이 양육 받는 시기(전삼년반)와 적그리스도가 지배할 시기(후삼년반)인 '한 때와 두 때와 반 때'는 각각 한 이레의 절반인 삼년 반 동안을 말한다.[15] 이는 천이백육십 일(11:3, 12:6), 마흔두 달(11:2, 13:5) 등 다양한 표현들로써 반복하여 강조된 실재적 기간이다.

---

13 단 9:27 "그가 장차 많은 사람들과 더불어 한 이레 동안의 언약을 굳게 맺고 그가 그 이레의 절반에 제사와 예물을 금지할 것이며 또 포악하여 가증한 것이 날개를 의지하여 설 것이며 또 이미 정한 종말까지 진노가 황폐하게 하는 자에게 쏟아지리라 하였느니라 하니라"

14 단 11:13 "북방 왕은 돌아가서 다시 군대를 전보다 더 많이 준비하였다가 몇 때 곧 몇 해 후에 대군과 많은 물건을 거느리고 오리라"

15 단 7:25 "그가 장차 지극히 높으신 이를 말로 대적하며 또 지극히 높으신 이의 성도를 괴롭게 할 것이며 그가 또 때와 법을 고치고자 할 것이며 성도들은 그의 손에 붙인 바 되어 한 때와 두 때와 반 때를 지내리라"

단 12:7 "내가 들은즉 그 세마포 옷을 입고 강물 위쪽에 있는 자가 자기의 좌우 손을 들어 하늘을 향하여 영원히 살아 계시는 이를 가리켜 맹세하여 이르되 반드시 한 때 두 때 반 때를 지나서 성도의 권세가 다 깨지기까지이니 그렇게 되면 이 모든 일이 다 끝나리라 하더라"

4) 사흘 반

11:9~11 "백성들과 족속과 방언과 나라 중에서 사람들이 그 시체를 사흘 반 동안을 보며 무덤에 장사하지 못하게 하리로다 이 두 선지자가 땅에 사는 자들을 괴롭게 한 고로 땅에 사는 자들이 그들의 죽음을 즐거워하고 기뻐하여 서로 예물을 보내리라 하더라 삼 일 반 후에 하나님께로부터 생기가 그들 속에 들어가매 그들이 발로 일어서니 구경하는 자들이 크게 두려워하더라"

칠년대환난의 중간에 적그리스도가 성도들과 싸워 이김으로[16] 두 증인의 시체를 세계 만방에서 TV와 각종 영상매체 등을 통해 사흘 반 동안 보게 될 것이다. 하지만 이들이 부활·휴거되는 것을 보고 대환난을 거치는 많은 성도들이 위로를 얻을 것이다.

한편 마흔두 달, 곧 대환난의 후삼년반 동안은 적그리스도가 거룩한 성을 짓밟는 기간이다(11:2). 주님은 구원 얻을 성도들을 위해 적그리스도가 지배하는 그 환난의 날들을 감한다고 하셨다.[17] 따라서 '사흘 반 동안'은 후삼년반 기간을 감한 상징적 기간으로도 읽혀진다.

5) 천 년(a thousand years)

20:2~7 "용을 잡으니 곧 옛 뱀이요 마귀요 사탄이라 잡아서 천 년 동안 결박하여 무저갱에 던져 넣어 잠그고 그 위에 인봉하여 천 년이 차도록 다시는 만국을 미혹하지 못하게 하였는데 그 후에는 반드시 잠깐 놓이리라 또 내가 보좌들을 보니 거기에 앉은 자들이 있어 심판하는 권세를 받았더라 또 내가 보니 예수를

---

16 단 7:21 "내가 본즉 이 뿔이 성도들과 더불어 싸워 그들에게 이겼더니"
17 막 13:20 "만일 주께서 그 날들을 감하지 아니하셨더라면 모든 육체가 구원을 얻지 못할 것이거늘 자기가 택하신 자들을 위하여 그 날들을 감하셨느니라"

증언함과 하나님의 말씀 때문에 목 베임을 당한 자들의 영혼들과 또 짐승과 그의 우상에게 경배하지 아니하고 그들의 이마와 손에 그의 표를 받지 아니한 자들이 살아서 그리스도와 더불어 천 년 동안 왕 노릇 하니 (그 나머지 죽은 자들은 그 천 년이 차기까지 살지 못하더라) 이는 첫째 부활이라 이 첫째 부활에 참여하는 자들은 복이 있고 거룩하도다 둘째 사망이 그들을 다스리는 권세가 없고 도리어 그들이 하나님과 그리스도의 제사장이 되어 천 년 동안 그리스도와 더불어 왕 노릇 하리라 천 년이 차매 사탄이 그 옥에서 놓여"

본문은 영어성경에서, 천년왕국의 천 년 동안에 대해 불특정한 기간의 '천 년'(thousand years)이 아닌 특정한 기간을 의미하는 '일천 년'으로[18] 반복하여 강조되었다.(a thousand years : KJV, NIV 참조) 또한 사탄이 무저갱에 가두어진 기간도 천년왕국(the thousand years)과 동同 기간으로써 특정한 실재적 기간임을 말해준다.

4. 숫자 7의 유형들

하나님은 '7'이라는 숫자의 원리로 인류에 대한 구원의 경륜을 이루어 가시는 것을 성경을 통해 많이 찾아 볼 수 있다. 이렇듯 하나님은 3(하늘) + 4(땅) = 7(완성)의 숫자로써 주요한 상황들에 대한 행정의 완전성을 나타내시며 그 유형들은 대략 다음과 같다.

○ 천지 창조 후 칠일째 안식(창 2:2~3).

---

18 하용조, 『비전성경 개역한글』, 계 20:2 참고.

○ 일곱 색깔의 무지개 언약(창 9:13~15, 겔 1:28).

○ 다니엘의 기도로 깨닫게 해주신 일흔 이레의 정한 기한과,[19] 그 마지막 한 이레인 칠년대환난(11~13장, 단 9:27).

○ 하나님 보좌 앞의 일곱 영(1:4).

○ 요한을 통해 소아시아에 있는 일곱 교회에 보내는 편지(1:11, 2~3장).

○ 일곱 금 촛대(일곱 교회)와 일곱 별(일곱 교회의 사자)(1:20).

○ 봉인된 일곱 인 두루마리(5:1).

○ 일곱 뿔과 일곱 눈을 가진 어린 양(5:6).

○ 일곱 인개봉(6~8장), 일곱 나팔울림(8~11장), 일곱 대접부음(16장).

○ 일곱 나팔을 받은 일곱 천사(8:2).

○ 일곱 머리와 일곱 왕관을 쓴 용(12:3).

○ 마지막 일곱 재앙을 가진 일곱 천사(15:1,6).

○ 요한계시록의 구성면에서, 구원과 직접 관련된 장면들이 7장(구원의 소망) ― 14장(성도들의 추수) ― 21장(새 예루살렘)으로써 칠의 배수로 배열.

○ 요한계시록 전문을 통해 성도들에게 약속하신 일곱 차례의 복.

〔표 Ⅰ-1〕참고

---

19 단 9:24 "네 백성과 네 거룩한 성을 위하여 일흔 이레를 기한으로 정하였나니 허물이 그치며 죄가 끝나며 죄악이 용서되며 영원한 의가 드러나며 환상과 예언이 응하며 또 지극히 거룩한 이가 기름 부음을 받으리라"

연번	장 절	약속하신 말씀
1	1:3	"이 예언의 말씀을 읽는 자와 듣는 자와 그 가운데에 기록한 것을 지키는 자는 복이 있나니."
2	14:13	"지금 이후로 주 안에서 죽는 자들은 복이 있도다 하시매 성령이 이르시되 그러하다 그들이 수고를 그치고 쉬리니 이는 그들의 행한 일이 따름이라."
3	16:15	"누구든지 깨어 자기 옷을 지켜 벌거벗고 다니지 아니하며 자기의 부끄러움을 보이지 아니하는 자는 복이 있도다."
4	19:9	"어린 양의 혼인 잔치에 청함을 받은 자들은 복이 있도다."
5	20:6	"이 첫째 부활에 참여하는 자들은 복이 있고 거룩하도다 둘째 사망이 그들을 다스리는 권세가 없고 도리어 그들이 하나님과 그리스도의 제사장이 되어 천 년 동안 그리스도와 더불어 왕 노릇 하리라."
6	22:7	"이 두루마리의 예언의 말씀을 지키는 자는 복이 있으리라."
7	22:14	"자기 두루마기를 빠는 자들은 복이 있으니 이는 그들이 생명나무에 나아가며 문들을 통하여 성에 들어갈 권세를 받으려 함이로다."

II
요한계시록
구성 이해

요한계시록 전문 구성의 이해를 돕기 위해 7가지 유형(본 것과 지금 있는 일과 장차 될 일, 기·승·전·결, 전체 도해, 각 장별 개요, 이 일 후에, 인개봉·나팔울림·대접부음 시리즈, 그리고 막간 편)으로 접근하여 그 내용을 전체적, 통전적 관점에서 분석해 수록하였다.(전문 구성의 분석을 위한 조명 방향이 각 장별로 달라 부분적으로 중복이 불가피한 점에 대해 독자들의 양해를 바란다.)

1. 본 것과 지금 있는 일과 장차 될 일

요한계시록은 한마디로 불신자들에 대한 심판의 경고와 더불어 유대인과 모든 성도들에게 구원의 소망을 주시기 위한 예수 그리스도의 계시다. 이는 다음과 같이 '네가 본 것과 지금 있는 일과 장차 될 일'로 구분할 수 있다(1:19).

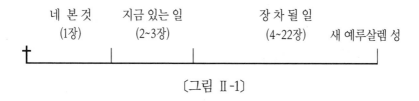

〔그림 Ⅱ-1〕

사도 요한의 인사말(1:1~8)

계시의 주체가 예수 그리스도임을 밝히며, 아시아에 있는 일곱 교회에 성 삼위, 곧 성부와 성자와 성령 하나님의 은혜와 평강이 있기를 기원한다. 아울러 우리를 사랑하사 죄에서 해방하시고 아버지 하나님을 위하여 나라와 제사장 삼으신 예수님의 영광과 능력이 무궁하기를 바란다.

네가 본 것(1:9~20)

요한이 본 것은, 예수님이 권능의 오른손에 붙드신 일곱 별과 일곱 금 촛대의 비밀이다. 일곱 별은 일곱 교회의 사자요, 일곱 촛대는 그리스도 진리의 참빛으로 세상을 밝게 비추는 일곱 교회를 뜻한다. 이들을 통해 하나님의 구원 계획을 이루시려는 것이다.

지금 있는 일(2:1~3:22)

지금 있는 일은, 당시 소아시아 지역의 일곱 교회(에베소, 서버나, 버가모, 두아디라, 사데, 빌라델비아, 라오게디아 교회)에서 일어나는 실제 상황들이다. 이들에게 보내졌던 편지는 신약시대의 전 세계 및 모든 세대에 적용되어진다.

장차 될 일(4:1~22:6)

성령의 감동으로 장차 될 일, 곧 계시 당시 후에 마땅히 일어날 일들을 요한에게 보여주신다. 먼저 그는 하늘에서 비길 데 없이 아름다운 보좌의 모습을 보게 된다. 그리고 두루마리를 취하신 어린 양을 향한 이십사 장로 및 네 생물의 새 노래와 수많은 천사의 찬양을 보고 듣는다. 또 보좌와 어린 양에 대한 모든 피조물의 찬양을 듣는다. 이어 사람들의 불순종으로 인한 각종 재앙이 어린 양 예수님의 일곱 인개봉을 시작으로 일곱 나팔울림과 일곱 대접부음이 나타나는 두루마리의 계시가 펼쳐진다(6~18장).

일곱인 가운데 7-7-7 시리즈의 본 계시와 막간 장면의 명확한 분별은, 요한계시록의 구성과 흐름을 이해하는 데 있어 대단히 중요하다. 이때 막간으로는 유대 민족과 각 나라 백성들의 구원 예고와(7장), 힘센 천사의 작은 책에 담긴 일곱째 나팔 불 때의 복음, 곧 하나님의 비밀인 부활 예고 장면이 나온다(10장). 또 전문의 하이라이트라고 할 수 있는 칠년대환난과 성도들의 추수(부활 및 휴거)와 하나님의 진노의 심판 장면이 등장한다(12~14장). 이어 구원의 찬양과 대접부음 예고의 장면이 출현하고(15장), 음녀 심판과 바벨론 패망이 담긴 장면이 전개된다(17~18장).

이후에 어린 양의 혼인 잔치와 재림, 아마겟돈 전쟁에서 적그리스도와 거짓 선지자에 대한 심판, 그리고 천년왕국의 도래와 사탄에 대한 심판에 이어 새 예루살렘 성(천국)에 이르기까지 복음의 진수들을 적나라하게 보여 주신다.

예수님의 권고(22:7~21)

예수님이 두루마리의 예언의 말씀을 지키는 자는 복이 있다고 하신다. 또 오실 때가 가까웠으므로 이 책에 기록된 말씀들을 봉인하지 말 것을 당부하신다. 이는 자기 두루마기를 빠는 자들, 곧 회개하여 변화된 성도들이 생명나무에 나아가 새 예루살렘 성에 들어갈 권세를 얻게 하려 함이다. 한편 성령과 어린 양의 신부인 교회가, 듣는 자와 목마른 자와 원하는 자는 와서 값없이 생명수를 마시라고 하신다. 그리고 예수님이 어서 오시기를 진실로 바라며, 그분의 은혜가 모든 사람과 함께 하시기를 원하는 요한의 기도와 함께 막이 내린다.

2. 기·승·전·결

요한계시록은 예수님의 어떠하신 모습과, 소아시아 지역 일곱 교회에 보내는 편지에 나타나는 실제 상황들로써 사건이 시작된다. 이어 요한에게 성령의 감동으로 장차 될 일들을 보여주심으로 사건이 전개되며, 어린 양이신 예수님이 일곱 인으로 봉인된 두루마리를 취하신다. 일곱 인을 하나씩 개봉하심으로써 사건이 전환을 맞고, 마지막 일곱째 인을 떼시니 일곱 나팔울림과 일곱째 나팔 불 때의 부활(추수) 장면이 출현하며 하나님의 진노의 일곱 대접부음이 땅에 쏟아진다. 이후 어린 양의 공중 혼인잔치와 재림, 그리고 천년왕국과 새 예루살렘 시대의 도래로 사건은 결말을 맺는다.

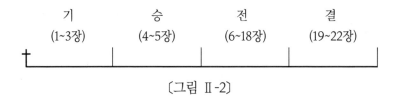

〔그림 Ⅱ-2〕

1) 사건의 시작(기)

예수 그리스도의 계시로써 '지금 본 것과 지금 있는 일과 장차 될 일들'에 대한 예언임을 요한에게 밝히신다. 그가 '지금 본 것'은 예수님이 권능의 오른손에 붙드신 일곱 별과 일곱 촛대의 비밀이다. 이때 일곱 별은 일곱 교회의 사자요, 일곱 촛대는 세상에서 그리스도 진리의 빛인 일곱 교회를 의미한다. 그리고 '지금 있는 일'은 그가 계시 받을 당시 일곱 교회에서 실제 일어난 일들로 전 세대에 걸쳐 세계 모든 교회 상황들의 상징성을 띤다.

2) 사건의 전개(승)

요한에게 성령의 감동으로 '장차 될 일들'을 보여주신다. 이때 하늘 보좌에 앉으신 이의 존귀하고 거룩한 모습과 네 생물과 이십사 장로들이 드리는 하늘 예배의 모습이 나타난다. 또 우주 공간에 일곱 인으로 봉인된 책을 펴 보시기에 오롯이 합당한, 사탄을 이기신 어린 양 예수님이 그 두루마리를 취하시는 장면이 보인다. 그리고 네 생물과 이십사 장로의 어린 양을 향한 새 노래와 그들을 둘러선 수많은 천사의 찬양을 보고 들으며, 또 모든 피조물의 보좌와 어린 양에 대한 찬양을 듣는다.

3) 사건의 전환(전)

예수님이 일곱 인을 하나씩 차례대로 떼신다. 이때 7(인) - 7(나팔) - 7(대접) 재앙의 마지막 일곱째 인은 일곱 나팔울림을 포함하며, 일곱째 나팔은 일곱 대접부음을 포함한다. 따라서 마지막 일곱째 인개봉으로 일곱 나팔재앙과 일곱 대접심판이 순차적으로 내려지게 된다.

요한계시록 전문 가운데 6~18장은 7-7-7 시리즈 본 계시(6,8,9,11,16장)와 막간 장면(7,10,12,13,14,15,17,18장)들로 이루어졌다. 그리고 이에 대한 온전한 구성의 이해는 전문의 흐름과 그 전환 과정들을 바르게 깨닫는 데 있어 대단히 중요하다고 하겠다.(Ⅱ부. 5의 7-7-7 시리즈 및 6의 막간 편 참고)

4) 사건의 결말(결)

예수님이 부활 및 휴거했던 성도들과 함께 공중 혼인 잔치를 마친 후에 백마를 타고 재림하신다. 예수님의 모습 뒤로 흰옷 입은 성도들이 따르며, 그분의 말씀의 검으로 적그리스도를 초토화시킬 것이다. 이어 첫째 부활에 참여했던 모든 성도들이 그리스도와 더불어 왕 노릇

하는 천년왕국에 입성한다. 그리고 왕국 시대가 끝나면, 천 년 동안 갇혀 있던 사탄(용)이 잠깐 놓이므로 그가 각 나라 백성을 유혹하니 그 수가 바다 모래알 같이 무수히 많다. 그러나 그의 최종 행선지는, 적그리스도와 거짓 선지자가 이미 던져진, 영원히 고통받게 될 불못에 던져지고 만다. 또 그를 따르는 자들과 모든 불신자들도 흰 보좌의 심판을 받고 영벌에 처해진다.

한편 모든 성도들은, 처음 하늘과 땅이 사라지고 바다도 보이지 않는, 새 하늘과 새 땅의 새 예루살렘 성에서 생명과와 생명수를 먹고 마시며 영생하게 된다. 하나님과 어린 양의 아름답고 광명한 빛 가운데 세세토록 왕 노릇하며 성령과 더불어 의와 평강과 희락의 나라에서 영원한 안식에 이를 것이다.

3. 각 장별 개요

예수님이 요한을 통해 계시하신 가장 큰 목적은 불신자들에 대한 심판의 경고와 함께 모든 성도들에게 구원의 소망을 주시기 위함으로 보인다. 이러한 요한계시록의 전체적인 구성의 흐름을 더욱 쉽고 바르게 이해하고자 각 장별 특징과 주요 내용들을 요약해서 살펴본다.

1장) 예수 그리스도의 계시

요한계시록은 하나님이 반드시 속히 일어날 일들을 요한을 통해 종들에게 알리시기 위한 예수 그리스도의 계시요, 한마디로 '네가 본 것과 지금 있는 일과 장차 될 일'에 대한 기록이다. 여기서 '네가 본 것'(1장)은 그분이 오른손에 붙드신 일곱 별과 일곱 금 촛대의 비밀을 말한다. 이때 일곱 별은 일곱 교회의 사자요, 일곱 촛대는 진리로 세상을 밝게 비추는 일곱 교회를 뜻한다.

2장) 일곱 교회에 보내는 편지(에, 서, 버, 두)

편지에 담긴, '지금 있는 일'(2~3장)은 당시 일곱 교회의 처한 상황들로써 예수님이 교회의 사자들에게 전하는 메시지가 담겨 있다. 그 내용은 에베소, 서버나, 버가모, 두아디라 교회의 직면한 상황들과 각 교회 사자들에게 적합한 맞춤형의 교훈과 책망을 하고 계신다.

3장) 일곱 교회에 보내는 편지(사, 빌, 라)

앞 장에 이어 사데, 빌라델비아, 라오디게아 교회의 사자들에게 각 교회의 처한 상황들에 합당한 교훈과 책망을 하고 계신다. 일곱 교회는 신약시대의 어느 세대를 막론하고 전 세계 교회를 대표하는 상징적 의미를 지닌다.

4장) 하늘보좌와 예배 모습

하늘에서 올라오라는 음성이 요한에게 들리며, 성령의 감동으로 '장차 될 일'(4~22장)의 감춰진 하나님의 뜻을 묵시를 통해 알게 해주신다. 요한이 보니 실로 아름답고 장엄한 하늘 보좌가 있고, 그 가운데와 주위에 천사들의 대표급으로 보이는 네 생물과 이십사 장로들이 둘려 있다. 그들이 세세토록 살아계신 하나님께 감사와 존귀와 영광을 돌리며 경배를 드린다.

5장) 일곱 봉인 두루마리와 어린 양

어린 양, 곧 예수님이 보좌에 앉으신 하나님의 오른손에서 봉인된 두루마리를 받으신다. 이에 네 생물과 이십사 장로들이, 사람들을 피로 사서 하나님께 드린 어린 양이 일곱 인을 떼시기에 합당하심을 새 노래로 부른다. 또 수많은 천사가 죽임을 당하신 어린 양을 찬양하고 모든 피조물이 하나님과 어린 양에게 찬송과 존귀와 영광과 권능을 돌린다.

6장) 일곱 인 중 첫째~여섯째 인개봉(본 계시)

어린 양이 일곱 인을 차례대로 하나씩 떼신다. 첫째 인부터 넷째 인까지 개봉은 재앙의 서막으로 첫째 인은 흰 말, 둘째 인은 붉은 말, 셋째 인은 검은 말이 등장한다. 그리고 넷째 인은 청황색 말이 나오며 음부가 그 뒤를 따른다. 그들이 땅 사분의 일 범주의 권세를 얻어 검과 흉년과 사망과 땅의 짐승들로써 죽인다. 이어 다섯째 인을 떼실 때 순교자들이 자기가 흘린 피의 원한을 갚아 주시기를 탄원하며, 여섯째 인을 떼실 때 큰 지진과 천체 변동 등의 재앙으로 진노의 큰 날이 이르게 됨을 경고하신다.

7장) 구원의 환상(막간 1)

유대인과 세계 각 나라 성도들에게 구원의 소망을 갖도록 예고하시는 장면이다. 이들은 칠년대환난을 앞두고, 이스라엘 민족의 열두 지파 가운데 구원 얻은 자의 충만한 수를 상징하는, 하나님의 인친 자가 십사만 사천이다. 그리고 전 세계 민족들로부터 나온 큰 무리가 대환난에서 나와 구원이 하나님과 어린 양께 있음을 큰 소리로 외치니 모든 천사가 하나님께 경배한다.

8장) 일곱째 인개봉과 첫째~넷째 나팔울림(본 계시)

어린 양이 마지막 일곱째 인을 떼시니 일곱 천사가 일곱 나팔을 받아 차례로 불게 된다. 첫째~넷째 천사가 나팔을 불 때 각각 목표물들의 삼분의 일 범주가 재앙의 영향을 받는다. 첫째 나팔은 땅, 수목, 각종 푸른 풀이 타버리고, 둘째 나팔은 불 붙는 큰 산이 바다에 던져져 그 가운데 피조물들이 죽으며 배들이 깨진다. 셋째 나팔은 쓴 쑥이 강들과 여러 물샘에 떨어져 많은 사람들이 죽으며, 넷째 나팔은 해 달 별이 타격을 받아 비추임이 없다. 이어 공중에 날아가는 독수리가 큰 소리로 세 번(다섯째~일곱째 나팔재앙)의 '화禍'가 남아 있음을 알린다.

9장) 다섯째 나팔울림~여섯째 나팔울림(본 계시, 첫째 화~둘째 화)

다섯째 나팔재앙은 무저갱으로부터 황충 군대가 나와 위장된 계략으로 이마에 하나님의 인 맞지 않은 자만 다섯 달 동안 괴롭힌다. 여섯째 나팔재앙은 마병대의 수가 이만 만(이억)으로 그 말들의 입에서 핵전쟁을 상징하는 불과 연기와 유황이 나와 사람 삼분의 일이 영향을 받아 죽는다. 이때 발생하는 세계적 대전쟁을 지나 칠년대환난으로 이어질 것이다.

10장) 두루마리 속의 작은 책(막간 2)

힘센 천사가 요한에게—일곱째 천사가 나팔 불 때 하나님의 비밀 (부활 및 휴거의 복음)이 이루어진다는 내용이 담긴[1]—펴 놓인 작은 책을 (10:2, 10:7) 갖다 먹고 많은 백성과 나라와 방언과 임금에게 다시 예언하라고 한다. 그 책은 입에 꿀 같이 다나 배에 쓰다고 하는 바, 이는 하나님 말씀을 깨닫고 이해할 때는 꿀 같이 달지만 예언하기는 듣는 자가 둔하여 거룩한 부담이 되고 힘이 들 것이라는 뜻으로 읽혀진다.

11장) 두 증인과 일곱째 나팔울림(본 계시, 셋째 화)

힘센 천사가 요한에게 주님께 의지하는 정도를 측량하는 갈대 지 팡이를 주며 성전과 제단과 그 안에서 경배하는 자들을 측량하라고 한다. 한편 주님의 택한 사자들인 두 증인이 전삼년반 동안 후삼년반 상황을 예언한다. 후삼년반이 시작되자 적그리스도가 이들을 죽이나 사흘 반 후에 다시 살아나 휴거된다. 그리고 대환난 후에, 마지막 일곱째 천사의 나팔로 성도들의 부활 및 휴거와 함께 세상 나라가 우리 주와 그리스도의 나라가 되고, 하나님의 진노의 심판이 있게 될 것이다.

12장) 남자아이 휴거와 전삼년반(막간 3)

---

1 고전 15:51~52 "보라 내가 너희에게 비밀을 말하노니 우리가 다 잠 잘 것이 아니요 마지막 나팔에 순식간에 홀연히 다 변화되리니 나팔 소리가 나매 죽은 자들이 썩지 아니할 것으로 다시 살아나고 우리도 변화되리라"

하나님의 은혜를 상징하는 해를 옷 입은 한 여자(교회)가 그리스도를 구주로 믿음으로 거듭나 사탄을 이긴 신실하고 강한 성도들을 상징하는 남자(사내)아이를 낳는다. 이때 사탄인 큰 용이 삼키려 하나 이들이 다가올 대환난의 시험의 때를 면하여(3:10) 하늘 보좌로 첫 열매로 휴거된다(12:5, 14:4). 이처럼 죽기까지 자기 생명을 아끼지 않고 어린 양의 피와 자기들이 증언하는 말씀을 힘입어 사탄을 이긴 형제들은 대환난 전에 구원을 얻는다(12:11). 그리고 교회에 남아있는 성도들은 광야(세상)에서 천이백육십 일(전삼년반) 동안 양육을 받는다. 한편 하늘에서 전쟁으로 인해 땅으로 쫓겨난 큰 용(사탄)이 남은 성도들과 싸우려고 서 있다.

13장) 짐승과 후삼년반(막간 4)

바다(세상)에서, 표범처럼 빠른 헬라와 비슷하며 곰의 발처럼 큰 위력으로 짓밟는 메대바사와 같고 사자의 입처럼 잔인한 바벨론 같은 한 짐승, 곧 적그리스도가 출현한다. 그 짐승이 사탄인 용으로부터 마흔두 달(후삼년반) 동안 일할 권세를 받는다. 또 다른 짐승, 곧 거짓 선지자가 적그리스도의 우상에게 경배하게 하고 경배하지 않으면 다 죽인다고 한다. 그가 오른손이나 이마에 666표(적그리스도를 상징하는 표)를 받게 하고 그 표나 그 짐승의 이름이나 그의 이름의 숫자를 가진 자 외에는 매매하지 못하게 할 것이다.

14장) 첫 열매와 곡식·포도 추수(막간 5)

어린 양이 시온 산에 서 있고 첫 열매의 충만한 수를 상징하는 십사만 사천이 새 노래를 부른다. 이들은 이스라엘 민족과 각 나라 백성들 가운데서 성령이 어디든지 인도하시는 대로 따르는 하나님과 예수 그리스도에 속한 자들이다. 또 세 천사가 공중에 날아가며 각각 영원한 복음과, 바벨론 패망과, 짐승인 적그리스도에게 경배하지 말 것을 전한다. 그리고 마지막 일곱째 나팔 불 때의 부활 및 휴거 사건인 곡식·포도 추수 장면과 함께 하나님의 진노의 심판 장면이 출현한다.

15장) 이긴 자들의 찬양(막간 6)

짐승(적그리스도)을 이기고 벗어난 자들은 불이 섞인 유리 바다(칠년대환난)를 지난 성도들이다. 이들이 유대인과 전 세계 백성들의 구원에 대한 감사 노래를 함의하는 하나님의 종 모세와 어린 양의 노래를 부른다. 한편 하늘에 증거 장막의 성전이 열리며, 일곱 천사가 성전으로부터 나와 하나님의 진노가 가득 담긴 일곱 대접을 받는 장면이 출현한다.

16장) 진노의 일곱 대접부음(본 계시)

일곱 천사가 각각 하나님의 진노의 일곱 대접을 쏟는 이 재앙은 최종적, 심판적이다. 첫째 대접은 땅, 둘째 대접은 바다, 셋째 대접은 강과 물 근원, 넷째 대접은 해에 쏟는다. 또 다섯째 대접은 적그리스도의 왕좌인 짐승의 보좌에 쏟는다. 여섯째 대접은 큰 강 유브라데에 쏟으니 아마겟돈 전쟁을 위해 세 더러운 영이 모으는 동방의 왕 길이 예비되고 그들과 일전을 벌일 예수님의 재림이 예고된다. 그리고 마지막 일곱째 대접은 사탄의 거처인 공중에 쏟으니 하나님의 보좌에서 '다 되었다'고 하신다.

17장) 큰 음녀 심판과 짐승의 정체(막간 7)

자주 빛과 붉은 빛 옷을 입은 큰 음녀(바벨론)가—역대 적그리스도 일곱 국가의 일곱 왕들을 상징하는 일곱 머리와 한 동안 권세 받은 열 왕들을 상징하는 열 뿔 가진—짐승을 탔다. 결국 그 짐승이 큰 음녀인 바벨론 성을 배반하여 망하게 하고 불로 사른다고 한다. 하지만 만주의 주요 만왕의 왕이신 어린 양은 그를 반드시 이기실 것이다. 그 짐승은 일곱 왕 중에 속한 여덟 번째 왕이자 적그리스도로서 천년 왕국을 앞두고 거짓 선지자와 함께 멸망으로 들어간다.

18장) 바벨론 패망(막간 8)

큰 권세를 가진 천사가, 큰 성 바벨론의 확실한 패망을 강조하기 위해 성이 무너졌음을 반복하여 외친다. 또 하늘로부터 내 백성들(마지막 나팔을 불 때 성도들이 부활 및 휴거된 후에, 천년왕국 백성이 될 지상에 남아 있는 양에 속한 자들)에게 음녀, 곧 바벨론의 죄에 참여하지 말라는 음성이 나온다. 이어 사치하던 땅의 왕들과 치부하던 땅의 상인들이 한 시간 동안에 일어난 심판으로 울며 애통해한다.

19장) 어린 양의 혼인 잔치와 재림

어린 양의 아내인 성도들이 옳은 행실(성도들의 의義, Righteousness)을 상징하는 빛나고 깨끗한 세마포 옷을 입고 자신을 준비하였다. 백마를 타고 재림하신 예수님은, 혼인 잔치를 마치고 뒤따르는 성도들과 함께 천년왕국에서 검(말씀)과 철장(권능)으로 다스릴 것이다. 한편 적그리스도와 거짓 선지자는, 천년왕국 직전에 일어날 아마겟돈 전쟁에서 산채로 불과 유황 못에 던져진다. 그리고 그들의 군대들도 예수님의 말씀의 검에 죽으매 모든 새들의 밥이 되고 만다.

20장) 천년왕국과 흰 보좌의 심판

천사가 옛 뱀, 곧 사탄(마귀)인 용을 잡아 일천 년 동안 잡아 가두고 보좌에 앉은 성도들이 심판하는 권세를 받는다. 또 짐승과 그의 우상에게 경배하지 않고 이마와 손에 표를 받지 않아 순교한 자들이 살아서 일천 년 동안 왕 노릇한다. 이처럼 첫째 부활에 참여한 성도들은, 하나님과 그리스도의 제사장이 되어 천년왕국에서 그리스도와 더불어 왕 노릇 할 것이다. 그 천 년 끝에는 사탄이 잠시 놓여 땅의 사방 백성들을 미혹한다. 하지만 하늘에서 불이 내려와 그들을 모두 태워 버리고, 사탄은 결국 불과 유황 못에 던져진다. 그리고 죽은 자들이 둘째 부활할 때 생명책에 기록되지 않은 자들이 흰 보좌 심판을 받고 불못에 던져지게 된다.

21장) 새 하늘과 새 땅과 새 예루살렘 성

요한이 보니, 처음 하늘과 처음 땅이 사라지고, 새 하늘과 새 땅 그리고 신부가 남편을 위하여 단장한 것 같은 거룩한 성 새 예루살렘이 하늘에서 내려온다. 성곽 열두 문에는 열두 지파의 이름(이스라엘의 구원 얻은 백성들)이 있고, 열두 기초석에는 어린 양의 열두 사도의 이름(전 세계의 구원 얻은 백성들)이 있다. 하나님과 예수 그리스도를 믿음으로 생명책에 기록된 모든 세대의 거듭난 성도들이 자신의 영광과 존귀를 가지고 그 성으로 들어갈 것이다.

22장) 생명수 강과 생명나무 열매, 그리고 기다림

하나님과 어린 양의 보좌로부터 수정같이 맑은 생명수의 강이 흘러나오며 강 좌우에 달마다 열매를 맺는 생명나무가 있다. 모든 성도들이 하나님을 섬기며 이들의 이마에 그분의 이름이 있다. 이제 새 예루살렘 성, 곧 영생하는 천국에서는 주 하나님의 빛이 항상 비치시므로 등불이 필요 없다고 한다. 그 성에 다시 저주가 없으며, 거기서 성도들이 주님과 더불어 의와 평강과 희락 가운데 영원토록 왕 노릇 할 것이다. 아멘 주 예수님 속히 오시옵소서. 아멘.

4. 이 일 후에

예수님이 우리 성도들을 생명수 강가로 인도하고자 반드시 속히 될 일들을 요한에게 계시해 주신다. 전문의 사건들이 시제적 흐름에 따라 드라마틱하게 전개되고 극적 반전 효과를 나타내고자 할 때 '이 일 후에'로 장면들이 아래와 같이 6회 전환되었다. 따라서 요한계시록은 일곱 편의 연속성을 띤 대서사시적大敍事詩的 계시 장면이라고 할 수 있다.

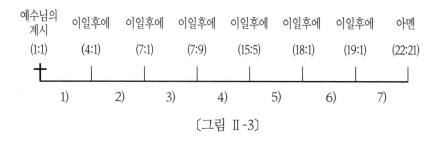

예수님의 계시 (1:1)	이일후에 (4:1)	이일후에 (7:1)	이일후에 (7:9)	이일후에 (15:5)	이일후에 (18:1)	이일후에 (19:1)	아멘 (22:21)
1)	2)	3)	4)	5)	6)	7)	

〔그림 Ⅱ-3〕

1) 첫째 장면

1:1 "예수 그리스도의 계시라 이는 하나님이 그에게 주사 반드시 속히 일어날 일
들을 그 종들에게 보이시려고 그의 천사를 그 종 요한에게 보내어 알게 하신 것
이라"

예수 그리스도의 계시다. 그분이 일곱 교회의 사자(별)를 오른손에
붙잡고 일곱 교회(촛대) 한가운데서 성도들과 함께 늘 동행하고 살피
시는 모습이 보인다. 또 당시 소아시아 일곱 교회에 편지하심으로써
전 세계의 모든 세대 교회를 상징하는 일곱 교회의 실상에 합당한 모
습으로 나타나셨다. 그래서 각 교회의 상황들에 적합한 책망과 더불
어 우리 교회들이 나가야 할 바를 교훈하고 계신다.

2) 둘째 장면

4:1 "이 일 후에 내가 보니 하늘에 열린 문이 있는데 내가 들은 바 처음에 내게
말하던 나팔 소리 같은 그 음성이 이르되 이리로 올라오라 이 후에 마땅히 일어
날 일들을 내가 네게 보이리라 하시더라"

요한은 성령의 감동으로 하늘에 올려져 하늘 보좌의 모습과 하늘 예배 광경을 보게 된다. 이후 어린 양이신 예수님이 일곱 인으로 봉인된 두루마리를 차례대로 하나씩 여섯째 인까지 떼신다. 일곱 봉인을 오직 예수님만이 떼실 수 있는 것은, 우리 죄를 대속하셨으며 모든 일의 주권과 권능이 그분의 본체이신 하나님으로부터 나오기 때문이다. 봉인을 떼심으로, 사람들의 불순종으로 인한 많은 재앙들과 함께 하나님의 경륜에 따른 심판 예고의 장면이 출현한다.

3) 셋째 장면

7:1 "이 일 후에 내가 네 천사가 땅 네 모퉁이에 선 것을 보니 땅의 사방의 바람을 붙잡아 바람으로 하여금 땅에나 바다에나 각종 나무에 불지 못하게 하더라"

마지막 일곱째 인을 떼시기 전에(8:1), 칠년대환난을 앞두고 유대인들의 구원 장면을 미리 보여주신다. 이때 이스라엘 민족 가운데, 하나님의 인 맞은 자 십사만 사천—12지파 × 12사도 × 1,000수많은—은 열두 지파에서 회개함으로 그리스도께 돌아 올 택한 자들이 셀 수 없이 많다는 상징적인 수다. 여기서 그리스도의 뿌리인 유다 지파가 먼저인 것은(7:5) 영적 의미에서 본 구속사적 관점의 계보 때문이다. 또 유다 장막이 먼저 구원을 얻는다는 스가랴 선지자의 예언의 성취이기도 하다.[2]

---

2 슥 12:7 "여호와가 먼저 유다 장막을 구원하리니 이는 다윗의 집의 영광과 예루살렘 주민의 영광이 유다보다 더하지 못하게 하려 함이니라"

4) 넷째 장면

7:9 "이 일 후에 내가 보니 각 나라와 족속과 백성과 방언에서 아무도 능히 셀 수 없는 큰 무리가 나와 흰 옷을 입고 손에 종려 가지를 들고 보좌 앞과 어린 양 앞에 서서"

앞 장면의 유대인들에 대한 구원의 환상 후에, 각 나라와 족속과 백성과 방언(전 세계 민족들) 중에 대환난을 이긴 자들에게 구원의 소망을 주시는 장면이다. 이어 예수님이 일곱 나팔울림과 일곱 대접부음이 들어있는 마지막 일곱째 인을 개봉하신다(8:1).

순서에 따라 여섯째 나팔재앙이 지나고, 힘센 천사가 전문의 하이라이트라고 할 수 있는 창세로부터 감추어졌던 하나님의 비밀인 복음(부활)을 예고한다. 그리고 첫 열매에 속한 남자아이의 휴거, 적그리스도의 출현과 칠년대환난, 두 증인의 휴거에 이어 성도들의 부활 및 휴거가 이루어지는 곡식·포도 추수와 하나님의 진노의 심판 장면이 전개된다. 이후 짐승(적그리스도)과 그의 우상과 그의 이름의 수를 이기고 벗어난 자들이 유리 바다 가에 서서 하나님의 종 모세의 노래와 어린 양의 노래를 부른다. 이는 주님이 이루신 구원의 역사에 대한 의롭고 참되며 경이로우심에 대한 찬양이다.

5) 다섯째 장면

15:5 "또 이 일 후에 내가 보니 하늘에 증거 장막의 성전이 열리며"

하나님의 진노의 7-7-7 재앙 시리즈의 마지막인 일곱 대접부음(심판)이 땅에 쏟아진다. 땅의 음녀들과 가증한 것들의 어미인 큰 성 바벨론, 곧 정치 경제 사회 문화 등 전全 방면에 걸쳐 하나님을 등진 자들에게 심판이 내려진다. 일곱 머리와 열 뿔 가진 짐승의 비밀이 드러나며, 그 짐승은 유대인을 적대시하고 하나님을 대적한 역대 일곱 왕(일곱 머리)의 성향을 가졌다. 그가 '전에 있었다가 지금은 없으나 장차 무저갱으로부터 올라와 멸망으로 들어갈 자'로서 대환난을 주도할 적그리스도(17:8), 곧 여덟 번째의 왕이 될 것이다.

6) 여섯째 장면

18:1 "이 일 후에 다른 천사가 하늘에서 내려 오는 것을 보니 큰 권세를 가졌는데 그의 영광으로 땅이 환하여지더라"

큰 성 바벨론이 음행의 진노의 포도주로 말미암아 무너졌다. 그와 더불어 음행한 땅의 왕들과 그로 인해 치부한 땅의 상인들이 하나님의 진노로 한순간에 패망한 그의 모습을 보며 울며 애통해 한다.

한편 하늘로부터 한 음성이 나와, 내 백성아 거기서 나와 그의 죄에 참여하지 말고 그가 받을 재앙을 받지 말라고 하신다(18:4). 이때 '내 백성'은 칠년대환난을 거치는 동안 비록 거듭나지 않아—마지막 나팔 불 때 성도들의 부활 시에—휴거에 참여하지 못했지만, 이 땅에서 대환난 중 성도(형제)들에게 도움을 준 자들이다. 이들은 천년왕국 직전에 양과 염소를 구별하는 심판을 받을 때 '양에 속한 자'들로서 육의 몸으로 왕국에 입성한다. 그래서 예수님이 검과 철장(예리한 말씀과 강한 권능)으로 다스리시는 천년왕국의 기간 동안에 이긴 자로서 이삭 줍기 대상으로 구원을 얻게 될 것이다.

7) 일곱째 장면

19:1 "이 일 후에 내가 들으니 하늘에 허다한 무리의 큰 음성 같은 것이 있어 이르되 할렐루야 구원과 영광과 능력이 우리 하나님께 있도다"

마지막 일곱째 장면은, 우리 성도들의 가장 큰 소망인 예수님의 신부로서 구원이 성취되는 공중 혼인잔치가 있다. 이어 주님이 재림하심으로 적그리스도와 거짓 선지자가 아마겟돈 전쟁에서 패하여 불못에 던져진다. 이때 대환난 중에 성도들을 돕지 않은 '염소에 속한 자'들도 심판을 받아 죽으니 모든 날짐승이 그들의 살로 배를 채운다.

이후 예수님이 친히 다스리시는 천년왕국이 도래하며 용, 곧 사탄을 무저갱에 던져 넣어 잠그고 인봉한다. 천 년이 다 차매 옥에서 놓인 그가 땅의 사방 백성을 미혹하고 성도들의 진과 주께서 사랑하시는 성을 에워쌀 것이다. 이때 하늘에서 불이 내려와 그들을 태워버리고 사탄은 불과 유황 못에 던져진다. 그리고 모든 죽은 자가 부활할 때 생명책에 기록되지 못한 자들이 최후 흰 보좌 심판을 받고 불못에 던져져 영벌에 처해진다.

한편 성도들은 새 하늘, 새 땅, 새 예루살렘 성의 생명나무가 있는 생명수 강가에서 주님을 찬미한다. 그리고 하나님과 어린 양의 광명한 빛 가운데, 성령 안에서 누리는 의와 평강과 희락 속에 왕 노릇하며 영원한 안식을 얻게 될 것이다. 아멘 주 예수여 어서 오시옵소서!

5. 인개봉-나팔울림-대접부음 시리즈

7-7-7 시리즈(6,8,9,11,16장), 이른바 인·나팔·대접재앙은 하나님의 뜻대로 행하지 않는, 다시 말해 불법을 행하는 모든 불신자에게 내려지는 재앙이다.[3] 거듭나 성령을 좇아 살아가는 신실한 믿음을 가진 그리스도인들은 이 재앙으로부터 자유로운 것이다(2:7, 3:10, 12:5,11).[4]

구성면에서 볼 때, 일곱째 인개봉은 일곱 나팔울림을 포함하고 일곱째 나팔울림은 일곱 대접부음을 포함한다. 따라서 마지막 일곱째 인에 일곱 나팔재앙과 일곱 대접심판이 모두 포함되어 있음을 알 수 있다. 그리고 인개봉할 때에 재앙의 영향이 미치는 범주가 땅의 1/4이지만 나팔울림으로 1/3로 점차 확대, 심화된다. 또 인개봉과 나팔울림은 재앙이 부분적, 경고성이지만 마지막 나팔로 그리스도인들이

---

3 마 7:21~23 "나더러 주여 주여 하는 자마다 다 천국에 들어갈 것이 아니요 다만 하늘에 계신 내 아버지의 뜻대로 행하는 자라야 들어가리라 … 그 때에 내가 그들에게 밝히 말하되 내가 너희를 도무지 알지 못하니 불법을 행하는 자들아 내게서 떠나가라 하리라"
　히 10:9~10 "그 후에 말씀하시기를 보시옵소서 내가 하나님의 뜻을 행하러 왔나이다 하셨으니 그 첫째 것을 폐하심은 둘째 것을 세우려 하심이라 이 뜻을 따라 예수 그리스도의 몸을 단번에 드리심으로 말미암아 우리가 거룩함을 얻었노라"
4 갈 5:16 "내가 이르노니 너희는 성령을 따라 행하라 그리하면 육체의 욕심을 이루지 아니하리라"
　요일 2:12~13 "자녀들아 내가 너희에게 쓰는 것은 너희 죄가 그의 이름으로 말미암아 사함을 받았음이요 아비들아 내가 너희에게 쓰는 것은 너희가 태초부터 계신 이를 알았음이요 청년들아 내가 너희에게 쓰는 것은 너희가 악한 자를 이기었음이라"
　고전 15:51~52 "보라 내가 너희에게 비밀을 말하노니 우리가 다 잠 잘 것이 아니요 마지막 나팔에 순식간에 홀연히 다 변화되리니 나팔 소리가 나매 죽은 자들이 썩지 아니할 것으로 다시 살아나고 우리도 변화되리라"
　눅 21:18~19 "너희 머리털 하나도 상하지 아니하리라 너희의 인내로 너희 영혼을 얻으리라"

부활 및 휴거된 후 이 땅에 쏟아질 대접부음은 심판이 전체적, 최종적으로 내려진다.

1) 인개봉

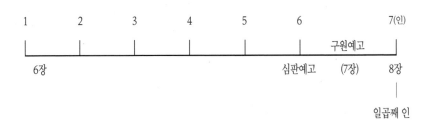

2) 나팔울림

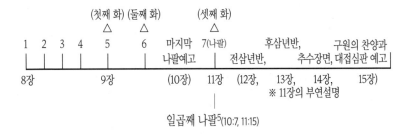

3) 대접 부음

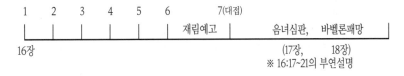

〔그림 Ⅱ-4〕

---

5 고전 15:51~52 "보라 내가 너희에게 비밀을 말하노니 우리가 다 잠 잘 것이 아니요 마지막 나팔에 순식간에 홀연히 다 변화되리니 나팔 소리가 나매 죽은 자들이 썩지 아니할 것으로 다시 살아나고 우리도 변화되리라"

4) 7-7-7 시리즈의 내용

〔표 Ⅱ-1〕

구분	일곱 인개봉	일곱 나팔울림	일곱 대접부음
계시록	6장, 8:1~2	8:6~13, 9장, 11장	16장
첫 째	활을 가졌고 면류관을 받은 흰 말 탄 자가 출현함	피섞인 우박과 불이 땅과 수목의 ⅓과 각종 풀을 태움	땅에 쏟으니, 악하고 독한 종기가 짐승의 표 받은 자들과 그 우상 숭배자들에게 나타남
둘 째	큰 칼을 받은 붉은 말 탄 자가 출현함	불 붙는 큰 산과 같은 것이 바다에 던져져 ⅓이 피가 되고, 바다 가운데 생명 및 배의 ⅓이 죽고 깨어짐	바다에 쏟으니, 바다가 죽은 피 같이 변하고 모든 생물이 죽음
셋 째	손에 저울을 든 검은 말 탄 자가 출현함	횃불 같은 큰 별이 강 ⅓과 여러 물샘에 떨어져 물 ⅓이 쓰게 되어 많은 사람이 죽음	강과 물 근원에 쏟으니, 물이 피가 되고 성도들과 선지자들의 피를 흘리게 한 자들에게 그 피를 마시게 함
넷 째	사망이 탄 청황색말 출현과 음부가 그 뒤를 따르며, 땅 1/4 권세를 받아 검 흉년 사망 땅의 짐승들로써 죽임	해, 달, 별의 ⅓이 타격을 받아 낮 ⅓과 밤에 빛을 잃음 (화를 알리는 세 천사가 불 나팔소리가 남아 있음)	해에 쏟으니, 해가 권세를 받아 불로써 사람들을 태움
다섯째	제단 아래 순교자들이 호소함	(첫째 화) 황충 군대가 불신자들을 다섯 달 동안 괴롭힘	짐승의 왕좌에 쏟으니, 나라가 어두워지며 사람들이 아프고 종기가 남
여섯째	큰 지진과 해 달 별 들의 큰 변동이 있고 산과 섬이 옮겨지며 모두 굴과 바위 틈에 숨게 되는 심판 경고에 이어, 이스라엘 민족과 각 나라 백성들의 구원 장면이 예고됨	(둘째화) 유브라데 강에 결박된 네 천사가 놓여 사람 ⅓을 죽이기로 예비됨. 그 큰 전쟁은 마병대수가 이억이요 그 머리가 사자머리 같고 입에서 불연기 유황이 나오며, 적그리스도의 출현과 칠년대환난으로 이어짐	큰 강 유브라데에 쏟으니, 강물이 말라 동방에서 오는 왕들의 길이 예비되고, 세 더러운 영이 용, 짐승, 거짓 선지자의 입에서 나와 아마겟돈으로 왕들을 모음. 한편 예수님의 재림이 예고됨
일곱째	반 시간쯤 고요한 후에, 하나님 앞 일곱 천사가 나팔을 받으며 제단의 많은 향연이 성도의 기도와 함께 하나님 앞으로 올라감	(셋째 화) 마지막 나팔로 하늘의 큰 음성들이 우리 주와 그리스도의 나라가 되어 세세토록 왕 노릇 하시리라고 하니, 이십사 장로가 하나님께 감사드리며 주의 진노가 내려 죽은 자를 심판하실 때라고 함	공중에 쏟으니, 보좌에서 '다 되었다' 하시는 큰 음성이 울려 나옴. 큰 지진으로 큰 성이 세 갈래로 갈라지며 만국의 성이 무너지고, 큰 우박 재앙이 엄청나게 크므로 사람들이 하나님을 비방함

5) 7-7-7 시리즈의 주해

〔표 Ⅱ-2〕

구분	일곱 인개봉	일곱 나팔울림	일곱 대접부음	특징
첫 째	거짓 선지자가 출현함	교회의 거짓 선지자들로 인해 많은 성도들이 속아 죽음	교회에서 적그리스도를 받은 자들과 그 우상숭배자들에게 악하고 독한 종기가 남	(1) 인재앙 땅 1/4의 권세를 얻어 전쟁, 기근, 전염병, 거짓 선지자들로써 죽이는 재앙의 시작과 불신자 심판 및 성도들에 대한 구원의 예고
둘 째	전쟁이 발생함	큰 국가간 전쟁 발생으로 세상 가운데 많은 피조물들이 죽고 건물이 파괴됨	세상 가운데 모든 생물들이 죽음	
셋 째	기근이 발생하고 하나님의 말씀이 기갈됨	사탄이 교회들에 변질된 복음을 퍼뜨려 많은 사람들이 말씀의 기갈로 인해 죽음	그리스도의 속량으로 구원을 거저 얻는 하나님의 은혜의 복음시대가 끝남	(2) 나팔재앙 땅, 바다, 강과 물샘, 해달별들의 1/3로 재앙이 확대, 심화되고 사람 1/3을 죽이는 세계 대전쟁 및 칠년대 환난의 발생
넷 째	음부가 따르며 세상을 지배하는 권세를 얻어 전쟁, 기근, 전염병과 지진, 거짓 선지자들로써 죽임	하나님의 크고 작은 종들이 사탄의 유혹을 받아 타락함으로 진리의 빛이 어두워짐	적그리스도가 권능을 받아 불신자들을 괴롭게 하지만 그들이 회개치 않음	
다섯째	제단 아래 순교자들의 호소에 이들의 수가 차기까지 더 쉬라고 하심	황충 군대의 출현과 그들에게 적그리스도를 상징하는 여자의 머리털과 사자의 이빨과 철 호심경 같은 것이 있음	적그리스도의 나라가 어두워지며 사람들이 아픔과 고통 속에서도 그들의 잘못을 회개하지 않음	(3) 대접재앙 땅, 바다, 물 근원, 해에 쏟는 불신자들에 대한 전체적 재앙과 적그리스도의 왕좌 및 큰 성 바벨론의 패망
여섯째	진노의 심판의 날 경고와 유대인과 각 나라 백성들의 구원을 예고하심	세계대전 규모의 핵전쟁이 발생하고, 적그리스도의 간교한 계략으로 거짓 약정 후에 칠년 대환난을 당함	유브라에 강물이 말라서 동방 왕들의 길이 열리고 세 영이 아마겟돈 전쟁을 준비함 (주님의 재림 예고)	
일곱째	순교자의 향연이 성도의 기도와 함께 하나님 앞으로 올라가며, 그에 대한 응징으로 제단의 불을 담아 땅에 쏟음 (나팔재앙 준비)	부활 및 주님 나라의 도래를 의미하는 언약궤가 보이고, 하나님 임재의 상징인 번개와 음성, 또 심판의 상징인 우레와 지진과 큰 우박이 있음 (대접재앙 준비)	하나님의 보좌로 부터 다 되었다고 하시니, 큰 지진으로 큰 성 바벨론이 세 갈래로 갈라지고 큰 우박재앙이 내림 (음녀 바벨론 패망)	☞마지막 일곱째 대접심판 후에, 주님의 재림과 함께 천년왕국의 시대가 도래함

6. 막간

어린 양 예수님이 취하신 두루마리는 일곱개 인으로 봉해져 있으며(5:1), 마지막 일곱째 인은 일곱 나팔울림과 일곱 대접부음이 포함된다(6~18장). 이 두루마리 가운데, 막간은 성도들의 위로와 구체적인 상황 이해를 위해 본 계시에 대해 삽입 또는 부연하여 상세한 실상들을 보여주신 장면들이다. 이 막간들에 대해 살펴보면 다음과 같다.

6장의 여섯째 인개봉으로 불신자들에 대한 심판의 경고가 있다(6:12~17). 이어 이스라엘 민족과 각국 백성들에 대한 구원의 환상을 삽입하여 막간(7장)으로 보여주시고, 마지막 일곱째 인을 떼신다(8:1). 그리고 9장의 여섯째 나팔울림으로 세계대전에 대한 환상의 출현(9:13~21) 후에, 힘센 천사가—하나님의 비밀인 일곱째 나팔의 복음이 기록된—작은 책을 든 장면이 삽입되어 막간(10장)으로 등장한다. 또 요한계시록 전문에서 하이라이트 장면이라고 할 수 있는 11장의 칠년대환난과 마지막 일곱째 나팔울림에 대해, 그 상황들의 세세한 부연 설명을 위한 장면들이 막간(12~15장)으로 나타난다. 이후 마지막 재앙인 16장의 일곱째 대접부음에 대해(16:17~21), 상세히 부연 설명한 음녀 심판과 바벨론 패망의 장면들이 막간(17~18장)으로 등장한다.

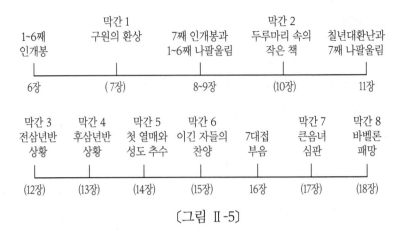

〔그림 Ⅱ-5〕

막간 1) 구원의 환상(7장)

칠년대환난을 앞두고, 돌아온 디아스포라 유대인을 포함한 모든 이스라엘 민족 가운데 열두 지파에서 구원 얻을 충만한 수를 상징하는 십사만 사천이 하나님의 인침을 받은 장면이다. 이어 대환난을 지난 세계 모든 민족들에서 아무도 능히 셀 수 없는 큰 무리가 구원 얻는 환상을 미리 보여주신다.

막간 2) 두루마리 속의 작은 책(10장)

힘센 천사가 손에 든 작은 책에 담긴 그리스도의 복음, 곧 마지막 일곱째 나팔 불 때에 성취되는 하나님의 비밀인 성도들의 부활 및 휴거 사건을 예고하는 장면이다.

막간 3) 전삼년반 상황(12장)

그리스도의 속량을 믿음으로 거듭나 사탄을 이긴 자들로서 시험의 때인 칠년대환난을 면하는 첫 열매에 속한 남자아이의 휴거가 있다. 그리고 남은 여자(교회), 곧 휴거되지 못하고 남아있는 성도들이 이 기간에 두 증인(두 감람나무 두 촛대)에게 양육을 받는다.

막간 4) 후삼년반 상황(13장)

무저갱에서 올라온 짐승, 곧 적그리스도가 두 증인과 싸워 이기고 그들을 죽인다. 또 거짓 선지자의 출현으로 짐승의 우상에게 경배하지 않는 자는 다 죽이고 이마나 손에 적그리스도인 짐승의 표(666)가 없으면 매매를 못하게 할 것이다.

막간 5) 첫 열매와 곡식·포도 추수(14장)

첫 열매에 속하며 신·구약시대 성도들로 이루어진 충만한 수를 상징하는 십사만 사천이 새 노래를 부른다. 이들은 예수님의 부활 당시에 살아난 자들과 대환난 전에 시험의 때를 면하여 휴거한 자들이다. 이어 세 천사가 각각 세계 모든 민족에게 전할 영원한 복음, 큰 성 바벨론의 패망, 칠년대환난에 대한 경고성 메세지를 전한다. 그리고 성도들의 곡식·포도 추수(부활 및 휴거)와 하나님의 진노의 심판 장면이 출현한다.

막간 6) 이긴 자들의 찬양(15장)

칠년대환난을 이기고 벗어난 자들이, 하나님의 종 모세의 노래와 어린 양의 노래로 유대인과 세계 모든 민족들의 구원의 기쁨과 감격을 찬양한다. 이후 일곱 천사들이 마지막 대접부음을 준비하는 장면이 등장한다.

막간 7) 큰 음녀 심판(17장)

자주 색과 붉은 색 옷을 입은 땅의 음녀들과 가증한 것들의 어미인 큰 바벨론 성이 받을 심판을 보여주신다. 그리고 멸망으로 들어갈 일곱 머리와 열 뿔 가진 짐승, 곧 적그리스도인 여덟째 왕(국가)의 정체가 확연히 드러난다.

막간 8) 바벨론 패망(18장)

큰 성 바벨론의 패망으로 인해 그녀와 함께 사치하던 땅의 '왕들과 치부하던 땅의 상인들이 순식간에 일어난 심판에 울며 애통해 한다. 한편 하늘로부터, 내 백성아 그녀의 죄에 참여하지 말라는 음성이 나온다. 여기서 '내 백성'은 대환난 때 거듭나지 않아 비록 휴거되지 못했지만, 그리스도인들을 도왔으므로 양에 속하여 육의 몸으로 천년왕국에 들어가 이긴 자들로서 구원 얻을 하나님의 백성들이다.

7. 전체 도해

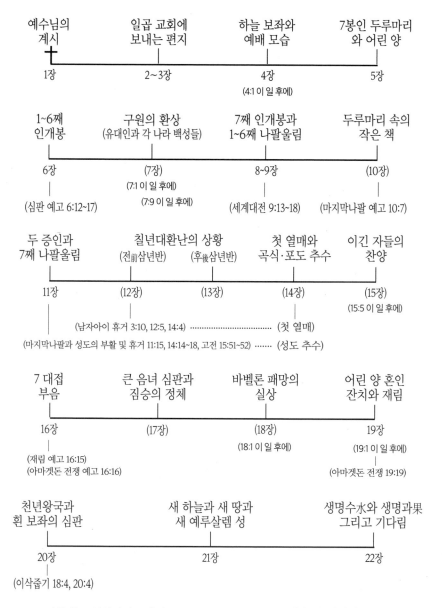

예수님의 계시	일곱 교회에 보내는 편지	하늘 보좌와 예배 모습	7봉인 두루마리 와 어린 양
1장	2~3장	4장	5장
		(4:1 이 일 후에)	

1~6째 인개봉	구원의 환상 (유대인과 각 나라 백성들)	7째 인개봉과 1~6째 나팔울림	두루마리 속의 작은 책
6장	(7장)	8~9장	(10장)
	(7:1 이 일 후에)		
(심판 예고 6:12~17)	(7:9 이 일 후에)	(세계대전 9:13~18)	(마지막나팔 예고 10:7)

두 증인과 7째 나팔울림 / 칠년대환난의 상황 (전前삼년반) (후後삼년반) / 첫 열매와 곡식·포도 추수 / 이긴 자들의 찬양

11장 (12장) (13장) (14장) (15장)
(15:5 이 일 후에)

(남자아이 휴거 3:10, 12:5, 14:4) ·············· (첫 열매)
(마지막나팔과 성도의 부활 및 휴거 11:15, 14:14~18, 고전 15:51~52) ······· (성도 추수)

7 대접 부음 / 큰 음녀 심판과 짐승의 정체 / 바벨론 패망의 실상 / 어린 양 혼인 잔치와 재림

16장 (17장) (18장) 19장
(18:1 이 일 후에) (19:1 이 일 후에)
(재림 예고 16:15)
(아마겟돈 전쟁 예고 16:16) (아마겟돈 전쟁 19:19)

천년왕국과 흰 보좌의 심판 / 새 하늘과 새 땅과 새 예루살렘 성 / 생명수水와 생명과果 그리고 기다림

20장 21장 22장
(이삭줍기 18:4, 20:4)

※ 전문의 구성상 ( )표기된 7, 10, 12, 13, 14, 15, 17, 18장은 본 계시인 7·7·7
　재앙시리즈에 대한 막간 장면임

〔그림 Ⅱ-6〕

Ⅲ
요한계시록
본문 해설

요한계시록에 대한 전체적 그림을 그리는데 있어서 도움이 될 주요한 부분들을 먼저 「핵심 주해」 편에 수록하였다. 또 각 장별 내용의 흐름을 그 서두에 간략히 요약·정리하였으며, 해설한 내용들에 대한 각주를 상세히 표기하여 최대한 성경적, 통전적 맥락에서 예수 그리스도의 계시를 온전히 이해할 수 있도록 도왔다.

<핵심 주해>

본 것과 지금 있는 일과 장차 될 일

1:19 "그러므로 네가 본 것과 지금 있는 일과 장차 될 일을 기록하라"

요한계시록은 한마디로 그리스도의 계시를 통해 '네가 본 것과 지금 있는 일과 장차 될 일'에 관해 기록한 내용이라고 할 수 있다.

'네가 본 것'은 1장에 나타난, 예수님 권능의 오른손에 붙드신 일곱 별과 일곱 금 촛대의 비밀이다. 일곱 별은 일곱 교회의 사자요, 일곱 촛대는 그리스도의 진리로 세상을 밝게 비추는 일곱 교회를 말한다. 또 '지금 있는 일'은 2~3장에 나타난, 계시 당시의 소아시아 일곱 교회, 즉 에베소, 서머나, 버가모, 두아디라, 사데, 빌라델비아, 라오디게아 교회에서 일어나는 상황들이다.

그리고 '장차 될 일'은 사도 요한이 성령의 감동으로 하늘에 올려져 앞으로 일어날 일들에 대해 보게 된다(4:1~2). 이는 4~22장에 기록된, 계시 시점 후의 전全 시대에 걸쳐 펼쳐지는—인개봉·나팔울림·대접부음, 남자아이의 휴거, 칠년대환난, 성도들의 추수(부활 및 휴거), 공중 혼인잔치, 예수님의 재림 모습, 천년왕국의 도래, 새 예루살렘 성의 환상 등—모든 장면을 일컫는다.

이스라엘의 구원 받은 자 십사만 사천

7:3~4 "이르되 우리가 우리 하나님의 종들의 이마에 인치기까지 땅이나 바다나 나무들을 해하지 말라 하더라 내가 인침을 받은 자의 수를 들으니 이스라엘 자손의 각 지파 중에서 인침을 받은 자들이 십사만 사천이니"

이스라엘 민족이 인침을 받는 시기는, 땅이나 바다나 나무들에 바람이 불 때, 곧 온 세상에 닥칠 칠년대환난이 시작되기 전 상황이다 (7:1). 즉 대환난을 앞두고 회개하며 돌아올 유대인들에게 위로와 구원의 소망을 주시기 위한 메시지인 것이다.

그리고 '하나님의 종들'은 이스라엘 자손 열두 지파에서 각 일만 이천씩 인침을 받은 자들로서(7:5~8) 그 수가 십사만 사천이다. 이는 유대인들 가운데 택정 받아 구원 얻을 충만한 수(12지파×12택한 수×1,000 수많은)를 나타내는 상징적 의미다. 이들은 대환난의 전삼년반이 시작될 무렵에 휴거할 남자(사내)아이에 속하며(3:10, 12:5), 구원 얻은 후 시온 산에서 새 노래로 찬양하는 첫 열매에 포함된 수다(14:1~4).

각 나라 백성들의 구원 받은 셀 수 없는 큰 무리

7:9~14 "이 일 후에 내가 보니 각 나라와 족속과 백성과 방언에서 아무도 능히 셀 수 없는 큰 무리가 나와 흰 옷을 입고 손에 종려가지를 들고 보좌 앞과 어린 양 앞에 서서 큰 소리로 외쳐 이르되 구원하심이 보좌에 앉으신 우리 하나님과 어린 양에게 있도다 하니 … 장로 중 하나가 응답하여 나에게 이르되 이 흰 옷

입은 자들이 누구며 또 어디서 왔느냐 내가 말하기를 내 주여 당신이 아시나이다 하니 그가 나에게 이르되 이는 큰 환난에서 나오는 자들인데 어린 양의 피에 그 옷을 씻어 희게 하였느니라"

이스라엘 백성의 구원 예고가 있은(7:1~8) 후에, 전 세계 모든 나라에서 대환난을 지나 구원 얻은 아무나 능히 셀 수 없는 큰 무리가 출현한다(7:14). 이들이 승리의 상징인 흰 옷과 종려가지를 들고 하나님과 예수님 앞에서 큰 소리로 찬양한다. 이 장면은 마지막 일곱째 인개봉(8:1)을 앞두고, 장차 칠년대환난(11~13장)을 겪게 될 각 나라와 모든 백성들에게 위로와 함께 구원의 소망을 주시기 위함이다.

년 월 일 시에 발생할 세계 대전쟁

9:14~18 "나팔 가진 여섯째 천사에게 말하기를 큰 강 유브라데에 결박한 네 천사를 놓아 주라 하매 네 천사가 놓였으니 그들은 그 년 월 일 시에 이르러 사람 삼분의 일을 죽이기로 준비된 자들이더라 마병대의 수는 이만 만이니 내가 그들의 수를 들었노라 이같은 환상 가운데 그 말들과 그 위에 탄 자들을 보니 불빛과 자줏빛과 유황빛 호심경이 있고 또 말들의 머리는 사자 머리 같고 그 입에서는 불과 연기와 유황이 나오더라 이 세 재앙 곧 자기들의 입에서 나오는 불과 연기와 유황으로 말미암아 사람 삼분의 일이 죽임을 당하니라"

유브라데강은 하나님이 아브라함과의 언약에서 이스라엘 민족에게 허락하신 동방 경계선이다.[1] 그리고 인류 최후의 아마겟돈 전쟁에

---

1 창 15:18 "그날에 여호와께서 아브람과 더불어 언약을 세워 이르시되 내가 이 땅

서 유브라데강이 적그리스도와 함께 할 동방에서 오는 왕들의 통로인 것으로 보아 전쟁에 참여할 나라들이 대부분 그 강의 동쪽에 위치할 것으로 읽혀진다(16:12).

여섯째 천사가 나팔 분 후에, 사자처럼 잔인한 적그리스도는(9:8) '그 년 월 일 시'(하나님의 경륜에 따라 예정된 시간)에 불빛과 자줏빛과 유황빛이 보이는 핵전쟁을 일으킨다.[2] 그의 군대는 군사의 수가 이만 만(이억)이 참여하는 엄청난 규모인 바, 이 세계대전으로 사람 삼분의 일에 상당하는 많은 수가 죽임을 당한다. 이후 그는 칠년대환난의 주역으로서 많은 사람과 더불어 맺은 7년 동안의 평화 협정을 그 중간에 파기해 버린다.[3] 그리고 거짓 선지자는 거룩한 성전에 멸망의 가증한 것,[4] 곧 적그리스도의 우상을 세우고 경배하게 할 것이다(13:14~15).(IV부 5. 이스라엘의 성전 역사 참고)

펴 놓인 작은 두루마리

10:7~10 "일곱째 천사가 소리 내는 날 그의 나팔을 불려고 할 때에 하나님이 그

을 애굽강에서부터 그 큰 강 유브라데까지 네 자손에게 주노니"

2 창 19:24 "여호와께서 하늘 곧 여호와께로부터 유황과 불을 소돔과 고모라에 비같이 내리사"

3 단 9:27 "그가 장차 많은 사람들과 더불어 한 이레 동안의 언약을 굳게 맺고 그가 그 이레의 절반에 제사와 예물을 금지할 것이며 또 포악하여 가증한 것이 날개를 의지하여 설 것이며 또 이미 정한 종말까지 진노가 황폐하게 하는 자에게 쏟아지리라 하였느니라 하니라"

4 마 24:15 "그러므로 너희가 선지자 다니엘이 말한 바 멸망의 가증한 것이 거룩한 곳에 선 것을 보거든 (읽는 자는 깨달을진저)"

의 종 선지자들에게 전하신 복음과 같이 하나님의 그 비밀이 이루어지리라 하더라 하늘에서 나서 내게 들리던 음성이 또 내게 말하여 이르되 네가 가서 바다와 땅을 밟고 서 있는 천사의 손에 펴 놓인 두루마리를 가지라 하기로 내가 천사에게 나아가 작은 두루마리를 달라 한즉 천사가 이르되 갖다 먹어 버리라 네 배에는 쓰나 네 입에는 꿀 같이 달리라 하거늘 내가 천사의 손에서 작은 두루마리를 갖다 먹어 버리니 내 입에는 꿀 같이 다나 먹은 후에 내 배에서는 쓰게 되더라"

작은 두루마리(책)에는, 요한계시록의 하이라이트라고 할 수 있는 마지막 일곱째 나팔 불 때의 복음이 예고되어 있다. 다시 말해 창세로부터 감춰진 하나님의 비밀, 곧 성도들의 추수 사건인 부활 및 휴거의 내용이 담겨 있다. 이 같은 하나님의 예정된 구원 계획을 잘 알 수 있도록 작은 책이 펴 놓여있는 것이다(10:1~2). 바다와 땅을 밟고 서 있는 권위 있고 힘센 천사가 그 책을 요한에게 먹어 버리라고 한다. 그가 먹으니 하나님의 비밀을 깨닫고 마음이 평강과 희락으로 충만하여 꿀 같이 달다.[5] 하지만 많은 백성들과 나라들과 언어들과 왕들에 대하여 다시 증언해야 하는 거룩한 부담으로 배에는 쓰게 된다 (10:11).

두 증인의 천이백육십 일 예언

---

5 시 119:103 "주의 말씀의 맛이 내게 어찌 그리 단지요 내 입에 꿀보다 더 다니이다"
  겔 3:3 "내게 이르시되 인자야 내가 네게 주는 이 두루마리를 네 배에 넣으며 네 창자에 채우라 하시기에 내가 먹으니 그것이 내 입에서 달기가 꿀 같더라"

11:3~4 "내가 나의 두 증인에게 권세를 주리니 그들이 굵은 베옷을 입고 천이백 육십 일을 예언하리라 그들은 이 땅의 주 앞에 서 있는 두 감람나무와 두 촛대 니"

두 증인은, 기름부음 받은 두 선지자(두 감람나무)와[6] 세상에서 그리스 도의 빛이 되는 교회들(두 촛대)을 상징한다. 이들이 전삼년반 동안 예 수님의 권능을 받아 적그리스도가 다스리게 될 후삼년반 상황을 예 언할 것이다(11:2).

두 증인의 순교

11:9~10 "백성들과 족속과 방언과 나라 중에서 사람들이 그 시체를 사흘 반 동 안을 보며 무덤에 장사하지 못하게 하리로다 이 두 선지자가 땅에 사는 자들을 괴롭게 한 고로 땅에 사는 자들이 그들의 죽음을 즐거워하고 기뻐하여 서로 예 물을 보내리라 하더라"

앞서 두 증인은 전삼년반 동안 적그리스도가 지배하는 후삼년반 상황을 예언한다. 이때 이들의 입에서 불이 나오고 비가 내리지 못하 게 하고 물을 피로 변하게 하는 등 여러 재앙으로 인해 전 세계 나라 의 불신자들에게 괴롭힘이 될 것이다(11:5~6). 그래서 그들은 순교당한 두 선지자에게 수치와 모독을 주기 위해 사흘 반 동안을 무덤에 장사

---

6 슥 4:11~14 "내가 그에게 물어 이르되 등잔대 좌우의 두 감람나무는 무슨 뜻이니 이까 하고 … 이르되 이는 기름 부음 받은 자 둘이니 온 세상의 주 앞에 서 있는 자니라 하더라"

하지 못하게 한다(13:5). 하지만 그 후에 하나님께로부터 생기가 시체들 속에 들어가니 일어서고 하늘에서 올라오라는 음성을 따라 올려 간다(11:11~12).

마지막 일곱째 나팔

11:15 "일곱째 천사가 나팔을 불매 하늘에 큰 음성들이 나서 이르되 세상 나라가 우리 주와 그의 그리스도의 나라가 되어 그가 세세토록 왕 노릇 하시리로다 하니"

칠년대환난이 지나고, 마지막 일곱째 천사가 나팔을 울림으로 세상 나라가 우리 주와 그리스도의 나라가 도래한다. 이때 죽은 성도들이 부활하고 환난을 지난 성도들도 이들과 공중으로 휴거될 것이다.[7] 그리고 강림하신 예수님과 더불어 공중 혼인잔치를 마친 후에 재림하시는 그분을 따라 내려와 천년왕국에서 함께 왕 노릇하게 된다(20:6).

남자아이의 휴거

12:5 "여자가 아들을 낳으니 이는 장차 철장으로 만국을 다스릴 남자라 그 아이를 하나님 앞과 그 보좌 앞으로 올려 가더라"

---

7 살전 4:16~17 "주께서 호령과 천사장의 소리와 하나님의 나팔 소리로 친히 하늘로부터 강림하시리니 그리스도 안에서 죽은 자들이 먼저 일어나고 그 후에 우리 살아 남은 자들도 그들과 함께 구름 속으로 끌어 올려 공중에서 주를 영접하게 하시리니 그리하여 우리가 항상 주와 함께 있으리라"

여자는 교회들을, 아들은 그리스도를 구주로 믿음으로 거듭나 사탄을 이긴 신실하고 강한 성도들을 상징한다. 여자(교회)가 남자(사내) 아이처럼 굳센 믿음으로 악한 자들을 이긴 성도들을 낳는다(양육하여 산출産出한다). 그러므로 남자아이에 속한 성도들이 시험의 때인 칠년 대환난을 면하여 하나님의 보좌 앞으로 첫 열매로 휴거된다(3:10, 7:4, 12:11, 14:4). 장차 이들도 마지막 나팔 불 때 부활·휴거한 성도들과 함께 공중 혼인잔치에 참여한 후에 천년왕국에서 예수님과 더불어 왕 노릇 할 것이다(20:6).

적그리스도의 출현

13:1~2 "내가 보니 바다에서 한 짐승이 나오는데 뿔이 열이요 머리가 일곱이라 그 뿔에는 열 왕관이 있고 그 머리들에는 신성 모독 하는 이름들이 있더라 내가 본 짐승은 표범과 비슷하고 그 발은 곰의 발 같고 그 입은 사자의 입 같은데 용이 자기의 능력과 보좌와 큰 권세를 그에게 주었더라"

짐승의 머리가 일곱인 것은, 하나님을 모독하고 유대인들을 핍박했던 역대의 일곱 국가(애굽, 앗수르, 바벨론, 메대바사, 헬라, 로마, 독일)의 일곱 왕을 상징한다(17:9~10). 그 짐승의 뿔에 열 왕관은, 나라를 얻지 못하였으나 적그리스도에게 협력할 열 왕들을 말한다(17:12~13).

요한이 본 짐승(적그리스도)이 세상(바다)에 출현하는 바, 그는 표범같이 빠르고(헬라), 곰의 발처럼 큰 위력으로 정복하며(메대바사), 사자의 입 같이 잔인한(바벨론) 성향들을 가졌다. 사탄(용)이, 여덟 번째 국가의 왕

인 적그리스도에게(17:11) 자기의 왕좌와 능력과 큰 권세를 줄 것이다
(13:4~5).

첫 열매인 십사만 사천

14:1~4 "또 내가 보니 보라 어린 양이 시온 산에 섰고 그와 함께 십사만 사천이
서 있는데 그들의 이마에는 어린 양의 이름과 그 아버지의 이름을 쓴 것이 있더
라 … 이 사람들은 여자와 더불어 더럽히지 아니하고 순결한 자라 어린 양이 어
디로 인도하든지 따라가는 자며 사람 가운데에서 속량함을 받아 처음 익은 열
매로 하나님과 어린 양에게 속한 자들이니"

시온 산에서 새 노래를 부르는 십사만 사천(12지파×12사도×1,000수많은)
은, 하나님과 어린 양에 속한 성도들로서 첫 열매들이 셀 수 없이 많
음을 나타내는 상징적인 수다. 다시 말해 신·구약 모든 시대의 성도
들 가운데, 그리스도의 속량을 믿음으로 거듭나 악한 사탄을 이긴 자
들로 이루어진 첫 열매의 수가 충만함을 시사한다(3:10, 12:5,11).

아마겟돈 전쟁 준비

16:12~16 "여섯째 천사가 그 대접을 큰 강 유브라데에 쏟으매 강물이 말라서 동
방에서 오는 왕들의 길이 예비되었더라 또 내가 보매 개구리 같은 세 더러운 영
이 용의 입과 짐승의 입과 거짓 선지자의 입에서 나오니 그들은 귀신의 영이라
이적을 행하여 온 천하 왕들에게 가서 하나님 곧 전능하신 이의 큰 날에 있을 전

쟁을 위하여 그들을 모으더라 … 세 영이 히브리어로 아마겟돈이라 하는 곳으로 왕들을 모으더라"

예수님의 재림 시(전능하신 이의 큰 날), 즉 천년왕국 이전에 발생할 적그리스도와의 일전—戰이 될 아마겟돈 전쟁 준비에 대한 환상이다 (19:19~21). 여섯째 천사가 대접을 큰 유브라데강에 쏟으므로 동방에서 오는 왕들의 길이 예비된다. 이 전쟁을 위해 삼마(용, 적그리스도, 거짓 선지자)의 입에서 나오는 세 더러운 영이 일체가 되어 그 강의 동방에서 오는 왕들을 모을 것이다. 따라서 적그리스도 국가와 함께 전쟁에 참여하는 대부분의 나라들이 유브라데강의 동쪽 방향에 위치할 것으로 보인다.

양에 속한 '내 백성'

18:4 "또 내가 들으니 하늘로부터 다른 음성이 나서 이르되 내 백성아, 거기서 나와 그의 죄에 참여하지 말고 그가 받을 재앙들을 받지 말라"

마지막 일곱째 나팔 불 때 구원받은 자들이 부활 및 휴거됨으로써 지상에는 성도들이 남아 있지 않을 것이다. 그럼에도 천년왕국을 앞두고, 불신자들에 대한 하나님의 심판인 음녀 바벨론 패망 이전에 (18:8~10) '내 백성아' 부르신다. 그리고 거기서(바벨론) 나와 그녀의 죄에 참여하지 말 것을 당부하신다. 이는 지상에 아직도 칠년대환난 중 어려움에 처한 그리스도인들을 도운 양에 속한 자들이 남아 있기 때문이다.[8] 그들은 거듭나지 않아 비록 마지막 나팔에 휴거되지 못했지만, 육에 속한 자들로서 하나님의 백성으로 천년왕국에 들어간다. 그래서 거기서 새 생명을 얻은 자들과 천 년이 차매 잡혔던 사탄이 잠시 놓여 미혹할 때(20:7~8) 넘어가지 않은 자들이 이긴 자로서 이른바 하나님의 추수 가운데 이삭줍기 대상이 될 것이다.

예수님의 공중 혼인잔치와 재림

19:7~16 "우리가 즐거워하고 크게 기뻐하며 그에게 영광을 돌리세 어린 양의 혼인 기약이 이르렀고 그의 아내가 자신을 준비하였으므로 그에게 빛나고 깨끗한 세마포 옷을 입도록 허락하셨으니 이 세마포 옷은 성도들의 옳은 행실이로다 하더라 … 천사가 내게 말하기를 기록하라 어린 양의 혼인 잔치에 청함을 받은 자들은 복이 있도다 하고 또 내게 말하되 이것은 하나님의 참되신 말씀이라 하기로 하늘에 있는 군대들이 희고 깨끗한 세마포 옷을 입고 백마를 타고 그를 따르더라 그의 입에서 예리한 검이 나오니 그것으로 만국을 치겠고 친히 그들을 철장으로 다스리며 또 친히 하나님 곧 전능하신 이의 맹렬한 진노의 포도주틀을 밟겠고 그 옷과 그 다리에 이름을 쓴 것이 있으니 만왕의 왕이요 만주의 주라 하였더라"

---

8 마 25:31~40 "인자가 자기 영광으로 모든 천사와 함께 올 때에 자기 영광의 보좌에 앉으리니 모든 민족을 그 앞에 모으고 각각 구분하기를 목자가 양과 염소를 구분하는 것 같이 하여 양은 그 오른편에 염소는 왼편에 두리라 그 때에 임금이 그 오른편에 있는 자들에게 이르시되 내 아버지께 복 받을 자들이여 나아와 창세로부터 너희를 위하여 예비된 나라를 상속받으라 내가 주릴 때에 너희가 먹을 것을 주었고 목마를 때에 마시게 하였고 나그네 되었을 때에 영접하였고 헐벗었을 때에 옷을 입혔고 병들었을 때에 돌보았고 옥에 갇혔을 때에 와서 보았느니라 … 임금이 대답하여 이르시되 내가 진실로 너희에게 이르노니 너희가 여기 내 형제 중에 지극히 작은 자 하나에게 한 것이 곧 내게 한 것이니라 하시고"

대환난을 지나서 천년왕국의 도래 전前 상황으로, 강림하신 예수님이 흰 세마포 옷을 입은 성도들과 공중 혼인잔치를 하신다(19:7~9). 이들은 옳은 행실, 곧 성도들의 의(the righteousness of saints)로서[9] 생명의 부활 및 휴거한 자들이다. 그리스도를 구주로 믿음으로 하나님의 의義를 얻어 새 생명으로 거듭나 악한 사탄을 이긴 성도들인 것이다.

이후 예수님은 만왕의 왕으로서 하늘에 있는 군대, 곧 백마 탄 성도들과 함께 재림하신다.[10] 그리고 이 땅에서 적그리스도, 거짓 선지자와 싸우시는 인류 최후의 아마겟돈 전쟁이 있겠고 염소에 속한 불신자들에 대한 맹렬한 진노의 심판을 하실 것이다.[11] 나아가 천년왕국에서 성도들과 더불어 예리한 말씀의 검과 철장 같은 강한 권능으로 만국을 다스리신다.

---

9 정동수, 『킹제임스 흠정역 한영대역 성경전서』(인천 : 그리스도 예수안에, 2008), 계 19:8 참조.

10 막 13:26 "그 때에 인자가 구름을 타고 큰 권능과 영광으로 오는 것을 사람들이 보리라"

11 마 25:41~46 "또 왼편에 있는 자들에게 이르시되 저주를 받은 자들아 나를 떠나 마귀와 그 사자들을 위하여 예비된 영원한 불에 들어가라 내가 주릴 때에 너희가 먹을 것을 주지 아니하였고 목마를 때에 마시게 하지 아니하였고 나그네 되었을 때에 영접하지 아니하였고 헐벗었을 때에 옷 입히지 아니하였고 병들었을 때와 옥에 갇혔을 때에 돌보지 아니하였느니라 하시니 ⋯ 이에 임금이 대답하여 이르시되 내가 진실로 너희에게 이르노니 이 지극히 작은 자 하나에게 하지 아니한 것이 곧 내게 하지 아니한 것이니라 하시리니 그들은 영벌에, 의인들은 영생에 들어가리라 하시니라"

천년왕국

20:4~6 "또 내가 보좌들을 보니 거기에 앉은 자들이 있어 심판하는 권세를 받았더라 또 내가 보니 예수를 증언함과 하나님의 말씀 때문에 목 베임을 당한 자들의 영혼들과 또 짐승과 그의 우상에게 경배하지 아니하고 그들의 이마와 손에 그의 표를 받지 아니한 자들이 살아서 그리스도와 더불어 천 년 동안 왕 노릇하니 (그 나머지 죽은 자들은 그 천 년이 차기까지 살지 못하더라) 이는 첫째 부활이라 이 첫째 부활에 참여하는 자들은 복이 있고 거룩하도다 둘째 사망이 그들을 다스리는 권세가 없고 도리어 그들이 하나님과 그리스도의 제사장이 되어 천 년 동안 그리스도와 더불어 왕 노릇 하리라"

그리스도의 속량을 믿음으로 하나님의 의義를 얻어 악한 사탄(죄)을 이기고 부활에 참여한 성도들이 천년왕국에서 왕좌에 앉아 세상을 심판하는 권세를 받았다(3:21).[12] 또 적그리스도와 그의 우상에게 경배하지 아니하고 그들의 이마와 손에 그의 표를 받지 않은 순교자들이 부활하여 예수님과 더불어 천 년 동안 왕 노릇한다(14:11~13).[13]

이들은 둘째 사망의 지배를 받지 않고, 첫째 부활(생명의 부활)에 참여

---

12 눅 22:30 "너희로 내 나라에 있어 내 상에서 먹고 마시며 또는 보좌에 앉아 이스라엘 열두 지파를 다스리게 하려 하노라"
고전 6:2~3 "성도가 세상을 판단할 것을 너희가 알지 못하느냐 세상도 너희에게 판단을 받겠거든 지극히 작은 일 판단하기를 감당하지 못하겠느냐 우리가 천사를 판단할 것을 너희가 알지 못하느냐 그러하거든 하물며 세상 일이랴"
13 단 7:25~27 "그가 장차 지극히 높으신 이를 말로 대적하며 또 지극히 높으신 이의 성도를 괴롭게 할 것이며 그가 또 때와 법을 고치고자 할 것이며 성도들은 그의 손에 붙인 바 되어 한 때와 두 때와 반 때를 지내리라 그러나 심판이 시작되면 그는 권세를 빼앗기고 완전히 멸망할 것이요 나라와 권세와 온 천하 나라들의 위세가 지극히 높으신 이의 거룩한 백성에게 붙인 바 되리니 그의 나라는 영원한 나라라 모든 권세 있는 자들이 다 그를 섬기며 복종하리라"

한 거룩한 자들로서 하나님과 그리스도의 제사장이 되어 세상을 다스린다. 한편 천년왕국이 지나면, 그 나머지 죽은 자들이 둘째 부활(심판의 부활) 할 때 생명책에 기록되지 않은 자들이 흰 보좌 심판으로 영벌의 불못에 던져질 것이다(20:11~14).

새 하늘과 새 땅, 그리고 새 예루살렘 성

21:1~2 "또 내가 새 하늘과 새 땅을 보니 처음 하늘과 처음 땅이 없어졌고 바다도 다시 있지 않더라 또 내가 보매 거룩한 성 새 예루살렘이 하나님께로부터 하늘에서 내려오니 그 준비한 것이 신부가 남편을 위하여 단장한 것 같더라"

처음, 즉 창조할 때의 하늘과 땅과 바다가 완전히 사라졌다. 그리고 새 하늘과 새 땅에 신부가 남편을 위해 단장한 것 같은 아름답고 거룩한 성 새 예루살렘이 하나님께로부터 하늘에서 내려온다(19:7). 이 고귀한 성은 하나님의 인류에 대한 구원 경륜의 완성품이다. 아울러 성도들의 소망과 궁극의 목표가 되고, 성령 안에서 의와 평강과 희락이 넘치며 영원한 생명수가 흐르는 그리스도의 신부로서의 천국을 의미한다.[14]

---

14 롬 14:17 "하나님의 나라는 먹는 것과 마시는 것이 아니요 오직 성령 안에 있는 의와 평강과 희락이라"

제1장

예수 그리스도의 모습

사도 요한이 AD 95년경 밧모 섬에서 예수 그리스도로부터 계시를 받는다. 하나님은 곧 일어날 일들을 종들에게 보이시려고 이 계시를 요한에게 알게 하셨으며, 자신을 알파와 오메가라 이제도 있고 전에도 있었고 장차 올 자요 전능한 자라고 하신다. 그리고 주님의 날에 성령의 감동을 받은 요한은 일곱 금 촛대(교회) 사이에 예수님의 빛나고 엄위하신 모습들을 보게 된다.

두루마리의 계시(요한계시록)는 한마디로 '네가 본 것과 이제 있는 일과 장차 될 일'에 대한 기록이라고 할 수 있다(1:19). 여기서 요한이 '본 것'은, 예수님의 오른손에 붙잡고 계신 일곱 별의 비밀과 일곱 금 촛대다. 일곱 별은 일곱 교회의 사자요, 일곱 금 촛대는 일곱 교회를 의미한다. 이들을 통해서 하나님이 이 땅에서 위대한 구원의 경륜을 이루시려는 것이다.

(1:1)

예수 그리스도의 계시라 이는 하나님이 그에게 주사 반드시 속히 일어날 일들

을 그 종들에게 보이시려고 그의 천사를 그 종 요한에게 보내어 알게 하신 것이라

예수 그리스도에 관한 계시가 아닌 그분이 친히 보여주신 계시다. 그 출처는 하나님으로서, 그리스도를 통해 장차 속히 일어날 일들을 (1:19, 4:1, 22:6) 당시 일곱 교회 사자들과 일곱 교회(전 세계 모든 세대 그리스도인의 대표성을 띰)에 알게 하셨다.[15] 따라서 모든 성도들은 반드시 마음에 실재하신 성령께 의지하며 깊은 묵상을 통해 계시의 참 의미를 깨달아야 한다.[16]

(1:2~3)

요한은 하나님의 말씀과 예수 그리스도의 증거 곧 자기가 본 것을 다 증언하였느니라 이 예언의 말씀을 읽는 자와 듣는 자와 그 가운데에 기록한 것을 지키는 자는 복이 있나니 때가 가까움이라

---

15 암 3:7 "주 여호와께서는 자기의 비밀을 그 종 선지자들에게 보이지 아니하시고는 결코 행하심이 없으시리라"

16 요 14:26 "보혜사 곧 아버지께서 내 이름으로 보내실 성령 그가 너희에게 모든 것을 가르치고 내가 너희에게 말한 모든 것을 생각나게 하리라"
요일 2:27 "너희는 주께 받은 바 기름 부음이 너희 안에 거하나니 아무도 너희를 가르칠 필요가 없고 오직 그의 기름 부음이 모든 것을 너희에게 가르치며 또 참되고 거짓이 없으니 너희를 가르치신 그대로 주안에 거하라"
고전 2:13 "우리가 이것을 말하거니와 사람의 지혜가 가르친 말로 아니하고 오직 성령께서 가르치신 것으로 하니 영적인 일은 영적인 것으로 분별하느니라"
벧후 1:19~21 "또 우리에게는 더 확실한 예언이 있어 어두운 데를 비추는 등불과 같으니 날이 새어 샛별이 너희 마음에 떠오르기까지 너희가 이것을 주의하는 것이 옳으니라 먼저 알 것은 성경의 모든 예언은 사사로이 풀 것이 아니니 예언은 언제든지 사람의 뜻으로 낸 것이 아니요 오직 성령의 감동하심을 받은 사람들이 하나님께 받아 말한 것임이라"

요한은 직접 본 것들에 대해 이 두루마리(요한계시록)를 통해 다 증언하였다(1:1). 그리스도의 재림이 가까움으로, 이 말씀을 읽고 듣고 지키는 자는 행한 대로 갚아 주시는 하나님의 상급을 속히 얻게 될 것이다(3:10, 22:7,12).[17]

△ 요한계시록에 약속된 일곱 차례의 복(1:3, 14:13, 16:15, 19:9, 20:6, 22:7, 22:14)

(1:4~5)

요한은 아시아에 있는 일곱 교회에 편지하노니 이제도 계시고 전에도 계셨고 장차 오실 이시며 그의 보좌(성부) 앞에 있는 일곱 영(성령)과 또 충성된 증인으로 죽은 자들 가운데에서 먼저 나시고 땅의 임금들의 머리가 되신 예수 그리스도(성자)로 말미암아 은혜와 평강이 너희에게 있기를 원하노라 우리를 사랑하사 그의 피로 우리 죄에서 우리를 해방하시고

요한이 편지를 보냈던 당시 소아시아 일곱 교회는 전 세계 모든 세대의 교회들을 상징하고 그 대표성을 띤다. 그가 본문을 통해, 일곱 교회에 삼위일체이신 성부와 성자와 성령 하나님의 이름으로 은혜와 평강이 있기를 축복하고 있다.[18] 여기서 성 삼위 하나님의 역할들을 각각 분해하여 살펴본다.

첫째, 하나님은 만물의 근원이자 처음과 나중이 되시기에 과거

---

17 마 13:16 "너희 눈은 봄으로, 너희 귀는 들음으로 복이 있도다"
    눅 11:28 "예수께서 이르시되 오히려 하나님의 말씀을 듣고 지키는 자가 복이 있느니라 하시니라"
18 고후 13:13 "주 예수 그리스도의 은혜와 하나님의 사랑과 성령의 교통하심이 너희 무리와 함께 있을지어다"

와 현재, 그리고 다가올 미래에도 항상 보좌에서 우리를 주관하신다 (22:13).

둘째, 예수님은 십자가의 보혈로 모든 피조물을 깨끗하게 하심으로 죄의 속박, 곧 사망 권세에서 우리를 해방하셨다.[19] 그리고 죽은 자들 가운데 부활하사 먼저 나신 분이기에 충성된 진리의 증인으로 교회의 머리가 되신다.[20]

셋째, 일곱(3하늘+4땅)은 하나님의 완전성을 뜻하므로,[21] 일곱 영은 전지全知하신 하나님의 영이신 성령을 상징한다.[22] 그분은 그리스도를 구주로 믿는 자들에게 하나님께로부터 보내신 바 되어, 성도들의 마음에 기름부음으로 찾아오셔서 모든 것을 가르치고 인도하신다(5:6).

---

19 히 9:12 "염소와 송아지의 피로 하지 아니하고 오직 자기의 피로 영원한 속죄를 이루사 단번에 성소에 들어가셨느니라"

20 고전 15:23 "그러나 각각 자기 차례대로 되리니 먼저는 첫 열매인 그리스도요 다음에는 그가 강림하실 때에 그리스도에게 속한 자요"

21 슥 3:9 "만군의 여호와가 말하노라 내가 너 여호수아 앞에 세운 돌을 보라 한 돌에 일곱 눈이 있느니라 내가 거기에 새길 것을 새기며 이 땅의 죄악을 하루에 제거하리라"
슥 4:2 "그가 내게 묻되 네가 무엇을 보느냐 내가 대답하되 내가 보니 순금 등잔대가 있는데 그 위에는 기름 그릇이 있고 또 그 기름 그릇 위에 일곱 등잔이 있으며 그 기름 그릇 위에 있는 등잔을 위해서 일곱 관이 있고"
슥 4:10 "작은 일의 날이라고 멸시하는 자가 누구냐 사람들이 스룹바벨의 손에 다림 줄이 있음을 보고 기뻐하리라 이 일곱은 온 세상에 두루 다니는 여호와의 눈이라 하니라"

22 엡 4:4 "몸이 하나요 성령도 한 분이시니 이와 같이 너희가 부르심의 한 소망 안에서 부르심을 받았느니라"
요 7:37~39 "명절 끝날 곧 큰 날에 예수께서 서서 외쳐 이르시되 누구든지 목마르거든 내게로 와서 마시라 나를 믿는 자는 성경에 이름과 같이 그 배에서 생수의 강이 흘러 나오리라 하시니 이는 그를 믿는 자들이 받을 성령을 가리켜 말씀하신 것이라"

(1:6)

그의 아버지 하나님을 위하여 우리를 나라와 제사장으로 삼으신 그에게 영광과
능력이 세세토록 있기를 원하노라 아멘

예수님은, 아버지 하나님을 위하여, 성도들을 나라의 거룩한 백성
과 성소에 나아갈 수 있는 왕 같은 제사장으로 삼으셨다.[23] 그리므
로 요한이 예수님의 영광과 능력이 무궁하기를 기원한다.[24]

(1:7)

볼지어다 그가 구름을 타고 오시리라 각 사람의 눈이 그를 보겠고 그를 찌른 자
들도 볼 것이요 땅에 있는 모든 족속이 그로 말미암아 애곡하리니 그러하리라
아멘

감람원에서 승천하셨던 예수님은 재림하실 때 다시 구름타고 온다
고 하셨다.[25] 이때 모든 사람의 눈이 그분을 볼 것이요 초림 시에 핍
박하고 찌른 자들도 음부에서 그분을 바라볼 것이다.[26] 또 땅에 있는

---

23 벧전 2:9 "그러나 너희는 택하신 족속이요 왕 같은 제사장들이요 거룩한 나라요
   그의 소유가 된 백성이니 이는 너희를 어두운 데서 불러 내어 그의 기이한 빛에
   들어가게하신 이의 아름다운 덕을 선포하게 하려 하심이라"
24 빌 3:20 "우리의 시민권은 하늘에 있는지라 거기로부터 구원하는 자 곧 주 예수
   그리스도를 기다리노니"
25 마 24:30 "그 때에 인자의 징조가 하늘에서 보이겠고 그 때에 땅의 모든 족속들
   이 통곡하며 그들이 인자가 구름을 타고 능력과 큰 영광으로 오는 것을 보리라"
   행 1:11~12 "이르되 갈릴리 사람들아 어찌하여 서서 하늘을 쳐다보느냐 너희 가
   운데서 하늘로 올려지신 이 예수는 하늘로 가심을 본 그대로 오시리라 하였느니
   라 제자들이 감람원이라 하는 산으로부터 예루살렘에 돌아오니 이 산은 예루살
   렘에서 가까워 안식일에 가기 알맞은 길이라"
26 요 19:37 "다른 성경에 그들이 그 찌른 자를 보리라 하였느니라"

모든 족속들, 곧 휴거하지 못한 세계 각 나라 백성들이 능력과 영광
으로 오시는 예수님으로 인해 슬퍼하며 통곡하리라고 한다. 아멘.

(1:8)

주 하나님이 이르시되 나는 알파와 오메가라 이제도 있고 전에도 있었고 장차
올 자요 전능한 자라 하시더라

헬라어 문자의 '알파와 오메가'는 처음과 마지막 글자다(22:13).[27] 이
는 우리 주 하나님이 만물의 근원이자 전부가 되시며 창조주이자 완
성자로서 장차 오실 전지전능하신 분임을 함의한다.

(1:9)

나 요한은 너희 형제요 예수의 환난과 나라와 참음에 동참하는 자라 하나님의
말씀과 예수를 증언하였음으로 말미암아 밧모라 하는 섬에 있었더니

교회의 성도들은 머리이신 예수님 안에서 한 지체로서 각자의 역
할을 담당하고 있는 형제들이다.[28] 요한은 십자가의 고난과 하나님
나라의 도래를 인내로 동참하는 형제로서,[29] 그리스도인들에 대한

---

27 사 44:6 "이스라엘의 왕인 여호와, 이스라엘의 구원자인 만군의 여호와가 이같
이 말하노라 나는 처음이요 나는 마지막이라 나 외에 다른 신이 없느니라"
28 히 2:11 "거룩하게 하시는 이와 거룩하게 함을 입은 자들이 다 한 근원에서 난지
라 그러므로 형제라 부르시기를 부끄러워하지 아니하시고"
29 살후 1:5 "이는 하나님의 공의로운 심판의 표요 너희로 하여금 하나님의 나라에
합당한 자로 여김을 받게 하려 함이니 그 나라를 위하여 너희가 또한 고난을 받
느니라"
벧전 4:1 "그리스도께서 이미 육체의 고난을 받으셨으니 너희도 같은 마음으로

핍박으로 인해 밧모 섬에 유배되어 있는 중에 계시를 받는다.

(1:10)

주의 날에 내가 성령에 감동되어 내 뒤에서 나는 나팔 소리 같은 큰 음성을 들으니

요한은 주의 날, 곧 예수님이 부활하셨던 주님의 날(주일)에 성령의 감동을 받는다. 그가 하나님의 깊은 뜻을 통찰할 수 있는 성령 충만한 상태에 이르러(4:2, 17:3, 21:10),[30] 큰 메시지를 전할 때 부는 나팔소리 같은 웅장한 음성을 듣는다.[31]

(1:11~12)

이르되 네가 보는 것을 두루마리에 써서 에베소, 서머나, 버가모, 두아디라, 사데, 빌라델비아, 라오디게아 등 일곱 교회에 보내라 하시기로 몸을 돌이켜 나에게 말한 음성을 알아 보려고 돌이킬 때에 일곱 금 촛대를 보았는데

일곱 촛대는 일곱 교회를 뜻한다(1:20). 일곱은 완전 수로서,[32] 당시

갑옷을 삼으라 이는 육체의 고난을 받은 자는 죄를 그쳤음이니"

30 행 7:55 "스데반이 성령 충만하여 하늘을 우러러 주목하여 하나님의 영광과 및 예수께서 하나님 우편에 서신 것을 보고"
고전 2:10 "오직 하나님이 성령으로 이것을 우리에게 보이셨으니 성령은 모든 것 곧 하나님의 깊은 것까지도 통달하시느니라"

31 마 24:31 "그가 큰 나팔소리와 함께 천사들을 보내리니 그들이 그의 택하신 자들을 하늘 이 끝에서 저 끝까지 사방에서 모으리라"
살전 4:16 "주께서 호령과 천사장의 소리와 하나님의 나팔 소리로 친히 하늘로부터 강림하시리니 그리스도 안에서 죽은 자들이 먼저 일어나고"

32 창 2:2 "하나님이 그가 하시던 일을 일곱째 날에 마치시니 그가 하시던 모든 일

소아시아 일곱 교회에 보내는 편지(두루마리)에 적힌 메시지는 전全 세계와 전全 세대의 모든 교회에 적용되어진다. 또 금 촛대는,[33] 단련하고 정제되어 불순물이 전혀 없는 금같이 순전하며 세상의 빛이 되는 교회를 상징한다.[34]

소아시아 일곱 교회 위치

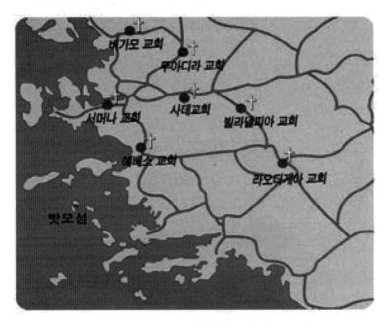

〔그림 Ⅲ-1〕

을 그치고 일곱째 날에 안식하시니라"

33 슥 4:2 "그가 내게 묻되 네가 무엇을 보느냐 내가 대답하되 내가 보니 순금 등잔대가 있는데 그 위에는 기름 그릇이 있고 또 그 기름 그릇 위에 일곱 등잔이 있으며 그 기름 그릇 위에 있는 등잔을 위해서 일곱 관이 있고"

34 마 5:14~15 "너희는 세상의 빛이라 산 위에 있는 동네가 숨겨지지 못할 것이요 사람이 등불을 켜서 말 아래에 두지 아니하고 등경 위에 두나니 이러므로 집안 모든 사람에게 비치느니라"

〔그림 Ⅲ-1〕은 요한이 계시받을 당시 일곱 교회의 위치를 나타낸 지도다.[35] 현재 튀르키예에 속한 소아시아 지역의 일곱 교회는, 그림처럼 밧모 섬에서 출발했을 때 타원형으로 나열되어 있다. 편지 전달자는 밧모 섬에서 출발하여 에베소 교회를 거쳐 서머나, 버가모, 두아디라, 사데, 빌라델비아, 라오디게아 교회 순으로 편지를 전달하였을 것이다. 이 동선은 2~3장에 기록된 일곱 교회의 순서와 정확히 일치한다.[36]

(1:13)

촛대 사이에 인자 같은 이가 발에 끌리는 옷을 입고 가슴에 금띠를 띠고

촛대는 교회를 상징한다. 따라서 일곱 교회 한가운데서 그 주인이신 예수님이 만유의 왕이요 대제사장으로서 보살피고 인도하시는 모습이다(2:1).[37]

(1:14~15)

그의 머리와 털의 희기가 흰 양털 같고 눈 같으며 그의 눈은 불꽃 같고 그의 발은 풀무불에 단련한 빛난 주석 같고 그의 음성은 많은 물 소리와 같으며

---

35 https://www.google.co.kr/search?q=소아시아+7교회+지도&tbm 참조.
36 그랜트 오스본, 『적용을 도와주는 요한계시록』, 전광규 역(서울 : 성서유니온선교회, 2008), 54.
37 히 3:1 "그러므로 함께 하늘의 부르심을 받은 거룩한 형제들아 우리가 믿는 도리의 사도이시며 대제사장이신 예수를 깊이 생각하라"
단 10:5 "그 때에 내가 눈을 들어 바라본즉 한 사람이 세마포 옷을 입었고 허리에는 우바스 순금 띠를 띠었더라"

흰 머리와 흰 털은 주님의 영광스러움과 성결하심을 뜻한다.[38] 또 불꽃 같은 눈은 통찰력을, 빛난 주석 같은 발은 엄위하신 모습을, 많은 물소리 같은 음성은 거룩하신 말씀의 권위와 경외감을 나타낸다.[39]

(1:16)

그의 오른손에 일곱 별이 있고 그의 입에서 좌우에 날선 검이 나오고 그 얼굴은 해가 힘있게 비치는 것 같더라

예수님이 능력의 오른손으로 일곱 별, 곧 모든 교회의 사자들을 안위安慰하고 계신다(1:20, 2:1). 또 진리의 본체이신 그분의 입에서 예리한 말씀의 검이 나오고(19:15)[40] 얼굴은 해가 강하게 비치는 것처럼 찬란하게 빛난다.[41]

(1:17)

내가 볼 때에 그의 발 앞에 엎드러져 죽은 자 같이 되매 그가 오른손을 내게 얹

---

38 잠 16:31 "백발은 영화의 면류관이라 공의로운 길에서 얻으리라"
  단 7:9 "내가 보니 왕좌가 놓이고 옛적부터 항상 계신 이가 좌정하셨는데 그의 옷은 희기가 눈 같고 그의 머리털은 깨끗한 양의 털 같고 그의 보좌는 불꽃이요 그의 바퀴는 타오르는 불이며"
39 단 10:6 "또 그의 몸은 황옥 같고 그의 얼굴은 번갯빛 같고 그의 눈은 횃불 같고 그의 팔과 발은 빛난 놋과 같고 그의 말소리는 무리의 소리와 같더라"
  겔 43:2 "이스라엘 하나님의 영광이 동쪽에서부터 오는데 하나님의 음성이 많은 물 소리 같고 땅은 그 영광으로 말미암아 빛나니"
40 히 4:12 "하나님의 말씀은 살아 있고 활력이 있어 좌우에 날선 어떤 검보다도 예리하여 혼과 영과 및 관절과 골수를 찔러 쪼개기까지 하며 또 마음의 생각과 뜻을 판단하나니"
41 마 17:2 "그들 앞에서 변형되사 그 얼굴이 해 같이 빛나며 옷이 빛과 같이 희어졌더라"

고 이르시되 두려워하지 말라 나는 처음이요 마지막이니

요한이, 예수님의 얼굴에서 나오는 광채로 인해, 똑바로 쳐다보지 못하고 기력을 잃고 쓰러진다.[42] 그러자 예수님 능력의 오른손을 그에게 다정하게 얹고 '두려워하지 말라'고 위로하시며, 성부 하나님과 동등한—처음과 마지막, 곧 알파와 오메가요 시작과 마침이 되신(1:8, 22:13)—자신을 소개하신다.[43]

(1:18~19)

곧 살아 있는 자라 내가 전에 죽었었노라 볼지어다 이제 세세토록 살아 있어 사망과 음부의 열쇠를 가졌노니 그러므로 네가 본 것과 지금 있는 일과 장차 될 일을 기록하라

예수님이 인류 구원을 위해 십자가 위에서 단번의 제사로 죄를 영속하신 후, 부활하사 승리자로서 심판의 권능을 갖고 영존하신 모습이 잘 나타나 있다(2:7, 20:13 ~14).[44]

---

42 단 8:17~18 "그가 내가 선 곳으로 나왔는데 그가 나올 때에 내가 두려워서 얼굴을 땅에 대고 엎드리매 그가 내게 이르되 인자야 깨달아 알라 이 환상은 정한 때 끝에 관한 것이니라 그가 내게 말할 때에 내가 얼굴을 땅에 대고 엎드리어 깊이 잠들매 그가 나를 어루만져서 일으켜 세우며"
   행 26:13~14 "왕이여 정오가 되어 길에서 보니 하늘로부터 해보다 더 밝은 빛이 나와 내 동행들을 둘러 비추는지라 우리가 다 땅에 엎드러지매 …"
43 마 14:27 "예수께서 즉시 이르시되 안심하라 나니 두려워하지 말라"
   사 41:4 "이 일을 누가 행하였느냐 누가 이루었느냐 누가 처음부터 만대를 불러 내었느냐 나 여호와라 처음에도 나요 나중 있을 자에게도 내가 곧 그니라"
44 롬 1:4 "성결의 영으로는 죽은 자들 가운데서 부활하사 능력으로 하나님의 아들로 선포되셨으니 곧 우리 주 예수 그리스도시니라"

본문에서 네가 본 것은 예수님이 능력의 손으로 붙드신 일곱 별의 비밀(일곱 교회의 사자)과 일곱 금 촛대(일곱 교회)를 말한다(1:9~20). 또 지금 있는 일은 당시 일곱 교회에서 일어나고 있는 상황들로서, 전 세계와 모든 세대의 교회들에서 일어나는 일들을 상징하고 그 대표성을 띤다(2~3장). 그리고 장차 될 일은 요한이 성령의 감동으로 하늘에 올려져 보게 되는 바, 그가 계시받은 시점 후에, 마땅히 일어날 일들에 대한 모든 사건들이다(4:1~22:5). 따라서 계시록 4장 1절 이후에 관한 기록들은, 예수님의 탄생이나 부활 이전에 관한 사건들이 아니다. 예수님이 승천하셔서 요한에게 보여준 계시(AD 95년경) 이후에 일어날 일들임을 깨닫고 전문을 이해하는 데 특별히 유의해야 할 것이다.

(1:20)

네가 본 것은 내 오른손의 일곱 별의 비밀과 또 일곱 금 촛대라 일곱 별은 일곱 교회의 사자요 일곱 촛대는 일곱 교회니라

'네(요한)가 본 것'은 예수님이 능력의 오른손으로 붙드신 일곱 별의 비밀과 일곱 금 촛대다.[45] 이때 일곱 별의 감춰진 비밀(신비)은 일곱 교회의 사자요,[46] 일곱 금 촛대는 일곱 교회인 것이다.[47]

고전 15:54 "이 썩을 것이 썩지 아니함을 입고 이 죽을 것이 죽지 아니함을 입을 때에는 사망을 삼키고 이기리라고 기록된 말씀이 이루어지리라"

45 정동수, 『KJV』 및 정형철, 『NIV』 계 1:20 참조.

46 딤전 3:9 "깨끗한 양심에 믿음의 비밀을 가진 자라야 할지니"
고전 4:1 "사람이 마땅히 우리를 그리스도의 일꾼이요 하나님의 비밀을 맡은 자로 여길지어다"

47 출 25:36~37 "그 꽃받침과 가지를 줄기와 연결하여 전부를 순금으로 쳐 만들고

즉 '일곱 별'은 그리스도의 복음을 세상에 전하는 일곱(세상의 모든) 교회의 목자들이다. 그리고 금은 단련되고 정제된 불순물이 없는 순전성을 상징한다. 따라서 '일곱 금 촛대'는, 그리스도의 참 진리의 순전한 복음의 빛을 어두운 세상에 밝게 비춰주는 사명을 담당해야 할 일곱(세상의 모든) 교회를 말한다. 그러므로 하나님의 궁극의 목적이 교회들과 그 사자들을 통해 구원의 경륜을 이루시려는 데 있음을 보여주시는 신비로운 장면이라 하겠다.

등잔 일곱을 만들어 그 위에 두어 앞을 비추게 하며"

제 2 장

●

일곱 교회에 보내는 편지
(에베소, 서머나, 버가모, 두아디라 교회)

앞서 일곱 교회는 요한의 유배지인 밧모 섬을 기점으로 로마의 주
요 도로상에 타원형을 그리며 위치하고 있었다. 당시 소아시아 지역
인근에 초대 교회들이 더 산재하였을 것이다. 하지만 일곱 교회를 택
하셨다. 숫자 '7'은 하나님의 행정의 완전 수로서 전 세계와 모든 세
대에 걸쳐 성도들이 속한 모든 교회를 상징하기 때문이다. 또한 편지
에 나타난 일곱 교회의 상황들은 1:19절의 '지금 있는 일'에 해당한다
(2~3장).

예수님은 일곱 교회에 보내는 편지에서—첫사랑을 잃은 에베소 교
회에는, 오른손에 일곱 별을 붙잡고 일곱 금 촛대 사이에 교회의 주
인으로서 거닐며 보살피시는 모습으로… 핍박받는 서머나 교회에는,
처음이요 마지막이요 죽었다가 살아나사 주권자로서 고난 받은 후
부활하신 영광의 모습으로… 발람 및 니골라 당의 교훈과 타협하는
버가모 교회에는, 좌우에 날선 말씀의 검으로 진리를 보호하시려는

투사의 모습으로… 또 이사벨로 부패해진 두아디라 교회에는, 눈이 불꽃 같고 발이 빛난 주석 같으며 영적 통찰력이 깊고 엄위하신 심판주의 모습으로—각 교회가 처한 특수적 상황에 맞춤형으로 나타나셨다.

<에베소 교회에 보내는 편지>

(2:1~2)

에베소 교회의 사자에게 편지하라 오른손에 있는 일곱 별을 붙잡고 일곱 금 촛대 사이를 거니시는 이가 이르시되 내가 네 행위와 수고와 네 인내를 알고 또 악한 자들을 용납하지 아니한 것과 자칭 사도라 하되 아닌 자들을 시험하여 그의 거짓된 것을 네가 드러낸 것과

에베소 교회 지도자는 바른 행실과 수고와 인내하는 자로서,[48] 악한 자들과 스스로를 그리스도의 제자라고 하나 실상은 거짓된 자들을 용납하지 아니하였다.[49] 그러나 예수님에 대한 처음 사랑을 버렸으므로 권능의 손으로 일곱 별(교회 지도자)을 붙잡고 교회 사이를 거닐며 보살피는 모습으로 나타나셨다.[50]

---

48 살전 1:3 "너희의 믿음의 역사와 사랑의 수고와 우리 주 예수 그리스도에 대한 소망의 인내를 우리 하나님 아버지 앞에서 끊임없이 기억함이니"
49 빌 3:2 "개들을 삼가고 행악하는 자들을 삼가고 몸을 상해하는 일을 삼가라"
   마 7:15 "거짓 선지자들을 삼가라 양의 옷을 입고 너희에게 나아오나 속에는 노략질하는 이리라"
50 행 20:28 "여러분은 자기를 위하여 또는 온 양 떼를 위하여 삼가라 성령이 그들 가운데 여러분을 감독자로 삼고 하나님이 자기 피로 사신 교회를 보살피게 하셨느니라"

(2:3~4)

또 네가 참고 내 이름을 위하여 견디고 게으르지 아니한 것을 아노라 그러나 너를 책망할 것이 있나니 너의 처음 사랑을 버렸느니라

주님의 이름을 위해 이들이 참고 수고한 것을 칭찬하신다. 하지만 십자가 위에서 단번의 희생 제사로 온 인류의 속량을 이루신 그리스도에 대한 처음 사랑을 저버린 것, 즉 오직 그리스도 진리 안에서 순수하고 뜨거운 사랑을 잃어버린 것에 대해 책망하신다.[51]

(2:5)

그러므로 어디서 떨어졌는지를 생각하고 회개하여 처음 행위를 가지라 만일 그리하지 아니하고 회개하지 아니하면 내가 네게 가서 네 촛대를 그 자리에서 옮기리라

주님과의 관계가 언제부터 잘못되었는지를 생각해 회개하고(22:14), 첫사랑처럼 순전하고 뜨거운 열정으로 오직 그리스도만을 바라볼 것을 당부하신다.[52] 만일 돌이켜 회개하지 아니하면 촛대, 곧 교회를

---

51 엡 1:15 "이로 말미암아 주 예수 안에서 너희 믿음과 모든 성도를 향한 사랑을 나도 듣고"
렘 2:2 "가서 예루살렘의 귀에 외칠지니라 여호와께서 이와 같이 말씀하시기를 내가 너를 위하여 네 청년 때의 인애와 네 신혼 때의 사랑을 기억하노니 곧 씨 뿌리지 못하는 땅, 그 광야에서 나를 따랐음이니라"

52 행 2:46 "날마다 마음을 같이하여 성전에 모이기를 힘쓰고 집에서 떡을 떼며 기쁨과 순전한 마음으로 마음으로 음식을 먹고"
골 2:19 "머리를 붙들지 아니하는지라 온 몸이 머리로 말미암아 마디와 힘줄로 공급함을 받고 연합하여 하나님이 자라게 하시므로 자라느니라"

그 자리에서 친히 옮기겠다고 경고하신다.

(2:6~7)

오직 네게 이것이 있으니 네가 니골라 당의 행위를 미워하는도다 나도 이것을 미워하노라 귀 있는 자는 성령이 교회들에게 하시는 말씀을 들을지어다 이기는 그에게는 내가 하나님의 낙원에 있는 생명나무의 열매를 주어 먹게 하리라

예수님은 에베소 교회 지도자가 니골라 당(그리스도인들의 형제 신분을 계급화하는 부류)의 행위를 미워하는 것에 대해 칭찬하신다(2:14~15).[53] 나아가 성령을 통해 교회들에게 주시는 말씀을 잘 듣고 순종하여 승리하길 바라신다.[54]

본문에서 '이기는 그'는 예수님이 그리스도시요 인류의 속량을 위해 영과 물(육체)과 피로 오신 하나님의 아들이심을 믿고 성령을 좇아 살아가는 자들이다.[55] 이들은 어린 양의 피값으로 하나님의 의를 거저 얻음으로 사탄을 이긴 자들로서[56] 하나님의 동산(천국)에서의 영생

---

53 마 23:8 "너희는 랍비라 칭함을 받지 말라 너희 선생은 하나요 너희는 다 형제니라"
54 마 13:9 "귀 있는 자는 들으라 하시니라"
   고전 2:10 "오직 하나님이 성령으로 이것을 우리에게 보이셨으니 성령은 모든 것 곧 하나님의 깊은 것까지도 통달하시느니라"
55 요일 5:4~8 무릇 하나님께로부터 난 자마다 세상을 이기느니라 세상을 이기는 승리는 이것이니 우리의 믿음이니라 예수께서 하나님의 아들이심을 믿는 자가 아니면 세상을 이기는 자가 누구냐 이는 물과 피로 임하신 이시니 곧 예수 그리스도시라 물로만 아니요 물과 피로 임하셨고 증언하는 이는 성령이시니 성령은 진리니라 증언하는 이가 셋이니 성령과 물과 피라 또한 이 셋은 합하여 하나이니라"
56 요일 2:12~13 "자녀들아 내가 너희에게 쓰는 것은 너희 죄가 그의 이름으로 말미암아 사함을 받았음이요 아비들아 내가 너희에게 쓰는 것은 너희가 태초부터 계신 이를 알았음이요 청년들아 내가 너희에게 쓰는 것은 너희가 악한 자를 이기

을 약속받고 있다(22:2).[57]

니골라 당

에베소 교회 니골라 당의 '행위'가 버가모 교회에서 '교리'로 발전한다(2:6, 15). 이렇듯 누룩처럼 점차 확산, 병폐화되는 '니골라 당'의 의미에 대해 학자들은 대체로 아래와 같이 세 가지 주장을 한다.

하나. 니골라 당을 '우상의 제물을 먹고 행음하는 자들'로 보는 견해다. 이는 버가모 교회에 주시는 두 가지 교훈(2:14~15), 즉 발람의 교훈(우상의 제물을 먹게 하고 행음하도록 가르침)과 니골라 당의 교훈이 중첩되어 문맥상 맞지 않다.

둘. 유대교에서 개종한 니골라(행 6:5)라는 주장은 성경 어디에서도 그 근거를 찾아볼 수 없다.

셋. 니골라의[58] 다른 표현인 니콜라오스는[59] 헬라어 니카오(이기다, 정

_____

었음이라"
요일 4:4 "자녀들아 너희는 하나님께 속하였고 또 그들을 이기었나니 이는 너희 안에 계신 이가 세상에 있는 자보다 크심이라"
57 창 2:9 "여호와 하나님이 그 땅에서 보기에 아름답고 먹기에 좋은 나무가 나게 하시니 동산 가운데에는 생명 나무와 선악을 알게 하는 나무도 있더라"
요 5:12 "아들이 있는 자에게는 생명이 있고 하나님의 아들이 없는 자에게는 생명이 없느니라"
58 이송오, 『킹제임스 스코필드 한영주석 성경』(서울 : 말씀보존학회, 2008), 511. "니골라당 : 이 단어는 사제나 성직자 체제에 대한 초기 형태의 개념을 언급한 것이며, 이 개념은 후에 동일한 형제 신분을 성직자와 평신도로 구분시켰다. 에 베소 교회에서는 '행위'였던 그것이 버가모 교회에서는 '교리'가 되었다."
59 http://info.catholic.or.kr/bible/list.asp, 『카톨릭 성경』, 계 2:6 참조.

복하다)와 라오스(백성, 평신도)의 합성어다. 이는 백성(평신도)을 이기고 정복한다는 의미가 담겨 있다. 하나님의 백성을 사제와 평신도, 그리고 목사와 장로, 권사, 안수집사, 서리집사, 평신도로 계급화·서열화하는 오늘날 교회들의 양태와도 같다.

따라서 필자는 세 번째 견해가 가장 타당한 것으로 보여진다. 공식 석상에서의 특별한 상황을 제외하고는, 성도들의 호칭을 가능한 일원화하여 초대 교회처럼 '형제와 자매'로 회복함이 바람직하다 할 것이다.

서머나 교회에 보내는 편지

(2:8~9)

서머나 교회의 사자에게 편지하라 처음이며 마지막이요 죽었다가 살아나신 이가 이르시되 내가 네 환난과 궁핍을 알거니와 실상은 네가 부요한 자니라 자칭 유대인이라 하는 자들의 비방도 알거니와 실상은 유대인이 아니요 사탄의 회당이라

서머나 교회 지도자한테는, 순교적 신앙인들에게 영생의 소망을 약속하는 메시지를 주시기 위해 주권자로서 죽었다가 부활하신 예수님으로 보이셨다.[60] 그는 빌라델비아 교회 지도자와 더불어 책망받지 않고 위로와 칭찬을 받는 목자로서(3:7~8) 환난과 궁핍 가운데서도

---

60 롬 11:36 "이는 만물이 주에게서 나오고 주로 말미암고 주에게로 돌아감이라 그에게 영광이 세세에 있을지어다 아멘"

⁶¹ 오히려 그리스도에 대한 믿음이 부요한 자다.⁶² 그러나 그를 비방하는 자칭 유대인들은 모양만 거룩할 뿐 하나님의 복음 전파를 훼방하는 사탄의 집합소인 것이다.⁶³

(2:10~11)

너는 장차 받을 고난을 두려워하지 말라 볼지어다 마귀가 장차 너희 가운데서 몇 사람을 옥에 던져 시험을 받게 하리니 너희가 십 일 동안 환난을 받으리라 네가 죽도록 충성하라 그리하면 내가 생명의 관을 네게 주리라 귀 있는 자는 성령이 교회들에게 하시는 말씀을 들을지어다 이기는 자는 둘째 사망의 해를 받지 아니하리라

'몇 사람'은 서머나 교회뿐만 아니라 세계 모든 교회에서 장차 그리스도로 인해 핍박과 환난을 겪게 될 성도들을 뜻한다. 또 숫자 10은 세속의 완전 수로서, 이들이 받는 '십 일 동안 환난'은⁶⁴ 세상에서

---

61 행 14:22 "제자들의 마음을 굳게 하여 이 믿음에 머물러 있으라 권하고 또 우리가 하나님의 나라에 들어가려면 많은 환난을 겪어야 할 것이라 하고"

62 약 2:5 "내 사랑하는 형제들아 들을지어다 하나님이 세상에서 가난한 자를 택하사 믿음에 부요하게 하시고 또 자기를 사랑하는 자들에게 약속하신 나라를 상속으로 받게 하지 아니하셨느냐"

63 살전 2:15 "유대인은 주 예수와 선지자들을 죽이고 우리를 쫓아내고 하나님을 기쁘시게 하지 아니하고 모든 사람에게 대적이 되어"
롬 2:28~29 "무릇 표면적 유대인이 유대인이 아니요 표면적 육신의 할례가 할례가 아니니라 오직 이면적 유대인이 유대인이며 할례는 마음에 할지니 영에 있고 율법 조문에 있지 아니한 것이라 그 칭찬이 사람에게서가 아니요 다만 하나님에게서니라"

64 단 1:12 "청하오니 당신의 종들을 열흘 동안 시험하여 채식을 주어 먹게 하고 물을 주어 마시게 한 후에"
민 14:22~23 "내 영광과 애굽과 광야에서 행한 내 이적을 보고서도 이같이 열 번이나 나를 시험하고 내 목소리를 청종하지 아니한 그 사람들은 내가 그들의 조

환난(시험)을 당하는 정해진 어떤 기간을 상징한다. 그때 마귀가 시험하여 고난을 당하지만,[65] 배도하지 말고 죽도록 충성하면 생명의 면류관을 주시겠다는 언약이다(12:11). 그리스도에 대한 믿음을 지켜 승리하는 자들은 둘째 사망의 해, 곧 지옥 형벌을 면할 것이다(20:6).[66]

버가모 교회에 보내는 편지

(2:12~13)

버가모 교회의 사자에게 편지하라 좌우에 날선 검을 가지신 이가 이르시되 네가 어디에 사는지를 내가 아노니 거기는 사탄의 권좌가 있는 데라 네가 내 이름을 굳게 잡아서 내 충성된 증인 안디바가 너희 가운데 곧 사탄이 사는 곳에서 죽임을 당할 때에도 나를 믿는 믿음을 저버리지 아니하였도다

버가모에는 제우스 신전을 비롯한 디오니소스, 아데나, 아스클레피오스 신전과 로마 황제 숭배를 위한 거대한 신당들로 가득 차 있었다. '사탄의 권좌'는 이곳의 우상숭배를 위한 신전 및 신당들을 가리키는 것으로 보인다.[67] 그래서 버가모 교회에 나타난 예수님은 사탄

상들에게 맹세한 땅을 결단코 보지 못할 것이요 또 나를 멸시하는 사람은 한 사람도 그것을 보지 못하리라"

65 딤후 3:12 "무릇 그리스도 예수 안에서 경건하게 살고자 하는 자는 박해를 받으리라"

66 마 10:28 "몸은 죽여도 영혼은 능히 죽이지 못하는 자들을 두려워하지 말고 오직 몸과 영혼을 능히 지옥에 멸하실 수 있는 이를 두려워하라"

67 강종수, 『다시 오실 예수 그리스도』(서울 : 영문, 2008), 73-74.

과 연합한(우상숭배와 음행과 그리스도의 근본 교의의 뜻을 저버리는 행위) 자들과[68] 싸우고 심판하기 위해 좌우에 날선 검을 가지신 이로 보이셨다.[69] 그리고 신전에서 예수님의 충성된 증인 안디바가 순교를 당했을 때에도 교회 지도자가 그리스도에 대한 믿음을 지켰던 일을 칭찬하신다.

(2:14~16)

그러나 네게 두어 가지 책망할 것이 있나니 거기 네게 발람의 교훈을 지키는 자들이 있도다 발람이 발락을 가르쳐 이스라엘 자손 앞에 걸림돌을 놓아 우상의 제물을 먹게 하였고 또 행음하게 하였느니라 이와 같이 네게도 니골라 당의 교훈을 지키는 자들이 있도다 그러므로 회개하라 그리하지 아니하면 내가 네게 속히 가서 내 입의 검으로 그들과 싸우리라

발람은 모압 왕 발락을 가르쳐 이스라엘 백성을 범죄에 빠지게 한 점술가다.[70] 그는 발락이 이스라엘을 저주하려고 청할 때에 불의의 삯을 사랑하다가 말 못하는 나귀의 입을 통하여 저지를 받았다.[71] '발

---

68 약 4:4 "간음한 여인들아 세상과 벗된 것이 하나님과 원수 됨을 알지 못하느냐 그런즉 누구든지 세상과 벗이 되고자 하는 자는 스스로 하나님과 원수되는 것이니라"

69 히 4:12 "하나님의 말씀은 살아 있고 활력이 있어 좌우에 날선 어떤 검보다도 예리하여 혼과 영과 및 관절과 골수를 찔러 쪼개기까지 하며 또 마음의 생각과 뜻을 판단하나니"

70 민 31:16 "보라 이들이 발람의 꾀를 따라 이스라엘 자손을 브올의 사건에서 여호와 앞에 범죄하게 하여 여호와의 회중 가운데에 염병이 일어나게 하였느니라"

71 벧후 2:15~16 "그들이 바른 길을 떠나 미혹되어 브올의 아들 발람의 길을 따르는도다 그는 불의의 삯을 사랑하다가 자기의 불법으로 말미암아 책망을 받되 말하지 못하는 나귀가 사람의 소리로 말하여 이 선지자의 미친 행동을 저지하였느니라"

람의 교훈'은 우상의 제물을 먹게 하고 이방 여인들과 음행하며 우상을 숭배하는 것이었다.[72] 우상숭배는, 영적인 관점에서 창조주이신 하나님 앞에 큰 행음이 아닐 수 없다.

또한 그리스도인들의 형제 신분을[73] 계급화하는 에베소 교회의 니골라 당의 '행위'가(2:6), 버가모 교회에서는 교훈 곧 '교리'로 발전하였음을 볼 수 있다.[74]

따라서 버가모 교회가 이 두 가지, 즉 발람의 교훈과 니골라 당의 교훈을 회개하지 않으면 예리하신 그리스도 진리의 말씀의 검으로 심판할 것을 예고하신다.[75]

(2:17)

귀 있는 자는 성령이 교회들에게 하시는 말씀을 들을지어다 이기는 그에게는 내가 감추었던 만나를 주고 또 흰 돌을 줄 터인데 그 돌 위에 새 이름을 기록한 것이 있나니 받는 자 밖에는 그 이름을 알 사람이 없느니라

만나는 모세의 출애굽 광야 시절 하늘에서 내린 양식이다.[76] 그래

---

72 민 25:1~2 "이스라엘이 싯딤에 머물러 있더니 그 백성이 모압 여자들과 음행하기를 시작하니라 그 여자들이 자기 신들에게 제사할 때에 이스라엘 백성을 청하매 백성이 먹고 그들의 신들에게 절하므로"
73 마 23:8 "너희는 랍비라 칭함을 받지 말라 너희 선생은 하나요 너희는 다 형제니라"
74 계 2:15 "이와 같이 네게도 니골라당의 교리를 붙잡는 자들이 있거니와 내가 그것을 미워하노라"(KJV 흠정역).
75 히 4:12 "하나님의 말씀은 살아 있고 활력이 있어 좌우에 날선 어떤 검보다도 예리하여 혼과 영과 및 관절과 골수를 찔러 쪼개기까지 하며"
76 출 16:35 "사람이 사는 땅에 이르기까지 이스라엘 자손이 사십 년 동안 만나를 먹었으니 곧 가나안 땅 접경에 이르기까지 그들이 만나를 먹었더라"

서 '감추었던 만나'는 그리스도의 속량을 믿는 자들에게 주시는 하늘로부터 오는 영생에 이르게 할 생명의 양식,[77] 곧 배에서 생수의 강처럼 흐르는 성령을 비유한다.[78]

또한 흰 돌은 산 돌이신 예수님을 상징한다.[79] '새 이름'이 기록된 이 돌은 그리스도의 구속에 대한 믿음으로 거듭나 세상을 이긴 성도들만이 받을 수 있다. 따라서 새 이름에 담긴 뜻은, 그분으로부터 받은 은혜를 직접 체험한 자만 알 수 있을 것이다(19:12).

새 이름을 얻어 삶이 새롭게 변화된 사람들

아브람 → 아브라함, 사래 → 사라, 야곱 → 이스라엘, 시몬 → 베드로, 레위 → 마태, 사울 → 바울

---

77 요 6:31~51 "기록된 바 하늘에서 그들에게 떡을 주어 먹게 하였다 함과 같이 우리 조상들은 광야에서 만나를 먹었나이다 … 나는 하늘에서 내려온 살아 있는 떡이니 사람이 이 떡을 먹으면 영생하리라 내가 줄 떡은 곧 세상의 생명을 위한 내 살이니라 하시니라"

78 요 7:38~39 "나를 믿는 자는 성경에 이름과 같이 그 배에서 생수의 강이 흘러나오리라 하시니 이는 그를 믿는 자들이 받을 성령을 가리켜 말씀하신 것이라 (예수께서 아직 영광을 받지 않으셨으므로 성령이 아직 그들에게 계시지 아니하시더라)"

79 벧전 2:4 "사람에게는 버린 바가 되었으나 하나님께는 택하심을 입은 보배로운 산 돌이신 예수께 나아가"

두아디라 교회에 보내는 편지

(2:18~19)

두아디라 교회의 사자에게 편지하라 그 눈이 불꽃 같고 그 발이 빛난 주석과 같은 하나님의 아들이 이르시되 내가 네 사업과 사랑과 믿음과 섬김과 인내를 아노니 네 나중 행위가 처음 것보다 많도다

두아디라 교회 지도자는 사업, 이를테면 전도와 구제와 봉사 등 복음 사역에 열심이다. 또 신앙생활의 핵심적 요소들인 사랑과 믿음과 섬김과 인내를 잘하고 있으며[80] 처음 행위보다 더욱 발전하는 상황이다. 하지만 거짓 여선지자 이세벨의 음행(우상숭배)으로 인해, 예수님은 눈이 불꽃 같은 영적 통찰력과 발이 빛난 주석 같은 엄위하신 심판주로 나타나셨다(1:14~15).[81]

(2:20~21)

그러나 네게 책망할 일이 있노라 자칭 선지자라 하는 여자 이세벨을 네가 용납함이니 그가 내 종들을 가르쳐 꾀어 행음하게 하고 우상의 제물을 먹게 하는도다 또 내가 그에게 회개할 기회를 주었으되 자기의 음행을 회개하고자 하지 아니하는도다

---

80 딤전 6:11 "오직 너 하나님의 사람아 이것들을 피하고 의와 경건과 믿음과 사랑과 인내와 온유를 따르며"
벧후 1:5~7 "너희가 더욱 힘써 너희 믿음에 덕을, 덕에 지식을, 지식에 절제를, 절제에 인내를, 인내에 경건을, 경건에 형제 우애를, 형제 우애에 사랑을 더하라"
81 단 10:6 "또 그의 몸은 황옥 같고 그의 얼굴은 번갯빛 같고 그의 눈은 횃불 같고 그의 팔과 발은 빛난 놋과 같고 그의 말소리는 무리의 소리와 같더라"

이세벨은 시돈 사람의 왕 엣바알의 딸이요, 북 이스라엘 아합 왕의 왕비로서 가장 악한 여인으로 여겨졌다. 그는 아합 왕을 바알 숭배에 빠지게 하여 결국 이스라엘 전역에 우상숭배를 만연케 했다.[82]

예수님은 두아디라 교회의 이세벨 같은 거짓 선지자의 음행(우상숭배와 그 제물을 먹게 하는 행위들)을 용납한 교회 지도자를 책망하고 계신다. 또 거짓 선지자에게 회개할 기회를 주셨으나 자기의 행위들을 회개하지 않고 있다.[83]

(2:22~23)

볼지어다 내가 그를 침상에 던질 터이요 또 그와 더불어 간음하는 자들도 만일 그의 행위를 회개하지 아니하면 큰 환난 가운데에 던지고 또 내가 사망으로 그의 자녀를 죽이리니 모든 교회가 나는 사람의 뜻과 마음을 살피는 자인 줄 알지라 내가 너희 각 사람의 행위대로 갚아 주리라

이세벨의 음행에 대해 회개하지 않으면 침상에 던져 병으로 자리에 눕게 하고 또 그와 더불어 음행하는 자들도 큰 환난을 당하며 그의 자녀가 죽임을 당할 것을 경고하신다.[84] 만유의 주요 전능하신 예

---

82 왕상 16:31 "느밧의 아들 여로보암의 죄를 따라 행하는 것을 오히려 가볍게 여기며 시돈 사람의 왕 엣바알의 딸 이세벨을 아내로 삼고 가서 바알을 섬겨 예배하고"
  왕상 21:25~26 "예로부터 아합과 같이 그 자신을 팔아 여호와 앞에서 악을 행한 자가 없음은 그를 그의 아내 이세벨이 충동하였음이라 그가 여호와께서 이스라엘 자손 앞에서 쫓아내신 아모리 사람의 모든 행함 같이 우상에게 복종하여 심히 가증하게 행하였더라"
83 롬 2:4 "혹 네가 하나님의 인자하심이 너를 인도하여 회개하게 하심을 알지 못하여 그의 인자하심과 용납하심과 길이 참으심이 풍성함을 멸시하느냐"
84 약 4:4 "간음한 여인들아 세상과 벗된 것이 하나님과 원수 됨을 알지 못하느냐

수님은 불꽃 같은 통찰력으로 사람의 마음을 살피며 각 사람의 행위대로 보응하실 것이다.[85]

(2:24~25)

두아디라에 남아 있어 이 교훈을 받지 아니하고 소위 사탄의 깊은 것을 알지 못하는 너희에게 말하노니 다른 짐으로 너희에게 지울 것은 없노라 다만 너희에게 있는 것을 내가 올 때까지 굳게 잡으라

두아디라 교회에 이사벨의 교훈(우상숭배 사상)에 물들지 아니하고 소위 사탄의 유혹에 빠지지 않은 순수하게 복음을 지키는 자들이 남아 있다. 이들에게 주님이 다시 오실 때까지 교회의 사업과 사랑과 믿음과 섬김과 인내의 신앙을 굳게 붙잡을 것을 당부하신다(2:19, 14:12).

(2:26~27)

이기는 자와 끝까지 내 일을 지키는 그에게 만국을 다스리는 권세를 주리니 그가 철장을 가지고 그들을 다스려 질그릇 깨뜨리는 것과 같이 하리라 나도 내 아버지께 받은 것이 그러하니라

그런즉 누구든지 세상과 벗이 되고자 하는 자는 스스로 하나님과 원수 되는 것이니라"

왕하 9:33 "이르되 그를 내려던지라 하니 내려던지매 그의 피가 담과 말에게 튀더라 예후가 그의 시체를 밟으니라"

85 렘 17:10 "나 여호와는 심장을 살피며 폐부를 시험하고 각각 그의 행위와 그의 행실대로 보응하나니"

마 16:27 "인자가 아버지의 영광으로 그 천사들과 함께 오리니 그 때에 각 사람이 행한 대로 갚으리라"

그리스도의 속량을 믿음으로 사악한 사탄을[86] 이기고 끝까지 신앙의 정절을 지킨 성도들은[87] 천년왕국에서 예수님과 더불어 말씀의 권능으로 철장을 가지고 질그릇 깨뜨리듯 만국을 다스릴 것이다 (20:6).[88]

천년왕국은 예수님이 친히 다스리실 실재적인 나라다(20:1~6). 그 나라는 마지막 나팔 불 때 부활 및 휴거한 성도들과[89] 더불어 예수님이 공중 혼인잔치를 마치고 지상에 재림하신 후에 도래한다(11:15, 19:7~21). 그리고 천년이 지나면 그 나라를 아버지 하나님께 바치게 될 것이다 (20:10~15).[90] 따라서 천년왕국이 장차 오지 않고 지금이 천년왕국 시대

---

86 살후 2:9~10 "악한 자의 나타남은 사탄의 활동을 따라 모든 능력과 표적과 거짓 기적과 불의의 모든 속임으로 멸망하는 자들에게 있으리니 이는 그들이 진리의 사랑을 받지 아니하여 구원함을 받지 못함이라"

87 요 16:33 "이것을 너희에게 이르는 것은 너희로 내 안에서 평안을 누리게 하려 함이라 세상에서는 너희가 환난을 당하나 담대하라 내가 세상을 이기었노라"
    고전 15:57 "우리 주 예수 그리스도로 말미암아 우리에게 승리를 주시는 하나님께 감사하노니"
    요일 2:12~13 "자녀들아 내가 너희에게 쓰는 것은 너희 죄가 그의 이름으로 말미암아 사함을 받았음이요 아비들아 내가 너희에게 쓰는 것은 너희가 태초부터 계신 이를 알았음이요 청년들아 내가 너희에게 쓰는 것은 너희가 악한 자를 이기었음이라"

88 시 2:9 "네가 철장으로 그들을 깨뜨림이여 질그릇 같이 부수리라 하시도다"
    슥 3:7 "만군의 여호와의 말씀에 네가 만일 내 도를 행하며 내 규례를 지키면 네가 내 집을 다스릴 것이요 내 뜰을 지킬 것이며 내가 또 너로 여기 섰는 자들 가운데에 왕래하게 하리라"
    딤후 2:11~12 "미쁘다 이 말이여 우리가 주와 함께 죽었으면 또한 함께 살 것이요 참으면 또한 함께 왕 노릇 할 것이요 우리가 주를 부인하면 주도 우리를 부인하실 것이라"

89 고전 15:51~52 "보라 내가 너희에게 비밀을 말하노니 우리가 다 잠 잘 것이 아니요 마지막 나팔에 순식간에 홀연히 다 변화되리니 나팔 소리가 나매 죽은 자들이 썩지 아니할 것으로 다시 살아나고 우리도 변화되리라"

90 고전 15:24 "그 후에는 마지막이니 그가 모든 통치와 모든 권세와 능력을 멸하

라는 무천년주의(현재적 천년설)자들의 주장은 자의적 해석이며 적절하지 않음을 알 수 있다.(20장 무천년설의 오류들 및 Ⅳ부 2의 천년왕국편 참조)

(2:28~29)

내가 또 그에게 새벽 별을 주리라 귀 있는 자는 성령이 교회들에게 하시는 말씀을 들을지어다

새벽 별을 주신다는 것은, 그리스도에 대한 믿음을 끝까지 지켜 승리한 자들을 광명한 천국에 거하게 하신다는 상징적 의미를 지닌다(22:16).[91] 죄악으로 물들어 어두워진 이 땅에서도, 성령은 캄캄한 밤하늘의 광명한 새벽 별처럼 성도들을 생명의 길로 인도하실 것이다.[92]

시고 나라를 아버지 하나님께 바칠 때라"

91 롬 14:17 "하나님의 나라는 먹는 것과 마시는 것이 아니요 오직 성령 안에 있는 의와 평강과 희락이라"

92 벧후 1:19 "또 우리에게는 더 확실한 예언이 있어 어두운 데를 비추는 등불과 같으니 날이 새어 샛별이 너희 마음에 떠오르기까지 너희가 이것을 주의하는 것이 옳으니라"

제 3 장

일곱 교회에 보내는 편지

(사데, 빌라델비아, 라오디게아 교회)

앞 장면에 이어 예수님은—죽은 사데 교회에는, 전지全知의 성령이 신 일곱 영과 일곱 사자인 일곱 별을 가지신 모습으로… 신실한 빌라 델비아 교회에는, 거룩하고 진실하사 다윗의 열쇠(천국 문의 열쇠)를 가 지신 모습으로… 마지막으로 열심을 잃은 라오디게아 교회에는, 아 멘이요 충성되고 참된 증인이요 하나님의 창조의 근본이신 이로 보 이심으로…—각 교회가 처한 특수적 상황에 맞춤형으로 나타나셨다.

사데 교회에 보내는 편지

(3:1~3)

사데 교회의 사자에게 편지하라 하나님의 일곱 영과 일곱 별을 가지신 이가 이 르시되 내가 네 행위를 아노니 네가 살았다 하는 이름은 가졌으나 죽은 자로다 너는 일깨어 그 남은 바 죽게 된 것을 굳건하게 하라 내 하나님 앞에 네 행위의 온전한 것을 찾지 못하였노니 그러므로 네가 어떻게 받았으며 어떻게 들었는지 생각하고 지켜 회개하라 만일 일깨지 아니하면 내가 도둑 같이 이르리니 어느 때에 네게 이를는지 네가 알지 못하리라

사데 교회 지도자는 그리스도를 믿는다고 하나 행함이 없어 영적으로 죽은 자와 같다.[93] 그래서 성령의 전지성을 나타내는 일곱 영과 (5:6) 일곱 교회의 사자들을 상징하는 일곱 별을 가지신 이의 모습으로 보이셨다(1:20, 2:1). 그리고 그에게 회개하여 신앙심을 회복하고 굳건히 하라고 하신다. 만일 깨어있지 않으면 영안이 어두워 예수님이 재림하시는 때를 알 수 없어 그에게는 도둑같이 이르게 될 것이다.[94]

(3:4~6)

그러나 사데에 그 옷을 더럽히지 아니한 자 몇 명이 네게 있어 흰 옷을 입고 나와 함께 다니리니 그들은 합당한 자인 연고라 이기는 자는 이와 같이 흰 옷을 입을 것이요 내가 그 이름을 생명책에서 결코 지우지 아니하고 그 이름을 내 아버지 앞과 그의 천사들 앞에서 시인하리라 귀 있는 자는 성령이 교회들에게 하시는 말씀을 들을지어다

사데 교회에도 그리스도의 구속을 믿음으로 죄사함을 얻고 깨어 거듭나 하나님 앞에 합당한 자들이 몇 명이 있다. 이처럼 믿음을 지

---

93 약 2:26 "영혼 없는 몸이 죽은 것 같이 행함이 없는 믿음은 죽은 것이니라"
94 마 24:42~43 "그러므로 깨어 있으라 어느 날에 너희 주가 임할는지 너희가 알지 못함이니라 깨어 있으라 너희도 아는 바니 만일 집 주인이 도둑이 어느 시각에 올 줄을 알았더라면 깨어 있어 그 집을 뚫지 못하게 하였으리라"
   살전 5:4 "형제들아 너희는 어둠에 있지 아니하매 그 날이 도둑 같이 너희에게 임하지 못하리니"

켜 이긴 자들의 이름을 하나님 아버지와 그분의 천사들 앞에서 예수님이 시인할 것을 약속하신다.[95] 이들은 생명책에 기록되어 구원 얻은 천국 백성으로서 성결의 흰 옷을 입고(19:8) 주님과 함께 영생 복락을 누릴 것이다(22:14).

빌라델비아 교회에 보내는 편지

(3:7~8)
빌라델비아 교회의 사자에게 편지하라 거룩하고 진실하사 다윗의 열쇠를 가지신 이 곧 열면 닫을 사람이 없고 닫으면 열 사람이 없는 그가 이르시되 볼지어다 내가 네 앞에 열린 문을 두었으되 능히 닫을 사람이 없으리라 내가 네 행위를 아노니 네가 작은 능력을 가지고서도 내 말을 지키며 내 이름을 배반하지 아니하였도다

빌라델비아 교회 지도자는 서머나 교회와 더불어 책망 없이 칭찬만 받는다. 성도의 수, 재정능력, 복음 전파의 환경 등이 비록 열악하였지만 그리스도에 대한 신실한 믿음으로 말씀을 지키며 그분을 배반하지 않았다.[96] 그러므로 예수님이 다윗의 열쇠를 가지신 이, 곧 거

---

95 마 10:32 "누구든지 사람 앞에서 나를 시인하면 나도 하늘에 계신 내 아버지 앞에서 그를 시인할 것이요"
눅 12:8 "내가 또한 너희에게 말하노니 누구든지 사람 앞에서 나를 시인하면 인자도 하나님의 사자들 앞에서 그를 시인할 것이요"
96 요 14:23 "예수께서 대답하여 이르시되 사람이 나를 사랑하면 내 말을 지키리니 내 아버지께서 그를 사랑하실 것이요 우리가 그에게 가서 거처를 그와 함께 하리라"

룩하고 진실하사 천국 문의 열쇠를 가지신 만왕의 왕의 모습으로 나
타나셨다.[97] 그 앞에 열려 있는 하나님 나라의 문을[98] 감히 누구든지
막지 못할 것이다.[99]

(3:9~10)

보라 사탄의 회당 곧 자칭 유대인이라 하나 그렇지 아니하고 거짓말 하는 자들
중에서 몇을 네게 주어 그들로 와서 네 발 앞에 절하게 하고 내가 너를 사랑하는
줄을 알게 하리라 네가 나의 인내의 말씀을 지켰은즉 내가 또한 너를 지켜 시험
의 때를 면하게 하리니 이는 장차 온 세상에 임하여 땅에 거하는 자들을 시험할
때라

자칭 유대인이라 일컫는 사탄의 회당은(2:9) 유대인 가운데서 예수
님이 그리스도이심을 부인하는 자들이다.[100] 그들 가운데 몇 명으로
하여금 교회 지도자 앞에 굴복하게 하여 주님이 그를 사랑하는 줄을
깨닫게 하신다는 의미다.[101]

또한 시험의 때를 면하게 하신다는 것은, 그리스도의 복음을 믿음

---

97 벧전 1:15~16 "오직 너희를 부르신 거룩한 이처럼 너희도 모든 행실에 거룩한 자
    가 되라 기록되었으되 내가 거룩하니 너희도 거룩할지어다 하셨느니라"
98 고후 2:12 "내가 그리스도의 복음을 위하여 드로아에 이르매 주 안에서 문이 내
    게 열렸으되"
99 사 22:22 "내가 또 다윗의 집의 열쇠를 그의 어깨에 두리니 그가 열면 닫을 자가
    없겠고 닫으면 열 자가 없으리라"
100 요일 2:22 "거짓말하는 자가 누구냐 예수께서 그리스도이심을 부인하는 자가
    아니냐 아버지와 아들을 부인하는 그가 적그리스도니"
101 사 49:23 "왕들은 네 양부가 되며 왕비들은 네 유모가 될 것이며 그들이 얼굴
    을 땅에 대고 네게 절하고 네 발의 티끌을 핥을 것이니 네가 나를 여호와인 줄
    을 알리라 나를 바라는 자는 수치를 당하지 아니하리라"

으로 인내의 말씀을 지킨 성도들에게 장차 온 세상에 임하는 대환난(마지막 한 이레인 칠년대환난의 때)을[102] 면하게 하신다는 언약이다(7:1~4, 14:1~4).[103] 이 우주적 사건은, 요한계시록 전문 구성의 흐름을 볼 때 대환난이 시작될 무렵, 즉 전前삼년반 직전에 발생할 것이다.(별지. 구성 흐름도 참고) 이는 그리스도를 구주로 믿음으로 거듭나 악한 사탄을 이긴 자들을 상징하는 이른바, 남자(사내)아이의 휴거를 말한다(12:5,11).[104]

(3:11~13)

내가 속히 오리니 네가 가진 것을 굳게 잡아 아무도 네 면류관을 빼앗지 못하게 하라 이기는 자는 내 하나님 성전에 기둥이 되게 하리니 그가 결코 다시 나가지 아니하리라 내가 하나님의 이름과 하나님의 성 곧 하늘에서 내 하나님께로부터 내려오는 새 예루살렘의 이름과 나의 새 이름을 그이 위에 기록하리라 귀 있는 자는 성령이 교회들에게 하시는 말씀을 들을지어다

예수님의 재림이 임박했으므로(22:7,12) 믿음을 굳게 지켜 우리가 받

---

102 막 13:19 "이는 그 날들이 환난의 날이 되겠음이라 하나님께서 창조하신 시초부터 지금까지 이런 환난이 없었고 후에도 없으리라"

103 눅 21:17~19 "또 너희가 내 이름으로 말미암아 모든 사람에게 미움을 받을 것이나 너희 머리털 하나도 상하지 아니하리라 너희의 인내로 너희 영혼을 얻으리라"
단 12:1 "… 고난의 때가 있으리니 그것은 민족이 있은 이래로 그때까지 없었던 고난일 것이며 그때에 네 백성이 구출을 받되 책에서 발견된바 기록된 모든 자가 구출을 받으리라"(KJV 흠정역) 및 단 12:1 "… 그때에 기록된 너의 백성은 모두 피하게 될 것이다"(새번역 성경) 참조.

104 사 57:1~2 "의인이 죽을지라도 마음에 두는 자가 없고 자비한 자들이 취하여 감을 입을지라도 그 의인은 화액 전에 취하여 감을 입은 것인줄로 깨닫는 자가 없도다 그는 평안에 들어갔나니 무릇 정로로 행하는 자는 자기들의 침상에서 편히 쉬느니라"(개역한글)

을 면류관(상급)을 빼앗기지 않도록 당부하신다. 그래서 승리한 자들은 하나님 나라에서 성전의 기둥처럼 중요한 역할을 담당하며[105] 영생복락을 누리게 된다. 또 영원히 하나님께 속한 자로서 '하나님의 이름과 새 예루살렘 성(신부)의 이름과 구세주의 새 이름'이 이들 위에 인 쳐질 것이다(14:1, 21:2).[106]

라오디게아 교회에 보내는 편지

(3:14~16)

라오디게아 교회의 사자에게 편지하라 아멘이시요 충성되고 참된 증인이시오 하나님의 창조의 근본이신 이가 이르시되 내가 네 행위를 아노니 네가 차지도 아니하고 뜨겁지도 아니하도다 네가 차든지 뜨겁든지 하기를 원하노라 네가 이같이 미지근하여 뜨겁지도 아니하고 차지도 아니하니 내 입에서 너를 토하여 버리리라

라오디게아 교회 지도자의 행위는 차지도 뜨겁지도 아니하여 토해 버리고 싶을 만큼 미지근하다.[107] 미온적이고 열정이 없는 신앙인

---

105 왕상 7:21 "이 두 기둥을 성전의 주랑 앞에 세우되 오른쪽 기둥을 세우고 그 이름을 야긴이라 하고 왼쪽의 기둥을 세우고 그 이름을 보아스라 하였으며"
   갈 2:9 "또 기둥 같이 여기는 야고보와 게바와 요한도 내게 주신 은혜를 알므로 나와 바나바에게 친교의 악수를 하였으니 우리는 이방인에게로, 그들은 할례자에게로 가게 하려 함이라"
106 사 43:1 "야곱아 너를 창조하신 여호와께서 지금 말씀하시느니라 이스라엘아 너를 지으신 이가 말씀하시느니라 너는 두려워하지 말라 내가 너를 구속하였고 내가 너를 지명하여 불렀나니 너는 내 것이라"
107 김중현, 『새로 조명한 요한계시록』(서울 : 엘맨, 2002), 106. "차갑거나 더운 곳

또는 물에 물탄 듯 술에 술탄 듯 세상과 짝하는 요즈음 소위 종교다 원주의자들과 다름 아닌 행태인 것이다.[108] 그런즉 예수님이 진실 그 자체요, 충성스러운 참된 증인이요, 창조의 근본이 되는 이의 모습으로 보이셨다.[109] 따라서 교회들은 회개함으로써 범사에 진실하고 충성되이 그리스도에 대한 믿음을 굳게 지켜 나가야 할 것이다.[110]

(3:17~18)

네가 말하기를 나는 부자라 부요하여 부족한 것이 없다 하나 네 곤고한 것과 가련한 것과 가난한 것과 눈 먼 것과 벌거벗은 것을 알지 못하는도다 내가 너를 권하노니 내게서 불로 연단한 금을 사서 부요하게 하고 흰 옷을 사서 입어 벌거벗은 수치를 보이지 않게 하고 안약을 사서 눈에 발라 보게 하라

그는 세상적인 것들로 부족함이 없이 풍족하다고 한다. 하지만 예수님은 영적으로 비참함과 측은함과 궁핍함을 알지 못하고, 또 대속의 진리를 보지 못하며 부끄러운 수치를 깨닫지 못하므로 안타까워

에는 박테리아가 번식하지 못한다. 이와 반대로 미지근한 곳은 박테리아의 온상과 같은 곳이다."

108 약 4:4 "간음한 여인들아 세상과 벗된 것이 하나님과 원수 됨을 알지 못하느냐 그런즉 누구든지 세상과 벗이 되고자 하는 자는 스스로 하나님과 원수 되는 것이니라"

109 요 1:3 "만물이 그로 말미암아 지은 바 되었으니 지은 것이 하나도 그가 없이는 된 것이 없느니라"

110 히 3:5~6 "또한 모세는 장래에 말할 것을 증언하기 위하여 하나님의 온 집에서 종으로서 신실하였고 그리스도는 하나님의 집을 맡은 아들로서 그와 같이 하셨으니 우리가 소망의 확신과 자랑을 끝까지 굳게 잡고 있으면 우리는 그의 집이라"

하신다.[111] 그래서 불로 연단한 금, 곧 오직 그리스도의 속량에 대한 순수하고 신실한 믿음과 진리로 충만하길 권고하신다.[112]

무엇보다 성도들은, 단번의 제사로 속량함을 이루신 그리스도의 보혈의 공로를 믿음으로, 흰 옷인 하나님의 의義를[113] 거저 얻어 부끄러운 수치를 가려야 한다(3:4~5, 16:15). 그리고 안약을 사서 눈에 발라, 곧 밝은 영안(성령이 주시는 통찰력)으로써 진리를 올바르게 깨달아야 할 것이다.[114]

(3:19~20)

무릇 내가 사랑하는 자를 책망하여 징계하노니 그러므로 네가 열심을 내라 회개하라 볼지어다 내가 문 밖에 서서 두드리노니 누구든지 내 음성을 듣고 문을

---

111 마 13:14 "이사야의 예언이 그들에게 이루어졌으니 일렀으되 너희가 듣기는 들어도 깨닫지 못할 것이요 보기는 보아도 알지 못하리라"
112 욥 23:10 "그러나 내가 가는 길을 그가 아시나니 그가 나를 단련하신 후에는 내가 순금 같이 되어 나오리라"
　　벧전 1:7 "너희 믿음의 확실함은 불로 연단하여도 없어질 금보다 더 귀하여 예수 그리스도께서 나타나실 때에 칭찬과 영광과 존귀를 얻게 할 것이니라"
113 롬 3:22 "곧 예수 그리스도를 믿음으로 말미암아 모든 믿는 자에게 미치는 하나님의 의니 차별이 없느니라"
　　롬 10:9~10 "네가 만일 네 입으로 예수를 주로 시인하며 또 하나님께서 그를 죽은 자 가운데서 살리신 것을 네 마음에 믿으면 구원을 받으리라 사람이 마음으로 믿어 의에 이르고 입으로 시인하여 구원에 이르느니라"
　　마 6:33 "그런즉 너희는 먼저 그의 나라와 그의 의를 구하라 그리하면 이 모든 것을 너희에게 더하시리라"
114 엡 1:18~19 "너희 마음의 눈을 밝히사 그의 부르심의 소망이 무엇이며 성도 안에서 그 기업의 영광의 풍성함이 무엇이며 그의 힘의 위력으로 역사하심을 따라 믿는 우리에게 베푸신 능력의 지극히 크심이 어떠한 것을 너희로 알게 하시기를 구하노라"
　　벧후 1:9 "이런 것이 없는 자는 맹인이라 멀리 보지 못하고 그의 옛 죄가 깨끗하게 된 것을 잊었느니라"

열면 내가 그에게로 들어가 그와 더불어 먹고 그는 나와 더불어 먹으리라

예수님은 사랑하는 자의 잘못을 책망하고 징계함으로[115] 뉘우치게 하여 더욱 온전케 하신다(22:14). 따라서 성도들은 그리스도 안에서 열심을 내고 회개해야 한다. 뿐만 아니라 예수님은 항상 우리들 마음의 문을 노크하고 계신다. 오직 그 문을 열고 의지할 때 그리스도와 동행하는 참 복을 누릴 수 있다.[116] 그분이 생명수(생명의 양식인 성령)를 공급해 주심으로써 성도들을 모든 진리 가운데로 인도해 주시기 때문이다.[117]

(3:21~22)
이기는 그에게는 내가 내 보좌에 함께 앉게 하여 주기를 내가 이기고 아버지 보좌에 함께 앉은 것과 같이 하리라 귀 있는 자는 성령이 교회들에게 하시는 말씀을 들을지어다

승리하신 예수님이 하늘 보좌에 함께 앉으신 것처럼, 믿음을 지켜

---

115 히 12:6 "주께서 그 사랑하시는 자를 징계하시고 그가 받아들이시는 아들마다 채찍질하심이라 하였으니"
116 갈 2:20 "내가 그리스도와 함께 십자가에 못 박혔나니 그런즉 이제는 내가 사는 것이 아니요 오직 내 안에 그리스도께서 사시는 것이라 이제 내가 육체 가운데 사는 것은 나를 사랑하사 나를 위하여 자기 자신을 버리신 하나님의 아들을 믿는 믿음 안에서 사는 것이라"
117 고전 3:16 "너희는 너희가 하나님의 성전인 것과 하나님의 성령이 너희 안에 계시는 것을 알지 못하느냐"
    요 14:23 "예수께서 대답하여 이르시되 사람이 나를 사랑하면 내 말을 지키리니 내 아버지께서 그를 사랑하실 것이요 우리가 그에게 가서 거처를 그와 함께 하리라"

악한 사탄을 이긴 성도들도 그분의 영광을 더불어 누리도록 하시겠다는 약속의 말씀이다(22:5).[118]

일곱 교회의 예언적 의미

예수님이 앞서 요한을 통해 소아시아 일곱 교회에 보내신 메시지들은 당시 일곱 교회의 처한 상황들에 적합한 맞춤형 교훈들이었다. 또한 이는 전 세계의 모든 세대 교회에 전하시는 상징적 교훈들이다. 그리고 그리스도의 초림 이후 교회 시대의 기간을 다음 표와 같이 일곱 구간으로 구분할 때, 각 시대에 일어난 역사적 상황들에 대한 예언적 의미로도 적용된다.[119]

---

118 마 19:28 "예수께서 이르시되 내가 진실로 너희에게 이르노니 세상이 새롭게 되어 인자가 자기 영광의 보좌에 앉을 때에 나를 따르는 너희도 열두 보좌에 앉아 이스라엘 열두 지파를 심판하리라"
엡 2:6 "허물로 죽은 우리를 그리스도와 함께 살리셨고 (너희는 은혜로 구원을 받은 것이라) 또 함께 일으키사 그리스도 예수 안에서 함께 하늘에 앉히시니"
119 김중현, 『새로 조명한 요한계시록』, 115-116.

〔표 III-1〕

연번	교회이름	뜻	예언적 의미	
			시기	상 황
1	에 베 소	사모할 만한 것	1C초 ~1C말	초대 교회 시작부터 1C말까지의 바람직한 교회 (사도시대)
2	서 머 나	몰 약	1C말 ~4C초	AD 303~312년, 디오클레티 아누스가 실시한 황제예배 등 기독교인들에 대한 마지막 박해 정책 시기인 10년 동안의 환난 (고난시대)
3	버 가 모	견고한 탑	4C초 ~6C중	AD 313년, 로마제국의 교회 핍 박에서 콘스탄티누스 황제의 그리스도교 국교 공인 (타협시대)
4	두아디라	통탄스러운 희생	6C말 ~16C초	6C 후반부터 교황 제도를 확립 함으로써 로마 카톨릭교회의 변 절 시대 (배도시대)
5	사 데	남은 자	16C초~ 18C말	진리로 암흑기를 밝히는 종교 개혁의 시기 (개혁시대)
6	빌라델비아	형제 사랑	19C초 ~20C말	그리스도 교회 역사상 전도가 가장 많이 왕성했던 시기 (선교시대)
7	라오디게아	심판받는 백성	21C초 ~	세상적으로 부유하나 영적으로 눈멀어 있는 현대시대의 교회 (말세시대)

제 4 장

하늘 보좌와 예배 모습

예수님이 요한에게 성령의 감동으로, 하늘 보좌의 모습들과 이후에 마땅히 일어날 일들을 보여주심으로 장차 일어날 장면들이 드라마틱하게 전개된다(4:1~22:5). 그가 본 하늘 보좌에 앉으신 이의 모습이 비할 데 없이 고귀하고 아름다운 벽옥과 홍보석 같고 녹보석 같다. 또 그분 앞에, 성령의 무한하신 통찰력과 전지성을 나타내는 일곱 영이 있다. 그리고 지상 피조물들의 대표 격인 각각 여섯 날개를 가진 네 생물과 천상 피조물들의 대표 격인 흰 옷을 입은 이십사 장로의 하늘 예배 모습을 보게 된다. 따라서 네 생물과 이십사 장로들은, 각각 지상과 천상의 일들로써 하나님의 보좌 가장 가까이에서 모시는 그룹과 천사들로 보인다.

(4:1~2)

이 일 후에 내가 보니 하늘에 열린 문이 있는데 내가 들은 바 처음에 내게 말하던 나팔 소리 같은 그 음성이 이르되 이리로 올라오라 이 후에 마땅히 일어날 일들을 내가 네게 보이리라 하시더라 내가 곧 성령에 감동되었더니 보라 하늘에

보좌를 베풀었고 그 보좌 위에 앉으신 이가 있는데

'이 일 후에'로 장면이 바뀐다. 이 전환 기법이 요한계시록에 6회 등장한다(4:1, 7:1, 7:9, 15:5, 18:1, 19:1). 따라서 전문을 7개 장면으로 구성된 대서사시적大敍事詩的 묵시로 이해할 수 있다.

이 일—예수님의 어떠하신 모습과 일곱 교회의 처한 상황들(1~3장)—후에 요한은 하늘에 열린 문을 본다(19:11).[120] 이때 하늘에서, 나팔 소리 같은 음성의 주인이신 예수님이 장차 반드시 일어날 일들을 보이기 위해 그를 올라오라고 부르신다(1:10, 18). 그래서 순식간에 성령의 감동으로 하늘로 이끌려 보좌에 앉으신 하나님을 보게 된다.[121] 마치 바울이 성령 충만한 상태가 되어 셋째 하늘에 이끌려 간 상태와 흡사하다 하겠다.[122] 이와 유사한 장면들이 전문에 4회 출현한다 (1:10, 4:2, 7:3, 21:10).

(4:3~4)

앉으신 이의 모양이 벽옥과 홍보석 같고 또 무지개가 있어 보좌에 둘렸는데 그

---

120 겔 1:1 "서른째 해 넷째 달 초닷새에 내가 그발 강 가 사로잡힌 자 중에 있을 때에 하늘이 열리며 하나님의 모습이 내게 보이니"

121 사 6:1 "웃시야 왕이 죽던 해에 내가 본즉 주께서 높이 들린 보좌에 앉으셨는데 그의 옷자락은 성전에 가득하였고"
단 7:9 "내가 보니 왕좌가 놓이고 옛적부터 항상 계신 이가 좌정하셨는데 그의 옷은 희기가 눈 같고 그의 머리털은 깨끗한 양의 털 같고 그의 보좌는 불꽃이요 그의 바퀴는 타오르는 불이며"

122 고후 12:2 "내가 그리스도 안에 있는 한 사람을 아노니 그는 십사 년 전에 셋째 하늘에 이끌려 간 자라 (그가 몸 안에 있었는지 몸 밖에 있었는지 나는 모르거니와 하나님은 아시느니라)"

모양이 녹보석 같더라 또 보좌에 둘려 이십사 보좌들이 있고 그 보좌들 위에 이
십사 장로들이 흰 옷을 입고 머리에 금관을 쓰고 앉았더라

보좌에 앉으신 분의 모양이 벽옥과 홍보석 같은 것은 하나님의 존
귀하고 아름다우며 영광스러운 모습을 나타낸다(21:11). 그 둘레에 무
지개는 노아의 대홍수 사건 후에 이 세상을 물로 심판하지 않으시겠
다는 징표로써 하나님의 언약의 상징이다.[123] 그 모습이 보기에 에메
랄드(녹보석) 같다고 한다. 그리고 보좌 주위에서 그분을 섬기는 천사
들로서 천상 피조물들의 대표 격인 이십사 장로들이 성결의 흰 옷을
입고 권위의 금관을 쓰고 앉아 있다.

이십사 장로

하늘에서 창조주 하나님께 대한 영광과 존귀와 권능을 찬양하며
(4:11), 이스라엘 성전에서 섬겼던 24제사장처럼 천상에서 하나님을 보
좌하는 영적 존재들이다.[124] 그들은 지상 피조물이 아닌, 천사들의 대

---

123 창 9:13~15 "내가 내 무지개를 구름 속에 두었나니 이것이 나와 세상 사이의 언
약의 증거니라 내가 구름으로 땅을 덮을 때에 무지개가 구름 속에 나타나면 내
가 나와 너희와 및 육체를 가진 모든 생물 사이의 내 언약을 기억하리니 다시는
물이 모든 육체를 멸하는 홍수가 되지 아니할지라"
겔 1:26~28 "그 머리 위에 있는 궁창 위에 보좌의 형상이 있는데 그 모양이 남
보석 같고 그 보좌의 형상 위에 한 형상이 있어 사람의 모양 같더라 … 그 사방
광채의 모양은 비 오는 날 구름에 있는 무지개 같으니 이는 여호와의 영광의 형
상의 모양이라 내가 보고 엎드려 말씀하시는 이의 음성을 들으니라"
124 대상 24:7~18 "첫째로 제비 뽑힌 자는 여호야립이요 … 스물넷째는 마아시야라
이와 같은 직무에 따라 여호와의 성전에 들어가서 그의 아버지 아론을 도왔으
니 이는 이스라엘의 하나님여호와께서 명하신 규례더라"

표 격으로 보여지며 그 이유를 아래와 같이 살펴본다.

하나. 이십사 장로들이 천사들의 역할인 금 대접을 가지고 성도들의 기도인 향을 올려드리는 일을 담당하고 있다(5:8, 8:4).

둘. 장로 중 하나가 어린 양의 피에 희게 된 자들이 어디에서 왔는가를 요한에게 물을 때, 그가 구약시대 선지자들이 천사들에게 호칭했던 '내 주여'라고 부르며 대답한다(7:13~14).[125]

셋. 땅에서 속량함을 받은 첫 열매에 속한 자들이 자기들 외에는 배울 수 없는 새 노래를 보좌 앞과 네 생물과 장로들 앞에서 부른다 (14:3). 만일 네 생물과 장로들이 땅에서 속량함을 받은 자들이라면, 그들도 보좌 앞에서 첫 열매에 속한 자들과 함께 새 노래를 불렀을 것이다. 따라서 그들은 땅에서 속량을 받은 자들이 아닌, 천사들의 부류에 대한 대표 격 존재임이 분명하다.

(4:5~6)

보좌로부터 번개와 음성과 우렛소리가 나고 보좌 앞에 켠 등불 일곱이 있으니 이는 하나님의 일곱 영이라 보좌 앞에 수정과 같은 유리 바다가 있고 보좌 가운데와 보좌 주위에 네 생물이 있는데 앞뒤에 눈들이 가득하더라

---

125 창 19:1~2 "저녁 때에 그 두 천사가 소돔에 이르니 마침 롯이 소돔 성문에 앉아 있다가 그들을 보고 일어나 영접하고 땅에 엎드려 절하며 이르되 내 주여 돌이켜 종의 집으로 들어와 발을 씻고 주무시고 일찍이 일어나 갈 길을 가소서 그들이 이르되 아니라 우리가 거리에서 밤을 새우리라"
   슥 4:4~5 "내게 말하는 천사에게 물어 이르되 내 주여 이것들이 무엇이니이까 하니 내게 말하는 천사가 대답하여 이르되 네가 이것들이 무엇인지 알지 못하느냐 하므로 내가 대답하되 내 주여 내가 알지 못하나이다 하니"

번개와 음성은 하나님의 임재를, 우렛소리는 그분의 심판을 상징한다. 따라서 보좌에서 번개와 음성과 우렛소리가 나는 것은(8:5, 11:19, 16:17~18), 그곳이 살아계신 하나님의 심판의 출처임을 암시한다.[126] 또 보좌 앞의 '켠 등불 일곱'은 성령의 충만하신 통찰력을,[127] '일곱 영'은 성령의 전지성全知性을 나타낸다(1:4, 5:6).[128]

또한 구약시대 제사장들은 물두멍에 손을 씻고 성소에 들어갔다. 이처럼 '보좌 앞에 수정과 같은 유리 바다'는 지극히 고결하신 하나님을 수정같이 맑고 깨끗한 상태에서만 뵈올 수 있음을 뜻한다 (21:18,21).[129] 성도들은 그리스도의 보혈의 공로를 힘입어 깨끗함(하나님의 의義)을 거저 얻으므로 하나님 앞에 당당히 설 수 있는 것이다.

한편 보좌 가운데와 주위에, 하나님을 섬기며 그분의 경륜을 이루시는데 필요한 충만한 통찰력과 지혜를 함의하는, 눈들이 앞뒤에 가

---

126 출 19:16 "셋째 날 아침에 우레와 번개와 빽빽한 구름이 산 위에 있고 나팔 소리가 매우 크게 들리니 진중에 있는 모든 백성이 다 떨더라"
출 19:19 "나팔 소리가 점점 커질 때에 모세가 말한즉 하나님이 음성으로 대답하시더라"

127 슥 4:10 "작은 일의 날이라고 멸시하는 자가 누구냐 사람들이 스룹바벨의 손에 다림줄이 있음을 보고 기뻐하리라 이 일곱은 온 세상에 두루 다니는 여호와의 눈이라 하니라"

128 요일 14:26 "보혜사 곧 아버지께서 내 이름으로 보내실 성령 그가 너희에게 모든 것을 가르치고 내가 너희에게 말한 모든 것을 생각나게 하리라"
일 2:27 " 너희는 주께 받은 바 기름 부음이 너희 안에 거하나니 아무도 너희를 가르칠 필요가 없고 오직 그의 기름 부음이 모든 것을 너희에게 가르치며 또 참되고 거짓이 없으니 너희를 가르치신 그대로 주 안에 거하라"
요일 4:13 "그의 성령을 우리에게 주시므로 우리가 그 안에 거하고 그가 우리 안에 거하시는 줄을 아느니라"

129 겔 1:22 "그 생물의 머리 위에는 수정 같은 궁창의 형상이 있어 보기에 두려운데 그들의 머리 위에 펼쳐져 있고"

득한 네 생물이 둘려 있다(4:9).[130]

(4:7)

그 첫째 생물은 사자 같고 그 둘째 생물은 송아지 같고 그 셋째 생물은 얼굴이
사람 같고 그 넷째 생물은 날아가는 독수리 같은데

네 생물은 대표적인 지상 피조물들의 속성을 각각 닮았다.[131] 첫째
는 사자의 강한 의지와 용감성을, 둘째는 송아지의 순종과 충성심을,
셋째는 사람의 지혜와 명철함을, 넷째는 독수리의 원시적遠視的 안목
과 신속성을 나타낸다.

(4:8~9)

네 생물은 각각 여섯 날개를 가졌고 그 안과 주위에는 눈들이 가득하더라 그들
이 밤낮 쉬지 않고 이르기를 거룩하다 거룩하다 거룩하다 주 하나님 곧 전능하
신 이여 전에도 계셨고 이제도 계시고 장차 오실 이시라 하고 그 생물들이 보좌
에 앉으사 세세토록 살아 계시는 이에게 영광과 존귀와 감사를 돌릴 때에

네 생물이 각각 가진 여섯 날개는, 땅(4)과 세상(6)을 상징하는 수로
써, 지상에서 일어나는 모든 일들에 대해 하나님을 직접 보좌하는 데

---

130 겔 1:1~6 "서른째 해 넷째 달 초닷새에 내가 그발 강 가 사로잡힌 자 중에 있을
     때에 하늘이 열리며 하나님의 모습이 내게 보이니 … 그 속에서 네 생물의 형
     상이 나타나는데 그들의 모양이 이러하니 그들에게 사람의 형상이 있더라 그
     들에게 각각 네 얼굴과 네 날개가 있고"
     겔 1:18 "그 둘레는 높고 무서우며 그 네 둘레로 돌아가면서 눈이 가득하며"
131 겔 1:10 "그 얼굴들의 모양은 넷의 앞은 사람의 얼굴이요 넷의 오른쪽은 사자의
     얼굴이요 넷의 왼쪽은 소의 얼굴이요 넷의 뒤는 독수리의 얼굴이니"

따른 신속성을 함의한다. 또 그 생물들의 눈들이 가득한 것은 깊은 영안과 지혜와 통찰력이 충만함을 뜻한다. 그들이 전능하신 주 하나님의 거룩하심을 세 번씩 반복하여 쉬지 않고 외침으로써 변함없으신 거룩성을 강조하고 있다.[132] 그리고 지상 피조물의 대표 격인 천사들로서, 영존하신 하나님께 구원에 대한 '영광과 존귀와 감사'를 드린다.

네 생물

지상의 모든 피조물들의 대표 격인 천사(그룹)로서[133] 하나님의 거룩하심을 항상 찬양하며 보좌하는 천상의 존재들로 보여진다. 그 이유를 다음과 같이 살펴본다.

하나. 땅의 수인 '네 생물(4)'에 세상의 수인 '여섯 날개(6)'가 달린 것은(4:8),[134] 지상의 모든 피조물들이 엿새 동안에 창조된 점과 일맥상통한다.[135]

둘. 네 생물 × 여섯 날개 = 스물 네 날개는, 천상 피조물인 천사들의 대표 격인 이십사 장로의 수와 같다. 이는 네 생물이 지상 피조물

---

132 사 6:3 "서로 불러 이르되 거룩하다 거룩하다 거룩하다 만군의 여호와여 그의 영광이 온 땅에 충만하도다 하더라"

133 겔 10:14~15 "그룹들에게는 각기 네 면이 있는데 첫째 면은 그룹의 얼굴이요 둘째 면은 사람의 얼굴이요 셋째는 사자의 얼굴이요 넷째는 독수리의 얼굴이더라 그룹들이 올라가니 그들은 내가 그발 강 가에서 보던 생물이라"

134 사 6:2 "스랍들이 모시고 섰는데 각기 여섯 날개가 있어 그 둘로는 자기의 얼굴을 가리었고 그 둘로는 자기의 발을 가리었고 그 둘로는 날며"

135 창 1:31 "하나님이 지으신 그 모든 것을 보시니 보시기에 심히 좋았더라 저녁이 되고 아침이 되니 이는 여섯째 날이니라"

들의 대표 격으로서 하나님을 보좌하는 그룹들임을 시사한다(4:6).

셋. 이십사 장로들이 하나님의 보좌 앞에서 '영광과 존귀와 권능'을 받으시기에 합당한 분이라고 말한다(4:11). 이때 네 생물이 장차 오실 이에 대한 '영광과 존귀와 감사'를 드리는 것은(4:9) 지상 피조물만이 알 수 있는 구속에 대한 감사의 마음이 내재되었기 때문이다.

넷. 예수님이 첫째 인부터 넷째 인까지 개봉하실 때에, 네 생물 가운데 하나씩 각각 말들을 오라고 명령하니 지상에 재앙이 내려진다(6:1~8).

다섯. 네 생물 중의 하나가, 지상에 내려지는 하나님의 진노의 일곱 대접재앙을 일곱 천사에게 전해주는 역할을 담당한다(15:7). 이처럼 하나님을 보좌하는 데 있어서, 네 생물은 지상 피조물에 대한 대표로서 역할을 담당하며, 대조적으로 이십사 장로들은 천상 피조물(천사들)의 대표로서 역할을 수행하는 것을 볼 수 있다.

(4:10~11)

이십사 장로들이 보좌에 앉으신 이 앞에 엎드려 세세토록 살아 계시는 이에게 경배하고 자기의 관을 보좌 앞에 드리며 이르되 우리 주 하나님이여 영광과 존귀와 권능을 받으시는 것이 합당하오니 주께서 만물을 지으신지라 만물이 주의 뜻대로 있었고 또 지으심을 받았나이다 하더라

이십사 장로들이 자기의 머리에 썼던 금관을 창조주이신 하나님께 드리며 경배한다(4:4). 그들이 만물이 주께로부터 나왔음을 시인하며 136 하나님이 영광과 존귀와 권능을 받으시기에 합당하다고 외친다.

---

136 골 1:16 "만물이 그에게서 창조되되 하늘과 땅에서 보이는 것들과 보이지 않는

제 5 장

봉인 두루마리와 어린 양

유대 지파에서 난 사자獅子, 곧 다윗의 뿌리인 어린 양(그리스도)이 이겼으므로 그분이 보좌에 앉으신 이의 오른손에서 일곱 인으로 봉해진 두루마리(일곱 봉인 책)를 취하신다. 이 책에는 하나님께 불순종하는 불신자들에 대한 재앙들과 함께 성도들에게 영생의 소망을 주는 부활 및 휴거를 통한 구원의 비밀 등이 담겨 있다. 어린 양이 순차적으로 하나씩 일곱 봉인을 떼심으로써 하나님의 경륜을 성취해 나가신다.

한편 네 생물과 이십사 장로들이 어린 양 앞에 엎드려 새 노래를 부른다. 이 찬가는, 예수님이 봉인된 두루마리를 떼기에 합당하시며 사람들을 피로 사서 하나님께 드리시고 나라와 제사장 삼으셨으니 이들이 땅에서 왕 노릇 하리라고 한다. 그때 수많은 천사들이 큰 소리로, 죽임을 당한 어린 양이 능력과 부와 지혜와 힘과 존귀와 영광과 찬송을 받기에 합당하심을 외친다. 또 모든 피조물들이, 보좌에

것들과 혹은 왕권들이나 주권들이나 통치자들이나 권세들이나 만물이 다 그로 말미암고 그를 위하여 창조되었고"

앉으신 이와 어린 양에게 찬송과 존귀와 영광과 권능을 세세토록 받으시길 외친다. 그러자 네 생물이 아멘 하고 장로들은 엎드려 경배한다.

(5:1)

내가 보매 보좌에 앉으신 이의 오른손에 두루마리가 있으니 안팎으로 썼고 일곱 인으로 봉하였더라

하나님의 권능의 오른손에 있는 일곱 개 인으로 봉해진 두루마리에는 사람들의 불순종으로 인한 인, 나팔, 대접재앙 등의 내용이 상세히 기록되어 있다(6~18장).[137] 뿐만 아니라 이 두루마리(일곱 봉인 책)에는 하나님의 비밀인 마지막 일곱째 나팔 불 때의 부활과 우리 주와 그리스도의 나라가 성취되는 복음에 대한 내용 등도 포함되어 있다(10:2,7, 11:15).

(5:2~3)

또 보매 힘있는 천사가 큰 음성으로 외치기를 누가 그 두루마리를 펴며 그 인을 떼기에 합당하냐 하나 하늘 위에나 땅 위에나 땅 아래에 능히 그 두루마리를 펴거나 보거나 할 자가 없더라

---

137 겔 2:9~10 "내가 보니 보라 한 손이 나를 향하여 펴지고 보라 그 안에 두루마리 책이 있더라 그가 그것을 내 앞에 펴시니 그 안팎에 글이 있는데 그 위에 애가와 애곡과 재앙의 말이 기록되었더라"
시 118:15~16 "의인들의 장막에는 기쁜 소리, 구원의 소리가 있음이여 여호와의 오른손이 권능을 베푸시며 여호와의 오른손이 높이 들렸으며 여호와의 오른손이 권능을 베푸시는도다"

힘센 천사가, 하나님의 계시가 담긴 두루마리의 일곱 봉인을 떼고 펴기에 누가 합당하냐고 외치지만, 우주 공간 어디에도 펴거나 보기에 합당한 자가 없다.

이렇듯이 두루마리의 봉인을 떼고 펴거나, 펴 놓은 작은 두루마리의 내용을 깨달아야 하는, 중차대한 장면이 나올 때는 힘센(권위 있는) 천사가 등장하는 것을 볼 수 있다(10:1~2).

(5:4~5)

그 두루마리를 펴거나 보거나 하기에 합당한 자가 보이지 아니하기로 내가 크게 울었더니 장로 중의 한 사람이 내게 말하되 울지 말라 유대 지파의 사자 다윗의 뿌리가 이겼으니 그 두루마리와 그 일곱 인을 떼시리라 하더라

요한이 하나님의 계시가 담긴 봉인된 두루마리를 펴거나 볼 수 있는 이가 보이지 아니하므로 통곡한다.[138] 그때 장로들 가운데 하나가, 유대 지파인 다윗 왕의 혈통인 예수님이 온 인류의 죄를 대신하여 죽으사 부활함으로 승리하셨으니(3:7),[139] 두루마리의 일곱 인을 떼실 것이라고 그를 위로한다.

---

138 마 5:4 "애통하는 자는 복이 있나니 그들이 위로를 받을 것임이요"
139 창 49:8 "유다야 너는 네 형제의 찬송이 될지라 네 손이 네 원수의 목을 잡을 것이요 네 아버지의 아들들이 네 앞에 절하리로다"
  사 11:10 "그 날에 이새의 뿌리에서 한 싹이 나서 만민의 기치로 설 것이요 열방이 그에게로 돌아오리니 그가 거한 곳이 영화로우리라"
  요 16:33 "이것을 너희에게 이르는 것은 너희로 내 안에서 평안을 누리게 하려 함이라 세상에서는 너희가 환난을 당하나 담대하라 내가 세상을 이기었노라"

(5:6)

내가 또 보니 보좌와 네 생물과 장로들 사이에 한 어린 양이 서 있는데 일찍이 죽임을 당한 것 같더라 그에게 일곱 뿔과 일곱 눈이 있으니 이 눈들은 온 땅에 보내심을 받은 하나님의 일곱 영이더라

하나님의 보좌와 네 생물과 장로들 사이에 전에 죽임을 당한 듯한 어린 양(예수님)이 서 계신다.[140] 그분은 무한한 권세와 능력을 상징하는 일곱 뿔과 충만한 지혜와 통찰력을 상징하는 일곱 눈을 가지셨다.[141] 이 눈들은 온 세상을 두루 살피시는 하나님의 일곱 영이요(1:4, 4:5), 성도들을 고아와 같이 내버려 두지 않기 위해 온 땅에 보내심을 받은 보혜사 성령을 뜻한다.[142]

이때 보혜사는 그리스어로 '파라클레트'라고 한다. 이는 우리 삶 가운데 성령의 역할을 정의하는 일곱 가지, 즉 위로자, 상담자, 중보자, 변호자, 능력 주는 자, 돕는 자, 비상대기자를 의미한다.[143]

---

140 빌 2:8 "사람의 모양으로 나타나사 자기를 낮추시고 죽기까지 복종하셨으니 곧 십자가에 죽으심이라"

141 슥 4:10 "작은 일의 날이라고 멸시하는 자가 누구냐 사람들이 스룹바벨의 손에 다림줄이 있음을 보고 기뻐하리라 이 일곱은 온 세상에 두루 다니는 여호와의 눈이라 하니라"

142 요 14:18 "내가 너희를 고아와 같이 버려두지 아니하고 너희에게로 오리라"
요 14:26 "보혜사 곧 아버지께서 내 이름으로 보내실 성령 그가 너희에게 모든 것을 가르치고 내가 너희에게 말한 모든 것을 생각나게 하리라"
요일 2:27 "너희는 주께 받은 바 기름 부음이 너희 안에 거하나니 아무도 너희를 가르칠 필요가 없고 오직 그의 기름 부음이 모든 것을 너희에게 가르치며 또 참되고 거짓이 없으니 너희를 가르치신 그대로 주 안에 거하라"

143 케네스 해긴, 『방언 : 오순절 다락방 경험을 넘어』, 김진호 역(경기 : 믿음의 말씀사), 202-203.

(5:7~8)

그 어린 양이 나아와서 보좌에 앉으신 이의 오른손에서 두루마리를 취하시니라 그 두루마리를 취하시매 네 생물과 이십사 장로들이 그 어린 양 앞에 엎드려 각 각 거문고와 향이 가득한 금 대접을 가졌으니 이 향은 성도의 기도들이라

하나님의 정의와 권능을 상징하는 오른손에서,144 예수님이 나와서 인, 나팔, 대접재앙 등의 계시 내용이 상세히 기록된 두루마리를 받으신다. 그러자 예수님 앞에 네 생물과 이십사 장로들은 저마다 성도들의 기도인 향이 담긴 금 대접을 들고 엎드렸다.145

한편 마지막 일곱째 인을 떼실 때(8:1), 금 향로에 받은 많은 향연이 성도의 기도와 함께, '천사'의 손으로부터 보좌 앞 금 제단에 올려진다(8:3~4). 이로써 성도들의 기도인 향이 든 금 대접을 담당하는 네 생물과 이십사 장로들은, 모두 지상의 성도들이 아닌 천사류에 속한 영적 존재들임을 명백히 알 수 있다.

(5:9~10)

그들이 새 노래를 불러 이르되 두루마리를 가지시고 그 인봉을 떼기에 합당하시도다 일찍이 죽임을 당하사 각 족속과 방언과 백성과 나라 가운데에서 사람들을 피로 사서 하나님께 드리시고 그들로 우리 하나님 앞에서 나라와 제사장들을 삼으셨으니 그들이 땅에서 왕 노릇 하리로다 하더라

---

144 시 48:10 "하나님이여 주의 이름과 같이 찬송도 땅 끝까지 미쳤으며 주의 오른손에는 정의가 충만하였나이다"
145 시 141:2 "나의 기도가 주의 앞에 분향함과 같이 되며 나의 손 드는 것이 저녁 제사 같이 되게 하소서"

네 생물과 이십사 장로들이, 오직 예수님만 그 두루마리 봉인을 떼기에 합당하심을 새 노래로 부른다.[146] 모든 사람들을 피로 사서 그 가운데 그리스도의 속량을 믿는 자들을 하나님께 드리시고[147] 이들로 나라와 제사장들을 삼으셨으니 이들이 땅에서 왕 노릇 하리라는 노래다. 여기서 '땅'은 신약시대의 세상과 다가올 천년왕국을 일컫는 이중적 의미를 지닌다(20:6).[148]

(5:11~12)

내가 또 <u>보고 들으매</u> 보좌와 생물들과 장로들을 둘러선 많은 천사의 음성이 있
①
으니 그 수가 만만이요 천천이라 큰 음성으로 이르되 죽임을 당하신 어린 양은
능력과 부와 지혜와 힘과 존귀와 영광과 찬송을 받으시기에 합당하도다 하더라

요한이, 하나님의 보좌와 네 생물과 이십사 장로를 둘러선 그 수가 헤아릴 수 없이 많은 천사들을 보며 음성을 듣게 된다. 그들이 큰 음성으로, 십자가 고난을 당하신 예수님은 능력과 부와 지혜와 힘과 존

---

146 시 96:1~2 "새 노래로 여호와께 노래하라 온 땅이여 여호와께 노래할지어다 여호와께 노래하여 그의 이름을 송축하며 그의 구원을 날마다 전파할지어다"
벧전 1:3 "우리 주 예수 그리스도의 아버지 하나님을 찬송하리로다 그의 많으신 긍휼대로 예수 그리스도를 죽은 자 가운데서 부활하게 하심으로 말미암아 우리를 거듭나게 하사 산 소망이 있게 하시며"

147 행 20:28 "여러분은 자기를 위하여 또는 온 양 떼를 위하여 삼가라 성령이 그들 가운데 여러분을 감독자로 삼고 하나님이 자기 피로 사신 교회를 보살피게 하셨느니라"

148 벧전 2:9 "너희는 택하신 족속이요 왕 같은 제사장들이요 거룩한 나라요 그의 소유가 된 백성이니 이는 너희를 어두운 데서 불러 내어 그의 기이한 빛에 들어가게 하신 이의 아름다운 덕을 선포하게 하려 하심이라"

귀와 영광과 찬송을 받으시기에 합당하다고 외친다.[149]

(5:13~14)

내가 또 들으니 하늘 위에와 땅 위에와 땅 아래와 바다 위에와 또 그 가운데 모
②
든 피조물이 이르되 보좌에 앉으신 이와 어린 양에게 찬송과 존귀와 영광과 권
능을 세세토록 돌릴지어다 하니 네 생물이 이르되 아멘 하고 장로들은 엎드려
경배하더라

하늘과 땅과 땅 아래와 바다에 있는, 지상에 속한 모든 피조물들
이 하나님과 예수님에게 찬송과 존귀와 영광과 권능이 영원무궁하
시길 외친다.[150] 이는 장차 천년왕국을 앞두고 성도들의 부활과 그리
스도의 재림으로 회복될 지상의 모든 피조물들의 찬양으로 보인다
(5:9~10).[151] 그리고 회복의 대상이 되는 지상 만물의 대표 격인 네 생물
이 '아멘'으로 화답할 때, 천사들의 대표 격인 장로들은 엎드려 '경
배'만 한다.

한편 두 분, 즉 보좌에 앉으신 이와 어린 양이 함께 찬송과 영광을

---

149 눅 19:38 "이르되 찬송하리로다 주의 이름으로 오시는 왕이여 하늘에는 평화요
가장 높은 곳에는 영광이로다 하니"
150 시 148:3 "해와 달아 그를 찬양하며 밝은 별들아 다 그를 찬양할지어다"
빌 2:10~11 "하늘에 있는 자들과 땅에 있는 자들과 땅 아래에 있는 자들로 모든
무릎을 예수의 이름에 꿇게 하시고 모든 입으로 예수 그리스도를 주라 시인하
여 하나님 아버지께 영광을 돌리게 하셨느니라"
151 행 3:21 "하나님이 영원 전부터 거룩한 선지자들의 입을 통하여 말씀하신 바 만
물을 회복하실 때까지는 하늘이 마땅히 그를 받아 두리라"

받으시기에 동격임을 알 수 있다.[152]

① 보고 들으매(5:11)와 ② 들으니(5:13)의 차이

①은 수가 만만이요 천천인 천사들의 음성이며, ②는 하늘과 땅과 바다에 있는 지상에 속한 모든 피조물들의 음성이다. 이때 요한은 성령의 감동으로 높은 하늘 보좌 주위에 올리움을 받은 상황이다(4:1~2). 그러므로 그가 천사들의 음성은 ①과 같이 보고 들을 수 있으며, 지상 피조물들의 음성은 ②처럼 들리기만 한 것으로 읽혀진다.

---

152 빌 2:6 "그는 근본 하나님의 본체시나 하나님과 동등됨을 취할 것으로 여기지 아니하시고"
히 1:3 "이는 하나님의 영광의 광채시요 그 본체의 형상이시라 그의 능력의 말씀으로 만물을 붙드시며 죄를 정결하게 하는 일을 하시고 높은 곳에 계신 지극히 크신 이의 우편에 앉으셨느니라"

제 6 장

일곱 인 중 첫째~여섯째 인 개봉(본 계시)

어린 양이 봉인된 두루마리의 일곱 인 가운데 첫째 인부터 여섯째 인까지 떼시는 장면이다. 인개봉은 재앙의 서막으로서 첫째 인은 흰 말, 둘째 인은 붉은 말, 셋째 인은 검은 말이 나타난다. 그리고 넷째 인은 청황색 말이 등장하는데, 그 탄 자의 이름이 '사망'으로 음부가 그 뒤를 따른다. 그들이 땅 사분의 일의 권세를 얻어 검(전쟁)과 흉년(기근)과 사망(전염병과 지진)과 땅의 짐승(거짓 선지자)들로써 죽인다. 네 말이 뛰어다니는 곳마다 거의 전全 신약시대 기간에 걸쳐 국부적으로 영향을 미치고 재앙이 발생한다.

다섯째 인은 순교자들이 제단 아래서 자신들의 피를 흘리게 한 자들을 심판하여 주시기를 호소한다. 여섯째 인은 보좌에 앉으신 이와 어린 양의 진노의 심판 예고에 이어, 막간(7장)으로 이스라엘 민족과 각 나라 백성들의 구원의 환상을 미리 보여주신다.

한편 인개봉과 나팔울림은 하나님의 진노의 재앙이 부분적, 경고성으로 나타나지만 대접부음은 전체적, 최종적으로 내려진다.

(6:1~2)

내가 보매 어린 양이 일곱 인 중의 하나를 떼시는데 그 때에 내가 들으니 네 생물 중의 하나가 우렛소리 같이 말하되 오라 하기로 이에 내가 보니 흰 말이 있는데 그 탄 자가 활을 가졌고 면류관을 받고 나아가서 이기고 또 이기려고 하더라

승리하신 예수님이 두루마리의 일곱 봉인 가운데 하나를 떼시니, 네 생물 중의 하나가 우렛소리 같이 권위 있는 음성으로 오라고 명령한다(4:6).[153] 이에 흰 말 탄 자가 나오는데 그가 누구인지 유의하여 살펴보자. 예수님은 면류관을 받는 자가 아니요 주는 분이다(2:10). 더욱이 단번의 희생 제사로 사탄을 이기고 부활하심으로 이미 승리하셨다. 그러므로 흰 말을 타고 활을 가진 '이기고 또 이기려고' 한 자는 그리스도를 가장한 거짓 선지자임에 틀림없다.[154]

(6:3~4)

둘째 인을 떼실 때에 내가 들으니 둘째 생물이 말하되 오라 하니 이에 다른 붉은 말이 나오더라 그 탄 자가 허락을 받아 땅에서 화평을 제하여 버리며 서로 죽이

---

153 요 12:29 "곁에 서서 들은 무리는 천둥이 울었다고도 하며 또 어떤 이들은 천사가 그에게 말하였다고도 하니"

154 고후 11:13~14 "그런 사람들은 거짓 사도요 속이는 일꾼이니 자기를 그리스도의 사도로 가장하는 자들이니라 이것은 이상한 일이 아니라 사탄도 자기를 광명의 천사로 가장하나니"

막 13:5~6 "예수께서 이르시되 너희가 사람의 미혹을 받지 않도록 주의하라 많은 사람이 내 이름으로 와서 이르되 내가 그라 하여 많은 사람을 미혹하리라"

게 하고 또 큰 칼을 받았더라

둘째 봉인을 떼실 때에 둘째 생물이 오라고 명령하니, 피 흘리는 전쟁을 상징하는 붉은 말이 나온다.[155] 그 말 탄 자가 세상에서 평화를 제거하는 권세와 함께 전쟁을 상징하는 '서로 죽이게 하고 또 큰 칼'을 받는다.[156]

(6:5~6)

셋째 인을 떼실 때에 내가 들으니 셋째 생물이 말하되 오라 하기로 내가 보니 검은 말이 나오는데 그 탄 자가 손에 저울을 가졌더라 내가 네 생물 사이로부터 나는 듯한 음성을 들으니 이르되 한 데나리온에 밀 한 되요 한 데나리온에 보리 석 되로다 또 감람유와 포도주는 해치지 말라 하더라

셋째 봉인을 떼실 때에 셋째 생물이 오라고 명령하니, 기근을 상징하는 검은 말 탄 자가 나오며 그가 손에 계량하기 위한 저울을 가졌다.[157] 그때 네 생물 사이에서 한 음성이 이르되, 노동자들의 하루 품삯에 해당되는 한 데나리온에[158] 밀 한 되 또는 보리 석 되 밖에 살

---

155 나 2:3 "그의 용사들의 방패는 붉고 그의 무사들의 옷도 붉으며 그 항오를 벌이는 날에 병거의 쇠가 번쩍이고 노송나무 창이 요동하는도다"
156 마 24:6~7 "난리와 난리 소문을 듣겠으나 너희는 삼가 두려워하지 말라 이런 일이 있어야 하되 아직 끝은 아니니라 민족이 민족을, 나라가 나라를 대적하여 일어나겠고 …"
157 겔 4:16 "또 내게 이르시되 인자야 내가 예루살렘에서 의뢰하는 양식을 끊으리니 백성이 근심 중에 떡을 달아 먹고 두려워 떨며 물을 되어 마시다가"
　　마 24:7 "… 곳곳에 기근과 지진이 있으리니"
158 마 20:2 "그가 하루 한 데나리온씩 품꾼들과 약속하여 포도원에 들여보내고"

수 없다고 한다. 또 하나님 말씀의 기갈에 대비하여,[159] 감람유와 포도주, 곧 주님이 기름 부은 자들은 해하지 말라고 한다.[160]

(6:7~8)

넷째 인을 떼실 때에 내가 넷째 생물의 음성을 들으니 말하되 오라 하기로 내가 보매 청황색 말이 나오는데 그 탄 자의 이름은 사망이니 음부가 그 뒤를 따르더라 그들이 땅 사분의 일의 권세를 얻어 검과 흉년과 사망과 땅의 짐승들로써 죽이더라

넷째 봉인을 떼실 때에 넷째 생물이 오라고 명령하니, 전염병과 지진 발생을 상징하는 창백한 청황색 말이 나온다. 탄 자의 이름이 '사망'으로 불신자들이 가는 죽음의 세계인 음부가 그 뒤를 따른다(1:18). 그들이 땅 1/4 범주範疇의 권세를 얻어, 검(전쟁)과 흉년(기근)과 사망(전염병과 지진)과 땅의 짐승(거짓 선지자)들로써 죽인다.[161] 여기서 땅의 짐승

---

159 암 8:11 "주 여호와의 말씀이니라 보라 날이 이를지라 내가 기근을 땅에 보내리니 양식이 없어 주림이 아니며 물이 없어 갈함이 아니요 여호와의 말씀을 듣지 못한 기갈이라"

160 삿 9:8~9 "하루는 나무들이 나가서 기름을 부어 자신들 위에 왕으로 삼으려 하여 감람나무에게 이르되 너는 우리 위에 왕이 되라 하매 감람나무가 그들에게 이르되 내게 있는 나의 기름은 하나님과 사람을 영화롭게 하나니 내가 어찌 그것을 버리고 가서 나무들 위에 우쭐대리요 한지라"
삿 9:12~13 "나무들이 또 포도나무에게 이르되 너는 와서 우리 위에 왕이 되라 하매 포도나무가 그들에게 이르되 하나님과 사람을 기쁘게 하는 내 포도주를 내가 어찌 버리고 가서 나무들 위에 우쭐대리요 한지라"

161 겔 14:21 "주 여호와께서 이같이 이르시되 내가 나의 네 가지 중한 벌 곧 칼과 기근과 사나운 짐승과 전염병을 예루살렘에 함께 내려 사람과 짐승을 그 중에서 끊으리니 그 해가 더욱 심하지 아니하겠느냐"
마 24:5~7 "많은 사람이 내 이름으로 와서, 내가 그리스도라, 하며 많은 사람을 속이리라 … 민족이 민족을 왕국이 왕국을 대적하여 일어나고 곳곳에 기근과

들은 감언이설로 사람들을 속여 결국 사망(음부)에 이르게 하는 흰 말을 탄 거짓 선지자들을 말한다(6:2).[162]

인개봉에 따른 네 말의 출현으로 거의 모든 신약시대 동안에 국부적인 재앙들이 발생하며, 아직도 온 세계 처처에서 재앙들이 진행 중에 있음을 우리가 볼 수 있다. 인개봉은 재앙의 범주와 성격이 1/4의 부분적, 경고성이다. 나아가 나팔울림은 재앙이 1/3로 확대, 심화되고 대접부음으로 전체적, 최종적인 심판이 내려질 것이다.

△ 음부(1:18) : 하데스, 불신자들의 영혼이 머무는 곳

△ 지옥[163] : 게헨나, 영벌의 불못(20:14~15)

(6:9~11)

다섯째 인을 떼실 때에 내가 보니 하나님의 말씀과 그들이 가진 증거로 말미암아 죽임을 당한 영혼들이 제단 아래에 있어 큰 소리로 불러 이르되 거룩하고 참되신 대주재여 땅에 거하는 자들을 심판하여 우리 피를 갚아 주지 아니하시기를 어느 때까지 하시려 하나이까 하니 각각 그들에게 흰 두루마기를 주시며 이르시되 아직 잠시 동안 쉬되 그들의 동무 종들과 형제들도 자기처럼 죽임을 당하여 그 수가 차기까지 하라 하시더라

다섯째 봉인을 떼시니, 순교한 영혼들이 제단 아래서 큰 소리로 대

역병과 지진이 있으리니"(KJV 흠정역)

162 시 49:20 "존귀하나 깨닫지 못하는 사람은 멸망하는 짐승 같도다"
     마 7:15 "거짓 선지자들을 삼가라 양의 옷을 입고 너희에게 나아오나 속에는 노략질하는 이리라"

163 마 23:33 "뱀들아 독사의 새끼들아 너희가 어떻게 지옥의 판결을 피하겠느냐"

주재이신 하나님을 부르며(8:3) 자기들의 피를 흘리게 한 자들을 심판하여 갚아 주시기를 호소한다(18:24).[164] 그러자 하나님이 각각 승리와 성결의 상징인 흰 옷을 주시며(3:4, 7:14) 성도들의 순교자 수가 차기까지 쉬라고 하신다. 칠년대환난이 지나는 동안, 적그리스도 표를 받지 않고 그에게 우상숭배하지 않아 죽은 순교자들로 그 수가 다 차게 될 것이다(11:7,13:10,15, 20:4).[165]

이들은 마지막 나팔에 부활·휴거되어 주님의 재림 시에 함께 지상에 내려와 천년왕국에서 상급을 얻는다.[166] 그리고 대접심판하실 때에, 성도들의 피를 흘리게 한 자들에게 피를 마시게 하여 하나님의 나라에 참여하지 못하도록 함으로써 그 대가를 갚으실 것이다(16:6~7, 18:20).

(6:12~14)

내가 보니 여섯째 인을 떼실 때에 큰 지진이 나며 해가 검은 털로 짠 상복 같이 검어지고 달은 온통 피 같이 되며 하늘의 별들이 무화과나무가 대풍에 흔들려 설익은 열매가 떨어지는 것 같이 땅에 떨어지며 하늘은 두루마리가 말리는 것

---

164 창 4:10 "이르시되 네가 무엇을 하였느냐 네 아우의 핏소리가 땅에서부터 내게 호소하느니라"

165 마 24:9 "그 때에 사람들이 너희를 환난에 넘겨 주겠으며 너희를 죽이리니 너희가 내 이름 때문에 모든 민족에게 미움을 받으리라"

166 눅 19:15~19 "귀인이 왕위를 받아가지고 돌아와서 은화를 준 종들이 각각 어떻게 장사하였는지를 알고자 하여 그들을 부르니 그 첫째가 나아와 이르되 주인이여 당신의 한 므나로 열 므나를 남겼나이다 주인이 이르되 잘하였다 착한 종이여 네가 지극히 작은 것에 충성하였으니 열 고을 권세를 차지하라 하고 그 둘째가 와서 이르되 주인이여 당신의 한 므나로 다섯 므나를 만들었나이다 주인이 그에게도 이르되 너도 다섯 고을을 차지하라 하고"

여섯째 인의 개봉은, 말세지 말에 있게 될 칠년대환난 후와 주님의 재림의 날에 이땅에 일어날 재앙들을 예고하시는 장면이다.[167] 이어 막간으로 이스라엘 민족과 전 세계 만백성들에 대한 구원 예고 장면이 등장한다(7장).

예수님이 온 인류의 죄를 대신 짊어지고 십자가에서 피흘려 돌아가실 때 땅이 진동하며 해가 빛을 잃었다.[168] 이렇듯 후삼년반 동안에 순교자들이 많이 발생함에 따라(11:7, 13:15), 대환난 후에 즉시 하늘의 권능들이 흔들림으로 해가 검어지며 달도 빛을 잃게 되어 핏빛같이 변한다.[169] 그리고 천체 변동으로 인해 하늘에서 별들이 땅에 떨어지고 하늘은 두루마리 말리듯 만상이 사라지며 지진 등으로 지형이 대변동할 것이다.[170]

---

167 욜 2:31~32 "여호와의 크고 두려운 날이 이르기 전에 해가 어두워지고 달이 핏빛 같이 변하려니와 누구든지 여호와의 이름을 부르는 자는 구원을 얻으리니 이는 나 여호와의 말대로 시온 산과 예루살렘에서 피할 자가 있을 것임이요 남은 자 중에 나 여호와의 부름을 받을 자가 있을 것임이니라"

168 마 27:45 "제육시로부터 온 땅에 어둠이 임하여 제구시까지 계속되더니"
마 27:51~52 "이에 성소 휘장이 위로부터 아래까지 찢어져 둘이 되고 땅이 진동하며 바위가 터지고. 무덤들이 열리며 자던 성도의 몸이 많이 일어나되"

169 마 24:29 "그 날 환난 후에 즉시 해가 어두워지며 달이 빛을 내지 아니하며 별들이 하늘에서 떨어지며 하늘의 권능들이 흔들리리라"
겔 32:7 "내가 너를 불 끄듯 할 때에 하늘을 가리어 별을 어둡게 하며 해를 구름으로 가리며 달이 빛을 내지 못하게 할 것이여"

170 벧후 3:10 "주의 날이 도둑 같이 오리니 그 날에는 하늘이 큰 소리로 떠나가고 물질이 뜨거운 불에 풀어지고 땅과 그 중에 있는 모든 일이 드러나리로다"
사 34:4 "하늘의 만상이 사라지고 하늘들이 두루마리 같이 말리되 그 만상의 쇠잔함이 포도나무 잎이 마름같고 무화과나무 잎이 마름 같으리라"

(6:15~17)

땅의 임금들과 왕족들과 장군들과 부자들과 강한 자들과 모든 종과 자유인이 굴과 산들의 바위 틈에 숨어 산들과 바위에게 말하되 우리 위에 떨어져 보좌에 앉으신 이의 얼굴에서와 그 어린 양의 진노에서 우리를 가리라 그들의 진노의 큰 날이 이르렀으니 누가 능히 서리요 하더라

앞서 일어난 두려운 광경들(6:12~14)을 보고 이땅에 있는 각양각색의 모든 사람들이 굴과 바위틈에 숨어 다급하고 절박한 심정으로 애걸하는 장면이다.[171] 그들이 산과 바위들에게 차라리 자기들 위에 떨어져, 준엄하며 찬란하고 눈부시게 빛나는 보좌에 앉으신 이의 얼굴과 어린 양의 진노에서 가려줄 것을 호소한다.[172] 하지만 주님의 재림으로 인한 죄인들에 대한 진노의 큰 날에 어느 누구도 피할 수 없을 것이다.[173]

---

171 사 2:19 "사람들이 암혈과 토굴로 들어가서 여호와께서 땅을 진동시키려고 일어나실 때에 그의 위엄과 그 광대하심의 영광을 피할 것이라"
172 호 10:8 "이스라엘의 죄 곧 아웬의 산당은 파괴되어 가시와 찔레가 그 제단 위에 날 것이니 그 때에 그들이 산더러 우리를 가리라 할 것이요 작은 산더러 우리 위에 무너지라 하리라"
    눅 23:30 "그 때에 사람이 산들을 대하여 우리 위에 무너지라 하며 작은 산들을 대하여 우리를 덮으라 하리라"
173 나 1:6 "누가 능히 그의 분노 앞에 서며 누가 능히 그의 진노를 감당하랴 그의 진노가 불처럼 쏟아지니 그로 말미암아 바위들이 깨지는도다"

제 7 장

●

구원의 환상(막간 1)

마지막 일곱째 인을 떼시기 전에(8:1), 이스라엘 민족과 전 세계 각 나라 백성들에게 위로와 구원의 소망을 주시기 위한 메시지다.

칠년대환난을 앞두고 유대인들이 구원을 얻는 표(sign)로서 천사가 하나님의 인을 친다. 그 수가 열두 지파에서 각 일만 이천씩 십사만 사천이다. 이는 대환난 직전 이스라엘 열두 지파에서 구원 얻을 충만한 수를 상징한다. 한편 세계 각 나라들에서 어린 양의 피에 그 옷을 씻어 희게 한 무수히 많은 무리가 대환난으로부터 나온다. 이들이 보좌 앞과 어린 양 앞에 서서 구원을 찬양할 때 모든 천사들이 하나님께 경배한다.

그리고 한 장로가, 어린 양이 생명수 샘으로 인도하시고 하나님이 흰 옷 입은 구원 얻은 무리들을 장막으로 보호하셔서 모든 눈물을 씻어주시리라고 한다.

(7:1~2)

이 일 후에 내가 네 천사가 땅 네 모퉁이에 선 것을 보니 땅의 사방의 바람을 붙잡아 바람으로 하여금 땅에나 바다에나 각종 나무에 불지 못하게 하더라 또 보매 다른 천사가 살아 계신 하나님의 인을 가지고 해 돋는 데로부터 올라와서 땅과 바다를 해롭게 할 권세를 받은 네 천사를 향하여 큰 소리로 외쳐

이 일—하늘 보좌와 하늘 예배의 광경, 그리고 첫째 인~여섯째 인의 개봉 장면(4~6장)—후에 네 모퉁이에 선 네 천사가 땅 사방에서 부는 바람174, 곧 칠년대환난이 오는 것을 막고 있다(12:4, 13:1). 그들이 바람을 붙잡아 땅과 바다와 각종 나무들(온 세상)에 불지 못하게 한다. 이 때 땅은 교회를(6:8, 8:7, 9:4, 16:2), 바다는 세상을(8:8, 13:1, 18:17, 20:13),175 각종 나무는 주님의 사자들을(9:4) 상징한다. 그리고 다른 천사가 해 돋는 데(하나님이 계신 곳)로부터 올라오며,176 유대인들의 구원을 상징하는 표로 하나님의 인을 침으로써 대환난 전에 있을 이스라엘 백성들의 구원을 예고한다.177

(7:3~4)

---

174 단 7:2 "다니엘이 진술하여 이르되 내가 밤에 환상을 보았는데 하늘의 네 바람이 큰 바다로 몰려 불더니"
175 단 7:3 "큰 짐승 넷이 바다에서 나왔는데 그 모양이 각각 다르더라"
　　단 7:16~17 "내가 그 곁에 모셔 선 자들 중 하나에게 나아가서 이 모든 일의 진상을 물으매 그가 내게 말하여 그 일의 해석을 알려 주며 이르되 그 네 큰 짐승은 세상에 일어날 네 왕이라"
176 눅 1:78~79 "이는 우리 하나님의 긍휼로 인함이라 이로써 돋는 해가 위로부터 우리에게 임하여 어둠과 죽음의 그늘에 앉은 자에게 비치고 우리 발을 평강의 길로 인도하시리로다 하니라"
177 렘 31:1~2 "여호와의 말씀이니라 그 때에 내가 이스라엘 모든 종족의 하나님이 되고 그들은 내 백성이 되리라 여호와께서 이같이 말씀하시니라 칼에서 벗어난 백성이 광야에서 은혜를 입었나니 곧 내가 이스라엘로 안식을 얻게 하러 갈 때에라"

이르되 우리가 우리 하나님의 종들의 이마에 인치기까지 땅이나 바다나 나무들을 해하지 말라 하더라 내가 인침을 받은 자의 수를 들으니 이스라엘 자손의 각 지파 중에서 인침을 받은 자들이 십사만 사천이니

하나님의 인을 가진 천사가 네 천사에게 하나님의 종들, 곧 이스라엘 백성들의 이마에 인치기까지[178] 온 세상(교회와 세상과 사자들)에 해를 가하지 말라고 한다(9:4). 그 천사가 하나님의 경륜에 따라 인을 치는 것은, 일흔 이레 가운데 마지막 한 이레인 칠년대환난 전에 돌아온 유대인들이 회개하여 구원을 얻는 것을 의미한다.[179] 인침을 받은 자의 수는 이스라엘 자손 열두 지파의 정통 유대인들이 십사만 사천이다.[180] 이는 12지파 × 12택한 수 × 1,000많은 수 = 144,000으로써, 이스라엘 열두 지파에서 거듭나 악한 사탄을 이김으로써 택정 받아 구원 얻

---

178 엡 1:13 "그 안에서 너희도 진리의 말씀 곧 너희의 구원의 복음을 듣고 그 안에서 또한 믿어 약속의 성령으로 인치심을 받았으니"
고후 1:22 "그가 또한 우리에게 인치시고 보증으로 우리 마음에 성령을 주셨느니라"

179 렘 30:7 "슬프다 그 날이여 그와 같이 엄청난 날이 없으리라 그 날은 야곱의 환난의 때가 됨이로다 그러나 그가 환난에서 구하여 냄을 얻으리로다"
롬 11:25~27 "형제들아 너희가 스스로 지혜 있다 하면서 이 신비를 너희가 모르기를 내가 원하지 아니하노니 이 신비는 이방인의 충만한 수가 들어오기까지 이스라엘의 더러는 우둔하게 된 것이라 그리하여 온 이스라엘이 구원을 받으리라 기록된 바 구원자가 시온에서 오사 야곱에게서 경건하지 않은 것을 돌이키시겠고 내가 그들의 죄를 없이 할 때에 그들에게 이루어질 내 언약이 이것이라 함과 같으니라"
단 12:1 "그 때에 네 민족을 호위하는 큰 군주 미가엘이 일어날 것이요 또 환난이 있으리니 이는 개국 이래로 그 때까지 없던 환난일 것이며 그 때에 네 백성 중 책에 기록된 모든 자가 구원을 받을 것이라"

180 정동수, 『킹제임스 흠정역 스터디 성경전서 부록편』(인천 : 그리스도 예수안에, 2008), 193. "십사만 사천을 구원받은 사람들의 집합체로 보는 것은 바람직하지 않다. 왜냐하면 교회는 결코 이스라엘이 아니기 때문이다."

을 백성들의 충만한 수를 상징한다(12:5, 14:4).

한편 사탄은 대환난의 때에, 하나님의 인침을 모방하여 사람들에게 이마나 손에 적그리스도 인(666표)을 받게 하여 그의 소유로 삼는 흉내를 낼 것이다(13:16).

(7:5~8)

유다 지파 중에 인침을 받은 자가 일만 이천이요 르우벤 지파 중에 일만 이천이요 갓 지파 중에 일만 이천이요 아셀 지파 중에 일만 이천이요 납달리 지파 중에 일만 이천이요 므낫세 지파 중에 일만 이천이요 시므온 지파 중에 일만 이천이요 레위 지파 중에 일만 이천이요 잇사갈 지파 중에 일만 이천이요 스불론 지파 중에 일만 이천이요 요셉 지파 중에 일만 이천이요 베냐민 지파 중에 인침을 받은 자가 일만 이천이라

이스라엘 열두 지파에서 인침을 받은 자가 각각 일만 이천은, 12택한 수[181] × 1,000많은 수, 곧 각 지파에서 하나님의 기쁘신 뜻에 따라 택정받아 구원 얻을 충만한 수를 상징한다. 여기서 하나님의 뜻은, 그리스도의 속량을 믿음으로 그분의 의義를 얻어 거듭나 구원에 이르는 것을 말한다.[182]

---

181 눅 6:12~13 "이 때에 예수께서 기도하시러 산으로 가사 밤이 새도록 하나님께 기도하시고 밝으매 그 제자들을 부르사 그 중에서 열둘을 택하여 사도라 칭하셨으니"

182 히 10:9~10 "그 후에 말씀하시기를 보시옵소서 내가 하나님의 뜻을 행하러 왔나이다 하셨으니 그 첫째 것을 폐하심은 둘째 것을 세우려 하심이라 이 뜻을 따라 예수 그리스도의 몸을 단번에 드리심으로 말미암아 우리가 거룩함을 얻었노라"

롬 10:9~10 "네가 만일 네 입으로 예수를 주로 시인하며 또 하나님께서 그를 죽

구약시대의 이스라엘 민족 열두 지파가 육적 중심의 계보였다면, 본문에 나타난 열두 지파는 메시야 중심인 영적 관점의 계보다. 따라서 장자 르우벤 지파 대신 넷째인 유다 지파가 먼저 구원의 인침을 받는다. 이는 유다지파를 통해 오신 메시야의 구속사적 의미와 함께 (5:5),[183] 칠년대환난을 앞두고 예루살렘이 군대에 둘러싸일 때 유다 장막이 먼저 구원을 얻는 예언의 성취기도 하다.[184] 또 르우벤 지파가 장자에서 두 번째 뒤로 물려진 것은 아버지의 침상을 더럽힌 범죄로 인함이다.[185] 그리고 므낫세 지파는, 은 이십에 팔려 애굽 총리 시절 칠년 기근을 당한 이스라엘을 애굽으로부터 구하여 낸 요셉의 장자로서 삽입되었다.[186] 시므온과 레위는 둘째와 셋째로 태어났으나

은 자 가운데서 살리신 것을 네 마음에 믿으면 구원을 받으리라 사람이 마음으로 믿어 의에 이르고 입으로 시인하여 구원에 이르느니라"

183 히 7:14~15 "우리 주께서는 유다로부터 나신 것이 분명하도다 이 지파에는 모세가 제사장들에 관하여 말한 것이 하나도 없고 멜기세덱과 같은 별다른 한 제사장이 일어난 것을 보니 더욱 분명하도다"

184 눅 21:20 "너희가 예루살렘이 군대들에게 에워싸이는 것을 보거든 그 멸망이 가까운 줄을 알라"
슥 12:6~7 "그 날에 내가 유다 지도자들을 나무 가운데에 화로 같게 하며 곡식단 사이에 횃불 같게 하리니 그들이 그 좌우에 에워싼 모든 민족들을 불사를 것이요 예루살렘 사람들은 다시 그 본 곳 예루살렘에 살게 되리라 여호와가 먼저 유다 장막을 구원하리니 이는 다윗의 집의 영광과 예루살렘 주민의 영광이 유다보다 더하지 못하게 하려 함이니라"

185 창 49:3~4 "르우벤아 너는 내 장자요 내 능력이요 내 기력의 시작이라 위풍이 월등하고 권능이 탁월하다마는 물의 끓음 같았은즉 너는 탁월하지 못하리니 네가 아버지의 침상에 올라 더럽혔음이로다 그가 내 침상에 올랐었도다"

186 창 37:28 "그 때에 미디안 사람 상인들이 지나가고 있는지라 형들이 요셉을 구덩이에서 끌어 올리고 은 이십에 그를 이스마엘 사람들에게 팔매 그 상인들이 요셉을 데리고 애굽으로 갔더라"
겔 47:13 "주 여호와께서 이같이 말씀하셨느니라 너희는 이 경계선대로 이스라엘 열두 지파에게 이 땅을 나누어 기업이 되게 하되 요셉에게는 두 몫이니라"

이들 지파가 각각 일곱째와 여덟째로 뒤로 물려진 것은, 이들이 폭력과 분노와 혈기대로 행하였기 때문으로 보인다.[187]

또한 우상숭배는 하나님이 가증히 여기고 심히 싫어하시는 행위로써 하나님 앞에 영적으로 행음하는 추악한 범죄다. 그래서 야곱의 예언에, 단은 신상을 세운 죄악 때문에[188] '길섶의 뱀'으로 사탄의 역사가 그를 통해 일어날 것이라고 하였다.[189] 결국 대환난 전에 단 지파는 낙오되어 구원을 얻지 못한다. 하지만 이들은 대환난을 지나는 동안 회개하므로 에스겔의 예언처럼 천년왕국에 단 지파의 이름이 포함되어 구원이 성취되는 것을 볼 수 있다.[190] 여호와 삼마,[191] 곧 주님이 계시는 그곳에 함께 거하며 다른 지파들처럼 백성을 심판하는 권세를 받는다(20:4).[192]

---

187 창 49:5~6 "시므온과 레위는 형제요 그들의 칼은 폭력의 도구로다 내 혼아 그들의 모의에 상관하지 말지어다 내 영광아 그들의 집회에 참여하지 말지어다 그들이 그들의 분노대로 사람을 죽이고 그들의 혈기대로 소의 발목 힘줄을 끊었음이로다"

188 삿 18:30 "단 자손이 자기들을 위하여 그 새긴 신상을 세웠고 모세의 손자요 게르솜의 아들인 요나단과 그의 자손은 단 지파의 제사장이 되어 그 땅 백성이 사로잡히는 날까지 이르렀더라"

189 창 49:17 "단은 길섶의 뱀이요 샛길의 독사로다 말굽을 물어서 그 탄 자를 뒤로 떨어지게 하리로다"

190 겔 48:32 "동쪽의 너비는 사천오백 척이니 또한 문이 셋이라 하나는 요셉 문이요 하나는 베냐민 문이요 하나는 단 문이며"

191 겔 48:10 "이 드리는 거룩한 땅은 제사장에게 돌릴지니 북쪽으로 길이가 이만 오천 척이요 서쪽으로 너비는 만 척이요 동쪽으로 너비가 만 척이요 남쪽으로 길이가 이만 오천 척이라 그 중앙에 여호와의 성소가 있게 하고"
겔 48:30~35 "그 성읍의 출입구는 이러하니라 북쪽의 너비가 사천오백 척이라 … 그 사방의 합계는 만 팔천 척이라 그 날 후로는 그 성읍의 이름을 여호와삼마라 하리라"

192 창 49:1 "단은 이스라엘의 한 지파 같이 그의 백성을 심판하리로다"

이처럼 하나님은 오래전 구약시대에 이사야, 에스겔, 예레미야 등 여러 선지자들을 통해 세계 각지에 흩어진 이스라엘 민족의 회복과 구원을 약속하셨다.[193] 약 이천년 동안 팔레스타인을 떠나 세계 처처에 흩어져 살던 디아스포라 유대인들이 돌아와 1948년 5월 14일 이스라엘의 건국을 선언함으로써 이 예언들이 성취되고 있다.[194] 성도들은 "무화과나무의 비유를 배우라 그 가지가 연하여지고 잎사귀를 내면 여름이 가까운 줄을 아나니 이와 같이 너희도 이 모든 일을 보거든 인자가 가까이 곧 문 앞에 이른 줄 알라"(마 24:32~33)고 하신 예수님의 말씀처럼, 이스라엘 국가의 재건을 보고 말세지 말, 곧 주님의 재림이 가까이 이르렀음을 깨달아야 할 것이다.

(7:9~10)

이 일 후에 내가 보니 각 나라와 족속과 백성과 방언에서 아무도 능히 셀 수 없는 큰 무리가 나와 흰 옷을 입고 손에 종려 가지를 들고 보좌 앞과 어린 양 앞에 서서 큰 소리로 외쳐 이르되 구원하심이 보좌에 앉으신 우리 하나님과 어린 양

---

193 겔 36:24 "내가 너희를 여러 나라 가운데에서 인도하여 내고 여러 민족 가운데에서 모아 데리고 고국 땅에 들어가서"
  사 14:1 "여호와께서 야곱을 긍휼히 여기시며 이스라엘을 다시 택하여 그들의 땅에 두시리니 나그네 된 자가 야곱 족속과 연합하여 그들에게 예속될 것이며"
194 사 43:5~6 "두려워하지 말라 내가 너와 함께 하여 네 자손을 동쪽에서부터 오게 하며 서쪽에서부터 너를 모을 것이며 내가 북쪽에게 이르기를 내놓으라 남쪽에게 이르기를 가두어 두지 말라 내 아들들을 먼 곳에서 이끌며 내 딸들을 땅 끝에서 오게 하며"
  겔 20:33~34 "주 여호와의 말씀이니라 내가 나의 삶을 두고 맹세하노니 내가 능한 손과 편 팔로 분노를 쏟아 너희를 반드시 다스릴지라 능한 손과 편 팔로 분노를 쏟아 너희를 여러 나라에서 나오게 하며 너희의 흩어진 여러 지방에서 모아내고"

에게 있도다 하니

이 일—열두 지파에게 하나님의 인을 친 일, 곧 이스라엘 민족에게 구원의 소망을 주시기 위해 인을 치는 장면(7:1~8)—後에 세계 모든 나라와 민족으로부터 아무도 능히 셀 수 없이 엄청난 무리의 구원받은 성도들이 나온다(5:9). 이들은 하나님의 의로써 거듭난 백성을 상징하는 성결의 흰 옷을 입었다(19:14). 그리고 손에 승리의 종려 가지를 들고[195] 하나님과 예수님 앞에 서서 구원의 권능과 은혜의 영광을 큰소리로 찬양한다.[196]

(7:11~12)
모든 천사가 보좌와 장로들과 네 생물의 주위에 서 있다가 보좌 앞에 엎드려 얼굴을 대고 하나님께 경배하여 이르되 아멘 찬송과 영광과 지혜와 감사와 존귀와 권능과 힘이 우리 하나님께 세세토록 있을지어다 아멘 하더라

모든 천사가 하나님의 보좌와 이십사 장로들과 네 생물의 주위에 서 있다가 하나님께 엎드려 경배한다. 그들은 죽임을 당하신 어린 양이 두루마리를 취하실 때 '능력과 부富와 지혜와 힘과 존귀와 영광과 찬송'을 받으시기에 합당함을 외쳤다(5:12). 하지만 본문의 하나님께

---

195 요 12:13 "종려나무 가지를 가지고 맞으러 나가 외치되 호산나 찬송하리로다 주의 이름으로 오시는 이 곧 이스라엘의 왕이시여 하더라"

196 엡 1:4~6 "곧 창세 전에 그리스도 안에서 우리를 택하사 우리로 사랑 안에서 그 앞에 거룩하고 흠이 없게 하시려고 그 기쁘신 뜻대로 우리를 예정하사 예수 그리스도로 말미암아 자기의 아들들이 되게 하셨으니 이는 그가 사랑하시는 자 안에서 우리에게 거저 주시는 바 그의 은혜의 영광을 찬송하게 하려는 것이라"

대한 경배는 '부' 대신 '감사'로 바뀌어 대환난을 지난 성도들에 대한 구원의 감격을 미리 보여주신다(7:14).

(7:13~14)

장로 중 하나가 응답하여 나에게 이르되 이 흰 옷 입은 자들이 누구며 또 어디서 왔느냐 내가 말하기를 내 주여 당신이 아시나이다 하니 그가 나에게 이르되 이 는 큰 환난에서 나오는 자들인데 어린 양의 피에 그 옷을 씻어 희게 하였느니라

이십사 장로 중 하나가 요한에게 '흰 옷 입은 자'에 대해 누구인지를 묻는다. 그러자 그가 '내 주여 당신이 아시나이다'라고 되묻는다. 이때 만일 장로가 천사격이 아닌 구원받은 성도라면, 요한의 대답에서 '내 주여'라는 호칭을 사용하지 않았을 것이다.[197] 다시 장로는 그에게 '흰 옷 입은 자들'은 큰 환난, 곧 칠년대환난에서[198] 나온 자들로서 그리스도의 보혈로 깨끗함(구원)을 얻었다고 말해준다(15:2~3).[199]

이들은 세계 민족들에서 처음 익은 열매로 하늘로 올려지는 남자 아이의 휴거(12:5)를 체험했으며, 또 전삼년반 동안 두 증인의 예언(11:3)을 듣고 후삼년반이 시작될 무렵 이들의 순교와 부활·휴거를 목

---

197 창 19:1~2 "저녁 때에 그 두 천사가 소돔에 이르니 마침 롯이 소돔 성문에 앉아 있다가 그들을 보고 일어나 영접하고 땅에 엎드려 절하며 이르되 내 주여 돌이켜 종의 집으로 들어와 발을 씻고 주무시고 일찍이 일어나 갈 길을 가소서 그들이 이르되 아니라 우리가 거리에서 밤을 새우리라"

198 마 24:21 "이는 그 때에 큰 환난이 있겠음이라 창세로부터 지금까지 이런 환난이 없었고 후에도 없으리라"

199 히 9:14 "하물며 영원하신 성령으로 말미암아 흠 없는 자기를 하나님께 드린 그리스도의 피가 어찌 너희 양심을 죽은 행실에서 깨끗하게 하고 살아 계신 하나님을 섬기게 하지 못하겠느냐"

격했을 것이다. 그래서 자극을 받아 회개함으로써 거듭나 대환난을 이기고 구원을 얻게 될 성도들로 보인다.

(7:15~17)

그러므로 그들이 하나님의 보좌 앞에 있고 또 그의 성전에서 밤낮 하나님을 섬기매 보좌에 앉으신 이가 그들 위에 장막을 치시리니 그들이 다시는 주리지도 아니하며 목마르지도 아니하고 해나 아무 뜨거운 기운에 상하지도 아니하리니 이는 보좌 가운데에 계신 어린 양이 그들의 목자가 되사 생명수 샘으로 인도하시고 하나님께서 그들의 눈에서 모든 눈물을 씻어 주실 것임이라

대환난을 이긴 성도들은 하나님의 성전, 곧 영생하는 천국에서 항상 그분을 섬기게 될 것이다. 땅에서의 모든 아픔은 다 지나가고 [200] 주리거나 목마르지도 아니하고 아무런 해도 받지 않을 것이다 (21:3~4).[201] 하나님의 장막(안전한 보호) 속에서 목자이신 예수님이 전혀 부족함이 없는 풍족한 생명수 샘으로 이들을 인도하시기 때문이다.[202]

---

200 사 25:8 "사망을 영원히 멸하실 것이라 주 여호와께서 모든 얼굴에서 눈물을 씻기시며 자기 백성의 수치를 온 천하에서 제하시리라 여호와께서 이같이 말씀하셨느니라"

201 시 121:5~6 "여호와는 너를 지키시는 이시라 여호와께서 네 오른쪽에서 네 그늘이 되시나니 낮의 해가 너를 상하게 하지 아니하며 밤의 달도 너를 해치지 아니하리로다"

202 사 49:10 "그들이 주리거나 목마르지 아니할 것이며 더위와 볕이 그들을 상하지 아니하리니 이는 그들을 긍휼히 여기는 이가 그들을 이끌되 샘물 근원으로 인도할 것임이라"

제 8 장

일곱째 인개봉과 첫째~넷째 나팔울림(본 계시)

봉인 두루마리의 정점인 일곱째 인은 일곱 나팔울림(재앙)과 일곱 대접부음(심판)을 포함한다. 또한 인재앙은 그 범주가 전쟁, 기근, 전염병과 지진, 거짓 선지자들로써 땅 1/4의 권세를 얻어 죽인다. 나아가 나팔울림으로 땅, 바다, 강과 물샘, 해달별들의 1/3로 재앙이 확대, 심화되고 또 세계 대전쟁으로 사람 1/3이 죽임을 당한다.

첫째 나팔은 땅과 수목과 각종 푸른 풀들이 타버린다. 둘째 나팔은 불붙는 큰 산 같은 것이 바다에 던져지니 피가 되어 피조물들이 죽고 배들이 파괴된다. 셋째 나팔은 횃불 같이 타는 큰 별이 강과 여러 물샘에 떨어지니 쓴 물이 되어 많은 사람이 죽는다. 그리고 넷째 나팔은 해와 달과 별들이 타격을 받아 빛을 잃고 어두워지는 현상이 나타난다. 이어 공중을 높이 날으는 독수리를 통해, 세 번의 화(세 천사들이 불게 될 다섯째, 여섯째, 일곱째 나팔재앙)가 예고된다(11:1~14). (별지. 구성 흐름도 참고)

(8:1~2)

일곱째 인을 떼실 때에 하늘이 반 시간쯤 고요하더니 내가 보매 하나님 앞에 일곱 천사가 서 있어 일곱 나팔을 받았더라

마지막 일곱째 인을 떼실 때에, 하나님 계획의 절정을 앞두고 이른바 폭풍 전야처럼 하늘이 잠시 동안 고요하다. 마치 예수 그리스도가 이 땅에 오시기 전에 400여 년 동안 하나님께서 선지자들을 보내지 않음으로 침묵하셨던 상황과 흡사하다.[203] 그리고 구약시대에 나팔을 부는 것은 각종 재앙을 알리는 수단이자 신호였다. 이스라엘이 출애굽하여 백성을 모으고 행진이나 전쟁을 알릴 때 나팔을 불었듯이,[204] 일곱 천사가 각각 임박한 재앙을 예고하기 위해 나팔을 하나씩 받는다.

여호수아가 여리고 성을 점령할 때에 백성과 일곱 번을 돌며 마지막 날 일곱 번째 제사장들이 나팔을 불 때 백성이 외치니 성이 무너져 내렸다.[205] 이처럼 마지막 일곱째 천사가 나팔을 불 때 구원 얻은

---

203 습 1:7 "주 여호와 앞에서 잠잠할지어다 이는 여호와의 날이 가까웠으므로 여호와께서 희생을 준비하고 그가 청할 자들을 구별하셨음이니라"

204 습 1:16 "나팔을 불어 경고하며 견고한 성읍들을 치며 높은 망대를 치는 날이로다"
민 10:6~7 "두 번째로 크게 불 때에는 남쪽 진영들이 행진할 것이라 떠나려 할 때에는 나팔 소리를 크게 불 것이며 또 회중을 모을 때에도 나팔을 불 것이나 소리를 크게 내지 말며"

205 수 6:16~20 "일곱 번째에 제사장들이 나팔을 불 때에 여호수아가 백성에게 이르되 외치라 여호와께서 너희에게 이 성을 주셨느니라 … 이에 백성은 외치고 제사장들은 나팔을 불매 백성이 나팔 소리를 들을 때에 크게 소리 질러 외치니 성벽이 무너져 내린지라 백성이 각기 앞으로 나아가 그 성에 들어가서 그 성을 점령하고"

성도들이 순식간에 홀연히 부활 및 휴거되고 우리 주와 그리스도의 나라가 이루어진다(11:15).[206] 그리고 마지막 일곱째 대접을 공중에 쏟음으로 지상의 큰 음녀인 바벨론 성이 무너질 것이다(16:17~20).

(8:3~5)

또 다른 천사가 와서 제단 곁에 서서 금 향로를 가지고 많은 향을 받았으니 이는 모든 성도의 기도와 합하여 보좌 앞 금 제단에 드리고자 함이라 향연이 성도의 기도와 함께 천사의 손으로부터 하나님 앞으로 올라가는지라 천사가 향로를 가지고 제단의 불을 담아다가 땅에 쏟으매 우레와 음성과 번개와 지진이 나더라

다른 천사가 받은 향연이 천사의 손으로부터 성도의 기도와 함께 하나님께로 올라간다.[207] 여기서 향연의 담당은 천사의 역할임을 알 수 있다. 따라서 '향이 가득한 금 대접'을 가진 네 생물과 이십사 장로는(5:8) 하나님을 보좌하는 자들로서, 지상 피조물이 아닌 천사들 부류에 속한 존재들인 것이다.

한편 '금'은 오물과 찌끼가 없이 정제되어 변하지 않은 순수한 신

---

206 마 24:31 "그가 큰 나팔소리와 함께 천사들을 보내리니 그들이 그의 택하신 자들을 하늘 이 끝에서 저 끝까지 사방에서 모으리라"
고전 15:51~52 "보라 내가 너희에게 비밀을 말하노니 우리가 다 잠 잘 것이 아니요 마지막 나팔에 순식간에 홀연히 다 변화되리니 나팔 소리가 나매 죽은 자들이 썩지 아니할 것으로 다시 살아나고 우리도 변화되리라"
살전 4:16~17 "주께서 호령과 천사장의 소리와 하나님의 나팔 소리로 친히 하늘로부터 강림하시리니 그리스도 안에서 죽은 자들이 먼저 일어나고 그 후에 우리 살아 남은 자들도 그들과 함께 구름 속으로 끌어 올려 공중에서 주를 영접하게 하시리니 그리하여 우리가 항상 주와 함께 있으리라"
207 시 141:2 "나의 기도가 주의 앞에 분향함과 같이 되며 나의 손 드는 것이 저녁 제사 같이 되게 하소서"

앙을 상징한다. 이로써 천사가 제단 아래서 순교자들(하나님의 말씀을 증거하다 죽임을 당한 영혼들)의 흘린 피인 많은 향을 '금 향로'에 담아(6:9~10) 모든 성도의 기도와 함께 하나님의 보좌 앞 '금 제단'에 드린다.[208] 그리고 천사가 향로를 가지고 제단의 불을 담아다가 땅에 쏟는 것은, 순교자들의 호소에 따라 이들의 피를 흘리게 한 불신자들에 대한 하나님의 응징임을 나타낸다(6:9).[209] 그 결과 마지막 일곱째 인에 속한 일곱 나팔울림, 곧 하나님의 임재를 상징하는 '음성과 번개'가 나고 그분의 재앙을 상징하는 '우레와 지진'이 발생한다(11:19).[210]

(8:6~7)

일곱 나팔을 가진 일곱 천사가 나팔 불기를 준비하더라 첫째 천사가 나팔을 부니 피 섞인 우박과 불이 나와서 땅에 쏟아지매 땅의 삼분의 일이 타 버리고 수목의 삼분의 일도 타 버리고 각종 푸른 풀도 타 버렸더라

앞서 말했듯 구약시대에 나팔은 임박한 때를 알리는 중요한 수단이었다.[211] 그리고 인개봉으로 인한 재앙이 나팔울림에서 확대, 심화

---

208 출 30:7~8 "아론이 아침마다 그 위에 향기로운 향을 사르되 등불을 손질할 때에 사르며 또 저녁 때 등불을 켤 때에 사를지니 이 향은 너희가 대대로 여호와 앞에 끊지 못할지며"
레 1:9 "그 내장과 정강이를 물로 씻을 것이요 제사장은 그 전부를 제단 위에서 불살라 번제를 드릴지니 이는 화제라 여호와께 향기로운 냄새니라"
209 롬 1:18 "하나님의 진노가 불의로 진리를 막는 사람들의 모든 경건하지 않음과 불의에 대하여 하늘로부터 나타나나니"
210 눅 21:10~11 "또 이르시되 민족이 민족을, 나라가 나라를 대적하여 일어나겠고 곳곳에 큰 지진과 기근과 전염병이 있겠고 또 무서운 일과 하늘로부터 큰 징조들이 있으리라"
211 호 8:1 "나팔을 네 입에 댈지어다 원수가 독수리처럼 여호와의 집에 덮치리니

되지만 아직은 부분적, 경고성을 띠고 있다.

첫째 천사의 나팔울림으로, 피 섞인 우박과 불이 땅(교회)에 쏟아지니 땅과 수목(주님의 사자들)의 1/3에 상당한 범주와 각종 푸른 풀(많은 성도들)이 타버린다(6:2,8, 9:4). 이때 피 섞인 우박과 불은, 위선과 거짓에 대한 재앙을 상징한다.[212] 따라서 이는 거짓 선지자들로 인해 위선적인 교회들에 내려져 그들이 큰 해를 입는 재앙이다. 이를 역사적 관점에서 살펴볼 때, 11C 말에서 13C 말 사이 8회에 걸쳐 강행한 대원정의 십자군전쟁이 있다. 중세 서유럽의 로마 카톨릭국가들이 명분은 성지 팔레스티나와 성도 예루살렘을 이슬람 교도들로부터의 탈환이었다. 하지만 실제는 교황권 확립을 위해 발생했던 전쟁으로 인한 살상들을 상기해볼 수 있다.

한편 이 나팔재앙은 출애굽 할 때에 완악한 바로 왕이 하나님께 불순종함으로 인해 이집트에 내려졌던 것들과 유사하다. 따라서 출애굽시 보여주신 재앙들은 그리스도 이후 신약시대에 하나님의 진노로 내려질 재앙들에 대한 상징적 예표로 보여진다. 그때 이스라엘 민족은 보호를 받았듯이 참 교회들은 대환난에서도 하나님의 인도와 보호하심을 입을 것이다.[213]

이는 그들이 내 언약을 어기며 내 율법을 범함이로다"

민 10:9 "또 너희 땅에서 너희가 자기를 압박하는 대적을 치러 나갈 때에는 나팔을 크게 불지니 그리하면 너희 하나님 여호와가 너희를 기억하고 너희를 너희의 대적에게서 구원하시리라"

212 출 9:24 "우박이 내림과 불덩이가 우박에 섞여 내림이 심히 맹렬하니 나라가 생긴 그 때로부터 애굽 온 땅에는 그와 같은 일이 없었더라"

213 출 9:25~26 "우박이 애굽 온 땅에서 사람과 짐승을 막론하고 밭에 있는 모든 것을 쳤으며 우박이 또 밭의 모든 채소를 치고 들의 모든 나무를 꺾었으되 이스라

(8:8~9)

둘째 천사가 나팔을 부니 불 붙는 큰 산과 같은 것이 바다에 던져지매 바다의 삼분의 일이 피가 되고 바다 가운데 생명 가진 피조물들의 삼분의 일이 죽고 배들의 삼분의 일이 깨지더라

둘째 천사의 나팔울림으로, 불붙는 큰 산 같은 것이 바다(세상)에 던져지니 1/3의 상당한 범주에 피가 발생한다. 여기서 산은 국가를 상징하며(17:9), 불붙는 산이 바다에 던져지는 것은 세상에서 국가 간에 전쟁이 발생하는 것을 의미한다. 따라서 불붙는 큰 산은, 헤아릴 수 없이 많은 피를 흘린 제1,2차 세계대전과 중동전쟁, 그리고 각종 세계적 규모의 전쟁 등에 참여한 큰 국가들로 보인다.[214] 결국 세상에서 생명 가진 피조물들과 배(인간의 힘으로 지어진 건축물 등)들의 1/3 범주가 죽고 파괴될 것이다.[215]

(8:10~11)

셋째 천사가 나팔을 부니 횃불 같이 타는 큰 별이 하늘에서 떨어져 강들의 삼분의 일과 여러 물샘에 떨어지니 이 별 이름은 쓴 쑥이라 물의 삼분의 일이 쓴 쑥

엘 자손들이 있는 그 곳 고센 땅에는 우박이 없었더라"

눅 21:18~19 "너희 머리털 하나도 상하지 아니하리라 너희의 인내로 너희 영혼을 얻으리라"

214 마 24:7 "민족이 민족을, 나라가 나라를 대적하여 일어나겠고 곳곳에 기근과 지진이 있으리니"

215 출 7:20~21 "모세와 아론이 여호와께서 명령하신 대로 행하여 바로와 그의 신하의 목전에서 지팡이를 들어 나일 강을 치니 그 물이 다 피로 변하고 나일 강의 고기가 죽고 그 물에서는 악취가 나니 애굽 사람들이 나일 강 물을 마시지 못하며 애굽 온 땅에는 피가 있으나"

이 되매 그 물이 쓴 물이 되므로 많은 사람이 죽더라

셋째 천사의 나팔울림으로, 횃불 같이 타는 큰 별이 하늘에서 강들(교계)의 1/3에 상당한 범주와 여러 물샘(교회들)에 떨어지니, 물(말씀)이 쓴 쑥으로 변하여 써서 마실 수 없으므로 많은 사람이 죽는다.[216] 이 때 횃불같이 타는 큰 별은 천사를 가장한 사탄을, 쓴 쑥은 비진리 또는 변질된 복음을 상징한다.[217] 따라서 이는 이단들과 사이비적 사상이 교계와 교회들에 밀려 들어와 많은 사람들이 속아 거듭난 새 생명을 얻지 못하고 안타깝게 죽어가는 현상과도 같다.[218]

(8:12~13)

넷째 천사가 나팔을 부니 해 삼분의 일과 달 삼분의 일과 별들의 삼분의 일이 타격을 받아 그 삼분의 일이 어두워지니 낮 삼분의 일은 비추임이 없고 밤도 그러하더라 내가 또 보고 들으니 공중에 날아가는 독수리가 큰 소리로 이르되 땅에 사는 자들에게 화, 화, 화가 있으리니 이는 세 천사들이 불어야 할 나팔 소리가 남아 있음이로다 하더라

---

216 고후 2:17 "우리는 수많은 사람들처럼 하나님의 말씀을 혼잡하게 하지 아니하고 곧 순전함으로 하나님께 받은 것 같이 하나님 앞에서와 그리스도 안에서 말하노라"
   요 4:14 "내가 주는 물을 마시는 자는 영원히 목마르지 아니하리니 내가 주는 물은 그 속에서 영생하도록 솟아나는 샘물이 되리라"
217 출 15:23 "마라에 이르렀더니 그 곳 물이 써서 마시지 못하겠으므로 그 이름을 마라라 하였더라"
   암 5:7 "정의를 쓴 쑥으로 바꾸며 공의를 땅에 던지는 자들아"
   잠 5:3~4 "대저 음녀의 입술은 꿀을 떨어뜨리며 그의 입은 기름보다 미끄러우나 나중은 쑥 같이 쓰고 두 날 가진 칼 같이 날카로우며"
218 히 12:15 "너희는 하나님의 은혜에 이르지 못하는 자가 없도록 하고 또 쓴 뿌리가 나서 괴롭게 하여 많은 사람이 이로 말미암아 더럽게 되지 않게 하며"

넷째 천사의 나팔울림으로, 해 달 별(하나님의 크고 작은 종)들의 1/3 범주가 타격(사탄의 유혹)을 받는다. 그 영향으로 낮과 밤의 1/3에 상당한 부분이 어두워져 비추임이 없다.[219] 이는 교회 지도자들의 타락으로 율법주의적 복음전파가 만연된 오늘날 교회들의 실상과 많이 닮았다. 왜곡된 말씀들이 마치 전염병 바이러스처럼 확산되어 그리스도의 복음이 빛을 잃어가는 현상이 나타난 것이다.

더욱이 세계교회협의회(WCC)를 비롯한 종교다원주의자들의 복음에 대한 일탈은 진리의 빛을 더욱 흐리게 한다. 특히 카톨릭교회의 어떤 지도자는 선한 일을 하면 타종교에도 구원이 있다고 '이신칭의' 곧 복음의 진리에 반反하는 주장을 한다. 예수님에 대한 배교자들이 아닐 수 없다. 그래서 우리가 지금 살아가는 현대시대는, 바울의 예언처럼, 거짓 선지자들의 배교행위가 심화되는 양상이다.[220]

한편 공중 높은 곳에서 멀리 봄으로써 영계가 밝은 하나님의 종을 상징하는 독수리가 큰 소리로 외친다.[221] 그가 공중을 날으며 세 천사들이 나팔 불 때인 세 번의 화, 즉 다섯째 천사(8:13~9:1), 여섯째 천사(9:12~13), 일곱째 천사의 나팔재앙(11:14~15)이 남아 있음을 알린다.

---

219 출 10:22~23 "모세가 하늘을 향하여 손을 내밀매 캄캄한 흑암이 삼 일 동안 애굽 온 땅에 있어서 그 동안은 사람들이 서로 볼 수 없으며 자기 처소에서 일어나는 자가 없으되 온 이스라엘 자손들이 거주하는 곳에는 빛이 있었더라"

220 살후 2:3 "누가 어떻게 하여도 너희가 미혹되지 말라 먼저 배교하는 일이 있고 저 불법의 사람 곧 멸망의 아들이 나타나기 전에는 그 날이 이르지 아니하리니"

221 욥 39:27~29 "독수리가 공중에 떠서 높은 곳에 보금자리를 만드는 것이 어찌 네 명령을 따름이냐 그것이 낭떠러지에 집을 지으며 뾰족한 바위 끝이나 험준한 데 살며 거기서 먹이를 살피나니 그 눈이 멀리 봄이며"

하나님의 경고 메시지

지구상에 퍼져있는 코로나19 바이러스를 모두 합쳐도 1kg이 채 안 된다고 한다. 이 적은 양의 바이러스에게 전 세계 80억 인구가 쩔쩔 맴으로써 창조주 하나님 앞에 인간의 나약함이 고스란히 드러났다. 그럼에도 오늘날 강단에서 그리스도의 복음을 올곧게 대언하는 선지 자는 많지 않고 오히려 외식하는 땅의 짐승, 곧 흰 말을 탄 거짓 선지자들이 득실댄다. 그들의 거짓되고 율법주의적인 복음이 전염병처럼 퍼져 생명의 성령의 법을 좇아야 할 참 진리가 빛을 잃어가는 양상이다.

또한 중국 우한발 코로나19 전염병은 중국 정부의 기독교 탄압과 우상화 정책과도 무관해 보이지 않는다. 그리고 배도하는 WCC는 혼합주의적 색채를 띠고, 종교다원주의자들은 포괄적 구원론을 강조함으로써 복음이 심각하게 훼손되어가고 있다. 그들은 인권보호와 차별금지라는 미명하에, 사람들을 하나님 앞에 가증한 동성애의 수렁에 빠뜨리고 있다. 미국은 마이애미 해변의 동성애 축제 후 폭발적인 코로나19 환자가 생겨나 세계에서 가장 많은 확진자가 발생하였다. 따라서 기독교의 탄압과 지도자의 우상화, 그리고 동성애의 난무에 대해 신학적 관점에서 코로나 팬데믹 대재앙과의 상호 관련성을 살펴보기로 한다. 아울러 하나님께서 전 세계 나라들과 그리스도인들에게 주시는 엄중한 경고 메시지에 귀 기울여보고자 한다.

하나. 중국은 공산주의 국가로서 2018년 주석 임기제 철폐로 1인 지배체제 강화와 더불어 기독교 박해와 탄압을 일삼고 있는 실정이다. 특히 우한 지역은 2019년 종교정책 시범지로 지정되어 교회들에 대한 핍박이 가장 심한 곳으로 지하교회들이 강제 폐쇄되고 십자가가 철거되었다. 이에 하나님의 진노로써 중국 우한 발發 전염병 코로나19가 전 세계에 창궐해졌다. 결국 2020년 3월 11일, 세계보건기구(WHO)는 감염병 최고 등급인 세계적 대유행의 팬데믹을 선언하기에 이르렀다.

더욱이 중국은 세계의 중심 역할을 했던 과거의 영광을 회복한다는 중국몽 실현을 위해 현대판 실크로드인 일대일로 사업이 추진 중이다. 여기에 이탈리아(유럽대표)와 이란(중동대표)이 지역 거점국가로서 참여한 상황이다. 아이러니하게도 두 대표국은 WHO의 엔데믹 선언일인 2023년 5월 5일 현재, 실크로드가 통과하는 지역별 국가 가운데 코로나19 사망자의 수가 가장 많이 발생하였다. 이는 중국몽을 실현하는 방법론의 하나인, 공산당 중심의 1인 지배체제를 강화하려는 국가 지도자 우상화에 대한 하나님의 경고로 보인다.

둘. 중국 우한폐렴이 확산되어 엔데믹 선언일 현재 세계에서 가장 많은 코로나19 사망자 수가 발생한 국가는 미국이다. 이른바 미국의 코로나19 사태는, 마이애미 해변에서 2020년 3월 초순 1주간 개최된 퀴어 축제와 연관이 있다고 현지 언론이 밝힌 바 있다. 이 행사에 수천 명의 동성애자들이 참여하였고 이후 미국의 코로나 전염병 확진자 수가 폭발적으로 증가한 것이다. 또 과거 아브라함의 조카 롯이 거주하던 소돔과 고모라성에 동성 간의 성적 퇴폐 행위가 난무하여 하나님의 진노의 불 심판이 내려졌던 사실을 우리는 성경 역사를 통해 기억한다.[222] 고대와 현대에 발생한 이 두 재앙의 공통점은 동성애로 귀결된다.

트럼프 전 미국 대통령은 역대에 이루지 못했던 예루살렘 수도 이전을 이스라엘 재건 70년 되는 해에 과감히 완료한 바 있다. 이렇듯 그는 '21세기 고레스'라 불릴 만큼 하나님께 귀히 쓰임 받았지만, 재선에 패배하였다. 필자는 그 주요 원인 가운데 하나를 소위 '코로나의 저주'에서 찾는다. 그는 영안이 어두워 자국 내 코로나19 확진자의 폭발적 증가가 동성애 축제로부터 기인한 사실을 드러내어 회개케 하지 않고 간과하였다. 그 일이 하나님의 진노를 가져와 그에게 부메랑이 된 것이다. 이에 대해 온 인류는 편만해진 동성애와 그 합법화를 가증히 여기시는 하나님의 거룩성을 깊이 깨닫고 회개해야 한다.

---

222 창 19:5 "롯을 부르고 그에게 이르되 오늘 밤에 네게 온 사람들이 어디 있느냐 이끌어 내라 우리가 그들을 상관하리라"
레 18:22 "너는 여자와 동침함 같이 남자와 동침하지 말라 이는 가증한 일이니라"
고전 6:9~10 "불의한 자가 하나님의 나라를 유업으로 받지 못할 줄을 알지 못하느냐 미혹을 받지 말라 음행하는 자나 우상 숭배하는 자나 간음하는 자나 탐색하는 자나 남색하는 자나 도적이나 탐욕을 부리는 자나 술 취하는 자나 모욕하는 자나 속여 빼앗는 자들은 하나님의 나라를 유업으로 받지 못하리라"
유 1:7 "소돔과 고모라와 그 이웃 도시들도 그들과 같은 행동으로 음란하며 다른 육체를 따라 가다가 영원한 불의 형벌을 받음으로 거울이 되었느니라"
벧후 2:6 "소돔과 고모라 성을 멸망하기로 정하여 재가 되게 하사 후세에 경건하지 아니할 자들에게 본을 삼으셨으며"

셋. 우리나라 코로나19의 1차 집단 감염은, 2020년 2월 중순경, 한국 기독교 교단에서 이단 종교라고 규정한 교회가 진원지로서 확산되었다. 그 교주는 자칭 생로병사를 위해 온 사람, 영인, 약속의 목자, 보혜사라고 하며, 성경에 어두운 자들을 미혹하여 스스로를 우상화한다. 교도들은 그를 구원자로서 찬양하며 믿는 황당한 집단으로 마치 최면에 걸린 상태처럼 가련하기 짝이 없다. 따라서 1차 코로나 사태는, 한 교주가 거짓말로써 은연중 재림 예수로 자처하며 교도들을 속이는, 개인 우상화에 대한 하나님의 응징으로 읽혀진다(22:15).

국내에서 한동안 소강상태였던 확진자 수가 5월초 서울 소재 클럽에서 재점화되었다. 이곳은 성소수자性少數者들이 주로 다니는 '게이 클럽'으로 널리 알려져 있어 동성연애에 대한 하나님의 진노를 재삼再三 읽을 수 있다. 우리나라는 동성애자들의 퀴어 문화 축제가 해마다 대도시 등 곳곳에서 개최되는 상황으로 코로나 재앙의 확산은 필연적이었다.

진정 국면으로 접어들던 코로나19의 2차 대유행은, 8월 중순 서울 광화문 집회를 중심으로 재확산되었다. 특히 여기에 참여한 극우적 정치 성향을 띤 한 교회는, 서로 사랑하라는 성경 말씀에 기초한 진리보다, 교회 지도자의 언행을 맹신하는 모양새다. 그는 방역 당국에 대한 비협조적, 반사회적 태도와 함께 막말과 하나님에 대해 모독하는 발언을 서슴없이 한다. 이는 신·구약시대를 통틀어 역대의 참 선지자들에게서 찾아볼 수 없는 행태들이다. 영적 관점에서 볼 때, 전국 각지에 있는 무지한 신도들의 맹종을 부추기는 자기 우상화의 전형이 아닐 수 없다.

또한 9월 하순경 서울에서 성소수자들의 문화 축제가 온라인으로 개최되었다. 2014년 당시 서울시장은 아시아 최초 동성결혼 합법화 공언을 하였으며, 그는 2016년 이후 매년 이 축제를 서울의 한복판인 서울광장에서 사용 승인한 바 있다. 이를 비록 코로나19 영향으로 비대면 축제로 변경하였으나, 영적으로 본 동성애 축제의 본질적 성격은 변함이 없는 것이다. 미국이 마이애미 해변에서 동성애 축제 후 확진자의 폭발적 증가를 가져온 것처럼, 10월 하순께부터 수도권의 확진자 수가 늘어나기 시작하여 11월부터 급속히 증가됨에 따라 사실상 3차 대유행을 가져왔다.

한편 미국의 큐어넌[223] 지지자들은 백신을 이용해 사람들 몸에 칩을 넣으려 한다는 주장을 한다. 그들과 공통된, 빌 게이츠의 코로나19 백신 음모론을 주장하는 한 선교단체의 10월부터 개최된 대규모 합숙 집회는 3차 대유행의 고리가 되었다. 맹신적 사고는 필연적으로 수장首長에 대한 우상화를 수반한다. 적그리스도가 사람의 이마나 손에 표(칩?)를 받게 하는 시기는, 장차 주님의 재림 전에 발생할 칠년대환난의 중간인 후삼년반이 시작될 무렵이다(13:16).[224] 따라서 그들의 주장은 시기적 측면에서도 현실과 큰 괴리가 있어 분명히 비

---

223 QAnon: 온라인을 중심으로 활동하는 미국 극우성향 음모론 집단의 명칭.
224 단 9:27 "그가 장차 많은 사람들과 더불어 한 이레 동안의 언약을 굳게 맺고 그가 그 이레의 절반에 제사와 예물을 금지할 것이며 또 포악하여 가증한 것이 날개를 의지하여 설 것이며 또 이미 정한 종말까지 진노가 황폐하게 하는 자에게 쏟아지리라 하였느니라 하니라"

성경적이다. 게다가 팬데믹 현상에 전 국민이 노심초사하는 엄중한 시기에 수차례 집단감염 우려가 높은 대규모 집회를 은밀히 개최한 반방역적 행태들은 반복음적이다.

그리고 확진자 수가 점차 감소하던 2021년 1월 집단감염원이 된 한 선교회는 복음과 영어를 결합한 교육사업으로 시작했다. 그러나 당초 선교의 목적에서 벗어나 유학 준비 등 신앙을 포장한 장사꾼의 면모를 보여왔다. 순수한 복음보다 물질을 우상시하는 행태로써 하나님의 징계가 따른 것이다. 그러므로 3차 대유행은 사탄이 즐겨하는 동성애 및 우상화가 빚어낸 합작품이라고 할 수 있겠다.

지금까지 코로나19 전염병 대유행 추이를 살펴보면, 기독교 탄압과 피조물 우상화, 그리고 동성애에서 그 근원들을 찾아볼 수 있다. 이렇듯 하나님은 코로나19 대재앙의 진노로써 중국, 미국을 비롯한 세계 모든 국가들과 우리 민족에게 창조주의 살아계심을 여실히 증명하셨다. 따라서 이러한 팬데믹 현상들이 단순히 자연적으로 발생한 우연의 일치라고 치부하기 어려울 것이다.

모든 인류는 하나님이 주시는 경고의 메시지를 올바르게 깨닫고 그 악행에서 벗어나야 한다. 더욱이 그리스도인들은 가증한 행위들을 일삼는 지구촌의 실상들에 대한 하나님의 경고를 항상 직시하고 참 증인으로서 대언자가 되어야 할 것이다. 특히 우리나라 일부 정치권과 인본주의자들은 동성同性결혼 합법화 주장을 하고 있다. 동성 간의 성적 행위는, 남자 여자로 구분되어 지어진 하나님의 창조 섭리와 거룩성에 비추어 볼 때, 창조 질서의 근간을 파괴하는 용인될 수 없는 가증한 악행이다. '차별금지'라는 미명으로 사회 전역에 누룩으로 퍼질 수 있음을 유의하여[225] 깨어있는 기독교인들은 반드시 관련 악법들이 제도화되지 않도록 협력하여 선을 이뤄야 한다.

또한 요즈음 대부분 목회자들은 예수 그리스도의 계시인 요한계시록에 대해, 성경을 통해 바르게 연구하는데 게으르고 거의 봉인한 상태라 해도 과언이 아니다.[226] 오히려 현세에서 누릴 수 있는 기복祈福에 관심이 더 많다고 하겠다. 소위 육적인 기복신앙이다. 사탄은 그 허점들을 노려 사이비, 이단 등을 통해 통전적이 아닌 부분적인 구절들을 교합하여 거짓 교리를 만든다. 그래서 그리스도의 진리를 바르게 알고자 하는 성도들을 속여 자기들을 우상화하고 그들의 종으로 삼는 것이다.

그러므로 우리 교회들은 하나님의 진노에 대해 회개하고[227] 성령을 통해 계시하시는 말씀들에 귀 기울여야 한다.[228] 또 성경 말씀들을 더욱 깊이 묵상하고 주님의 뜻을 잘 살펴서 성도들을 바르게 가르

---

225 마 16:12 "그제서야 제자들이 떡의 누룩이 아니요 바리새인과 사두개인들의 교훈을 삼가라고 말씀하신 줄을 깨달으니라"

226 계 22:10 "또 내게 말하되 이 두루마리의 예언의 말씀을 인봉하지 말라 때가 가까우니라"

227 대하 7:13~14 "혹 내가 하늘을 닫고 비를 내리지 아니하거나 혹 메뚜기들에게 토산을 먹게 하거나 혹 전염병이 내 백성 가운데에 유행하게 할 때에 내 이름으로 일컫는 내 백성이 그들의 악한 길에서 떠나 스스로 낮추고 기도하여 내 얼굴을 찾으면 내가 하늘에서 듣고 그들의 죄를 사하고 그들의 땅을 고칠지라"

228 요일 2:27 "너희는 주께 받은 바 기름 부음이 너희 안에 거하나니 아무도 너희를 가르칠 필요가 없고 오직 그의 기름 부음이 모든 것을 너희에게 가르치며 또 참되고 거짓이 없으니 너희를 가르치신 그대로 주 안에 거하라"

침으로써 사탄들이 우상화의 집을 짓는 토양을 제공하지 말아야 할 것이다.[229]

요한계시록 전문 구성의 흐름에 비추어 볼 때, 지금도 넷째 인개봉에 따른 거짓 선지자와 전쟁과 기근과 전염병·지진들로 인한 사망자 발생이 땅의 사방(온 세상) 처처에서 진행 중에 있다. 네 말이 뛰어다니는 곳마다 거의 신약시대 동안 죽음이 따를 것이다. 그리고 다섯째, 여섯째 인개봉으로 순교자들의 호소에 이어, 불신자들에 대한 심판 경고 장면이 출현한다. 이는 하늘에서 펼쳐지는 호소 및 예고적 광경들이다. 한편 마지막 일곱째 인개봉에 속한 첫째~넷째 나팔재앙으로 인해 교회의 거짓 선지자들, 큰 국가간 전쟁, 사탄이 교회에 퍼뜨린 오염된 복음, 또 크고 작은 하나님의 종들이 타격을 받아 많은 사람들이 그리스도의 진리를 받지 못해 죽어가고 있는 실정이다.

결론적으로 현재의 시점은 넷째 인재앙과 함께 첫째~넷째 나팔재앙이 지속되는 가운데 다섯째 나팔재앙(황충 재앙)과 여섯째 나팔재앙(제3차 세계대전과 칠년대환난)을 목전에 둔 말세지 말 상황이라고 할 수 있다. 따라서 빌라델비아 교회처럼 적은 능력을 가지고도 예수님의 말씀을 인내하여 지킴으로, 머지않아 온 세상에 닥칠 칠년대환난을 면하는 성도(남자아이에 속한 자)들이 되어야 할 것이다(3:10, 12:5). 오직 그리

---

229 고후 6:7 "진리의 말씀과 하나님의 능력으로 의의 무기를 좌우에 가지고"
신 5:32~33 "그런즉 너희 하나님 여호와께서 너희에게 명령하신 대로 너희는 삼가 행하여 좌로나 우로나 치우치지 말고 너희 하나님 여호와께서 너희에게 명령하신 모든 도를 행하라 그리하면 너희가 살 것이요 복이 너희에게 있을 것이며 너희가 차지한 땅에서 너희의 날이 길리라"

스도 안에서 깨어 기도하고, 거듭난 성도들로서 영안을 더욱 밝게 하여 복음의 빛을 발하며 성령을 좇아 살아야 할 때다.[230]

---

230 갈 5:16 "내가 이르노니 너희는 성령을 따라 행하라 그리하면 육체의 욕심을 이루지 아니하리라"

제 9 장

다섯째~여섯째 나팔울림(본 계시, 첫째 화~둘째 화)

첫째 화에 속한 다섯째 나팔울림은, 사탄의 군대를 상징하는 황충들(메뚜기떼)의 재앙이다. 황충 군대는 땅의 풀이나 푸른 것이나 각종 수목은 해하지 말고 오직 이마에 하나님의 인을 맞지 아니한 사람들만 다섯 달 동안 해하도록 명령을 받는다. 칠년대환난을 앞두고, 그들은 그리스도인들을 미혹하고자 전략적으로 불신자들만 다섯 달 동안 괴롭힐 것으로 보인다.

황충들은 '철 호심경 같은 호심경'이 있는 것으로 비추어, 다니엘이 환상으로 보았던 뜨인 돌에 부서지는 '철(유물론)과 진흙(유신론)이 섞인 발'[231] 중에서 '철의 국가'에 속한다. 그리고 '철 이'를 한 사자의 입 같은 짐승(적그리스도)이 바다(세상)에 출현하는 바(13:2),[232] 그 역시 철이 상징하는 유물 사상을 가진 공산전체주의 국가에 속한 자다. 한편 진

---

231 단 2:34 "또 왕이 보신즉 손대지 아니한 돌이 나와서 신상의 쇠와 진흙의 발을 쳐서 부서뜨리매"
232 단 7:19 "이에 내가 넷째 짐승에 관하여 확실히 알고자 하였으니 곧 그것은 모든 짐승과 달라서 심히 무섭더라 그 이는 쇠요 그 발톱은 놋이니 먹고 부서뜨리고 나머지는 발로 밟았으며"

흙은 유신 사상을 가진 자유민주주의 국가를 상징한다.

둘째 화에 속한 여섯째 나팔이 울리니, 하나님 앞 금 제단 네 뿔에서 한 음성이 나서 큰 강 유브라데에 결박한 네 천사를 놓아준다. 이때 제단에서 나오는 음성은 순교자들의 피를 흘리게 한 자들에 대한 하나님의 응징을 암시한다. 이로써 년, 월, 시, 곧 예정하신 날에 이르러, 말들의 머리가 사자머리 같은 마병대의 수가 이만 만(이억)이요 핵 폭발 장면으로 보이는 불빛과 자주빛과 유황빛이 나오는 세계 대전쟁이 발생한다. 이 재앙으로 사람 1/3 범주가 영향을 받아 죽임을 당하고 적그리스도가 출현함으로써 그가 칠년대환난의 주역이 될 것이다.

(9:1~2)

다섯째 천사가 나팔을 불매 내가 보니 하늘에서 땅에 떨어진 별 하나가 있는데 그가 무저갱의 열쇠를 받았더라 그가 무저갱을 여니 그 구멍에서 큰 화덕의 연기 같은 연기가 올라오매 해와 공기가 그 구멍의 연기로 말미암아 어두워지며

첫째 화인 다섯째 천사의 나팔재앙은 하늘로부터 천사(별)가 사탄들의 처소인 무저갱의[233] 열쇠를 받아 내려와 여는 장면으로 시작된다(20:1). 그곳에서 큰 용광로의 연기 같은 것이 올라와 그 연기로 해와 대기가 어두워지니, 이로써 심히 괴로운 재앙이 예고된다.

---

233 벧후 2:4 "하나님이 범죄한 천사들을 용서하지 아니하시고 지옥에 던져 어두운 구덩이에 두어 심판 때까지 지키게 하셨으며"

(9:3~4)

또 황충이 연기 가운데로부터 땅 위에 나오매 그들이 땅에 있는 전갈의 권세와 같은 권세를 받았더라 그들에게 이르시되 땅의 풀이나 푸른 것이나 각종 수목은 해하지 말고 오직 이마에 하나님의 인침을 받지 아니한 사람들만 해하라 하시더라

다섯째 나팔울림은, 이른바 황충의 재앙으로 무저갱에서 연기 가운데 나오는 황충들은 사탄의 군대를 상징한다.

사탄이 주도하는 황충의 군대는 원래 하나님께 반역한 무리들로 전갈처럼 쏘아 아프게 하는 권세를 받는다. 그들이 땅(교회들)의 풀(성도들)이나 푸른 것이나 각종 수목(주님의 사자들)은 그대로 두고 오직 하나님의 인침을[234] 받지 않은 불신자들만 괴롭게 할 것이다.[235] 이는 칠년대환난 직전에 발생할 적그리스도의 세계대전 준비 과정에서 친그리스도인으로 가장한 사탄의 간교한 전략적 위장술로 보인다(9:19).[236]

(9:5~6)

---

234 롬 4:11 "그가 할례의 표를 받은 것은 무할례시에 믿음으로 된 의를 인친 것이니 이는 무할례자로서 믿는 모든 자의 조상이 되어 그들도 의로 여기심을 얻게 하려하심이라"
엡 1:13 "그 안에서 너희도 진리의 말씀 곧 너희의 구원의 복음을 듣고 그 안에서 또한 믿어 약속의 성령으로 인치심을 받았으니"
235 욜 2:25 "내가 전에 너희에게 보낸 큰 군대 곧 메뚜기와 느치와 황충과 팥중이가 먹은 햇수대로 너희에게 갚아 주리니"
사 33:4 "황충의 떼 같이 사람이 너희의 노략물을 모을 것이며 메뚜기가 뛰어오름 같이 그들이 그 위로 뛰어오르리라"
236 마 24:23 "그 때에 사람이 너희에게 말하되 보라 그리스도가 여기 있다 혹은 저기 있다 하여도 믿지 말라"

그러나 그들을 죽이지는 못하게 하시고 다섯 달 동안 괴롭게만 하시는데 그 괴롭게 함은 전갈이 사람을 쏠 때에 괴롭게 함과 같더라 그 날에는 사람들이 죽기를 구하여도 죽지 못하고 죽고 싶으나 죽음이 그들을 피하리로다

황충의 군대는 대환난을 앞두고 그리스도인들을 미혹하기 위해 하나님의 인침을 받지 아니한 자(9:4), 곧 불신자들만 다섯 달 동안 괴롭힌다. 그들은 참기 어려운 고통으로 인해 죽기를 바라나 죽을 수도 없는 마치 음부의 고통과 흡사할 것이다.[237]

(9:7~8)

황충들의 모양은 전쟁을 위하여 준비한 말들 같고 그 머리에 금 같은 관 비슷한 것을 썼으며 그 얼굴은 사람의 얼굴 같고 또 여자의 머리털 같은 머리털이 있고 그 이빨은 사자의 이빨 같으며

황충들의 모양은, 제3차 세계대전으로 보이는 큰 전쟁 준비를 위해, 광명한 천사로 위장하고자 '금 같은 관 비슷한 것'을 쓴 교만한 자들이다.[238] 그들은 예수 그리스도의 계시 당시인 1세기경 시점에서 볼 때, 전쟁에서 최고 기동력을 가진 말들을 준비한,[239] 칠년대환난

---

237 렘 8:3 "이 악한 민족의 남아 있는 자, 무릇 내게 쫓겨나서 각처에 남아 있는 자들이 사는 것보다 죽는 것을 원하리라 만군의 여호와의 말씀이니라"

238 고후 11:14 "이것은 이상한 일이 아니니라 사탄도 자기를 광명의 천사로 가장하나니"

239 욜 2:1~4 "시온에서 나팔을 불며 나의 거룩한 산에서 경고의 소리를 질러 이 땅 주민들로 다 떨게 할지니 이는 여호와의 날이 이르게 됨이니라 이제 임박하였으니 곧 어둡고 캄캄한 날이요 짙은 구름이 덮인 날이라 새벽 빛이 산 꼭대기에 덮인 것과 같으니 이는 많고 강한 백성이 이르렀음이라 이와 같은 것이 옛날에도 없었고 이후에도 대대에 없으리로다 불이 그들의 앞을 사르며 불꽃이

을 주도할 적그리스도의 군대다.

그들의 모양이 '사람의 얼굴' 같음은 지혜로운 자의 모습으로 위장한 적그리스도의 얼굴을, 또 '여자의 머리털' 같음은 아름답고 온유한 모습으로 가장하여 그리스도인들을 유혹하는 사탄을 상징한다. 그리고 사자의 이빨,[240] 사자의 머리(9:17), 사자의 입(13:2)은 각각 적그리스도의 잔인성, 세상 권세, 포악성을 함의한다.

(9:9~10)

또 철 호심경 같은 호심경이 있고 그 날개들의 소리는 병거와 많은 말들이 전쟁터로 달려 들어가는 소리 같으며 또 전갈과 같은 꼬리와 쏘는 살이 있어 그 꼬리에는 다섯 달 동안 사람들을 해하는 권세가 있더라

황충의 군대는, 하나님의 인침을 받은 그리스도인들을 미혹하기 위해, 다섯 달 동안 전갈과 같은 꼬리(거짓된 비진리)와[241] 쏘는 살(사악한 말)로써 불신자들을 괴롭힌다.

본문의 철 호심경과, 느부갓네살 왕이 신상에서 본 쇠(철) 발 및 다니엘이 환상에서 본 짐승의 쇠(철) 이에서 공통적으로 '철'이 보인다.[242] 그

그들의 뒤를 태우니 그들의 예전의 땅은 에덴 동산 같았으나 그들의 나중의 땅은 황폐한 들 같으니 그것을 피한 자가 없도다 그의 모양은 말 같고 그 달리는 것은 기병 같으며"

240 욜 1:6 "다른 한 민족이 내 땅에 올라왔음이로다 그들은 강하고 수가 많으며 그 이빨은 사자의 이빨 같고 그 어금니는 암사자의 어금니 같도다"

241 사 9:15 "그 머리는 곧 장로와 존귀한 자요 그 꼬리는 곧 거짓말을 가르치는 선지자라"

242 단 7:7 "내가 밤 환상 가운데에 그 다음에 본 넷째 짐승은 무섭고 놀라우며 또 매우 강하며 또 쇠로 된 큰 이가 있어서 먹고 부서뜨리고 그 나머지를 발로 밟

리고 예수님의 재림을 상징하는 '손대지 아니한 돌'이 나와서 느부갓네살 왕이 본 신상의 철(유물론, 공산전체주의 사상)과 진흙(유신론, 자유민주주의 사상)이 섞인 발을 쳐서 부서뜨린다.[243] 이는 대환난 후 예수님이 재림하실 때 정치, 경제, 사회, 문화 등 세상 모든 것을 말씀의 능력으로 멸하시는 것을 말해준다. 따라서 두 사상, 곧 자유민주주의와 공산전체주의 이념이 공존하는 때 재림하심을 깊이 깨닫고, 이 시대를 살아가는 우리들은 그날이 얼마 남지 않았음을 명심해야 할 것이다.

(9:11)
그들에게 왕이 있으니 무저갱의 사자라 히브리어로는 그 이름이 아바돈이요 헬라어로는 그 이름이 아볼루온이더라

황충의 군대를 조종하는 왕은 무저갱의 사자인 사탄(마귀)으로서,[244] 그 이름은 아바돈(히브리어), 아볼루온(헬라어)이며 둘 다 파멸자, 박멸자를 의미한다.

(9:12~13)
첫째 화는 지나갔으나 보라 아직도 이 후에 화 둘이 이르리로다 여섯째 천사가 나팔을 불매 내가 들으니 하나님 앞 금 제단 네 뿔에서 한 음성이 나서

앉으며 이 짐승은 전의 모든 짐승과 다르고 또 열 뿔이 있더라"
243 단 2:34 "또 왕이 보신즉 손대지 아니한 돌이 나와서 신상의 쇠(철, 개역한글)와 진흙의 발을 쳐서 부서뜨리매"
244 엡 2:2 "그 때에 너희는 그 가운데서 행하여 이 세상 풍조를 따르고 공중의 권세 잡은 자를 따랐으니 곧 지금 불순종의 아들들 가운데서 역사하는 영이라"

첫째 화인 다섯째 나팔울림(황충 군대 재앙)이 지나갔다(9:1). 이어 두 번의 화, 즉 여섯째 나팔울림인 세계대전과 칠년대환난, 그리고 일곱째 나팔울림인 일곱 대접부음이 올 것을 예고한다(8:13).

'금 제단'에서 받은 순교자들 피의 향이(6:9~10) 성도의 기도와 함께 향연으로 천사의 손을 통해 하나님께 올려졌다(8:3~4). 그러므로 여섯째 나팔(둘째 화)이 울릴 때 '금 제단 네 뿔'에서 나오는 한 음성은[245] 순교자들의 원수에 대한 응징임을 암시한다(8:5). 결국 둘째 화는, 순교자들이 흘린 피에 대해 땅에 응징하는 재앙의 서막이요 이때 발생하는 전쟁을 통해 출현할 적그리스도가 칠년대환난을 주도한다. 그리고 대환난이 지난 후에 셋째 화인 일곱 대접부음(최종적 재앙)이 불신자들에게 쏟아질 것이다(11:15, 18~16:1).

(9:14~16)

나팔 가진 여섯째 천사에게 말하기를 큰 강 유브라데에 결박한 네 천사를 놓아주라 하매 네 천사가 놓였으니 그들은 그 년 월 일 시에 이르러 사람 삼분의 일을 죽이기로 준비된 자들이더라 마병대의 수는 이만 만이니 내가 그들의 수를 들었노라

4의 수는 땅의 사방, 곧 온 세상을 상징한다. 따라서 큰 강 유브라데에 결박한 '네 천사'는 때가 이르면 온 세상에 악하고 파괴적인 사

---

245 출 27:1~2 "너는 조각목으로 길이가 다섯 규빗, 너비가 다섯 규빗의 제단을 만들되 네모 반듯하게 하며 높이는 삼 규빗으로 하고 그 네 모퉁이 위에 뿔을 만들되 그 뿔이 그것에 이어지게 하고 그 제단을 놋으로 싸고"

망을 불러올 것이다.[246] 그들은 그 년 월 일 시, 즉 하나님의 경륜에 따라 정해진 때에 발생할 전쟁(제3차 세계대전)을 통해 사람 1/3에 상당한 수를 죽이기로 예비된 자들이다(9:18). 계시 당시 전쟁의 주요 수단이었던 말을 탄 병사의 수가 이만 만(이억)으로 엄청난 규모의 큰 군대가 전쟁에 참여한다. 하지만 이때 하나님이 말 탄 자들을 쳐서 유대 백성들을 돌보신다고 스가랴 선지자를 통해 약속하셨기에 이스라엘 민족은 하나님으로부터 구원의 은혜를 입게 될 것이다(7:4).[247]

적그리스도는 공산전체주의 국가와 함께(9:9~10) 이 제3차 세계대전에 참여하여 결국 이기고 칠년대환난을 주도하는 바,[248] 그는 먼저 세계단일정부 또는 연합정부를 구성하고 이스라엘과 한 이레(칠년) 동안의 평화 언약을 맺는다. 그러나 그 이레의 중간에 평화 약정을 파기해 버리고, 거짓 선지자는 멸망의 가증한 것을 거룩한 성전에 세우고 우상에게 경배하게 할 것이다.[249]

---

246 살후 2:7 "불법의 비밀이 이미 활동하였으나 지금은 그것을 막는 자가 있어 그 중에서 옮겨질 때까지 하리라"

247 슥 12:2~4 "보라 내가 예루살렘으로 그 사면 모든 민족에게 취하게 하는 잔이 되게 할 것이라 예루살렘이 에워싸일 때에 유다에까지 이르리라 그 날에는 내가 예루살렘을 모든 민족에게 무거운 돌이 되게 하리니 그것을 드는 모든 자는 크게 상할 것이라 천하 만국이 그것을 치려고 모이리라 여호와가 말하노라 그 날에 내가 모든 말을 쳐서 놀라게 하며 그 탄 자를 쳐서 미치게 하되 유다 족속은 내가 돌보고 모든 민족의 말을 쳐서 눈이 멀게 하리니"

248 렘 15:12 "누가 능히 철 곧 북방의 철과 놋을 꺾으리요"
단 11:22 "넘치는 물 같은 군대가 그에게 넘침으로 말미암아 패할 것이요 동맹한 왕도 그렇게 될 것이며"

249 단 9:27 "그가 장차 많은 사람들과 더불어 한 이레 동안의 언약을 굳게 맺고 그가 그 이레의 절반에 제사와 예물을 금지할 것이며 또 포악하여 가증한 것이 날개를 의지하여 설 것이며 또 이미 정한 종말까지 진노가 황폐하게 하는 자에게 쏟아지리라 하였느니라 하니라"

인류의 역사의 중심에 이스라엘이 있고 세계 역사는 이스라엘의 역사라고 해도 과언이 아니다. 하나님이 이스라엘 민족을 택하여 이들을 통해 당신의 뜻을 조명해 오셨기 때문이다. 마지막 때 일어나는 주요 사건들 역시, 선지자들이 예언한 대로 이스라엘과 관련되어 하나님의 경륜을 이루어 가신다. 그러므로 현재 이스라엘의 지정학적 상황들이 인류 역사의 종말과 절대적으로 내밀한 관계에 놓여 있다는 것은 두말할 나위 없다.[250]

이스라엘과 아랍의 국경지역인 유브라데 강은[251] 예수님과 적그리스도 간의 일전이 벌어질 최후의 아마겟돈 전쟁 지역으로, 동방에서 올 왕들의 길이기도 하다(16:12~16). 그 강의 동방(이스라엘의 동쪽 방향)에, 대부분 그리스도를 믿지 않는 국가들인 중동지역과, 유물론(무신론) 사상의 공산전체주의 국가들의 대표국으로서 거대 중국이 위치한다.

또한 말세지 말인 현재, 이천여 년 전 흩어졌던 디아스포라 유대인들이 돌아오고 있으며, 드디어 1948년 5월 14일 이스라엘 국가를 재건하기에 이르렀다. 나아가 미국 트럼프 전 대통령은, 이스라엘 독립 70주년 되는 해인 2018년 5월 14일 미 대사관을 예루살렘으로 이전하여 수도로 인정하기에 이르렀다. 이로써 성도들은, 앞서 강조한 대로 하나님의 구원의 경륜을 이루시기 위한 그리스도의 재림이 머지 않았음을 분명히 알아야 한다.[252]

---

250 강종수, 『다시 오실 예수 그리스도』, 191-192.
251 창 15:18 "그날에 여호와께서 아브람과 더불어 언약을 세워 이르시되 내가 이 땅을 애굽강에서부터 그 큰 강 유브라데까지 네 자손에게 주노니"
252 마 24:32~33 "무화과나무의 비유를 배우라 그 가지가 연하여지고 잎사귀를 내

(9:17~19)

이같은 환상 가운데 그 말들과 그 위에 탄 자들을 보니 불빛과 자줏빛과 유황빛 호심경이 있고 또 말들의 머리는 사자 머리 같고 그 입에서는 불과 연기와 유황이 나오더라 이 세 재앙 곧 자기들의 입에서 나오는 불과 연기와 유황으로 말미암아 사람 삼분의 일이 죽임을 당하니라 이 말들의 힘은 입과 꼬리에 있으니 꼬리는 뱀 같고 또 꼬리에 머리가 있어 이것으로 해하더라

불빛과 자줏빛과 유황빛 호심경(흉갑)은 핵전쟁을 상징한다. 불과 자줏빛 연기는 핵폭발 시에 일어나는 현상이며 유황[253] 역시 핵으로 인해 발생하는 심한 유독성을 나타내기 때문이다. 그리고 사자 머리는 적그리스도 군대의 포악한 잔인성을 말한다(9:8, 13:2). 그들은 뱀 같고[254] 꼬리에 머리가 있어,[255] 간교한 계략과 술책으로 사람들을 속이고 해하는 자들이다(12:9). 그들로 인해 핵전쟁이 발생하고 사람 1/3의 범주가 영향을 받아 죽게 될 것이다.[256]

면 여름이 가까운 줄을 아나니 이와 같이 너희도 이 모든 일을 보거든 인자가 가까이 곧 문 앞에 이른 줄 알라"

253 창 19:24 "여호와께서 하늘 곧 여호와께로부터 유황과 불을 소돔과 고모라에 비같이 내리사"

254 창 3:1 "그런데 뱀은 여호와 하나님이 지으신 들짐승 중에 가장 간교하니라 뱀이 여자에게 물어 이르되 하나님이 참으로 너희에게 동산 모든 나무의 열매를 먹지 말라 하시더냐"

255 사 9:15 "그 머리는 곧 장로와 존귀한 자요 그 꼬리는 곧 거짓말을 가르치는 선지자라"

256 욥 41:19~20 "그것의 입에서는 횃불이 나오고 불꽃이 튀어 나오며 그것의 콧구멍에서는 연기가 나오니 마치 갈대를 태울 때에 솥이 끓는 것과 같구나"

(9:20~21)

이 재앙에 죽지 않고 남은 사람들은 손으로 행한 일을 회개하지 아니하고 오히려 여러 귀신과 또는 보거나 듣거나 다니거나 하지 못하는 금, 은, 동과 목석의 우상에게 절하고 또 그 살인과 복술과 음행과 도둑질을 회개하지 아니하더라

앞서 순교자들의 원수들에 대한 응징으로, 둘째 화(여섯째 나팔재앙)에 속한 핵폭발이 수반되는 제3차 세계대전이 발생하는 것을 보았다. 하지만 이 재앙에 죽지 않고 살아남은 자들이 그들이 행한 일을 회개하지 않는다. 오히려 각종 우상을 숭배하며[257] 자기들이 행한 살인과 복술과 음행과 도둑질을 회개하지 않는다.[258]

---

257 출 20:3~4 "너는 나 외에는 다른 신들을 네게 두지 말라 너를 위하여 새긴 우상을 만들지 말고 또 위로 하늘에 있는 것이나 아래로 땅에 있는 것이나 땅 아래 물 속에 있는 것의 어떤 형상도 만들지 말며"
롬 1:23 "썩어지지 아니하는 하나님의 영광을 썩어질 사람과 새와 짐승과 기어 다니는 동물 모양의 우상으로 바꾸었느니라"
258 출 20:13~16 "살인하지 말라 간음하지 말라 도둑질하지 말라 네 이웃에 대하여 거짓 증거하지 말라"

제 10 장

두루마리 속의 작은 책(막간 2)

여기서 작은 책은 '봉인된 두루마리'(5:1) 속에 들어있던 '펴 놓인 작은 두루마리(책)'를 말한다(10:2). 힘센 천사의 손에 펴있는 이 작은 책에는, 일곱째 나팔을 불려고 할 때에 하나님의 비밀이 그 종 선지자들에게 전하신 복음과 같이 이루리라는 내용이 담겨 있다. 마지막 나팔 불 때에 일어날, 부활에 대한 복음 예언이 담긴 요한계시록의 하이라이트라고 할 수 있다.

이처럼 중차대한 내용이므로, 칠년대환난(11~13장)을 앞두고, 권위 있는 힘센 천사를 통해 땅에 있는 자들에게 하나님의 비밀인 부활의 소망을 주기 위해 보여주신 것이다. 그 천사가 요한에게 작은 책을 먹고—내용을 읽고 온전히 깨달은 후에—반드시 나라와 백성과 방언과 임금에게 다시 예언해야 하리라고 한다.

(10:1~2)

내가 또 보니 힘 센 다른 천사가 구름을 입고 하늘에서 내려오는데 그 머리 위에 무지개가 있고 그 얼굴은 해 같고 그 발은 불기둥 같으며 그 손에는 펴 놓인 작은 두루마리를 들고 그 오른 발은 바다를 밟고 왼 발은 땅을 밟고

힘센(권위 있는) 다른 천사가 하나님의 임재를 상징하는 구름을 입고 하늘에서 내려온다.[259] 그 천사의 머리 위에 무지개는 언약의 증거라는 뜻이요[260] 손에 든 작은 두루마리(책)에는 그 언약이 들어 있다. 그 천사의 얼굴이 해 같고 발이 불 기둥 같은 것은,[261] 그 책에 담긴 내용이 실로 중차대한 사건에 관한 하나님의 계시임을 상징적으로 보여준다.

힘센 천사가 들고 있는 펴 놓인 작은 책에는, 선지자들을 통해 언약하신 일곱째 나팔과 관련된 하나님의 비밀인 부활의 내용이 담겨 있다(10:7, 11:15).[262] 그리고 그가 두 발로 바다와 땅을 밟고 서 있는 것은, 작은 책에 담긴 예언의 주체가 천지를 지으신 창조주 하나님이심을 나타낸다.[263]

---

259 출 40:34 "구름이 회막에 덮이고 여호와의 영광이 성막에 충만하매"
260 창 9:13 "내가 내 무지개를 구름 속에 두었나니 이것이 나와 세상 사이의 언약의 증거니라"
261 출 13:21 "여호와께서 그들 앞에서 가시며 낮에는 구름 기둥으로 그들의 길을 인도하시고 밤에는 불 기둥을 그들에게 비추사 낮이나 밤이나 진행하게 하시니"
262 고전 15:51~52 "보라 내가 너희에게 비밀을 말하노니 우리가 다 잠 잘 것이 아니요 마지막 나팔에 순식간에 홀연히 다 변화되리니 나팔 소리가 나매 죽은 자들이 썩지 아니할 것으로 다시 살아나고 우리도 변화되리라"
263 출 20:11 "이는 엿새 동안에 나 여호와가 하늘과 땅과 바다와 그 가운데 모든 것을 만들고 일곱째 날에 쉬었음이라 그러므로 나 여호와가 안식일을 복되게 하여 그 날을 거룩하게 하였느니라"

펴 놓인 작은 책(10:2)

작은 두루마리(책)가 봉인되지 않고 펴 놓여 있으므로, 이제 하나님의 비밀이었던 일곱째 나팔울림에 담긴 복음의 내용을 누구나 쉽게 깨달아 알 수 있을 것이다(10:7).

일곱째 천사의 나팔울림(11:15~19)은 성도들의 추수(14:14~18)와 불신자들에 대한 마지막 대접재앙(14:19~20, 16장)을 포함한다. 그 나팔이 울림으로 하늘에 있는 성전이 열리며 하나님의 언약궤가 보이고, 번개와 음성들과 우레와 지진이 일어나며 큰 우박이 쏟아진다. 다시 말해 마지막 나팔 불 때에, 복음(하나님의 비밀인 성도들의 부활 및 휴거)이 이루어지고 이 땅에는 대접심판이 내려지게 된다.

이어 공중에서 신랑이신 예수님과 부활 및 휴거된 신부인 교회 성도들과의 혼인잔치가 있다. 그리고 예수님의 재림으로 세상 나라가 우리 주와 그리스도의 나라가 되어 성도들과 더불어 천년 동안 왕 노릇 할 것이다(20:4~6).

(10:3~4)

사자가 부르짖는 것 같이 큰 소리로 외치니 그가 외칠 때에 일곱 우레가 그 소리를 내어 말하더라 일곱 우레가 말을 할 때에 내가 기록하려고 하다가 곧 들으니 하늘에서 소리가 나서 말하기를 일곱 우레가 말한 것을 인봉하고 기록하지 말라 하더라

사자처럼 큰 소리로 부르짖는 것은 일곱 우레(심판)의 소리가 하나님께로부터 온 중대한 계시임을 암시한다.[264] 그 소리는 마지막(일곱

---

264 호 11:10 "그들은 사자처럼 소리를 내시는 여호와를 따를 것이라 여호와께서

째) 나팔 불 때에 있을 일곱 대접부음의 예고로 읽혀진다. 하늘에서 들려온 '인봉하고 기록하지 말라'는 음성에 따라,[265] 여기서는 일곱 우레가 말한 내용에 대하여 더 이상 알려고 하지 않는 자세가 합당할 것이다.

(10:5~6)

내가 본 바 바다와 땅을 밟고 서 있는 천사가 하늘을 향하여 오른손을 들고 세세토록 살아 계신 이 곧 하늘과 그 가운데에 있는 물건이며 땅과 그 가운데에 있는 물건이며 바다와 그 가운데에 있는 물건을 창조하신 이를 가리켜 맹세하여 이르되 지체하지 아니하리니

우주 만물의 창조주요 영존하신 하나님의 권능을 보여주는 권위 있는 천사의 모습이다.[266] 그가 작은 책에 담긴 예언, 곧 이어지는 일곱째 나팔 기사가 지체하지 않고 확실히 이루어질 것이라고[267] 하나님의 이름으로 맹세한다.

(10:7~8)

일곱째 천사가 소리 내는 날 그의 나팔을 불려고 할 때에 하나님이 그의 종 선지

소리를 내시면 자손들이 서쪽에서부터 떨며 오되"

265 단 12:4 "다니엘아 마지막 때까지 이 말을 간수하고 이 글을 봉함하라 많은 사람이 빨리 왕래하며 지식이 더하리라"

266 골 1:16 "만물이 그에게서 창조되되 하늘과 땅에서 보이는 것들과 보이지 않는 것들과 혹은 왕권들이나 주권들이나 통치자들이나 권세들이나 만물이 다 그로 말미암고 그를 위하여 창조되었고"

267 합 2:3 "이 묵시는 정한 때가 있나니 그 종말이 속히 이르겠고 결코 거짓되지 아니하리라 비록 더딜지라도 기다리라 지체되지 않고 반드시 응하리라"

자들에게 전하신 복음과 같이 하나님의 그 비밀이 이루어지리라 하더라 하늘에서 나서 내게 들리던 음성이 또 내게 말하여 이르되 네가 가서 바다와 땅을 밟고 서 있는 천사의 손에 펴 놓인 두루마리를 가지라 하기로

힘 센 천사가, 선지자들을 통하여 전하신 복음과 같이[268] 마지막 일곱째 천사의 나팔이 울릴 때 하나님의 비밀인 성도들의 부활 및 휴거가 이루어질 것을 예고한다. 그러자 하늘에서 들리던 음성이, 요한에게 그 힘 센 천사의 손에서 펴 놓인 작은 책을 가지라고 한다.

다음 11장의 흐름을 통해 볼 때, 칠년대환난(11:1~14) 후에 마지막 일곱째 나팔 기사로 우리 주와 그리스도의 나라가 도래함을 알 수 있다(11:15). 이처럼 성도들의 부활 및 휴거는 대환난이 지나고 마지막 나팔 불 때에 이루어진다. 그러므로 대환난 전前 모든 성도들의 부활설은 성경적으로 비추어 전혀 옳지 못하다. 오직 그리스도를 구주로 믿음으로 거듭나 악한 사탄을 이긴 사내아이에 속한 자들만(12:5)[269] 첫 열매로 시험의 때를 면하여 칠년대환난 전에 휴거될 것이다(3:10, 14:4).

---

268 롬 1:2~4 "이 복음은 하나님이 선지자들을 통하여 그의 아들에 관하여 성경에 미리 약속하신 것이라 그의 아들에 관하여 말하면 육신으로는 다윗의 혈통에서 나셨고 성결의 영으로는 죽은 자들 가운데서 부활하사 능력으로 하나님의 아들로 선포되셨으니 곧 우리 주 예수 그리스도시니라"
암 3:7 "주 여호와께서는 자기의 비밀을 그 종 선지자들에게 보이지 아니하시고는 결코 행하심이 없으시리라"
269 요일 2:12~13 "자녀들아 내가 너희에게 쓰는 것은 너희 죄가 그의 이름으로 말미암아 사함을 받았음이요 아비들아 내가 너희에게 쓰는 것은 너희가 태초부터 계신 이를 알았음이요 청년들아 내가 너희에게 쓰는 것은 너희가 악한 자를 이기었음이라"

(10:9~11)

내가 천사에게 나아가 작은 두루마리를 달라 한즉 천사가 이르되 갖다 먹어 버리라 네 배에는 쓰나 네 입에는 꿀 같이 달리라 하거늘 내가 천사의 손에서 작은 두루마리를 갖다 먹어 버리니 내 입에는 꿀 같이 다나 먹은 후에 내 배에서는 쓰게 되더라 그가 내게 말하기를 네가 많은 백성과 나라와 방언과 임금에게 다시 예언하여야 하리라 하더라

요한이 천사에게 작은 책을 달라고 하니, 그가 먹어버리라 하며 배에서는 쓰나 입에는 꿀처럼 달리라고 한다. 실제 요한이 그 책을 먹으니 입에는 꿀같이 다나 배에서는 쓰다. 이는 하나님의 비밀인 복음을 이해하고 깨닫는 것은 즐겁고 기쁜 일이지만 그 말씀을 예언하기는 듣는 자가 둔하여 부담이 되고 힘들다는 함의다.[270]

또 그가 요한에게 작은 책에 기록되어 있는 복음을 온 세상, 곧 국가와 언어를 초월하여 신분에 상관없이 다시 예언해야 하리라고 한다. 이는 요한뿐만 아니라 모든 세대의 그리스도인들에게 주는 메시지다. 하나님의 비밀인 복음(10:7), 곧 일곱째 천사가 나팔 불 때의 부활 예언이 담긴 작은 책을 먹음으로 깨달은 자는 요한이다. 그렇지만 우리 성도들 역시 그 책에 담긴 복음을 오롯이 이해하고 깨달아 온 세상에 전해야 할 사명이 있다고 하겠다.

---

270 겔 3:3 "내게 이르시되 인자야 내가 네게 주는 이 두루마리를 네 배에 넣으며 네 창자에 채우라 하시기에 내가 먹으니 그것이 내 입에서 달기가 꿀 같더라"
시 119:103 "주의 말씀의 맛이 내게 어찌 그리 단지요 내 입에 꿀보다 더 다니이다"
히 5:11 "멜기세덱에 관하여는 우리가 할 말이 많으나 너희가 듣는 것이 둔하므로 설명하기 어려우니라"

제 11 장

두 증인과 일곱째 나팔울림(본 계시, 셋째 화)

칠년대환난의 장면을 보여주신다. 주님의 참 종들인 두 증인(두 감람나무와 두 촛대)이 전삼년반 동안 굵은 베옷을 입고 천이백육십 일, 곧 후삼년반 상황에 대해 예언한다. 이들이 증언을 마치고 후삼년반이 시작될 무렵 무저갱으로부터 올라오는 짐승(적그리스도)이 이들을 대적하여 전쟁을 일으켜 이기고 죽인다. 세계 만국에서 TV 시청 등을 통해, 사흘 반 동안 이들의 시체를 보게 될 것이다.271 그 후에 하나님으로부터 생기가 이들에게 들어가니 제 발로 일어서고, 하늘에서 올라오라는 음성을 따라 구름을 타고 휴거된다. 그 때에 큰 지진으로 성 십분의 일이 무너지고 지진에 죽은 자가 칠천이라고 한다.

이렇듯 둘째 화가 지나고, 마지막 일곱째 천사의 나팔울림으로 성도들의 추수(부활 및 휴거)가 이루어진다. 하늘에서 큰 음성들이, 이제 세상 나라가 하나님과 그리스도의 나라가 되어 그분이 세세토록 왕 노

---

271 마 24:21~22 "이는 그 때에 큰 환난이 있겠음이라 창세로부터 지금까지 이런 환난이 없었고 후에도 없으리라 그 날들을 감하지 아니하면 모든 육체가 구원을 얻지 못할 것이나 그러나 택하신 자들을 위하여 그 날들을 감하시리라"

릇 하시리라고 한다. 그러자 이십사장로가, 하나님의 이름을 경외하는 모든 자들에게 상 주시며 또 땅을 망하게 하는 불신자들을 멸망시키시는 일곱 대접심판(셋째 화, 16장)을 예고한다.

(11:1~2)

또 내게 지팡이 같은 갈대를 주며 말하기를 일어나서 하나님의 성전과 제단과 그 안에서 경배하는 자들을 측량하되 성전 바깥 마당은 측량하지 말고 그냥 두라 이것은 이방인에게 주었은즉 그들이 거룩한 성을 마흔두 달 동안 짓밟으리라

지팡이와 같은 갈대로 측량하는 것은,[272] 주님을 지팡이와 같이 의지하는 자들에 대해 갈대처럼 흔들리는 믿음의 상태를 측량한다는 비유적 표현이다.[273] 영적 성숙단계에 대한 측량인 것이다(21:17). 힘센 천사가 그 갈대로 '성전과 제단과 그 안에서 경배하는 자들을 측량'하라고 한다. 여기서 성전은 회막 안 성소를, 제단은 회막 문 앞 생축을 드리는 번제단을 말한다.[274]

이에 따라 성전에서 경배하는 자들은, 첫 열매와 곡식들로서 추수된다. 첫 열매는 그리스도의 구속을 믿음으로 거듭나(중생) 사탄을 이

---

272 사 36:6 "보라 네가 애굽을 믿는도다 그것은 상한 갈대 지팡이와 같은 것이라 사람이 그것을 의지하면 손에 찔리리니 애굽 왕 바로는 그를 믿는 모든 자에게 이와 같으니라"

273 시 23:4 "내가 사망의 음침한 골짜기로 다닐지라도 해를 두려워하지 않을 것은 주께서 나와 함께 하심이라 주의 지팡이와 막대기가 나를 안위하시나이다"

274 레 17:6 "제사장은 그 피를 회막 문 여호와의 제단에 뿌리고 그 기름을 불살라 여호와께 향기로운 냄새가 되게 할 것이라"

기고 죽기까지 자기 목숨을 아끼지 않은 성도들로서 대환난을 면하여 하늘로 올려진다(3:10, 12:5,11). 또 곡식들은 칠년대환난을 거치는 동안 무르익어, 대환난이 지나고 일곱째 천사의 마지막 나팔울림으로 추수(성도들의 부활 및 휴거)된다(14:15~16). 그리고 제단에서 경배하는 자들은, 후삼년반 동안에 적그리스도 표를 받지 않고 죽은 자들을 포함하여 그리스도로 인해 순교한 모든 자들이다. 이들이 이른바 포도 추수에 속한 성도들이다(14:17~18).

이후 공중 강림하신 예수님이 구원받은 모든 성도들과 혼인잔치를 마치고, 그리스도의 심판대에서 선악 간에 계수하신다.[275] 성도들의 행실은 그분이 재림하셔서 임금으로 오시는 천년왕국에서 누리게 될 상급으로 이어질 것이다.[276] (19장 심판의 종류 참고)

한편 성전 바깥 마당은, 마흔두 달(후삼년반) 동안 적그리스도가 성도들을 핍박하고 죽이게 될 장소다(13:5,15). 따라서 이곳은 이방인(주님을 믿지 않는 자들)에게 속하므로 따로 측량할 필요가 없다고 한다.

---

275 고후 5:10 "이는 우리가 다 반드시 그리스도의 심판대 앞에 나타나게 되어 각각 선악간에 그 몸으로 행한 것을 따라 받으려 함이라"

276 마 25:14~23 "또 어떤 사람이 타국에 갈 때 그 종들을 불러 자기 소유를 맡김과 같으니 각각 그 재능대로 한 사람에게는 금 다섯 달란트를, 한 사람에게는 두 달란트를, 한 사람에게는 한 달란트를 주고 떠났더니 … 오랜 후에 그 종들의 주인이 돌아와 그들과 결산할새 다섯 달란트 받았던 자는 다섯 달란트를 더 가지고 와서 이르되 주인이여 내게 다섯 달란트를 주셨는데 보소서 내가 또 다섯 달란트를 남겼나이다 그 주인이 이르되 잘하였도다 착하고 충성된 종아 네가 적은 일에 충성하였으매 내가 많은 것을 네게 맡기리니 네 주인의 즐거움에 참여할지어다 하고 두 달란트 받았던 자도 와서 이르되 주인이여 내게 두 달란트를 주셨는데 보소서 내가 또 두 달란트를 남겼나이다 그 주인이 이르되 잘하였도다 착하고 충성된 종아 네가 적은 일에 충성하였으매 내가 많은 것을 네게 맡기리니 네 주인의 즐거움에 참여할지어다 하고"

한 이레

예수님은 종말에 있을 징조로 '멸망의 가증한 것이 거룩한 곳에 선 것을 보거든'이라고 하셨다.[277] 다시 말해 적그리스도가 이스라엘과 평화 언약을 그 중간에 파기하고 가증하여 자기가 성전에서 하나님이라고 할 때인 것이다.

어떤 신학자들은, 다니엘이 예언했던 일흔 이레의 마지막 '한 이레'에[278] 대해 신약시대 전全 기간이라고 말한다. 게다가 '포악하여 가증한 것이 날개를 의지하여 설' 시기가 로마 디도 장군이 헤롯 성전을 파괴했던 AD 70년이라고 주장한다. 하지만 다니엘은, 그 시기를 같은 구절 안에서 '한 이레의 절반'이라고 하였다. 따라서 그들의 주장대로라면 두 배의 기간인 AD 140년이 종말로써 예수님의 재림 시기가 되어야 하고, 초림부터 그때까지만 신약시대의 기간이어야 한다. 이는 AD 140년과 아직도 오지 않은 종말이 시기적으로 너무 큰 간극이 있을 뿐만 아니라 엄청난 논리적 모순으로 적절하지 않다.

결론적으로, 하나님의 경륜에 따라 예정하신 일흔 이레의 마지막 '한 이레' 동안은, 일곱째 나팔 불 때인 성도들의 부활 및 휴거와 예수님의 재림을 앞둔 칠년대환난의 기간을 말한다.(별지. 구성 흐름도 참고)

---

277 마 24:15 "그러므로 너희가 선지자 다니엘이 말한 바 멸망의 가증한 것이 거룩한 곳에 선 것을 보거든 (읽는 자는 깨달을진저)"

278 단 9:27 "그가 장차 많은 사람들과 더불어 한 이레 동안의 언약을 굳게 맺고 그가 그 이레의 절반에 제사와 예물을 금지할 것이며 또 포악하여 가증한 것이 날개를 의지하여 설 것이며 또 이미 정한 종말까지 진노가 황폐하게 하는 자에게 쏟아지리라 하였느니라 하니라"

즉 종말에 있을, 온 세상에 닥칠 시험의 때인 대환난의 시기인 것이다(3:10). 성경은 그 기간 중의 전삼년반 동안은 일천이백육십 일(11:3, 12:6), 후삼년반 동안은 마흔두 달(11:2, 13:5), 그리고 각각 한 때 두 때 반 때(12:14) 등으로 나타내고 있다.[279] 이처럼 하나님은 특정 기간에 대해 때에 따라 다양하고 반복적인 표현을 함으로써 칠년대환난이 실재적 기간임을 강조하신다.

(11:3~4)

내가 나의 두 증인에게 권세를 주리니 그들이 굵은 베옷을 입고 천이백육십 일을 예언하리라 그들은 이 땅의 주 앞에 서 있는 두 감람나무와 두 촛대니

본문은 두 증인이 권능을 받고 예언하는 칠년대환난이 시작되는 상황이다. 이들은 모세와 엘리야처럼, 하나님이 특별히 택하여 큰 이적을 일으키는 기름부음 받은 선지자들이다. 또한 온 세상의 주 앞에 서 있는 두 감람나무와 두 촛대라고 한다. 이때 감람나무는 성령의 권능으로 기름 부음 받은 선지자를 상징한다.[280] 그리고 촛대는 이 땅의 주, 곧 예수 그리스도 이름으로 예언하며 회개를 선포할 교회

---

279 단 7:25 "그가 장차 지극히 높으신 이를 말로 대적하며 또 지극히 높으신 이의 성도를 괴롭게 할 것이며 그가 또 때와 법을 고치고자 할 것이며 성도들은 그의 손에 붙인 바 되어 한 때와 두 때와 반 때를 지내리라"

280 슥 4:11~14 "내가 그에게 물어 이르되 등잔대 좌우의 두 감람나무는 무슨 뜻이니이까 하고 다시 그에게 물어 이르되 금 기름을 흘리는 두 금관 옆에있는 이 감람나무 두 가지는 무슨 뜻이니이까 하니 그가 내게 대답하여 이르되 네가 이것이 무엇인지 알 지 못하느냐 하는지라 내가 대답하되 내 주여 알지 못하나이다 하니 이르되 이는 기름 부음 받은 자 둘이니 온 세상의 주 앞에 서 있는 자니라 하더라"

를 상징한다(1:20, 12:6, 17). 그러므로 두 증인은 하나님이 특별히 기름 부어 택정한 선지자들 및 이들과 연합한(함께하는) 교회들로 보인다.

이들이 굵은 베옷을 입고 예언하는 것은 간절한 회개 선포를 함의 한다. 하나님은 증언의 확증을 위해 두세 증인을 요구하셨다.[281] 이에 따라 이들은 전삼년반(천이백육십 일) 동안, 적그리스도가 거룩한 성 예루살렘을 마흔두 달 동안 짓밟게 될 후삼년반 상황을 예언하며 회개를 선포할 것이다.[282]

예수님은 예루살렘이 군대에 둘러싸일 때 멸망이 가깝고 큰 환난이 있을 것이라고 하셨다.[283] 이 예언이 성취되려면, 먼저 약 이천년 동안 팔레스타인을 떠나 전 세계에 흩어졌던 그들의 국가가 세워져야 했다. 앞서 밝혔듯이, 결국 디아스포라 유대인들이 돌아와 이스라엘 국가가 재건되고 예루살렘을 수도로 선언하기에 이르렀다.[284] 더

---

281 신 19:15 "사람의 모든 악에 관하여 또한 모든 죄에 관하여는 한 증인으로만 정할 것이 아니요 두 증인의 입으로나 또는 세 증인의 입으로 그 사건을 확정할 것이며"
눅 10:1 "그 후에 주께서 따로 칠십 인을 세우사 친히 가시려는 각 동네와 각 지역으로 둘씩 앞서 보내시며"
요 8:17 "너희 율법에도 두 사람의 증언이 참되다 기록되었으니"

282 욘 3:5 "니느웨 사람들이 하나님을 믿고 금식을 선포하고 높고 낮은 자를 막론하고 굵은 베 옷을 입은지라"
마 11:21 "화 있을진저 고라신아 화 있을진저 벳새다야 너희에게 행한 모든 권능을 두로와 시돈에서 행하였더라면 그들이 벌써 베옷을 입고 재에 앉아 회개하였으리라"

283 눅 21:20 "너희가 예루살렘이 군대들에게 에워싸이는 것을 보거든 그 멸망이 가까운 줄을 알라"
마 24:21 "이는 그 때에 큰 환난이 있겠음이라 창세로부터 지금까지 이런 환난이 없었고 후에도 없으리라"

284 겔 36:24 "내가 너희를 여러 나라 가운데에서 인도하여 내고 여러 민족 가운데에서 모아 데리고 고국 땅에 들어가서"

욱이 에스겔 선지자의 예언처럼, 현재 사막이 에덴 동산 같이 옥토가 되어가고 빈 땅에 건축들이 활발하게 이루어지고 있다.[285]

우리 교회들은, 이처럼 돌아오기 시작한 유대인들이 이스라엘을 재건하는 등의 시대적 상황들에 대해 특별히 주목해야 한다. 그리고 예수님이 예언하신 "… 그 가지가 연하여지고 잎사귀를 내면 여름이 가까운 줄을 아나니"(마 24:32)의 무화과나무 비유에서 보듯이, 종말의 때가 가까이 왔음을 깊이 깨달아야 한다. 장차 유대인들이 이스라엘로 모두 돌아와 적그리스도와의 전쟁으로 예루살렘이 군대에 둘러싸일 때, 온 세상에 반드시 칠년대환난이 닥칠 것이다(3:10).

(11:5~6)

만일 누구든지 그들을 해하고자 하면 그들의 입에서 불이 나와서 그들의 원수를 삼켜 버릴 것이요 누구든지 그들을 해하고자 하면 반드시 그와 같이 죽임을 당하리라 그들이 권능을 가지고 하늘을 닫아 그 예언을 하는 날 동안 비가 오지 못하게 하고 또 권능을 가지고 물을 피로 변하게 하고 아무 때든지 원하는 대로 여러 가지 재앙으로 땅을 치리로다

'누구든지 그들을 해하고자 하면'이 반복하여 강조되었다. 이로써

사 49:5 "이제 여호와께서 말씀하시나니 그는 태에서부터 나를 그의 종으로 지으신 이시요 야곱을 그에게로 돌아오게 하시는 이시니 이스라엘이 그에게로 모이는도다 그러므로 내가 여호와 보시기에 영화롭게 되었으며 나의 하나님은 나의 힘이 되셨도다"

285 겔 36:35~36 "사람이 이르기를 이 땅이 황폐하더니 이제는 에덴동산 같이 되었고 황량하고 적막하고 무너진 성읍들에 성벽과 주민이 있다 하리니 너희 사방에 남은 이방 사람이 나 여호와가 무너진 곳을 건축하며 황폐한 자리에 심은 줄을 알리라 나 여호와가 말하였으니 이루리라"

두 증인이 예언할 때 해하고자 하는 자들은 누구든지 반드시 죽임을 당한다.[286]

이들이 모세와 엘리야를 통해 역사하셨던 바로 그 하나님의 권능을 받아, 예언하는 동안 흉년이 들게 하고[287] 또 물을 피로 변하게 하는 등[288] 언제든지 원하는 대로 갖가지 재앙으로 땅을 칠 권능을 갖게 될 것이다.

(11:7~8)

그들이 그 증언을 마칠 때에 무저갱으로부터 올라오는 짐승이 그들과 더불어 전쟁을 일으켜 그들을 이기고 그들을 죽일 터인즉 그들의 시체가 큰 성 길에 있으리니 그 성은 영적으로 하면 소돔이라고도 하고 애굽이라고도 하니 곧 그들의 주께서 십자가에 못 박히신 곳이라

전삼년반이 끝날 무렵 두 증인이 증언을 마칠 때 무저갱에서 올라오는 짐승(11:3, 13:1~4), 곧 적그리스도가 전쟁을 일으켜 이들을 이기고 죽인다.[289] 마치 예수님이 예루살렘 성밖 골고다 언덕에서 십자가에 달려 죽으셨던 것처럼, 이들의 시체가 소돔의 음란과 교만과 가증, 그리고 애굽의 박해와 증오가 가득한 예루살렘 큰 성 길에 놓일 것이

---

286 렘 5:14 "그러므로 만군의 하나님 여호와께서 이와 같이 말씀하시니라 너희가 이 말을 하였은즉 볼지어다 내가 네 입에 있는 나의 말을 불이 되게 하고 이 백성을 나무가 되게 하여 불사르리라"
287 약 5:17 "엘리야는 우리와 성정이 같은 사람이로되 그가 비가 오지 않기를 간절히 기도한즉 삼 년 육 개월 동안 땅에 비가 오지 아니하고"
288 출 7:20 "모세와 아론이 여호와께서 명령하신 대로 행하여 바로와 그의 신하의 목전에서 지팡이를 들어 나일 강을 치니 그 물이 다 피로 변하고"
289 단 7:21 "내가 본즉 이 뿔이 성도들과 더불어 싸워 그들에게 이겼더니"

다.[290]

(11:9~10)

백성들과 족속과 방언과 나라 중에서 사람들이 그 시체를 사흘 반 동안을 보며 무덤에 장사하지 못하게 하리로다 이 두 선지자가 땅에 사는 자들을 괴롭게 한 고로 땅에 사는 자들이 그들의 죽음을 즐거워하고 기뻐하여 서로 예물을 보내리라 하더라

두 선지자(두 증인)의 입에서 불이 나오고, 또 땅에 비가 내리지 못하게 하고 물을 피로 변하게 하는 등 이적을 일으키며 회개를 선포하였다(11:3~6).[291] 그래서 이들의 죽음은 땅에 사는 자, 곧 불신자들에게 전 세계적인 축하의 시간이다. 그들은 사흘 반 동안 시신을 장사하지 못하게 하고 전 세계의 많은 나라들에서 그 상황을 TV 영상 등을 통해 보게 할 것이다.

고대사회에서 시신을 무덤에 장사하지 못하게 하는 것은 그들에게 가할 수 있는 최대의 불명예였다.[292] 이는 사후에 그들이 허공을 떠

---

290 유 1:7 "소돔과 고모라와 그 이웃 도시들도 그들과 같은 행동으로 음란하며 다른 육체를 따라가다가 영원한 불의 형벌을 받음으로 거울이 되었느니라"
출 3:9 "이제 가라 이스라엘 자손의 부르짖음이 내게 달하고 애굽 사람이 그들을 괴롭히는 학대도 내가 보았으니"
291 왕상 18:17 "엘리야를 볼 때에 아합이 그에게 이르되 이스라엘을 괴롭게 하는 자여 너냐"
292 시 79:1~3 "하나님이여 이방 나라들이 주의 기업의 땅에 들어와서 주의 성전을 더럽히고 예루살렘이 돌무더기가 되게 하였나이다 그들이 주의 종들의 시체를 공중의 새에게 밥으로, 주의 성도들의 육체를 땅의 짐승에게 주며 그들의 피를 예루살렘 사방에 물 같이 흘렸으나 그들을 매장하는 자가 없었나이다"

돈다고 믿었기 때문일 것이다.[293]

(11:11~12)

삼 일 반 후에 하나님께로부터 생기가 그들 속에 들어가매 그들이 발로 일어서
니 구경하는 자들이 크게 두려워하더라 하늘로부터 큰 음성이 있어 이리로 올
라오라 함을 그들이 듣고 구름을 타고 하늘로 올라가니 그들의 원수들도 구경
하더라

삼 일 반 후에, 하나님이 두 증인들의 시신에 생령을 불어 넣으시
니 살아나고,[294] 하늘로부터 올라오라는 음성에 따라 예수님처럼 구
름을 타고 승천하는 장면이다.[295] 이때 대환난을 거치는 많은 성도들
이 이 광경을 보고 위로와 구원의 소망을 얻게 될 것이다.

한편 하나님이 택한 자들을 위하여 대환난의 날들을 감한다고 하
셨으므로[296] 적그리스도의 통치 기간인 후삼년반 동안은 실제보다
훨씬 짧아질 것이다. 또한 두 증인이 '삼 일 반(사흘 반) 후'에 부활·휴
거되는 바, 이는 대환난의 후삼년반 동안이 감해진 상징적인 기간으
로도 읽혀진다.

---

293 그랜트 오스본, 『적용을 도와주는 요한계시록』, 전광규 역(서울 : 성서유니온
선교회, 2008), 209.

294 요 11:25 "예수께서 이르시되 나는 부활이요 생명이니 나를 믿는 자는 죽어도
살겠고"

295 행 1:9 "이 말씀을 마치시고 그들이 보는데 올려져 가시니 구름이 그를 가리어
보이지 않게 하더라"

296 막 13:20 "만일 주께서 그 날들을 감하지 아니하셨더라면 모든 육체가 구원을
얻지 못할 것이거늘 자기가 택하신 자들을 위하여 그 날들을 감하셨느니라"

(11:13)

그 때에 큰 지진이 나서 성 십분의 일이 무너지고 지진에 죽은 사람이 칠천이라 그 남은 자들이 두려워하여 영광을 하늘의 하나님께 돌리더라

구약시대(율법)에 십분의 일은 하나님의 것을 의미한다.[297] 따라서 큰 지진으로 성 십분의 일이 무너지는 것은 하나님의 심판이 시작되었음을 상징한다.[298] 다시 말해 두 증인이 부활 승천할 때에, 사흘 반 (후삼년반을 감한 기간) 동안 적그리스도가 다스린 음녀(큰 성 바벨론)에 대한 하나님의 응징의 예고편이다(16:19). 그리고 죽은 사람이 칠천은, 7(완전수) × 1,000(많은 수)으로써[299] 징벌로 인한 죽은 자의 수가 아주 많음을 상징한다. 그때 지진에 죽지 않고 살아남은 자들이 두려워하여 만유의 주권을 가지신 하늘에 계신 하나님께 영광을 돌린다.

(11:14~15)

둘째 화는 지나갔으나 보라 셋째 화가 속히 이르는도다 일곱째 천사가 나팔을 불매 하늘에 큰 음성들이 나서 이르되 세상 나라가 우리 주와 그의 그리스도의 나라가 되어 그가 세세토록 왕 노릇 하시리로다 하니

둘째 화인 세계대전과 칠년대환난은 지나갔지만, 이제 셋째 화인

---

297 레 27:30 "그리고 그 땅의 십분의 일 곧 그 땅의 곡식이나 나무의 열매는 그 십분의 일은 여호와의 것이니 여호와의 성물이라"

298 겔 38:19 "내가 질투와 맹렬한 노여움으로 말하였거니와 그 날에 큰 지진이 이스라엘 땅에 일어나서"

299 롬 11:4 "그에게 하신 대답이 무엇이냐 내가 나를 위하여 바알에게 무릎을 꿇지 아니한 사람 칠천 명을 남겨 두었다 하셨으니"

일곱째 나팔에 속한 최종적 일곱 대접부음(심판)이 곧 이르게 될 것이다(11:18~19, 15:1, 16:1).

마지막 일곱째 나팔을 불 때, 선지자들이 전했던 하나님의 비밀인 복음, 곧 그리스도를 구주로 믿는 자들이 사탄의 사망 권세를 이기고 부활한다(10:7).[300] 이때 죽은 그리스도인들이 먼저 살아나고 이 땅에 남아 있는 성도들이 함께 공중으로 휴거될 것이다.[301] 이 상황은 대환난이 지난 후에 있을 성도들의 추수를 의미한다(14:14~18).

또한 세상 나라가 우리 주와 그리스도의 나라가 되는 것은, 신랑이신 예수님과 공중에서 혼인잔치 후에 지상에서 실제 왕 노릇 하시는 그분의 나라(천년왕국 시대)가 도래함을 말한다(19:6~8).[302] 이때 성도들도

---

300 엡 2:2 "그 때에 너희는 그 가운데서 행하여 이 세상 풍조를 따르고 공중의 권세 잡은 자를 따랐으니 곧 지금 불순종의 아들들 가운데서 역사하는 영이라"
고전 15:51~52 "보라 내가 너희에게 비밀을 말하노니 우리가 다 잠 잘 것이 아니요 마지막 나팔에 순식간에 홀연히 다 변화되리니 나팔 소리가 나매 죽은 자들이 썩지 아니할 것으로 다시 살아나고 우리도 변화되리라"
301 살전 4:16~17 "주께서 호령과 천사장의 소리와 하나님의 나팔 소리로 친히 하늘로부터 강림하시리니 그리스도 안에서 죽은 자들이 먼저 일어나고 그 후에 우리 살아 남은 자들도 그들과 함께 구름 속으로 끌어 올려 공중에서 주를 영접하게 하시리니 그리하여 우리가 항상 주와 함께 있으리라"
단 12:2~7 "땅의 티끌 가운데에서 자는 자 중에서 많은 사람이 깨어나 영생을 받는 자도 있겠고 수치를 당하여서 영원히 부끄러움을 당할 자도 있을 것이며 … 그 중에 하나가 세마포 옷을 입은 자 곧 강물 위쪽에 있는 자에게 이르되 이 놀라운 일의 끝이 어느 때까지냐 하더라 … 반드시 한 때 두 때 반 때를 지나서 성도의 권세가 다 깨지기까지이니 그렇게 되면 이 모든 일이 다 끝나리라 하더라"
302 마 25:1~10 "그 때에 천국은 마치 등을 들고 신랑을 맞으러 나간 열 처녀와 같다 하리니 그 중의 다섯은 미련하고 다섯은 슬기 있는 자라 미련한 자들은 등을 가지되 기름을 가지지 아니하고 슬기 있는 자들은 그릇에 기름을 담아 등과 함께 가져 갔더니 … 그들이 사러 간 사이에 신랑이 오므로 준비하였던 자들은 함께 혼인 잔치에 들어가고 문은 닫힌지라"

그리스도와 더불어 일천 년 동안 이른바 천년왕국에서 왕 노릇 한다 (20:4~6).[303] 이어 새 하늘과 새 땅과 새 예루살렘 성, 곧 천국에서 삼위일체 하나님과 함께 영원무궁토록 의와 평강과 희락을 누리게 될 것이다.

칠년대환난 후, 그리스도의 강림과 성도들의 부활 및 휴거

후삼년반 동안 성도들의 인내와 믿음을 요하는 것으로 미루어 볼 때(13:10, 14:12), 하나님을 믿는 자들 가운데 칠년대환난을 거치는 자들이 분명히 존재한다. 이들은 대환난 전에 비록 하나님을 믿었지만, 거듭나지 않아 첫 열매로 휴거되지 못한 자들이다. 이들 중에서 대환난을 지나며 무르익어 거듭난 성도들은, 칠년대환난 후 마지막 일곱째 나팔로 죽은 성도들이 부활할 때 함께 휴거된다.

또한 그리스도의 공중 강림과 성도들의 부활 및 휴거는 여섯째 나팔(둘째 화)에 속한 대환난 후 기사임이 다음 예수님의 말씀에서도 명백히 나타난다.[304]

---

303 단 7:27 "나라와 권세와 온 천하 나라들의 위세가 지극히 높으신 이의 거룩한 백성에게 붙인 바 되리니 그의 나라는 영원한 나라이라 모든 권세 있는 자들이 다 그를 섬기며 복종하리라"
단 2:44~45 "이 여러 왕들의 시대에 하늘의 하나님이 한 나라를 세우시리니 이 것은 영원히 망하지도 아니할 것이요 그 국권이 다른 백성에게로 돌아가지도 아니할 것이요 도리어 이 모든 나라를 쳐서 멸망시키고 영원히 설 것이라 손대지 아니한 돌이 산에서 나와서 쇠와 놋과 진흙과 은과 금을 부서뜨린 것을 왕께서 보신 것은 크신 하나님이 장래 일을 왕께 알게 하신 것이라 이 꿈은 참되고 이 해석은 확실하니이다 하니"
304 막 13:19~27 "이는 그 날들이 환난의 날이 되겠음이라 하나님께서 창조하신 시

"그 날 환난 후에 즉시 해가 어두워지며 달이 빛을 내지 아니하며 별들이 하늘에서 떨어지며 하늘의 권능들이 흔들리리라 그 때에 인자의 징조가 하늘에서 보이겠고 그 때에 땅의 모든 족속들이 통곡하며 그들이 인자가 구름을 타고 능력과 큰 영광으로 오는 것을 보리라 그가 큰 나팔소리와 함께 천사들을 보내리니 그들이 그의 택하신 자들을 하늘 이 끝에서 저 끝까지 사방에서 모으리라"(마 24:29~31)

(11:16~17)

하나님 앞에서 자기 보좌에 앉아 있던 이십사 장로가 엎드려 얼굴을 땅에 대고 하나님께 경배하여 이르되 감사하옵나니 옛적에도 계셨고 지금도 계신 주 하나님 곧 전능하신 이여 친히 큰 권능을 잡으시고 왕 노릇 하시도다

이십사 장로가 '전에도 계셨고 지금도 계신' 주 하나님께 천년왕국에서 그리스도를 통해 큰 권능을 잡고 친히 왕 노릇 하시므로 경배하며 감사드린다.

한편 앞서 하늘 예배의 모습에서 네 생물은 '전에도 계셨고 이제도

초부터 지금까지 이런 환난이 없었고 후에도 없으리라 … 그 때에 그 환난 후 해가 어두워지며 달이 빛을 내지 아니하며 별들이 하늘에서 떨어지며 하늘에 있는 권능들이 흔들리리라 그 때에 인자가 구름을 타고 큰 권능과 영광으로 오는 것을 사람들이 보리라 또 그 때에 그가 천사들을 보내어 자기가 택하신 자들을 땅 끝으로부터 하늘 끝까지 사방에서 모으리라"
살후 2:1~3 "형제들아 우리가 너희에게 구하는 것은 우리 주 예수 그리스도의 강림하심과 우리가 그 앞에 모임에 관하여 영으로나 또는 말로나 또는 우리에게서 받았다 하는 편지로나 주의 날이 이르렀다고 해서 쉽게 마음이 흔들리거나 두려워하거나 하지 말아야 한다는 것이라 누가 어떻게 하여도 너희가 미혹되지 말라 먼저 배교하는 일이 있고 저 불법의 사람 곧 멸망의 아들이 나타나기 전에는 그 날이 이르지 아니하리니"

계시고 장차 오실 이시라'고 하나님께 영광과 존귀와 감사를 드렸다
(4:8). 하지만 본 장면에서 '장차 오실 이'가 빠진 것은, 일곱째 천사의
나팔울림으로 친히 왕노릇 하시는 우리 주와 그리스도의 나라가 도
래하였기 때문이다(11:15, 20:4).[305]

(11:18~19)

이방들이 분노하매 주의 진노가 내려 죽은 자를 심판하시며 종 선지자들과 성
도들과 또 작은 자든지 큰 자든지 주의 이름을 경외하는 자들에게 상 주시며 또
땅을 망하게 하는 자들을 멸망시키실 때로소이다 하더라 이에 하늘에 있는 하
나님의 성전이 열리니 성전 안에 하나님의 언약궤가 보이며 또 번개와 음성들
과 우레와 지진과 큰 우박이 있더라

성도들이 받을 최대의 상급은 하나님의 임재 가운데 누리는 영생
이다.[306] 또 구원 얻은 성도들은 마지막 나팔울림으로 부활 및 휴거
된 후 그리스도의 심판대에서 선악 간에 계수되어[307] 천년왕국에서
행한 대로 보상이 주어진다(20:4~6, 22:12).[308] 그러나 땅을 망하게 하는
자들을 멸망 시키실 때란, 성도들이 부활 및 휴거된 후에 이 땅의 불

---

305 시 2:4~6 "하늘에 계신 이가 웃으심이여 주께서 그들을 비웃으시리로다 그 때
    에 분을 발하며 진노하사 그들을 놀라게 하여 이르시기를 내가 나의 왕을 내
    거룩한 산 시온에 세웠다 하시리로다"

306 그랜트 오스본,『적용을 도와주는 요한계시록』, 218.

307 고후 5:10 "이는 우리가 다 반드시 그리스도의 심판대 앞에 나타나게 되어 각
    각 선악간에 그 몸으로 행한 것을 따라 받으려 함이라"
    눅 14:14 "그리하면 그들이 갚을 것이 없으므로 네게 복이 되리니 이는 의인들
    의 부활시에 네가 갚음을 받겠음이라 하시더라"

308 고전 3:8 "심는 이와 물 주는 이는 한가지이나 각각 자기가 일한 대로 자기
    의 상을 받으리라"

신자들에 대해 일곱 대접재앙(셋째 화)이 최종적으로 내려지는 것을 말한다(16:1, 17:1, 18:2). 하지만 그들이 받을 최후의 징벌은, 천년왕국 시대가 끝나고, 둘째 부활 후 흰 보좌의 심판으로 생명책에 기록되지 않은 불신자들이 불못에 영벌로 던져지는 둘째 사망(지옥)이다(20:12~15).

하늘에서 성전이 열리며 하나님의 언약궤가 보인다. 그 안에 든 십계명 돌판은 하나님을 경외하고 내 이웃을 사랑하라는 말씀들을, 만나가 담긴 항아리는 영원한 생명의 양식이신 성령을, 아론의 싹 난 지팡이는 그리스도를 통한 새 생명의 부활을 각각 상징한다.[309] 또 여기 등장하는 번개와 음성들은 하나님의 임재를,[310] 우레와 지진과 큰 우박은 불신자들에 대한 하나님의 심판을 예고한다.[311]

---

309 히 9:3~4 "또 둘째 휘장 뒤에 있는 장막을 지성소라 일컫나니 금 향로와 사면을 금으로 싼 언약궤가 있고 그 안에 만나를 담은 금 항아리와 아론의 싹난 지팡이와 언약의 돌판들이 있고"
   롬 11:26~27 "그리하여 온 이스라엘이 구원을 받으리라 기록된 바 구원자가 시온에서 오사 야곱에게서 경건하지 않은 것을 돌이키시겠고 내가 그들의 죄를 없이 할 때에 그들에게 이루어질 내 언약이 이것이라 함과 같으니라"
310 마 24:27 "번개가 동편에서 나서 서편까지 번쩍임 같이 인자의 임함도 그러하리라"
   삼하 22:14 "여호와께서 하늘에서 우렛소리를 내시며 지존하신 자가 음성을 내심이여"
311 출 9:28 "여호와께 구하여 이 우렛소리와 우박을 그만 그치게 하라 내가 너희를 보내리니 너희가 다시는 머물지 아니하리라"
   겔 38:19 "내가 질투와 맹렬한 노여움으로 말하였거니와 그 날에 큰 지진이 이스라엘 땅에 일어나서"

제 12 장

남자아이 휴거와 전前삼년반(막간 3)

　하나님의 은혜를 입은 여자(교회)가 남자아이(12:5), 곧 그리스도를 구주로 믿음으로 거듭나 악한 사탄을 이긴 신실하고 강한 성도들을 낳는다(양육하여 산출産出한다). 이때 머리가 일곱이요 뿔이 열이며 그 머리에 일곱 왕관을 쓴 한 큰 붉은 용(사탄)이 이 성도들을 해하고자 하지만 뜻을 이루지 못한다. 이들은 시험의 때인 대환난을 면하여(3:10) 하나님 보좌 앞으로 휴거되는 첫 열매에 속할 만큼 신실하고 강한 믿음을 가졌기 때문이다(14:4). 장차 천년왕국에서 예수님과 함께 만국을 다스릴 성도들인 것이다.

　한편 남자아이를 낳은 여자(교회)가 광야(세상)에서 큰 독수리의 두 날개의 도움을 받아 옛 뱀(사탄)의 낯을 피하여 한 때와 두 때와 반 때(전삼년반) 동안 양육을 받는다. 이때 옛 뱀이 물을 강같이 토함(예언과 진리의 말씀을 왜곡하고 방해함)으로써 교회를 떠내려가게 하려고(타락시키고자) 한다. 그러나 땅(기독교계)이 교회를 도와 뱀이 토한 강물을 삼켜 거짓된 속임수에 미혹되지 않도록 막아버린다. 이에 용이 분노하여 여자의 남은 자손(휴거하지 못해 남은 교회의 성도들)과 싸우려고 바다(세상)에서 모래와 같이 많은 사람들과 함께 서 있다.

유대인의 문학적 기법

창세기 1장과 2장은 하나님이 우주 만물을 창조하신 기사의 주제가 동일하지만 각각 조명하는 관점이 다르다. 1장은 하나님을 중심으로 보여주는 천지창조의 일정별 과정인 데 비해, 2장은 사람을 중심으로 에덴동산을 창설하신 장면들이다. 두 기사가 협력하여 하나님의 창조 과정과 섭리가 더욱 선명하게 나타난다.

이처럼 요한계시록 가운데 칠년대환난 기사인 전삼년반(12장)과 후삼년반(13장)의 상황에서도, 용과 짐승이 사탄의 주역으로서 본질은 동일하지만 각각 다른 모습으로 출현한다. 12장은 용을 중심으로 사탄의 총체적인 모습을 보이고, 13장은 짐승을 중심으로 사탄이 조종하는 적그리스도의 상세한 모습이 조명된다. 두 장면이 융화되어, 대환난의 주역인 적그리스도의 잔인성과 신성을 모독하는 가증함이 더욱 확실하게 드러난다.[312] 이는 특정한 상황을 적나라하게 나타내고 그 내용을 강조하기 위한 유대 문학의 한 표현 기법으로 읽혀진다.

---

312 단 7:25 "그가 장차 지극히 높으신 이를 말로 대적하며 또 지극히 높으신 이의 성도를 괴롭게 할 것이며 그가 또 때와 법을 고치고자 할 것이며 성도들은 그의 손에 붙인 바 되어 한 때와 두 때와 반 때를 지내리라"

칠년대환난에서 새예루살렘까지 요약

애굽 땅에 칠년 기근이 있을 때에 이스라엘 가족들이 은 20에 팔렸던 요셉을 찾아 왔었다(창 41:54~42:6). 이 사건은 칠년대환난을 앞두고, 유대 민족이 은 30에 팔린 예수 그리스도께로 돌아오는 예언적 함의가 있다(7:1~8). AD 70년경부터 시작된 디아스포라 유대인들은 전 세계 역사상 유일무이하게 팔레스타인 지역에 다시 모여들어 1948년 5월 14일 이스라엘 국가를 재건하기에 이르렀다. 구약시대 선지자들이 예언한 것처럼, 이들은 칠년대환난 전에 고국으로 돌아와 예수 그리스도를 구주로 믿고 회개함으로 구원을 얻는다(7:4).[313]

그리고 세계 만국의 교회들에서 남자아이,[314] 곧 그리스도의 속량을 믿음으로 죄사함을 얻고 사탄을 이긴 강하고 신실한 성도들은 빌라델비아 교회처럼 온 세상에 닥칠 시험의 때인 칠년대환난을 면한다(3:10). 이들은 하나님께서 기쁘게 받으심이 되어 대환난 전에 첫 열매로 휴거된다(12:5, 14:4).

한편 적그리스도(짐승)는 이스라엘과 칠년 간의 약정을 맺고 두 증인이 예언하는 전삼년반 동안 평화를 가장한다. 하지만 마지막 한 이

---

313 겔 36:24~25 "내가 너희를 여러 나라 가운데에서 인도하여 내고 여러 민족 가운데에서 모아 데리고 고국 땅에 들어가서 맑은 물을 너희에게 뿌려서 너희로 정결하게 하되 곧 너희 모든 더러운 것에서와 모든 우상 숭배에서 너희를 정결하게 할 것이며"

314 사 66:7~8 "시온은 진통을 하기 전에 해산하며 고통을 당하기 전에 남아를 낳았으니 이러한 일을 들은 자가 누구이며 이러한 일을 본 자가 누구냐 나라가 어찌 하루에 생기겠으며 민족이 어찌 한순간에 태어나겠느냐 그러나 시온은 진통하는 즉시 그 아들을 순산하였도다"

레인 칠년대환난의 절반이 지날 때, 약정을 위반하고 멸망의 가증한 것(우상)을 거룩한 곳(성전)에 세우게 된다.[315] 또 그가 전쟁을 일으켜 두 증인을 죽이지만, 사흘 반이 지난 후에 두 증인에게 하나님의 생기가 들어가니 이들이 살아나 휴거된다(11:12). 그리고 거짓 선지자는 후後 삼년반 동안 큰 이적을 행하고 짐승의 우상을 경배하지 않는 자는 다 죽이게 한다. 또 적그리스도 표(666)를 이마에나 손에 받게 하여, 그 표나 그 짐승의 이름이나 그의 이름의 숫자를 가진 자 외에는 아무도 매매를 하지 못하게 한다(13:15~18, 20:4).

대환난이 지나고, 마지막인 일곱째 나팔이 울릴 때 성도들의 추수 사건인 부활 및 휴거가 이루어진다(11:15, 14:14~18). 이때 강림하신 예수님과 구원 얻은 모든 성도들이 공중 혼인잔치를 한다(19:7). 이후 적그리스도와 거짓 선지자는 재림하신 예수님과의 아마겟돈 일전一戰으로 산 채로 유황 불못에 던져진다. 그리고 사탄이 무저갱에 가둬지고, 성도들은 예수님과 더불어 천년왕국에서 왕 노릇 할 것이다.

그 왕국이 끝날 무렵, 천년 동안 갇혀있던 사탄(마귀)이 풀려난다. 그러자 사탄이 땅의 사방 백성들을 미혹하여 성도들의 진과 주님의 성을 두르니, 하늘에서 불이 내려와 그들을 태워버리고 사탄은 유황 불못에 던져지게 된다. 또 모든 죽은 자들이 부활하며 생명책에 기록되지 않은 자들이 흰白 보좌의 심판으로 둘째 사망, 곧 영벌의 불못에 던져지고 만다. 하지만 구원 얻은 모든 성도들은, 새롭게 변화된 영광스러운 모습으로 영원무궁의 세계인 새 하늘과 새 땅의 거룩한 성,

---

315 마 24:15 "그러므로 너희가 선지자 다니엘이 말한 바 멸망의 가증한 것이 거룩한 곳에 선 것을 보거든 (읽는 자는 깨달을진저)"

새 예루살렘에 입성한다. 그 아름답고 빛난 천국에서, 삼위일체이신 성부와 성자와 성령 하나님이 주시는 생명과와 생명수를 먹고 마시며, 주님과 더불어 의와 평강과 희락 속에서 영생할 것이다.

(12:1~2)

하늘에 큰 이적이 보이니 해를 옷 입은 한 여자가 있는데 그 발 아래에는 달이 있고 그 머리에는 열두 별의 관을 썼더라 이 여자가 아이를 배어 해산하게 되매 아파서 애를 쓰며 부르짖더라

해는 하나님의 은혜를, 여자는 교회를, 달은 사탄의 권세를 상징한다. 따라서 '해를 옷 입은 한 여자'는 하나님의 은혜로 구원의 옷을 입은 교회를 뜻한다.[316] 그의 발 아래 달이 있으므로, 교회가 어두움의 권세인 사탄이 지배하는 세상(죄)을 이겼다.[317]

그 결과 그의 머리에 열두 별(1:20),[318] 곧 그리스도의 사자들로서 상급의 면류관을 얻었다.[319] 그리고 교회(여자)들에서, 한 생명이 거듭나 믿음이 장성하도록 성도들을 양육하기 위해 겪고 있는 고난의 상황

---

316 시 84:11 "여호와 하나님은 해요 방패이시라 여호와께서 은혜와 영화를 주시며 정직하게 행하는 자에게 좋은 것을 아끼지 아니하실 것임이니이다"
롬 16:20 "평강의 하나님께서 속히 사탄을 너희 발 아래에서 상하게 하시리라 우리 주 예수의 은혜가 너희에게 있을지어다"
317 엡 6:12 "우리의 씨름은 혈과 육을 상대하는 것이 아니요 통치자들과 권세들과 이 어둠의 세상 주관자들과 하늘에 있는 악의 영들을 상대함이라"
롬 8:1~2 "그러므로 이제 그리스도 예수 안에 있는 자에게는 결코 정죄함이 없나니 이는 그리스도 예수 안에 있는 생명의 성령의 법이 죄와 사망의 법에서 너를 해방하였음이라"
318 마 14:16~17 "제자들이 나가 성내로 들어가서 예수께서 하시던 말씀대로 만나 유월절 음식을 준비하니라 저물매 그 열둘을 데리시고 가서"
319 살전 2:19 "우리의 소망이나 기쁨이나 자랑의 면류관이 무엇이냐 그가 강림하실 때 우리 주 예수 앞에 너희가 아니냐"

에 대해, 여인의 모태에서 아이가 자라 해산할 때 산고로 애를 쓰며 부르짖는 비유적 표현을 하였다.[320]

(12:3~4)

하늘에 또 다른 이적이 보이니 보라 한 큰 붉은 용이 있어 머리가 일곱이요 뿔이 열이라 그 여러 머리에 일곱 왕관이 있는데 그 꼬리가 하늘의 별 삼분의 일을 끌어다가 땅에 던지더라 용이 해산하려는 여자 앞에서 그가 해산하면 그 아이를 삼키고자 하더니

큰 붉은 용, 곧 사탄은 역대에 유대인을 대적해 온 적그리스도들을 조종해 왔다. 머리가 일곱이요 일곱 왕관은, 역사상 하나님을 대적하고 이스라엘을 적대시 해 온 일곱 국가(애굽, 앗수르, 바벨론, 메대파사, 헬라, 로마, 독일)의 적그리스도 일곱 왕을 상징한다(17:9~10). 향후 칠년대환난을 주도할 적그리스도는 여덟 번째 국가의 왕에 속하며,(17:11 해설의 그림 III-2 참고) 뿔이 열은 그 나라에서 일어날 열 왕을 뜻한다(17:12).[321]

또한 땅에 던져진 하늘의 별 삼분의 일은 타락한 천사(마귀)들이다

---

320 엡 4;13 "우리가 다 하나님의 아들을 믿는 것과 아는 일에 하나가 되어 온전한 사람을 이루어 그리스도의 장성한 분량이 충만한 데까지 이르리니"

321 단 7:20~25 "또 그것의 머리에는 열 뿔이 있고 그 외에 또 다른 뿔이 나오매 세 뿔이 그 앞에서 빠졌으며 그 뿔에는 눈도 있고 큰 말을 하는 입도 있고 그 모양이 그의 동류보다 커 보이더라 내가 본즉 이 뿔이 성도들과 더불어 싸워 그들에게 이겼더니 … 그 열 뿔은 그 나라에서 일어날 열 왕이요 그 후에 또 하나가 일어나리니 그는 먼저 있던 자들과 다르고 또 세 왕을 복종시킬 것이며 그가 장차 지극히 높으신 이를 말로 대적하며 또 지극히 높으신 이의 성도를 괴롭게 할 것이며 그가 또 때와 법을 고치고자 할 것이며 성도들은 그의 손에 붙인 바 되어 한 때와 두 때와 반 때를 지내리라"

(12:9). 사탄이 그들을 기독교계(땅)에 침투시켜, 교회(여자)가 성도들을 그리스도의 장성한 분량에 이르도록 양육할 때 미혹하여 타락시키고자 할 것이다.[322]

(12:5~6)

여자가 아들을 낳으니 이는 장차 철장으로 만국을 다스릴 남자라 그 아이를 하나님 앞과 그 보좌 앞으로 올려가더라 그 여자가 광야로 도망하매 거기서 천이백육십 일 동안 그를 양육하기 위하여 하나님께서 예비하신 곳이 있더라

사람은 창조주 하나님으로부터 '영과 혼과 육'으로 지음받았다.[323] 우리 깊숙한 내면의 영은 성령이 계시는 곳이요, 혼은 이성과 정신세계, 그리고 육은 오감을 비롯해 신체를 지탱하는 몸에 해당한다. 자신의 영에 성령이 충만할수록 혼과 육은 그만큼 성령으로 강력하게 지배된다.

또 사람은 '영에 속한 자와 육에 속한 자' 두 부류로 구분할 수 있다. 영에 속한 사람은, 자기의 영에 하나님의 영이신 성령이 인쳐짐으로써 영혼이 거듭난(중생重生한) 성도들이다. 이들은 물(말씀, 육체)과 피

---

322 사 9:15 "그 머리는 곧 장로와 존귀한 자요 그 꼬리는 곧 거짓말을 가르치는 선지자라"

323 살전 5:23 "평강의 하나님이 친히 너희를 온전히 거룩하게 하시고 또 너희의 온 영과 혼과 몸이 우리 주 예수 그리스도께서 강림하실 때에 흠 없게 보전되기를 원하노라"
히 4:12 "하나님의 말씀은 살아 있고 활력이 있어 좌우에 날선 어떤 검보다도 예리하여 혼과 영과 및 관절과 골수를 찔러 쪼개기까지 하며 또 마음의 생각과 뜻을 판단하나니"

(생명)로 오신 하나님의 아들이신 그리스도의 구속을 믿음으로 하나님의 자녀가 되어 사탄을 이기는 권세를 얻는다.[324] 그러나 육에 속한 사람은, 자기의 영에 성령이 인쳐지지 않아 거듭나지 못한 자들로서 아직 사탄의 권능 아래 있는 자들인 것이다.

'여자가 아들을 낳으니'에서 아들은 그리스도의 대속을 믿고 하나님의 의義를 얻음으로 거듭나 악한 사탄을 이긴 신실하고 강한 성도를 상징한다. 갓난아이가[325] 자라서 믿음직한 아들(사내아이)로 성장하게 된다. 따라서 여자가 낳은 남자아이는, 교회가 양육하여 산출産出한 믿음이 강직하고 신실한 성도로서[326] 주님과 함께 예리한 검(말씀)과 철장(권능)으로 만국을 다스릴 자들이다(2:26~27, 19:15, 20:4).[327]

---

324 요일 2:12~13 "자녀들아 내가 너희에게 쓰는 것은 너희 죄가 그의 이름으로 말미암아 사함을 받았음이요 아비들아 내가 너희에게 쓰는 것은 너희가 태초부터 계신 이를 알았음이요 청년들아 내가 너희에게 쓰는 것은 너희가 악한 자를 이기었음이라"
   요일 5:4~6 "무릇 하나님께로부터 난 자마다 세상을 이기느니라 세상을 이기는 승리는 이것이니 우리의 믿음이니라 예수께서 하나님의 아들이심을 믿는 자가 아니면 세상을 이기는 자가 누구냐 이는 물과 피로 임하신 이시니 곧 예수 그리스도시라 물로만 아니요 물과 피로 임하셨고 증언하는 이는 성령이시니 성령은 진리니라"

325 고전 3:1~2 "형제들아 내가 신령한 자들을 대함과 같이 너희에게 말할 수 없어서 육신에 속한 자 곧 그리스도 안에서 어린 아이들을 대함과 같이 하노라 내가 너희를 젖으로 먹이고 밥으로 아니하였노니 이는 너희가 감당하지 못하였음이거니와 지금도 못하리라"

326 시 2:7 "내가 여호와의 명령을 전하노라 여호와께서 내게 이르시되 너는 내 아들이라 오늘 내가 너를 낳았도다"
   갈 4:19 "나의 자녀들아 너희 속에 그리스도의 형상을 이루기까지 다시 너희를 위하여 해산하는 수고를 하노니"

327 고전 16:13 "깨어 믿음에 굳게 서서 남자답게 강건하라"
   히 5:14 "단단한 음식은 장성한 자의 것이니 그들은 지각을 사용함으로 연단을 받아 선악을 분별하는 자들이니라"

이들은 예수 그리스도의 생명력, 곧 성령의 권능으로 죄와 사망에서 완전히 해방되었다는 믿음을 소유하였다.[328] 그리고 그리스도를 구주로 믿는 믿음 안에서 적극적, 능동적 선한 의지로써 성령을 좇아 살아간다.[329] 즉 자아(자의식과 자기연민)를 십자가에 넘겨준 그리스도인들이다.[330] 자기를 부인함으로써 자신의 자아와 지혜를 경계하며 전

사 66:7 "시온은 진통을 하기 전에 해산하며 고통을 당하기 전에 남아를 낳았으니"

사 57:1~2 "의인이 죽을지라도 마음에 두는 자가 없고 자비한 자들이 취하여 감을 입을지라도 그 의인은 화액 전에 취하여 감을 입은 것인 줄로 깨닫는 자가 없도다 그는 평안에 들어갔나니 무릇 정로로 행하는 자는 자기들의 침상에서 편히 쉬느니라"(개역한글)

328 롬 8:1~2 "그러므로 이제 그리스도 예수 안에 있는 자에게는 결코 정죄함이 없나니 이는 그리스도 예수 안에 있는 생명의 성령의 법이 죄와 사망의 법에서 너를 해방하였음이라"

329 갈 2:20 "내가 그리스도와 함께 십자가에 못 박혔나니 그런즉 이제는 내가 사는 것이 아니요 오직 내 안에 그리스도께서 사시는 것이라 이제 내가 육체 가운데 사는 것은 나를 사랑하사 나를 위하여 자기 자신을 버리신 하나님의 아들을 믿는 믿음 안에서 사는 것이라"

갈 5:16 "내가 이르노니 너희는 성령을 따라 행하라 그리하면 육체의 욕심을 이루지 아니하리라"

330 마 10:38~39 "또 자기 십자가를 지고 나를 따르지 않는 자도 내게 합당하지 아니하니라 자기 목숨을 얻는 자는 잃을 것이요 나를 위하여 자기 목숨을 잃는 자는 얻으리라"

마 16:24~25 "이에 예수께서 제자들에게 이르시되 누구든지 나를 따라오려거든 자기를 부인하고 자기 십자가를 지고 나를 따를 것이니라 누구든지 제 목숨을 구원하고자 하면 잃을 것이요 누구든지 나를 위하여 제 목숨을 잃으면 찾으리라"

마 22:37 "예수께서 이르시되 네 마음을 다하고 목숨을 다하고 뜻을 다하여 주 너의 하나님을 사랑하라 하셨으니"

눅 17:32~33 "롯의 처를 기억하라 무릇 자기 목숨을 보전하고자 하는 자는 잃을 것이요 잃는 자는 살리리라"

워치만 니, 『영에 속한 사람 1』, 정동섭 역(서울 : 생명의 말씀사, 2014), 255.

적으로 성령께 의존하는 자들인 것이다.[331]

또한 이들은 칠년대환난 전에 돌아온 유대인과 이방인 가운데, 단번의 제사로 속량을 이루신 그리스도를 구주로 믿음으로 회개하였다.[332] 그래서 죄사함을 얻음으로 거듭나, 세상(공중권세 잡은 악한 사탄)을 이기고 죄와 사망의 법에서 해방된(2:7,11,17,26, 3:5,12,21), 이른바 영에 속한 성도들이다. 이들은 자아를 부인하고 죽기까지 자기 생명을 아끼지 아니하므로(12:11), 대환난 전에 시험의 때를 면하여 하나님의 보좌 앞에 휴거된다(3:10, 7:4, 14:4).[333] 그리고 하나님의 추수 가운데, 신·구약시대에서 첫 열매로 구원 얻은 많은 수를 상징하는 십사만 사천(12사도×12지파×1,000 많은 수)에 포함된다(14:1~4).[334]

---

331 워치만 니, 『영에 속한 사람 1』, 280.

332 히 7:27 "그는 저 대제사장들이 먼저 자기 죄를 위하고 다음에 백성의 죄를 위하여 날마다 제사드리는 것과 같이 할 필요가 없으니 이는 그가 단번에 자기를 드려 이루셨음이라"

333 눅 21:17~18 "또 너희가 내 이름으로 말미암아 모든 사람에게 미움을 받을 것이나 너희 머리털 하나도 상하지 아니하리라"
    렘 30:6~7 "너희는 자식을 해산하는 남자가 있는가 물어보라 어찌하여 모든 남자가 해산하는 여자 같이 손을 자기 허리에 대고 모든 얼굴이 겁에 질려 새파래졌는가 슬프다 그 날이여 그와 같이 엄청난 날이 없으리라 그 날은 야곱의 환난의 때가 됨이로다 그러나 그가 환난에서 구하여 냄을 얻으리로다"
    단 12:1 "그 때에 네 민족을 호위하는 큰 군주 미가엘이 일어날 것이요 또 환난이 있으리니 이는 개국 이래로 그 때까지 없던 환난일 것이며 그 때에 네 백성 중 책에 기록된 모든 자가 구원을 받을 것이라"

334 고전 15:20 "그러나 이제 그리스도께서 죽은 자 가운데서 다시 살아나사 잠자는 자들의 첫 열매가 되셨도다"
    잠 3:9 "네 재물과 네 소산물의 처음 익은 열매로 여호와를 공경하라"
    출 23:19 "네 토지에서 처음 거둔 열매의 가장 좋은 것을 가져다가 너의 하나님 여호와의 전에 드릴지니라 너는 염소 새끼를 그 어미의 젖으로 삶지 말지니라"
    민 28:26 "칠칠절 처음 익은 열매를 드리는 날에 너희가 여호와께 새 소제를 드릴 때에도 성회로 모일 것이요 아무 일도 하지 말 것이며"

한편 이때 휴거되지 못한 성도들은 대환난이 시작되자 도망자처럼 고난이 시작된다. 이들은 하나님이 예비하신 곳(광야)에서, 하나님의 기름부음 받은 자들(두 증인)이 예언하는 전前삼년반 동안 양육을 받는다(11:3, 12:14, 17).[335] 이는 후後삼년반이 시작될 무렵 평화 약정을 배반하고 멸망의 가증한 것을 거룩한 곳에 세우게 될 적그리스도의 활동에 대비하는 것이다.[336] 그래서 그리스도의 복음으로 거듭나 적그리스도의 표를 받지 않고 순교하거나 대환난을 이긴 성도들은, 환난 후 마지막 나팔이 울릴 때 부활 및 휴거되어 구원을 얻게 될 것이다(15:2~4).

마리아와 예수님(?)

요한계시록 전문의 내용은 한마디로 '네가 본 것과 지금 있는 일과 장차 될 일'에 대한 예수 그리스도의 계시다(1:1,19). 바로 예수님이 하늘에서 친히 계시의 주체가 되신다. 그리고 요한이 밧모 섬에서 계시받는 시기는 AD 95년경으로 이때 예수님은 이미 하늘에 올라 계시

---

335 출 19:4 "내가 애굽 사람에게 어떻게 행하였음과 내가 어떻게 독수리 날개로 너희를 업어 내게로 인도하였음을 너희가 보았느니라"
호 2:14 "그러므로 보라 내가 그를 타일러 거친 들로 데리고 가서 말로 위로하고"
336 마 24:15 "그러므로 너희가 선지자다니엘이 말한 바 멸망의 가증한 것이 거룩한 곳에 선 것을 보거든 (읽는 자는 깨달을진저)"
단 7:25 "그가 장차 지극히 높으신 이를 말로 대적하며 또 지극히 높으신 이의 성도를 괴롭게 할 것이며 그가 또 때와 법을 고치고자 할 것이며 성도들은 그의 손에 붙인 바 되어 한 때와 두 때와 반 때를 지내리라"

하시는 중이다. 그분이 태어나기 이전 상황에 대한 계시가 아닌, 승천하신 이후 일들에 관한 계시인 것이다. 그러므로 '여자가 낳은 아들'(12:5)을 마리아가 낳은 예수님이라고 해석하는 것은 어불성설이다.

더욱이 전문 가운데 12장의 포지션은, 말세지 말에 있게 될 칠년대환난의 전삼년반 상황을 묘사하고 있는 '장차 될 일'에 대한 장면이다. 예수님이 계시 도중, 대환난을 앞두고 BC 4년으로 다시 되돌아가 마리아를 통해 다시 태어나신다는 것은 엄청난 논리적 모순이다. 이렇듯 좁은 안목과 단견적 해석은 요한계시록 전문의 흐름을 크게 오독誤讀하게 된다. 그들은 숲의 전경(두루마리의 계시)에 대해 온전한 그림을 그려 낼 수 없어 예수님이 계시하신 참 뜻을 알기 어려울 것이다. 따라서 성경에 대한 올바른 해석 방법은 성령 안에서 깊은 묵상과 함께 오직 성경을 기준으로 한 통전적 이해가 절대 필요하다고 하겠다.

(12:7~9)

하늘에 전쟁이 있으니 미가엘과 그의 사자들이 용과 더불어 싸울새 용과 그의 사자들도 싸우나 이기지 못하여 다시 하늘에서 그들이 있을 곳을 얻지 못한지라 큰 용이 내쫓기니 옛 뱀 곧 마귀라고도 하고 사탄이라고도 하며 온 천하를 꾀는 자라 그가 땅으로 내쫓기니 그의 사자들도 그와 함께 내쫓기니라

하늘에서 천사장 미가엘과 천사들이 사탄(용)과 더불어 전쟁을 한다.[337] 하지만 사탄과 그의 사자들이 이기지 못하여 거처를 잃고 하

---

337 단 12:1 "그 때에 네 민족을 호위하는 큰 군주 미가엘이 일어날 것이요 또 환난

늘에서 내쫓김으로써338 이 땅에 칠년대환난이 시작된다(12:10,12).

(12:10~11)

내가 또 들으니 하늘에 큰 음성이 있어 이르되 이제 우리 하나님의 구원과 능력과 나라와 또 그의 그리스도의 권세가 나타났으니 우리 형제들을 참소하던 자 곧 우리 하나님 앞에서 밤낮 참소하던 자가 쫓겨났고 또 우리 형제들이 어린 양의 피와 자기들이 증언하는 말씀으로써 그를 이겼으니 그들은 죽기까지 자기들의 생명을 아끼지 아니하였도다

하늘에 하나님의 구원과 능력과 나라가 이루어지고 그리스도의 권능이 나타나므로339 우리 형제들을 하나님 앞에서 밤낮 참소하던 자, 곧 사탄이 쫓겨났다.340 그리고 형제들은 죽음을 두려워하지 않고 주님을 믿고 따르는 자들로서(1:9), 그리스도의 보혈의 능력과 자기들이 증언하는 복음의 말씀으로 악한 사탄을 이겼다.341 바울이 그리스도

이 있으리니 이는 개국 이래로 그 때까지 없던 환난일 것이며 그 때에 네 백성 중 책에 기록된 모든 자가 구원을 받을 것이라"

338 사 14:12 "너 아침의 아들 계명성이여 어찌 그리 하늘에서 떨어졌으며 너 열국을 엎은 자여 어찌 그리 땅에 찍혔는고"

339 히 5:9 "온전하게 되셨은즉 자기에게 순종하는 모든 자에게 영원한 구원의 근원이 되시고"

340 슥 3:1 "대제사장 여호수아는 여호와의 천사 앞에 섰고 사탄은 그의 오른쪽에 서서 그를 대적하는 것을 여호와께서 내게 보이시니라"

341 히 9:2 "염소와 송아지의 피로 하지 아니하고 오직 자기의 피로 영원한 속죄를 이루사 단번에 성소에 들어가셨느니라"
요일 2:12~13 "자녀들아 내가 너희에게 쓰는 것은 너희 죄가 그의 이름으로 말미암아 사함을 받았음이요 아비들아 내가 너희에게 쓰는 것은 너희가 태초부터 계신 이를 알았음이요 청년들아 내가 너희에게 쓰는 것은 너희가 악한 자를 이기었음이라"

와 함께 십자가에 못박혀 죽었다고 시인한 것처럼, 이들은 자신들의 생명을 버리고 죽기까지 주님을 사랑하는 성도들인 것이다.[342]

(12:12)

그러므로 하늘과 그 가운데에 거하는 자들은 즐거워하라 그러나 땅과 바다는 화 있을진저 이는 마귀가 자기의 때가 얼마 남지 않은 줄을 알므로 크게 분내어 너희에게 내려갔음이라 하더라

하늘에서 사탄이 그의 사자들과 함께 쫓겨나므로(12:10) 그곳의 천사들과 성도들이 마땅히 즐거워한다. 하지만 이 세상은 칠년대환난을 당하게 된다. 한편 대환난이 지나고 천년왕국이 시작될 무렵, 천사가 그 사탄을 무저갱에 천 년 동안 잡아 가두게 된다(20:1~3). 그래서 자기의 때, 곧 그가 활동할 때가 얼마 남지 않음을 알기에 크게 분내어 내려가니(13:1~4) 땅과 바다(교회와 세상)에 화가 있을 것이라고 한다(13:5~18).

(12:13~14)

용이 자기가 땅으로 내쫓긴 것을 보고 남자를 낳은 여자를 박해하는지라 그 여자가 큰 독수리의 두 날개를 받아 광야 자기 곳으로 날아가 거기서 그 뱀의 낯을

---

342 막 8:35 "누구든지 자기 목숨을 구원하고자 하면 잃을 것이요 누구든지 나와 복음을 위하여 자기 목숨을 잃으면 구원하리라"
갈 2:20 "내가 그리스도와 함께 십자가에 못 박혔나니 그런즉 이제는 내가 사는 것이 아니요 오직 내 안에 그리스도께서 사시는 것이라 이제 내가 육체 가운데 사는 것은 나를 사랑하사 나를 위하여 자기 자신을 버리신 하나님의 아들을 믿는 믿음 안에서 사는 것이라"

하늘에서 내쫓긴 사탄(용, 뱀)이―대환난 전에 휴거한 남자아이(12:5), 곧 그리스도를 믿음으로 거듭나 악한 사탄을 이긴 신실한 성도들을 낳은[343]―교회들을 박해한다. 그러나 큰 독수리의 두 날개, 즉 하나님의 권능의 팔로 그 사탄을 피할 것을 준비하셨다.[344] 이때 두 증인과 함께하는 교회들(두 감람나무요 두 촛대)이 하나님께서 예비하신 광야(처소)에서 한 때와 두 때와 반 때(천이백육십 일의 전삼년반 동안) 동안 남은 성도들을 양육할 것으로 보인다(11:3~4,10, 12:6).[345]

(12:15~17)

여자의 뒤에서 뱀이 그 입으로 물을 강 같이 토하여 여자를 물에 떠내려 가게 하려 하되 땅이 여자를 도와 그 입을 벌려 용의 입에서 토한 강물을 삼키니 용이 여자에게 분노하여 돌아가서 그 여자의 남은 자손 곧 하나님의 계명을 지키며 예수의 증거를 가진 자들과 더불어 싸우려고 바다 모래 위에 서 있더라

여자(교회)의 뒤에서 뱀(사탄)이 그 입으로 물(감언이설)을 강같이 토하는 것은, 사탄이 교회들에게 거짓된 말들과 수많은 위장술로 속이려

---

343 렘 30:6~7 "너희는 자식을 해산하는 남자가 있는가 물어보라 어찌하여 모든 남자가 해산하는 여자 같이 손을 자기 허리에 대고 모든 얼굴이 겁에 질려 새파래졌는가 슬프다 그 날이여 그와 같이 엄청난 날이 없으리라 그 날은 야곱의 환난의 때가 됨이로다 그러나 그가 환난에서 구하여 냄을 얻으리로다"

344 출 19:4 "내가 애굽 사람에게 어떻게 행하였음과 내가 어떻게 독수리 날개로 너희를 업어 내게로 인도하였음을 너희가 보았느니라"

345 단 11:33 "백성 중에 지혜로운 자들이 많은 사람을 가르칠 것이나 그들이 칼날과 불꽃과 사로잡힘과 약탈을 당하여 여러 날 동안 몰락하리라"

는 계략이다. 뱀이 여자를 물에 떠내려가게, 즉 사탄이 교회를 미혹하여 타락시키고자 하지만[346] 기독교계(땅)가 이들을 도와 그의 거짓된 속임수와 유혹들을 막아 버린다(11:3~5).[347]

사탄이 분노하여 여자의 남은 자손, 곧 첫 열매로 휴거(12:5,11)되지 못하고 대환난을 지나는 교회의 남은 성도들과 싸우려고 준비한다. 그러나 이들은 대환난 중에 특별히 하나님이 예비하신 곳에서 두 증인에 속한 교회들을 통해 양육을 받고 그리스도의 복음을 온전히 깨달아 믿음으로 구원을 얻게 될 것이다(11:3~4, 12:14, 18:4).

이때 용(사탄)이 '바다 모래 위에 서' 있는 것은—바다는 세상을, 모래는 그 수가 무수히 많음을 상징하므로[348]—엄청난 무리의 많은 세상 사람(불신자)들이 그와 동참하게 될 것을 말해준다(12:12).

---

346 마 24:24 "거짓 그리스도들과 거짓 선지자들이 일어나 큰 표적과 기사를 보여 할 수만 있으면 택하신 자들도 미혹하리라"
살후 2:9,10 "악한 자의 나타남은 사탄의 활동을 따라 모든 능력과 표적과 거짓 기적과 불의의 모든 속임으로 멸망하는 자들에게 있으리니 이는 그들이 진리의 사랑을 받지 아니하여 구원함을 받지 못함이라"
시 18:4 "사망의 줄이 나를 얽고 불의의 창수가 나를 두렵게 하였으며"
347 시 32:6 "이로 말미암아 모든 경건한 자는 주를 만날 기회를 얻어서 주께 기도할지라 진실로 홍수가 범람할지라도 그에게 미치지 못하리이다"
348 강종수, 『다시 오실 예수 그리스도』, 223. "바다는 세상, 모래는 모든 세상 사람들을 상징합니다."

제 13 장

●

짐승과 후後삼년반(막간 4)

하늘에서 쫓겨난 용(사탄)과 바다에서 나오는 짐승(적그리스도), 그리고 땅에서 올라오는 짐승(거짓 선지자)이 부정한 삼마일체를 이룬다. 이는 곧 성부, 성자, 성령의 거룩한 성 삼위일체를 모방한 행태다.

바다(세상)에서 한 짐승이 나오는데, 역대 유대인들을 대적했던 일곱 국가의 일곱 왕을 상징하는 일곱 머리와, 열 왕을 상징하는 열 뿔을 가졌다. 그 뿔에는 아직 나라를 얻지 못했으나 왕으로서 권능을 의미하는 열 왕관이 있다. 그러므로 그 짐승은 하나님을 모독하고 이스라엘을 대적했던 역대 일곱 국가에 속한 왕들의 성향을 띤, 장차 세상에 나올 적그리스도를 일컫는다.

그는 표범과 비슷하고 발은 곰의 발 같고 입은 사자의 입 같으며, 용으로부터 능력과 보좌와 큰 권세를 받았다. 여기서 표범은 매우 빠른 헬라를, 곰은 큰 위력을 지닌 메대바사를, 사자는 큰 권세를 가진 바벨론을 각각 비유한다. 장차 이 짐승들의 기질을 두루 갖춘 적그리스도가 출현할 것이다. 그래서 용(사탄)으로부터 능력과 보좌와 큰 권세를 받고 신성 모독하는 말을 하며 마흔두 달(후삼년반) 동안 일을 하게 된다.

한편 다른 짐승이 땅(기독교계)에서 올라오는 바, 그는 어린 양 같이 두 뿔이 있고 용처럼 말을 하는 거짓 선지자다. 그가 처음 짐승인 적그리스도를 위하여 우상을 만들고 권세를 받아 생기를 주어 우상으로 말하게 하며 경배하지 않은 자는 다 죽이게 한다. 누구든지 오른손에나 이마에 표를 받게 하고, 그 표(짐승의 이름이나 그 이름의 숫자)를 가진 자 외에는 매매를 못하게 한다. 그 짐승의 수는 어떤 사람의 수요 그의 수는 666이다.

(13:1~2)

내가 보니 바다에서 한 짐승이 나오는데 뿔이 열이요 머리가 일곱이라 그 뿔에는 열 왕관이 있고 그 머리들에는 신성 모독 하는 이름들이 있더라 내가 본 짐승은 표범과 비슷하고 그 발은 곰의 발 같고 그 입은 사자의 입 같은데 용이 자기의 능력과 보좌와 큰 권세를 그에게 주었더라

바다는 세상을 상징하며 거기에서 한 짐승,[349] 곧 적그리스도가 출현한다(12:17). 그 짐승의 머리가 일곱인 것은, 하나님을 모독하며 유대민족을 정복하거나 학대해 온 반反 이스라엘의 역대 일곱 국가(애굽, 앗수르, 바벨론, 메대바사, 헬라, 로마, 독일)의 일곱 왕을 상징한다(17:9~10).(그림 Ⅲ-2 참고) 또 열 뿔과 열 왕관은, 나라를 얻지 못하나 적그리스도와 더불어

---

349 시 49:20 "존귀하나 깨닫지 못하는 사람은 멸망하는 짐승 같도다"

왕처럼 잠시 동안 권세 받을 열 왕을 상징한다(12:3, 17:11~13).[350] 그들 가운데 세 왕이 따로 등장하는 다른 한 왕에게 굴복하는 바, 그가 다니엘이 환상에서 본 넷째 짐승(여덟째 국가)에 속한, 제8왕이 될 적그리스도다.[351]

사탄이 자기의 능력과 모든 권한과 큰 권세를 그 짐승에게 주었다고 한다. 그는 표범과 비슷하고 곰의 발 같고 사자의 입 같은데 이는 각각 민첩성, 포악성, 잔인성을 상징하며 하나님 앞에 지극히 가증한 성향을 가졌다. 그래서 표범처럼 빠른 헬라, 곰의 발같은 큰 위력으로 짓밟는 메대바사, 사자의 입같이 천하를 삼킬만한 권세를 가진 바벨론의 속성들을 모두 합친 것과 닮을 것이다.[352]

(13:3~5)

그의 머리 하나가 상하여 죽게 된 것 같더니 그 죽게 되었던 상처가 나으매 온 땅이 놀랍게 여겨 짐승을 따르고 용이 짐승에게 권세를 주므로 용에게 경배하

---

350 단 11:39 "그는 이방신을 힘입어 크게 견고한 산성들을 점령할 것이요 무릇 그를 안다 하는 자에게는 영광을 더하여 여러 백성을 다스리게도 하며 그에게서 뇌물을 받고 땅을 나눠 주기도 하리라"

351 단 7:7~8 "내가 밤 환상 가운데에 그 다음에 본 넷째 짐승은 무섭고 놀라우며 또 매우 강하며 또 쇠로 된 큰 이가 있어서 먹고 부서뜨리고 그 나머지를 발로 밟았으며 이 짐승은 전의 모든 짐승과 다르고 또 열 뿔이 있더라 내가 그 뿔을 유심히 보는 중에 다른 작은 뿔이 그 사이에서 나더니 첫 번째 뿔 중의 셋이 그 앞에서 뿌리까지 뽑혔으며 이 작은 뿔에는 사람의 눈 같은 눈들이 있고 또 입이 있어 큰 말을 하였더라"

352 단 7:4~6 "첫째는 사자와 같은데 … 다른 짐승 곧 둘째는 곰과 같은데 … 다른 짐승 곧 표범과 같은 것이 있는데 그 등에는 새의 날개 넷이 있고 그 짐승에게 또 머리 넷이 있으며 권세를 받았더라"
단 7:17 "그 네 큰 짐승은 세상에 일어날 네 왕이라"

며 짐승에게 경배하여 이르되 누가 이 짐승과 같으냐 누가 능히 이와 더불어 싸우리요 하더라 또 짐승이 과장되고 신성 모독을 말하는 입을 받고 또 마흔두 달 동안 일할 권세를 받으니라

사탄은 인류 역사의 흐름 속에서 일곱 개 국가의 적그리스도들을 조종하여 왔다. 그 머리 하나가 상하여 죽게 된 것은, 세계의 역사적 관점에서 볼 때 유대인들을 무자비하게 대학살한 일곱 머리의 마지막인 독일(히틀러)이 세계대전에서 패함으로 사탄의 활동이 한동안 중단되었음을 뜻하는 것으로 읽힌다. 그 죽게 되었던 상처가 나음으로써 여덟 번째 머리를 통해 본격적인 활동을 재개한다. 그래서 여덟 번째 짐승, 곧 여덟 번째 국가에 속한 왕이 멸망의 가증한 적그리스도로서 출현한다(17:11).

향후 사탄으로부터 권세를 받은 적그리스도가 세계의 정치, 경제, 사회, 문화, 종교 등을 장악할 것이다. 그리고 하나님을 대적하는 큰 일과 신성 모독하는 참람된 말을 하며, 마흔두 달(후삼년반) 동안 성도들이 그의 손에 붙인 바 된다.[353] 불신자들과 그리스도를 거짓되이 믿어 왔던 자들이 그를 따르며 용과 짐승(사탄과 적그리스도)에게 경배하게 될 것이다(13:8).[354] 그러나 주님의 자비로 택하신 자들을 위하여

---

353 단 7:25 "그가 장차 지극히 높으신 이를 말로 대적하며 또 지극히 높으신 이의 성도를 괴롭게 할 것이며 그가 또 때와 법을 고치고자 할 것이며 성도들은 그의 손에 붙인 바 되어 한 때와 두 때와 반 때를 지내리라"
마 24:15 "그러므로 너희가 선지자다니엘이 말한 바 멸망의 가증한 것이 거룩한 곳에 선 것을 보거든 (읽는 자는 깨달을진저)"
354 살후 2:9~10 "악한 자의 나타남은 사탄의 활동을 따라 모든 능력과 표적과 거짓 기적과 불의의 모든 속임으로 멸망하는 자들에게 있으리니 이는 그들

그 환난 기간을 감한다고 하셨다.[355]

적그리스도의 출현

"형제들아 우리가 너희에게 구하는 것은 우리 주 예수 그리스도의 강림하심과 우리가 그 앞에 모임에 관하여 영으로나 또는 말로나 또는 우리에게서 받았다 하는 편지로나 주의 날이 이르렀다고 해서 쉽게 마음이 흔들리거나 두려워하거나 하지 말아야 한다는 것이라 누가 어떻게 하여도 너희가 미혹되지 말라 먼저 배교하는 일이 있고 저 불법의 사람 곧 멸망의 아들이 나타나기 전에는 그 날이 이르지 아니하리니"(살후 2:1~3)

위 말씀 가운데 '예수 그리스도의 강림하심과 우리가 그 앞에 모임'은 칠년대환난이 지난 후 마지막 나팔 불 때 성도들이 부활 및 휴거하여 강림하신 예수님과 공중 혼인잔치하는 것을 일컫는다(19:6~9). 이어 그분의 재림으로 천년왕국이 시작될 때 공중권세 잡은 자인 사탄이 무저갱에 갇히게 될 것이다. 그러므로 바울은 먼저 거짓 선지자의 배교하는 일이 있겠고, 칠년대환난에서 등장하는 불법의 사람 적그리스도가 나타난 이후에 그 날, 곧 주의 날이 이른다고 역설力說하

이 진리의 사랑을 받지 아니하여 구원함을 받지 못함이라"
355 막 13:19~20 "이는 그 날들이 환난의 날이 되겠음이라 하나님께서 창조하신 시초부터 지금까지 이런 환난이 없었고 후에도 없으리라 만일 주께서 그 날들을 감하지 아니하셨더라면 모든 육체가 구원을 얻지 못할 것이거늘 자기가 택하신 자들을 위하여 그 날들을 감하셨느니라"

고 있다.

(배교 하는 일)

바울의 예언에 따르면, 적그리스도가 나타나기 전에 먼저 거짓 선지자들을 통해 배교背敎하는 일이 발생한다. 요즈음 종교다원주의 사상을 기반으로 로마카톨릭교회와 세계교회협의회(WCC)를 주축으로 세계종교통합 운동이 활발하게 이루어지고 있다. WCC의 지상목표는 세상의 모든 악을 퇴치시키기 위한 사회주의 건설이다. 또 카톨릭교회 어떤 지도자는 다른 종교에서도 선한 일을 통해 구원을 얻을 수 있다고 말한다. 그들이 주장하는 구원의 포괄주의는, 타종교의 구원에 관한 교리를 부분적으로 인정함으로써 전통적인 그리스도의 속량을 믿을 때 거듭남으로 얻는 구원의 절대성을 배도背道하는 모양새다.

세계종교통합 지지자들은 구교, 신교, 유대교, 이슬람교, 힌두교, 불교, 점성술, 무속신앙(샤머니즘) 등 모든 종교와 토속 신앙의 신은 궁극적으로 하나의 신이라는 것이다. 그들은 종교다원주의에서 한 발짝 더 나아가, 유일신이신 하나님을 믿는 기독교와 유대교를 배격하고, 세계단일종교를 만들어 함께 숭배하자는 뜻이 담겨 있다. 여기에 세계적 비밀 결사단인 프리메이슨이 참여하고 있다고 한다. 그들의 공통점은 기독교 복음주의 세계를 해체하는 데 있다. 그리고 한국의 많은 교회들과 목사들이 WCC에 가입한 상황이다.

（불법의 사람）

프리메이슨 조직은 1717년에 계몽주의(교양적 이상주의) 사조에 호응하여 이신론理神論에 기반해 결성된 단체다. 또 그들의 새로운 핵심 조직인 일루미나티는 1776년에 신세계 질서를 추구하며 생겨난 역사상의 자발적 결사체며, 바티칸 예수회는 그 수장 격이다. 예수회는 16C 종교개혁으로 약화되어가는 로마카톨릭교회의 권위와 교황의 권력을 옹호하고자 세운 조직이었다. 하지만 그들은, 프리메이슨의 사상과 조직을 흡수하여 기독교를 핍박·견제하는 데로 변질된 듯하다.

아이러니하게도 계몽주의 사상을 가진 일루미나티가 창설된 1776년은 세계에서 가장 큰 기독교 국가라고 할 수 있는 미국의 독립선언의 해다. 그들은 무신론을 옹호하는 communism(공산주의) 용어를 처음 사용하였으며 기독교 중심 체제의 전복을 주장했다. 한편 중국 시진핑 주석은 공산당 창설 95주년을 맞아 신세계 질서를 강조한 바 있다. 낙후되었던 중국이 최근 들어 경제적 상황이 급성장하고 있는 가운데, 말세지 말인 작금의 세계 거대 미·중 양축의 정국이 중국은 신세계 질서로, 미국은 국가주의를 향해 가고 있다. 전 세계적인 협력에 따른 통합정부 수립과 계몽주의적 가치 추구는, 자국 우선주의를 실천해 온 미국 정부의 기조와 어느 정도 충돌하는 양상이다.

장차 불법의 사람, 곧 적그리스도를 중심으로 세계적 국가들의 정치, 경제, 금융, 화폐시스템 등을 신자유주의(세계화) 체제로 통합하게 될 것이다. 그들은 우선 세계종교통합 체제를 흡수하고, 유대인 자본 세력을 핵심으로 한 금융 시스템의 세계단일화 형태의 정부를 수

립할 것으로 보인다. 그리고 공산전체주의적 시스템을 구축하고, 신세계 질서를 위한 감시와 통제 수단으로 적그리스도 표인 베리칩 verichip을 사람의 이마나 손에 심으려고 할 것이다(13:16~18). 이렇듯 머지않아 등장할 적그리스도에 대해, 다니엘의 환상과 예수그리스도의 계시를 담고 있는 성경과 현 세계 정세에 비추어 신학적 관점에서 살펴보자.

(성경에 나타난 적그리스도)

느부가넷살 왕이 꿈속에 본 신상의 종아리와 발 일부가 철이요, 발 일부는 진흙이다. 또 다니엘이 환상에서 본 적그리스도를 상징하는 넷째 짐승의 이가 철이다.[356] 그리고 요한이 환상에서 본 무저갱에서 올라온 황충들의 군대, 곧 아바돈(사탄, 마귀, 공중권세 잡은 자)의 군대가 철 흉갑을 하였다(9:9,11).(Ⅳ부. 4장 다니엘서와 관계편 참고) 이와 같이 이들의 환상 속에 나타난 적그리스도의 공통점은 '철'이다.

철은 무신론을 주장하는 공산전체주의(유물사상, 사회주의) 국가를, 진흙은 유신론을 주장하는 자유민주주의(유신사상, 민주주의) 국가를 상징한다. 따라서 적그리스도는 철의 유물 사상을 가진 공산주의(사회주의) 국가와 어떤 형태로든 연합할 것이다. 또 WCC 등 종교다원주의를 중심으로 조직될 세계종교통합 기구들을 흡수하여, 기독교 말살을 목

---

356 단 7:19 "이에 내가 넷째 짐승에 관하여 확실히 알고자 하였으니 곧 그것은 모든 짐승과 달라서 심히 무섭더라 그 이는 쇠요 그 발톱은 놋이니 먹고 부서뜨리고 나머지는 발로 밟았으며"

표로 하는 세계단일정부 또는 연합정부를 수립할 것으로 예견된다. 그리고 철과 진흙이 섞인 발은,357 자유민주주의 국가와 공산전체주의 국가가 양립하여 공존하는 현 세대를 의미한다. 그러므로 다니엘이 느부갓네살왕의 꿈을 통해 본, 재림하실 예수님을 상징하는 손대지 아니한 뜨인 돌로 온 세상을 멸망시킬 마지막 때가 얼마 남지 않아 보인다.358

다니엘의 예언에, 멸망케 하는 가증한 것을 세우는 왕의 조상들이 섬기던 신이 하나님이신 바, 그 왕은 바로 적그리스도(짐승)로서 유대민족의 후손이다.359 그가 여자(교회)들이 바라는 것을 중히 여기지 않고 오히려 핍박할 것이다(12:6,13~17).360 또한 일루미나티의 설립을 지원했다고 알려진 프리메이슨인 유대인 혈통의 로스차일드 가家는, 19C 세계에서 가장 부유한 가문으로 올라선, 국제적 금융기업을 보유한 유대계 금융 재벌가다. 그들은 이스라엘 건국에도 많은 영향을

---

357 단 2:33 "그 종아리는 쇠요 그 발은 얼마는 쇠요 얼마는 진흙이었나이다"

358 단 2:34~35 "또 왕이 보신즉 손대지 아니한 돌이 나와서 신상의 쇠와 진흙의 발을 쳐서 부서뜨리매 그 때에 쇠와 진흙과 놋과 은과 금이 다 부서져 여름 타작 마당의 겨 같이 되어 바람에 불려 간 곳이 없었고 우상을 친 돌은 태산을 이루어 온 세계에 가득하였나이다"

359 단 9:26 "예순두 이레 후에 기름 부음을 받은 자가 끊어져 없어질 것이며 장차 한 왕의 백성이 와서 그 성읍과 성소를 무너뜨리려니와 그의 마지막은 홍수에 휩쓸림 같을 것이며 또 끝까지 전쟁이 있으리니 황폐할 것이 작정되었느니라" 단 11:31 "군대는 그의 편에 서서 성소 곧 견고한 곳을 더럽히며 매일 드리는 제사를 폐하며 멸망하게 하는 가증한 것을 세울 것이며"

360 단 11:36~37 "그 왕이 자기 뜻대로 행하며 자기를 높이고 모든 신보다 자기를 크게 하며 놀라운 것들을 말하여 신들의 하나님을 대적하고 … 그가 자기 조상들의 하나님과 여자들의 바라는 것을 중히 여기지 아니하며 어떤 신도 중히 여기지 아니하리니 그가 모든 것 위로 자기를 크게 하리라"(KJV 흠정역)

끼쳤으며, 엄청난 부를 배경으로 국제 정치와 경제에 막대한 영향력을 지니고 있다고 한다. 따라서 우리 그리스도인들은 그들을 주목하여 볼 필요가 있다고 하겠다.

향후 적그리스도의 모형이라고 일컫는, 가증하고 비열한 헬라제국의 에피파네스왕과 잔인하고 몰인정한 로마 네로 황제를 닮은 세계단일정부 형태의 왕이 적그리스도(짐승)가 될 것이다.[361] 그가 여덟째 국가(다니엘 환상의 넷째 짐승)에 속한 제8왕으로서 마지막 한 이레 동안의 평화협정을 파기하고 대환난의 후삼년반 동안을 주도하게 된다(17:9~11).[362] 그러나 예수님이 재림하실 때 그는 아마겟돈 전쟁으로 거짓 선지자와 함께 영벌의 불못에 던져져 멸망으로 들어갈 것이다.[363]

---

361 단 7:19~20 "이에 내가 넷째 짐승에 관하여 확실히 알고자 하였으니 곧 그것은 모든 짐승과 달라서 심히 무섭더라 그 이는 쇠요 그 발톱은 놋이니 먹고 부서뜨리고 나머지는 발로 밟았으며 또 그것의 머리에는 열 뿔이 있고 그 외에 다른 뿔이 나오매 세 뿔이 그 앞에서 빠졌으며 그 뿔에는 눈도 있고 큰 말을 하는 입도 있고 그 모양이 그의 동류보다 커 보이더라"

362 단 7:7~8 "내가 밤 환상 가운데에 그 다음에 본 넷째 짐승은 무섭고 놀라우며 또 매우 강하며 또 쇠로 된 큰 이가 있어서 먹고 부서뜨리고 그 나머지를 발로 밟았으며 이 짐승은 전의 모든 짐승과 다르고 또 열 뿔이 있더라 내가 그 뿔을 유심히 보는 중에 다른 작은 뿔이 그 사이에서 나더니 첫 번째 뿔 중의 셋이 그 앞에서 뿌리까지 뽑혔으며 이 작은 뿔에는 사람의 눈 같은 눈들이 있고 또 입이 있어 큰 말을 하였더라"

363 단 9:27 "그가 장차 많은 사람들과 더불어 한 이레 동안의 언약을 굳게 맺고 그가 그 이레의 절반에 제사와 예물을 금지할 것이며 또 포악하여 가증한 것이 날개를 의지하여 설 것이며 또 이미 정한 종말까지 진노가 황폐하게 하는 자에게 쏟아지리라 하였느니라 하니라"

(용과 중국)

중국中國이란, 자기들의 나라를 중심으로 세계를 본 시각에서 나온 말이다. 즉 천하의 가운데 있다는 뜻이다. BC 2000년경부터 시작된 황하 문명의 탄생 이래 세계 문명의 중심국으로서 그들의 역사와 문화는 찬란하고 화려했었다. 그러나 19C에 들어서 청나라가 영국과의 아편 전쟁에서 패하고, 청일 전쟁의 패배 등으로 한동안 낙후되어 후진국의 표상이 되었다.

하지만 용(사탄)이 주도한, 제2차 세계대전에서 독일(짐승의 일곱 번째 머리)의 패배로 다 죽어가던 상처가, 지금은 중국을 통해 회복하고 있는 양상이다(13:3). 이제 중국은 무신론을 표방하고 유물 사상을 가진 공산주의 국가로서 세계에서 손꼽는 거대한 정치, 경제, 군사 대국으로 초고속 성장하여 그 정점을 향해 치닫고 있다. 더욱이 그들은 중국을 상징하는 동물이 용으로써 자칭 '용의 후예'라고 한다.

이 용과 짐승과 거짓 선지자는 부정한 삼마일체三魔一體를 이루는 것들이다. 결국 적그리스도(짐승)는 용(사탄)의 도움으로 중국과 바티칸을 중심으로 땅의 음녀들과 가증한 것들의 어미인 큰 바벨론 성(큰 음녀)을 이룰 것으로 보인다. 세계단일정부 형태의 왕인 적그리스도는 유대민족의 후손으로서, 그 음녀의 활용 가치가 사라지면, 그녀를 미워하여 망하게 하고 벌거벗겨 수치를 당하게 하며 불로 아주 태워 버릴 것이다(17:16).

(13:6~7)

짐승이 입을 벌려 하나님을 향하여 비방하되 그의 이름과 그의 장막 곧 하늘에 사는 자들을 비방하더라 또 권세를 받아 성도들과 싸워 이기게 되고 각 족속과 백성과 방언과 나라를 다스리는 권세를 받으니

적그리스도가 하나님을 향하여 그분의 이름과 하늘에 거하는 이들을 비방한다.364 또 사탄으로부터 권세를 받아 교회의 성도들(두 증인, 곧 두 감람나무요 두 촛대)과 싸워 이기고 세계 만국을 다스리는 권세를 받는다(11:7).365 이때 그가 후삼년반 동안 성도들과 싸우는 점으로 보아, 칠년환난 기간 중에 이 땅에 성도들이 남아 있는 것을 볼 수 있다(7:14, 12:17, 14:12~13, 15:2). 따라서 모든 교회가 환난 전에 휴거한다는 주장은 적절하지 않으며, 거듭나 악한 사탄을 이긴 자들인 첫 열매에 속한 성도들이 잘 익은 남자아이로서 대환난 전에 휴거한다(12:5, 14:4).

그리고 휴거되지 못한 자들은 살아서 대환난을 거치는 동안 하나님이 예비하신 처소에서 두 증인에 속한 교회들로부터 양육을 받아 무르익게 된다(12:14). 이들 가운데 적그리스도 표를 이마나 손에 받지 않고 살아서 이긴 자들은(13:16) 대환난 후 마지막 나팔 불 때에 부

---

364 단 7:8 "내가 그 뿔을 유심히 보는 중에 다른 작은 뿔이 그 사이에서 나더니 첫 번째 뿔 중의 셋이 그 앞에서 뿌리까지 뽑혔으며 이 작은 뿔에는 사람의 눈 같은 눈들이 있고 또 입이 있어 큰 말을 하였더라"
단 11:36 "그 왕은 자기 마음대로 행하며 스스로 높여 모든 신보다 크다 하며 비상한 말로 신들의 신을 대적하며 형통하기를 분노하심이 그칠 때까지 하리니 이는 그 작정된 일을 반드시 이룰 것임이라"
365 단 7:21 "내가 본즉 이 뿔이 성도들과 더불어 싸워 그들에게 이겼더니"
단 11:41 "그가 또 영화로운 땅에 들어갈 것이요 많은 나라를 패망하게 할 것이나 오직 에돔과 모압과 암몬 자손의 지도자들은 그의 손에서 벗어나리라"

활한 성도들과 함께 휴거될 것이다(11:15). 밭에서 추수하는 곡식들도 첫 열매와 일반추수로 구분되며,[366] 처음 열매 거둔 후 덜 익은 열매들은 뜨거운 햇빛과 비바람을 통하여 더 무르익게 된다. 이때가 바로 칠년대환난의 기간인 것이다.[367]

(13:8~10)

죽임을 당한 어린 양의 생명책에 창세 이후로 이름이 기록되지 못하고 이 땅에 사는 자들은 다 그 짐승에게 경배하리라 누구든지 귀가 있거든 들을지어다 사로잡힐 자는 사로잡혀 갈 것이요 칼에 죽을 자는 마땅히 칼에 죽을 것이니 성도들의 인내와 믿음이 여기 있느니라

후삼년반 동안 적그리스도(짐승)와 그 우상에게 경배하는 자들은 하나님 앞에 음행한 자들로서 생명책에 기록되지 못해 영원히 구원에 이를 수 없다(20:15). 그러므로 성도들이 이때 사로잡혀 가거나 순교를 당하게 될지라도, 그리스도에 대한 믿음을 굳게 지켜 인내로써 승리할 것을 당부하신다(14:12, 20:4).[368]

---

366 출 23:19 "네 토지에서 처음 거둔 열매의 가장 좋은 것을 가져다가 너의 하나님 여호와의 전에 드릴지니라 너는 염소 새끼를 그 어미의 젖으로 삶지 말지니라"
레 23:10 "이스라엘 자손에게 말하여 이르라 너희는 내가 너희에게 주는 땅에 들어가서 너희의 곡물을 거둘 때에 너희의 곡물의 첫 이삭 한 단을 제사장에게로 가져갈 것이요"

367 김중현, 『새로 조명한 요한계시록』, 241.

368 마 24:9~13 "그 때에 사람들이 너희를 환난에 넘겨 주겠으며 너희를 죽이리니 너희가 내 이름 때문에 모든 민족에게 미움을 받으리라 그 때에 많은 사람이 실족하게 되어 서로 잡아 주고 서로 미워하겠으며 거짓 선지자가 많이 일어나 많은 사람을 미혹하겠으며 불법이 성하므로 많은 사람의 사랑이 식어지리라

(13:11~12)

내가 보매 또 다른 짐승이 땅에서 올라오니 어린 양 같이 두 뿔이 있고 용처럼 말을 하더라 그가 먼저 나온 짐승의 모든 권세를 그 앞에서 행하고 땅과 땅에 사는 자들을 처음 짐승에게 경배하게 하니 곧 죽게 되었던 상처가 나은 자니라

본문에서 땅은 기독교계를 상징한다. 다른 짐승이 땅(교계)에서 출현하는데 모습이 두 뿔 달린 어린 양이지만, 용처럼 말을 하므로 성도들을 속이고 미혹하는 거짓 선지자다(19:20, 20:10).[369] 그가 먼저 나온 짐승의 모든 권세를 그 앞에서 행하고, 온 세상 사람들을 그에게 경배하게 한다(13:8). 여기서 처음 짐승은, 세계단일정부 형태의 여덟 번째 국가 왕으로서, 유대인 혈통의 적그리스도를 말한다(13:3, 17:8~11).[370]

그러나 끝까지 견디는 자는 구원을 얻으리라"

단 11:33~35 "백성 중에 지혜로운 자들이 많은 사람을 가르칠 것이나 그들이 칼날과 불꽃과 사로잡힘과 약탈을 당하여 여러 날 동안 몰락하리라 그들이 몰락할 때에 도움을 조금 얻을 것이나 많은 사람들이 속임수로 그들과 결합할 것이며 또 그들 중 지혜로운 자 몇 사람이 몰락하여 무리 중에서 연단을 받아 정결하게 되며 희게 되어 마지막 때까지 이르게 하리니 이는 아직 정한 기한이 남았음이라"

사 4:3 "시온에 남아 있는 자, 예루살렘에 머물러 있는 자 곧 예루살렘 안에 생존한 자 중 기록된 모든 사람은 거룩하다 칭함을 얻으리니"

369 마 7:15 "거짓 선지자들을 삼가라 양의 옷을 입고 너희에게 나아오나 속에는 노략질하는 이리라"

고후 11:13~14 "그런 사람들은 거짓 사도요 속이는 일꾼이니 자기를 그리스도의 사도로 가장하는 자들이니라 이것은 이상한 일이 아니니라 사탄도 자기를 광명의 천사로 가장하나니"

370 단 11:36~37 "그 왕이 자기 뜻대로 행하며 자기를 높이고 모든 신보다 자기를 크게 하며 놀라운 것들을 말하여 신들의 하나님을 대적하고 … 그가 자기 조상들의 하나님과 여자들의 바라는 것을 중히 여기지 아니하며 어떤 신도 중히 여기지 아니하리니 그가 모든 것 위로 자기를 크게 하리라"(KJV 흠정역)

(13:13~15)

큰 이적을 행하되 심지어 사람들 앞에서 불이 하늘로부터 땅에 내려오게 하고 짐승 앞에서 받은 바 이적을 행함으로 땅에 거하는 자들을 미혹하며 땅에 거하는 자들에게 이르기를 칼에 상하였다가 살아난 짐승을 위하여 우상을 만들라 하더라 그가 권세를 받아 그 짐승의 우상에게 생기를 주어 그 짐승의 우상으로 말하게 하고 또 짐승의 우상에게 경배하지 아니하는 자는 몇이든지 다 죽이게 하더라

거짓 선지자가, 두 증인이 행하였던 이적을 모방하여 큰 이적으로 불이 하늘로부터 땅에 내려오게 한다(11:5).[371] 또 사람들을 미혹하여 칼에 상하였다가 살아난 짐승, 곧 사탄이 원격 조종하는 옛 그가 권세를 회복한 적그리스도를 위하여 우상을 만들라고 한다.[372] 그리고 그가 권세를 받아 적그리스도의 우상에게 생기를 주어 말하게 하고, 우상에게 경배하지 않으면 다 죽이므로 수많은 성도들이 순교를 당한다(13:8, 14:9~11).

(13:16~18)

그가 모든 자 곧 작은 자나 큰 자나 부자나 가난한 자나 자유인이나 종들에게 그 오른손에나 이마에 표를 받게 하고 누구든지 이 표를 가진 자 외에는 매매를 못하게 하니 이 표는 곧 짐승의 이름이나 그 이름의 수라 지혜가 여기 있으니 총명

---

371 마 24:24 "거짓 그리스도들과 거짓 선지자들이 일어나 큰 표적과 기사를 보여 할 수만 있으면 택하신 자들도 미혹하리라"

372 출 20:3~5 "너는 나 외에는 다른 신들을 네게 두지 말라 너를 위하여 새긴 우상을 만들지 말고 또 위로 하늘에 있는 것이나 아래로 땅에 있는 것이나 땅 아래 물 속에 있는 것의 어떤 형상도 만들지 말며 그것들에게 절하지 말며 그것들을 섬기지 말라 …"

한 자는 그 짐승의 수를 세어 보라 그것은 사람의 수니 그의 수는 육백육십육이
니라

숫자 '7'은 하나님의 완전성을, '6'은 인간의 불완전성과 세상과 마
魔를 상징하는 수다. 그리고 '육백육십육'은 공중 권세 잡은 사탄의
조종을 받는 적그리스도 이름의 수의 값이다. 또 사탄, 적그리스도,
거짓선지자는 삼마일체로서 짐승의 수인 666을 나타낸다(16:13, 20:10).
이는 성삼위 하나님, 즉 성부 성자 성령(777)의 패러디로서 그리스도
의 신성을 모방한 전 세계적인 지배 및 악을 상징한다.[373]

또한 후삼년반 동안 적그리스도와 그 우상에게 경배하고 적그리스
도 표를 이마나 손에 받는 자들은 영원한 사탄의 종으로 인침이 되어
유황 불못에 던져진다(14:9~11). 따라서 내 이웃을 사랑하라는 하나님
의 계명과 예수 그리스도에 대한 믿음을 지키는 성도들의 인내가 절
실히 필요한 때라 하겠다.

'인류의 파괴자'요 '세상의 독'이라 불린 네로(출생 37.12.15, 사망 68.6.9.)
는 사악한 인간으로서 반反 그리스도의 전형을 보였다. 이러한 로마
황제 네론 케사르(Neron Caesar)의 '이름의 수'의 값으로 히브리어 알파
벳 자음 숫자 값을 모두 더하면 N(50) + R(200) + O(6) + N(50) + C(100)
+ S(60) + R(200) = 666이다. 하지만 요한이 AD 95년경 계시 받기 이
전 사람인 네로 황제를 그가 예언하고 있는 짐승, 곧 적그리스도라고
할 수 없다. 그는 장차 출현할 적그리스도의 성향을 닮아 그를 예표

---

373 대하 9:13 "솔로몬의 세입금의 무게가 금 육백육십육 달란트요"

하는 오롯이 상징적 인물일 뿐이다. 요한계시록은 지난 과거의 사건들이 아닌, 이후에 마땅히 일어날 일들을 하나님이 그분의 종들에게 알게 하시기 위한 예수 그리스도의 계시기 때문이다(1:1,19).

히브리어 알파벳 숫자 값[374]

알렙(אA)=1, 벧(בB)=2, 기멜(גG)=3, 달렛(דD)=4, 헤(הH)=5, 와우(וW)=6, 자인(זZ)=7, 헤트(חCH)=8, 테트(טT)=9, 요드(יY)=10, 카프(כK)=20, 라메드(לL)=30, 멤(מM)=40, 눈(נN)=50, 사멕(סS)=60, 아인(עAA)=70, 페(פP)=80, 챠디(צTS)=90, 코프(קQ)=100, 레쉬(רR)=200, 쉰(שSH)=300, 타우(תT)=400

＊고대 히브리어는 모음이 없이 자음으로만 구성되었음.

또 어떤 이들은 로마 교황이 적그리스도(666)라고 주장한다. 그는 '하나님의 아들의 대리자'라는 칭호가 있다. 이 칭호를 라틴어로 표기하면 "VICARIUS FILLI DEI"다. 이 라틴어 알파벳 중 일부가 다음과 같이 로마 숫자로서 의미가 있는 바, 그 수를 합한 값이 666이다. 알파벳 'U'는 계시록이 기록될 당시에는 존재하지 않았으므로 모음으로 사용하던 'V' 숫자 값을 대신하였다. 따라서 아래와 같이 그 합한 값이 '666'이다. 하지만 성경은 적그리스도가 교황인지 여부 보다, 앞서 말했듯이 유대인 혈통을 가진 자임을 다니엘 선지자를 통해

---

374 http://cafe.naver.com/soonlye/593 (히브리어 알파벳 숫자값)
　　https://www.google.co.kr/search?q=히브리어+알파벳+숫자&tbm

밝히고 있다.

라틴어 알파벳 중 로마 숫자 값[375]
I=1, V=5, X=10, L=50, C=100, D=500, M=1000

```
V I C A R I U S    F I L I I    D E I
5 1100     1 5        1 50 11   500   1 = 666
```

결론적으로, 향후 칠년대환난을 앞두고 자신을 신격화하고 우상화하여 경배받고자 하는—표범과 비슷하고 발은 곰의 발 같고 입은 사자의 입 같은 기질을 가진—짐승(13:2), 곧 하나님 앞에 심히 가증한 적그리스도가 출현할 것이다. 이때 사탄은, 적그리스도를 예표하는 헬라의 에피파네스와 로마의 네로 황제를 닮은, 여덟 번째 국가(세계단일정부 형태)의 왕(적그리스도)을 조종하여 대환난을 가져오게 된다(13:1~2, 17:11).

　적그리스도는 이스라엘과 7년 동안의 평화 언약을 맺지만, 그 절반에 약정을 위반하고 자기가 성전에 서서 하나님이라고 할 것이다. 이 시기가 바로 다니엘과 예수님이 예언하신, 멸망에 가증한 것이 거룩한 성전에 서게 될 그 때다.[376] 후삼년반이 시작될 무렵, 그가 성도

---

375 http://cafe.naver.com/pseudo1/9150 (666의 정체)
376 단 11:31 "군대는 그의 편에 서서 성소 곧 견고한 곳을 더럽히며 매일 드리는 제사를 폐하며 멸망하게 하는 가증한 것을 세울 것이며"
　　마 24:15 "그러므로 너희가 선지자 다니엘이 말한 바 멸망의 가증한 것이 거룩

들과 싸워 이기고 세계 모든 나라와 민족들을 다스리는 권세를 받는다. 그리고 거짓 선지자는, 빈부나 귀천이나 주종을 막론하고 모든 자에게 오른손이나 이마에 표를 받게 한다(14:11). 그래서 '짐승(적그리스도)의 이름이나 그 이름의 숫자가 들어있는, 그 표를 가진 자' 외에는 아무도 매매를 못하게 할 것이다.

'짐승의 이름'은 아직 세상(바다)에서 공식적인 출현을 하지 않았지만, 장차 온 세상에 임할 대환난 전에 발생할 세계대전에서 승자가 될 적그리스도의 이름이다.[377] 또 그 '이름의 수'는 네론 카사르나 로마 교황처럼, 그의 이름에 대한 숫자 값을 합한 수가 666일 것으로 보인다. 더욱이 분명한 것은, 그가 표범처럼 매우 민첩하고 곰의 발 같이 포악하며 사자의 입 같이 잔인하면서도 하나님 앞에 가증한 말을 하는, 유물 사상(철)을 가진 전체주의적인 공산주의 국가와 연합한 유대민족의 후손이라는 사실이다.

<hr>

한 곳에 선 것을 보거든(읽는 자는 깨달을진저)"

[377] 눅 21:20 "너희가 예루살렘이 군대들에게 에워싸이는 것을 보거든 그 멸망이 가까운 줄을 알라"

제 14 장

첫 열매와 곡식·포도 추수(막간 5)

이른바 성도들의 추수 장章이라고 일컫는 바, 이마에 하나님과 예수님의 이름이 쓰여진, 첫 열매를 상징하는 십사만 사천이 칠년대환난 전에 시온 산에서 새 노래를 부른다.

이어 세 천사가 공중을 날으며 각각 영원한 복음을 전하고, 바벨론 패망을 알리며, 대환난의 때에 짐승과 그의 우상에게 경배하고 이마에나 손에 표를 받은 자들에 대한 하나님의 진노의 심판을 예고한다.

이후에 성전에서 나오는 천사의 성도들에 대한 곡식 추수와 제단에서 나오는 천사의 순교자들에 대한 포도 추수, 그리고 악한 자들이 포도주 틀에 던져지는 심판 장면이 출현한다(11:1). 이는 하나님의 비밀이 이루어지는 마지막 나팔 불 때에, 그리스도의 구속을 믿는 이들에 대한 부활 및 휴거 사건과 함께 칠년대환난에서 순교자들을 죽인 자들에 대한 심판이 내려질 것을 의미한다.

(14:1)

또 내가 보니 보라 어린 양이 시온 산에 섰고 그와 함께 십사만 사천이 서 있는데 그들의 이마에는 어린 양의 이름과 그 아버지의 이름을 쓴 것이 있더라

시온 산에서 어린 양 예수님이[378] 칠년대환난을 앞두고(14:9) 첫 열매의 충만한 수를 상징하는 십사만 사천(12시도×12지파×1,000수많은)과 함께 계신다(14:4).[379] 이들의 이마에 쓰여진 '어린 양의 이름'은 신약시대의 성도를, '그 아버지의 이름'은 구약시대 하나님의 백성을[380] 뜻한다. 따라서 수많은 첫 열매의 무리 안에 신·구약시대의 성도들이 함께 있는 것을 알 수 있다(3:12).

한편 7장에서는 대환난 전에, 이스라엘 백성 가운데 십사만 사천이 그 이마에 하나님의 인을 맞았다(7:4). 하지만 본 14장은 대환난 전에, 신·구약시대의 온 세계 백성들로 이루어진 첫 열매인 십사만 사천의 이마에 어린 양과 그 아버지의 이름이 쓰여 있음에 유의해야 한다(14:1~4).[381]

이처럼 '이스라엘 백성' 가운데 구원 얻은 십사만 사천과, '온 세계의 전全 세대 백성들' 가운데 첫 열매인 십사만 사천은 인적 구성

---

378 시 9:11 "너희는 시온에 계신 여호와를 찬송하며 그의 행사를 백성 중에 선포할지어다"

379 고전 15:20 "그러나 이제 그리스도께서 죽은 자들로부터 일어나사 잠든 자들의 첫 열매가 되셨도다"
약 1:18 "그가 그 피조물 중에 우리로 한 첫 열매가 되게 하시려고 자기의 뜻을 따라 진리의 말씀으로 우리를 낳으셨느니라"

380 마 27:52~53 "무덤들이 열리며 자던 성도의 몸이 많이 일어나되 예수의 부활 후에 그들이 무덤에서 나와서 거룩한 성에 들어가 많은 사람에게 보이니라"

381 강종수, 『다시 오실 예수 그리스도』, 237.

원이 서로 다르다. 또한 14장의 첫 열매에 속한 성도들은 그 이마에 '어린 양과 그 아버지의 이름'이 쓰여 있어, 7장의 '하나님의 인' 맞은 자들을 포함하고 있다. 그러므로 7장과 14장에서의 '십사만 사천'은 각각 다른 의미의 상징적 수임을 분명히 이해해야 한다.(IV부. 1장 첫 열매 편 참고)

(14:2~3)

내가 하늘에서 나는 소리를 들으니 많은 물 소리와도 같고 큰 우렛소리와도 같은데 내가 들은 소리는 거문고 타는 자들이 그 거문고를 타는 것 같더라 그들이 보좌 앞과 네 생물과 장로들 앞에서 새 노래를 부르니 땅에서 속량함을 받은 십사만 사천 밖에는 능히 이 노래를 배울 자가 없더라

하늘에서 나는 소리는 많은 물소리와 큰 우렛소리 같이 장엄한데 (1:15),[382] 또 요한은 거문고를 타는 것 같은 소리를 듣는다(15:2~3). 이는 첫 열매인 십사만 사천이 하나님 앞과 네 생물과 장로들 앞에서 부르는 새 노래다. 땅에서 속량함을 받은 것에 대한 깊은 감사의 찬양으로써(14:4),[383] 죄로부터 구속함을 경험하지 못한 천사 격인 네 생물과 장로들은 그 노래를 배울 수 없었을 것이다.

(14:4~5)

---

382 시 81:7 "네가 고난 중에 부르짖으매 내가 너를 건졌고 우렛소리의 은밀한 곳에서 네게 응답하며"
383 시 98:1 "새 노래로 여호와께 찬송하라 그는 기이한 일을 행하사 그의 오른손과 거룩한 팔로 자기를 위하여 구원을 베푸셨음이로다"

이 사람들은 여자와 더불어 더럽히지 아니하고 순결한 자라 어린 양이 어디로 인도하든지 따라가는 자며 사람 가운데에서 속량함을 받아 처음 익은 열매로 하나님과 어린 양에게 속한 자들이니 그 입에 거짓말이 없고 흠이 없는 자들이더라

이들은 '하나님과 어린 양'에게 속하며, 죄로부터 속량함을 받아 첫 (처음 익은) 열매로 구원 얻은 성도들이다(14:1).[384] 또한 세상과 더불어 짝하여 간음(우상숭배)하지 않은 하나님 앞에 정절을 지킨 순결한 자들로서[385] 오직 그리스도께 의지하며 성령이 인도하시는 데로 따르는 자들이다(5:6).[386] 예수님이 부활하실 때 일어난 자들(구약시대 백성으로서 하나님께 속함)과 칠년대환난의 시험의 때를 면한 남자아이들(신약시대 성도로서 어린 양에 속함)이 첫 열매에 속해(3:10, 7:4, 12:5) 시온 산(낙원)에서 구원에 대한 감사의 새 노래를 부른다(14:1~3).

---

384 출 23:19 "네 토지에서 처음 거둔 열매의 가장 좋은 것을 가져다가 너의 하나님 여호와의 전에 드릴지니라 너는 염소 새끼를 그 어미의 젖으로 삶지 말지니라"
롬 8:23 "그뿐 아니라 또한 우리 곧 성령의 처음 익은 열매를 받은 우리까지도 속으로 탄식하여 양자 될 것 곧 우리 몸의 속량을 기다리느니라"
385 약 4:4 "간음한 여인들아 세상과 벗된 것이 하나님과 원수 됨을 알지 못하느냐 그런즉 누구든지 세상과 벗이 되고자 하는 자는 스스로 하나님과 원수 되는 것이니라"
렘 3:2 "눈을 들어 헐벗은 산을 보라 네가 행음하지 아니한 곳이 어디 있느냐 네가 길가에 앉아 사람들을 기다린 것이 광야에 있는 아라바 사람 같아서 음란과 행악으로 이 땅을 더럽혔도다"
386 갈 5:16 "내가 이르노니 너희는 성령을 따라 행하라 그리하면 육체의 욕심을 이루지 아니하리라"
벧후 3:14 "그러므로 사랑하는 자들아 너희가 이것을 바라보나니 주 앞에서 점도 없고 흠도 없이 평강 가운데서 나타나기를 힘쓰라"

(14:6~7)

또 보니 다른 천사가 공중에 날아가는데 땅에 거주하는 자들 곧 모든 민족과 종족과 방언과 백성에게 전할 영원한 복음을 가졌더라 그가 큰 음성으로 이르되 하나님을 두려워하며 그에게 영광을 돌리라 이는 그의 심판의 시간이 이르렀음이니 하늘과 땅과 바다와 물들의 근원을 만드신 이를 경배하라 하더라

세 천사가 공중을 날으며 곧 다가올 예언적인 경고성 메시지를 전한다(14:6~9). 그 가운데 온 세상에 전할 영원한 복음을 가진 첫째 천사가,[387] 온 우주의 창조주이신 하나님의 심판이 이르렀으니 그분을 경외하며 그분께 영광을 돌리고 경배하라고 한다.[388]

(14:8)

또 다른 천사 곧 둘째가 그 뒤를 따라 말하되 무너졌도다 무너졌도다 큰 성 바벨론이여 모든 나라에게 그의 음행으로 말미암아 진노의 포도주를 먹이던 자로다 하더라

둘째 천사가, 세상의 나라들을 미혹하여 음행으로 하나님을 배반하게 함으로써 대환난 동안 진노의 잔을 먹이던 큰 성 바벨론(적그리스도의 국가)이[389] 무너질 것을 예고한다(18:3). '무너졌도다'를 반복하여 외침

---

387 마 24:14 "이 천국 복음이 모든 민족에게 증언되기 위하여 온 세상에 전파되리니 그제야 끝이 오리라"

388 롬 1:20 "창세로부터 그의 보이지 아니하는 것들 곧 그의 영원하신 능력과 신성이 그가 만드신 만물에 분명히 보여 알려졌나니 그러므로 그들이 핑계하지 못할지니라"

389 렘 51:7 "바벨론은 여호와의 손에 잡혀 있어 온 세계가 취하게 하는 금잔이라 뭇 민족이 그 포도주를 마심으로 미쳤도다"

으로390 바벨론 성 패망의 확실성을 보여준다(18:2).

(14:9~12)

또 다른 천사 곧 셋째가 그 뒤를 따라 큰 음성으로 이르되 만일 누구든지 짐승과 그의 우상에게 경배하고 이마에나 손에 표를 받으면 그도 하나님의 진노의 포도주를 마시리니 그 진노의 잔에 섞인 것이 없이 부은 포도주라 거룩한 천사들 앞과 어린 양 앞에서 불과 유황으로 고난을 받으리니 그 고난의 연기가 세세토록 올라가리로다 짐승과 그의 우상에게 경배하고 그의 이름 표를 받는 자는 누구든지 밤낮 쉼을 얻지 못하리라 하더라 성도들의 인내가 여기 있나니 그들은 하나님의 계명과 예수에 대한 믿음을 지키는 자니라

셋째 천사가, 적그리스도와 그의 우상에게 경배하거나 이마에나 손에 적그리스도의 표를 받지 말라고 큰 음성으로 외친다. 그렇지 않으면 거룩한 천사들과 예수님 앞에서—섞이지 않은 진노의 포도주, 곧 불과 유황으로써391—영원토록 하나님의 진노의 강한 형벌을 받게 될 것이라고 경고한다.392 그리고 성도들에게, 대환난 기간 중 적그리스도표를 받지 않은 자들이 살아가기 힘든 후삼년반 동안, 서로 사랑하라는 하나님의 계명과 그리스도에 대한 믿음을 지키는 인내를

---

390 사 21:9 "보소서 마병대가 쌍쌍이 오나이다 하니 그가 대답하여 이르시되 함락되었도다 함락되었도다 바벨론이여 그들이 조각한 신상들이 다 부서져 땅에 떨어졌도다 하시도다"
391 눅 17:29 "롯이 소돔에서 나가던 날에 하늘로부터 불과 유황이 비오듯 하여 그들을 멸망시켰느니라"
392 렘 25:15 "이스라엘의 하나님 여호와께서 이같이 내게 이르시되 너는 내 손에서 이 진노의 잔에 술잔을 받아가지고 내가 너를 보내는 바 그 모든 나라로 하여금 마시게 하라"

당부한다(13:10).393

이처럼 구원 얻을 성도들이 칠년환난을 거치는 점으로 보아 대환
난 전에 교회들의 전부 휴거설은 옳지 않다. 오직 남자아이(그리스도
의 속량을 믿음으로 거듭나 악한 사탄을 이긴 신실한 성도들)에 해당된 자들이 첫 열
매에 속한 성도들로서 시험의 때인 대환난을 면하여 휴거될 것이다
(12:5, 14:4).

(14:13)

또 내가 들으니 하늘에서 음성이 나서 이르되 기록하라 지금 이후로 주 안에서
죽는 자들은 복이 있도다 하시매 성령이 이르시되 그러하다 그들이 수고를 그
치고 쉬리니 이는 그들의 행한 일이 따름이라 하시더라

하늘에서 나는 음성이 '기록하라'는 말씀으로 미루어 이어지는 내
용의 중요성을 짐작할 수 있다. 후삼년반 동안, 성도들의 인내로써
그리스도에 대한 믿음을 지켜 적그리스도 표를 받지 않고 주 안에서
순교한 자들이 복이 있다는 것이다(6:11, 14:17~18, 20:4). 그러자 성령이
그 보상으로 수고를 그치고 낙원에서 평안히 쉬게 될 것이라고 이르
신다.394

(14:14~16)

또 내가 보니 흰 구름이 있고 구름 위에 인자와 같은 이가 앉으셨는데 그 머리에

---

393 마 24:13 "그러나 끝까지 견디는 자는 구원을 얻으리라"
394 히 4:9 "그런즉 안식할 때가 하나님의 백성에게 남아 있도다"

는 금 면류관이 있고 그 손에는 예리한 낫을 가졌더라 또 다른 천사가 성전으로부터 나와 구름 위에 앉은 이를 향하여 큰 음성으로 외쳐 이르되 당신의 낫을 휘둘러 거두소서 땅의 곡식이 다 익어 거둘 때가 이르렀음이니이다 하니 구름 위에 앉으신 이가 낫을 땅에 휘두르매 땅의 곡식이 거두어지니라

땅은 교회를, 곡식은 성도를 상징한다. 그리고 하나님의 추수는—단번의 제사로 사람들의 죄를 대속하시고 부활하신 그리스도를 구주로 믿음으로[395]—거듭난 성도들이 부활 및 휴거하여 구원 얻는 사건을 뜻한다.[396] 이때 공중권세 잡은 사탄을 이기신 우리 주와 그리스도의 나라가 이루어지고(11:15), 성도들은 오직 그리스도의 속량을 마음으로 믿어 은혜로써 하나님의 의義를 얻어 알곡으로 추수된다.[397]

흰 구름 위에 인자와 같은 이가 앉으셨는데 그분의 머리에는 십자가 고난의 승리를 상징하는 금 면류관이 있다(19:12). 또 손에는 하나님의 구원의 경륜을 이루시고, 성도들의 추수를 위해 살아있는 말씀의 검을 상징하는 예리한 낫을 가지셨다.[398] 여기서 '인자와 같은 이'

---

395 히 7:27 "그는 저 대제사장들이 먼저 자기 죄를 위하고 다음에 백성의 죄를 위하여 날마다 제사 드리는 것과 같이 할 필요가 없으니 이는 그가 단번에 자기를 드려 이루셨음이라"

396 마 24:31 "저가 큰 나팔 소리와 함께 천사들을 보내리니 저희가 그 택하신 자들을 하늘 이 끝에서 저 끝까지 사방에서 모으리라"

397 롬 10:9~10 "네가 만일 네 입으로 예수를 주로 시인하며 또 하나님께서 그를 죽은 자 가운데서 살리신 것을 네 마음에 믿으면 구원을 받으리라 사람이 마음으로 믿어 의에 이르고 입으로 시인하여 구원에 이르느니라"
마 6:33 "그런즉 너희는 먼저 그의 나라와 그의 의를 구하라 그리하면 이 모든 것을 너희에게 더하시리라"

398 히 4:12 "하나님의 말씀은 살아 있고 활력이 있어 좌우에 날선 어떤 검보다도

는 예수님의 다른 표현으로 성경 어느 곳에서도 천사를 인자로 지칭하지 않는다.[399]

하나님이 계시는 '성전으로부터' 천사가 나와, 예수님을 향해 땅의 곡식(교회의 성도)들이 다 익어 거둘 때가 되었으므로 낫을 휘둘러 수확하라는 그분의 뜻을 전한다. 그러자 예수님이 낫을 땅에 휘두르시니 땅의 곡식이 거두어진다(11:1).[400] 이는 그리스도를 구주로 믿는 많은 성도들이 마지막 나팔을 불 때 부활 및 휴거되는 상징적 장면이다. 이때 첫 열매 수확 때 지상에서 휴거하지 못한 자(덜 익은 곡식)들 중에 대환난을 거치는 동안 깨어 거듭난 자들이 무르익은 곡식으로서, 이미 죽은 성도들과 함께 부활 및 휴거될 것이다.[401]

예리하여 혼과 영과 및 관절과 골수를 찔러 쪼개기까지 하며 또 마음의 생각과 뜻을 판단하나니"

399 단 7:13~14 "내가 또 밤 환상 중에 보니 인자 같은 이가 하늘 구름을 타고 와서 옛적부터 항상 계신 이에게 나아가 그 앞으로 인도되매 그에게 권세와 영광과 나라를 주고 모든 백성과 나라들과 다른 언어를 말하는 모든 자들이 그를 섬기게 하였으니 그의 권세는 소멸되지 아니하는 영원한 권세요 그의 나라는 멸망하지 아니할 것이니라"

400 욥 5:25~26 "네 자손이 많아지며 네 후손이 땅의 풀과 같이 될 줄을 네가 알 것이라 네가 장수하다가 무덤에 이르리니 마치 곡식 단을 제 때에 들어올림 같으니라"

401 요 3:3 "예수께서 대답하여 이르시되 진실로 진실로 네게 이르노니 사람이 거듭나지 아니하면 하나님의 나라를 볼 수 없느니라"
벧전 1:3 "우리 주 예수 그리스도의 아버지 하나님을 찬송하리로다 그의 많으신 긍휼대로 예수 그리스도를 죽은 자 가운데서 부활하게 하심으로 말미암아 우리를 거듭나게 하사 산 소망이 있게 하시며"
김중현, 『새로 조명한 요한계시록』, 341.

(14:17~20)

또 다른 천사가 하늘에 있는 성전에서 나오는데 역시 예리한 낫을 가졌더라 또 불을 다스리는 다른 천사가 제단으로부터 나와 예리한 낫 가진 자를 향하여 큰 음성으로 불러 이르되 네 예리한 낫을 휘둘러 땅의 포도송이를 거두라 그 포도가 익었느니라 하더라 천사가 낫을 땅에 휘둘러 땅의 포도를 거두어 하나님의 진노의 큰 포도주 틀에 던지매 성 밖에서 그 틀이 밟히니 틀에서 피가 나서 말 굴레에까지 닿았고 천육백 스다디온에 퍼졌더라

하나님이 계시는 성전에서 다른 천사가 역시 한 치의 오차도 허용되지 않는 말씀의 검을 상징하는 예리한 낫을 가지고 나온다. 이때 불을 관리하는 다른 천사가 '제단으로부터' 나오는 것은 순교자들의 탄원에 따른 응답임을 암시한다(6:9~11, 16:5~7). 제단에서 나온 천사가 성전에서 나온 천사를 향하여 땅의 포도송이(교회의 순교자들)를 거두라고 외친다. 이로써 땅의 익은 포도, 곧 교회의 순교자들이 부활·휴거된다(11:1).

한편 성도들을 죽인 자들의 죄악이 커 포도주 틀이 가득하고 그 독이 넘치니, 그들의 악행에 대한 보응으로 하나님의 진노의 포도주 틀에 던져진다(19:15).[402] 이는 칠년대환난으로 순교자들이 많이 발생함에 따라, 마지막 대접 재앙과 함께 주님의 재림 시에 있을 적그리스도와 그의 군대들, 그리고 거짓 선지자에 대한 심판(아마겟돈 전쟁)의 예

---

402 욜 3:13 "너희는 낫을 쓰라 곡식이 익었도다 와서 밟을지어다 포도주 틀이 가득히 차고 포도주 독이 넘치니 그들의 악이 큼이로다"
사 63:3 "만민 가운데 나와 함께 한 자가 없이 내가 홀로 포도즙틀을 밟았는데 내가 노함으로 말미암아 무리를 밟았고 분함으로 말미암아 짓밟았으므로 그들의 선혈이 내 옷에 튀어 내 의복을 다 더럽혔음이니"

고 장면으로 읽혀진다(16:19, 19:15~21).

굴레는 속박, 얽매임, 구속을 뜻한다.[403] 그리고 '말 굴레'는[404] 사탄에 매인 무지한 자들을 상징한다. 그들의 피가 '천육백 스다디온'까지 퍼진다고 한다. 1,600 = 4 × 4 × 10 × 10으로써 숫자 4는 땅의 사방(온 세상)을, 10은 시험(재앙)을 상징한다. 그러므로 그들의 피가 온 세상에 넘치도록 발생하는 역사상 유래를 찾아보기 힘든 엄청난 심판을 맞게 될 것이다.

---

403 행 20:22~24 "보라 이제 나는 성령에 매여 예루살렘으로 가는데 거기서 무슨 일을 당할는지 알지 못하노라 오직 성령이 각 성에서 내게 증언하여 결박과 환난이 나를 기다린다 하시나 내가 달려갈 길과 주 예수께 받은 사명 곧 하나님의 은혜의 복음을 증언하는 일을 마치려 함에는 나의 생명조차 조금도 귀한 것으로 여기지 아니하노라"
마 11:29 "나는 마음이 온유하고 겸손하니 나의 멍에를 메고 내게 배우라 그리하면 너희 마음이 쉼을 얻으니"
404 시 32:9 "너희는 무지한 말이나 노새 같이 되지 말지어다 그것들은 재갈과 굴레로 단속하지 아니하면 너희에게 가까이 가지 아니하리로다"

제 15 장

이긴 자들의 찬양(막간 6)

일곱째 천사의 나팔로 성도들이 부활 및 휴거(추수)한 후에, 하늘에서 유리 바다 가에 서서 하나님의 거문고를 가지고 노래를 부른다. 칠년대환난에서 짐승(적그리스도)과 그의 우상과 그의 이름의 수를 이기고 벗어나 승천한 자들이 주님께 올리는 찬양 장면이다. 이들이 하나님의 종 모세의 노래(이스라엘 백성들의 찬양)와 어린 양의 노래(각 나라 백성들의 찬양)로, 위대하고 놀라우며 전능하신 하나님과 참되고 의로우사 만국의 왕이신 예수님을 찬양한다.

이후에 하늘의 성전에서 일곱 천사가 나와, 네 생물 중 하나로부터—양에 속한 자들로서 하나님의 백성들을 제외한(18:4)—모든 불신자들에게 내려질 하나님의 진노가 가득 담긴 금 대접 일곱을 받는다.

(15:1)

또 하늘에 크고 이상한 다른 이적을 보매 일곱 천사가 일곱 재앙을 가졌으니 곧 마지막 재앙이라 하나님의 진노가 이것으로 마치리로다

앞서 출현한 성도들의 곡식·포도 추수와 더불어 하나님의 진노의

심판 예고 장면(14:14~20)에 이어, 하나님의 마지막 진노인 일곱 대접 재앙을 가진 일곱 천사들의 크고 놀라운 이적이 보인다.

(15:2~4)

또 내가 보니 불이 섞인 유리 바다 같은 것이 있고 짐승과 그의 우상과 그의 이름의 수를 이기고 벗어난 자들이 유리 바다 가에 서서 하나님의 거문고를 가지고 하나님의 종 모세의 노래, 어린 양의 노래를 불러 이르되 주 하나님 곧 전능하신 이시여 하시는 일이 크고 놀라우시도다 만국의 왕이시여 주의 길이 의롭고 참되시도다 주여 누가 주의 이름을 두려워하지 아니하며 영화롭게 하지 아니하오리이까 오직 주만 거룩하시니이다 주의 의로우신 일이 나타났으매 만국이 와서 주께 경배하리이다 하더라

유리 바다에 '불이 섞인' 것은 보좌 앞에 있는 명경지수와 같은 유리 바다를 건너기 위해 겪어야 하는 칠년대환난을 의미한다(4:6).[405] 그리고 '이기고 벗어난 자들'은 후삼년반 동안—적그리스도와 그의 우상에게 경배하지 않고, 그의 이름의 표를 받지 않음으로써—박해를 이겨내고 고난과 순교 당한 성도들을 총칭한다.

이들이 하나님의 종 모세와 어린 양의 노래로 대환난을 벗어나 얻은 구원의 기쁨과 감격을 노래하고 있다. 이는 대환난을 이겨낸 유대인과 세계 만국 백성들이 주 하나님과 그리스도께 올리는 감미로운 거문고 선율로 올리는 감사 찬양이다(7:9~14). 또 전능하신 하나님의

---

405 단 12:1 "그 때에 네 민족을 호위하는 큰 군주 미가엘이 일어날 것이요 또 환난이 있으리니 이는 개국 이래로 그 때까지 없던 환난일 것이며 그 때에 네 백성 중 책에 기록된 모든 자가 구원을 받을 것이라"

크고 경이로운 경륜과 의롭고 참되며 만국의 왕이신 그리스도의 길, 곧 오직 은혜의 구원 역사에 대한 감격의 노래다.[406] 이들이 주님의 의로우신 일들이 드러났으므로 구원 얻은 만국 백성이 주님께 경배하리라고 한다.[407]

한편 이들의 무리에는, 하나님의 인침에서 낙오되었던 단 지파도 (7:5~8) 구원을 얻어 천년왕국에 입성할 것으로 보인다. 단 지파도 대환난을 거치며 주님께 돌아와 회개하고 이스라엘의 한 지파로서 천년왕국에서 자기 백성을 심판하기 때문이다.[408]

(15:5~8)

또 이 일 후에 내가 보니 하늘에 증거 장막의 성전이 열리며 일곱 재앙을 가진 일곱 천사가 성전으로부터 나와 맑고 빛난 세마포 옷을 입고 가슴에 금 띠를 띠고 네 생물 중의 하나가 영원토록 살아계신 하나님의 진노를 가득히 담은 금 대접 일곱을 그 일곱 천사들에게 주니 하나님의 영광과 능력으로 말미암아 성전에 연기가 가득차매 일곱 천사의 일곱 재앙이 마치기까지는 성전에 능히 들어갈 자가 없더라

이 일—어린 양의 피로 씻어 얻는 각 나라 백성들의 구원 예고와,

---

406 시 98:1~2 "새 노래로 여호와께 찬송하라 그는 기이한 일을 행하사 그의 오른 손과 거룩한 팔로 자기를 위하여 구원을 베푸셨음이로다 여호와께서 그의 구원을 알게 하시며 그의 공의를 뭇 나라의 목전에서 명백히 나타내셨도다"
407 시 86:9 "주여 주께서 지으신 모든 민족이 와서 주의 앞에 경배하며 주의 이름에 영광을 돌리리이다"
408 창 49:16 "단은 이스라엘의 한 지파 같이 그의 백성을 심판하리로다"
겔 48:32 "동쪽의 너비는 사천오백 척이니 또한 문이 셋이라 하나는 요셉 문이요 하나는 베냐민 문이요 하나는 단 문이며"

일곱째 인에 속한 여섯 나팔재앙, 칠년대환난, 그리고 마지막 나팔 불 때의 추수 장면 등(7:9~15:4)—후에 하늘에 있는 증거의 장막 성전이 열린다(11:19).[409] 그러자 일곱 천사가, 성결의 세마포 옷을 입고 권위를 상징하는 금 띠를 가슴에 띠고[410] 성전으로부터 일곱 재앙을 가지고 나온다. 이때 지상 피조물의 대표 격인 네 생물 가운데 하나가, 하나님의 진노가 가득히 담긴 일곱 금 대접을 그들에게 건네준다. 이로써 이 대접재앙이, 땅에 거하는 자들의 불순종에 대한 하나님의 진노로 쏟아지는 재앙임을 알 수 있다(15:1, 16:1).

하나님의 영광과 능력으로 인해 성전에 연기가 가득 차매 대접재앙을 모두 마칠 때까지 감히 성전에 들어갈 자가 없다고 한다.[411] 이는 하나님의 주권과 심판에 대해 어느 누구도 간섭할 수 없음을 시사하는 장면이다. 이 재앙들은 악에 대한 최종적, 심판적인 징벌을 가져오고 적그리스도의 통치에 종지부를 찍게 될 것이다(16:19).[412] 그리고 하나님의 진노의 대접재앙은,[413] 공중을 나는 독수리가 외쳤던 세 차례의 화(8:13) 가운데 마지막인 셋째 화에 속한다(11:14~15,18~19, 16장).

---

409 민 17:7 "모세가 그 지팡이들을 증거의 장막 안 여호와 앞에 두었더라"
410 단 10:5 "그 때에 내가 눈을 들어 바라본즉 한 사람이 세마포 옷을 입었고 허리에는 우바스 순금 띠를 띠었더라"
411 출 19:18 "시내 산에 연기가 자욱하니 여호와께서 불 가운데서 거기 강림하심이라 그 연기가 옹기 가마 연기 같이 떠오르고 온 산이 크게 진동하며"
    사 6:3~4 "서로 불러 이르되 거룩하다 거룩하다 거룩하다 만군의 여호와여 그의 영광이 온 땅에 충만하도다 하더라 이같이 화답하는 자의 소리로 말미암아 문지방의 터가 요동하며 성전에 연기가 충만한지라"
412 그랜트 오스본, 『적용을 도와주는 요한계시록』, 275.
413 롬 1:18 "하나님의 진노가 불의로 진리를 막는 사람들의 모든 경건하지 않음과 불의에 대하여 하늘로부터 나타나나니"

제 16 장

진노의 일곱 대접부음(본 계시)

하나님의 진노의 일곱 대접부음은 마지막 일곱째 나팔울림에 속한다. 그리고 신약시대의 말기인 칠년대환난 후 성도들의 부활 및 휴거 사건이 지나고, 예수님이 재림하시기 직전에 쏟아질 최종적 재앙이다. 또한 인개봉(1/4), 나팔울림(1/3)의 부분적 재앙에서, 그 범위가 전체적으로 확대되어 심판적 성격을 띤다. 또 땅과 바다, 강과 호수, 해와 공중, 짐승(적그리스도)의 왕국 등 세상의 모든 부분을 겨냥함으로써 더럽혀진 자연계 전반에 대해서도 전체적 재앙을 암시한다.

첫째 천사가 대접을 땅에 쏟으니 짐승의 표 받은 자와 우상 숭배자들에게 독한 종기가 난다. 둘째 천사가 대접을 바다에 쏟으니 죽은 자의 피같이 되어 그 가운데 모든 생물이 죽는다. 셋째 천사가 대접을 강과 물의 근원에 쏟으니 피가 되어 순교자들의 피를 흘리게 한 자들을 마시게 한다. 그리고 넷째 천사가 대접을 해에 쏟으니 해가 권세를 받아 사람들을 태우는데 그들이 하나님의 이름을 모독하고 회개하지 않는다.

이어 다섯째 천사가 대접을 적그리스도인 짐승의 왕좌에 쏟으니 그 나라가 곧 어두워지며 사람들이 아파서 자기 혀를 깨물고 고통과 종기로 인해 하나님을 비방한다. 여섯째 천사가 대접을 큰 강 유브라데에 쏟으니 강물이 말라 동방에서 오는 왕들의 길이 예비된다. 또 용과 짐승과 거짓 선지자의 입에서 세 더러운 영이 나와 전능하신 이의 큰 날(주님의 재림 시)에 있을 아마겟돈 전쟁을 위해 온 천하 왕들을 모은다. 마지막 일곱째 천사가 대접을 공중에 쏟으니 성전의 보좌로부터 큰 음성이 나와 '되었다' 하신다. 그때 번개와 음성과 우레가 있고 큰 지진으로 큰 바벨론 성이 세 갈래로 갈라진다. 큰 바벨론이 하나님 앞에 기억되어 맹렬한 진노의 포도주 잔을 받으매 각 섬과 산악이 사라지며 엄청난 우박의 재앙이 내리니 사람들이 하나님을 모독한다.

(16:1~2)

또 내가 들으니 성전에서 큰 음성이 나서 일곱 천사에게 말하되 너희는 가서 하나님의 진노의 일곱 대접을 땅에 쏟으라 하더라 첫째 천사가 가서 그 대접을 땅에 쏟으매 짐승의 표를 받은 사람들과 그 우상에게 경배하는 자들에게 악하고 독한 종기가 나더라

하나님이 계신 성전에서 일곱 천사에게 진노의 일곱 대접을 땅(지상)에 쏟으라는 큰 음성이 나온다(15:7).[414] 일곱 대접재앙은 주님

---

414 사 66:6 "떠드는 소리가 성읍에서부터 들려 오며 목소리가 성전에서부터 들리니 이는 여호와께서 그의 원수에게 보응하시는 목소리로다"

이 재림하시기 직전 모든 불신자들에게 짧은 기간에 쏟아질 것이다 (18:8~10).

땅은 교계(교회)를 상징한다(19:4). 첫째 천사가 대접을 거짓 선지자와 위선자들이 득실대는 교회들에 쏟으니 후삼년반 동안 적그리스도의 표를 받은 자들과 그 우상에 경배한 자들에게 악하고 독한 종기가 난다.[415]

(16:3)

둘째 천사가 그 대접을 바다에 쏟으매 바다가 곧 죽은 자의 피 같이 되니 바다 가운데 모든 생물이 죽더라

바다는 세상을 상징한다(13:1). 둘째 천사가 대접을 죄악으로 더럽혀진 세상에 쏟으니, 세상이 죽은 사람의 피같이 되어 모든 생물(동물·식물·미생물)이 죽음에 이른다.[416]

한편 이 땅에서 불신자들의 마지막 육체적 죽음은, 예수님의 재림 시에 아마겟돈 전쟁으로 인해 그분의 말씀의 검에 죽어 새들의 밥이 될 때다. 또 천년왕국을 앞두고 양과 염소의 심판에서 염소에 해당된

---

415 출 9:9 "그 재가 애굽 온 땅의 티끌이 되어 애굽 온 땅의 사람과 짐승에게 붙어서 악성 종기가 생기리라"

416 출 7:19~21 "여호와께서 또 모세에게 이르시되 아론에게 명령하기를 네 지팡이를 잡고 네 팔을 애굽의 물들과 강들과 운하와 못과 모든 호수 위에 내밀라 하라 그것들이 피가 되리니 애굽 온 땅과 나무 그릇과 돌 그릇 안에 모두 피가 있으리라 모세와 아론이 여호와께서 명령하신 대로 행하여 바로와 그의 신하의 목전에서 지팡이를 들어 나일 강을 치니 그 물이 다 피로 변하고 나일 강의 고기가 죽고 그 물에서는 악취가 나니 애굽 사람들이 나일 강 물을 마시지 못하며 애굽 온 땅에는 피가 있으나"

자들의 죽음을 볼 수 있다.

이처럼 둘째 대접재앙 이후에도 주님의 재림 시까지 사람이 생존해 있어 '모든 생물'에 사람을 포함하여 해석하는 것은 논리적으로 모순이다(16:4~21). 더욱이 사람은 영과 혼과 몸으로 이루어져 있지만 417 동물은 혼과 몸으로 구성되어 있다. 따라서 사람은 영적인 존재로서 신학적 측면에서도 다른 동물들과 차이를 보인다.418

(16:4~7)

셋째 천사가 그 대접을 강과 물 근원에 쏟으매 피가 되더라 내가 들으니 물을 차지한 천사가 이르되 전에도 계셨고 지금도 계신 거룩하신 이여 이렇게 심판하시니 의로우시도다 그들이 성도들과 선지자들의 피를 흘렸으므로 그들에게 피를 마시게 하신 것이 합당하니이다 하더라 또 내가 들으니 제단이 말하기를 그러하다 주 하나님 곧 전능하신 이시여 심판하시는 것이 참되시고 의로우시도다 하더라

강과 물 근원은 하나님 말씀, 곧 그리스도 복음의 근원을 상징한다. 따라서 셋째 천사가 대접을 강과 물의 근원에 쏟으니 피가 된다는 것은 그리스도의 속량으로 이루신 하나님의 은혜의 복음시대가 막을

---

417 창 1:26 "하나님이 이르시되 우리의 형상을 따라 우리의 모양대로 우리가 사람을 만들고 그들로 바다의 물고기와 하늘의 새와 가축과 온 땅과 땅에 기는 모든 것을 다스리게 하자 하시고

살전 5:23 "평강의 하나님이 친히 너희를 온전히 거룩하게 하시고 또 너희의 온 영과 혼과 몸이 우리 주 예수 그리스도께서 강림하실 때에 흠 없게 보전되기를 원하노라"

418 '모든 생물(every living thing)'이 KJV 흠정역(정동수)에는 '모든 살아있는 혼 (every living soul)'로 번역되어 있다.

내리는 것을 의미한다. 이처럼 그리스도를 구주로 믿음으로써 하나님의 의를 거저 얻는 은혜의 구원시대는 하나님이 악한 자들을 오래 참으사 셋째 대접재앙으로 종지부를 찍게 될 것이다.[419]

그러므로 물을 관리하는 천사가, 성도들과 선지자들의 피를 흘리게 한 자들에 대한 합당한 보응으로(17:6, 18:24),[420] 거룩하신 하나님이 물샘(복음의 근원)에 피를 쏟아 그 효력이 사라져 사망에 이르게 하신 것이 합당하다고 말한다. 그들이 복음, 곧 생명의 부활에 참여하지 못하도록 하신 공의로우신 주님에 대한 찬미인 것이다(11:15).[421] 또 제단에서 나는 소리가 전능하며 참되고 의로우신 심판주 하나님을 찬미한다(6:9~11).

(16:8~9)

넷째 천사가 그 대접을 해에 쏟으매 해가 권세를 받아 불로 사람들을 태우니 사람들이 크게 태움에 태워진지라 이 재앙들을 행하는 권세를 가지신 하나님의 이름을 비방하며 또 회개하지 아니하고 주께 영광을 돌리지 아니하더라

---

419 벧후 3:9~10 "주의 약속은 어떤 이들이 더디다고 생각하는 것 같이 더딘 것이 아니라 오직 주께서는 너희를 대하여 오래 참으사 아무도 멸망하지 아니하고 다 회개하기에 이르기를 원하시느니라 그러나 주의 날이 도둑 같이 오리니 그 날에는 하늘이 큰 소리로 떠나가고 물질이 뜨거운 불에 풀어지고 땅과 그 중에 있는 모든 일이 드러나리로다"

420 사 49:26 "내가 너를 억압하는 자들에게 자기의 살을 먹게 하며 새 술에 취함 같이 자기의 피에 취하게 하리니 모든 육체가 나 여호와는 네 구원자요 네 구속자요 야곱의 전능자인 줄 알리라"

421 고전 15:51~52 "보라 내가 너희에게 비밀을 말하노니 우리가 다 잠 잘 것이 아니요 마지막 나팔에 순식간에 홀연히 다 변화되리니 나팔 소리가 나매 죽은 자들이 썩지 아니할 것으로 다시 살아나고 우리도 변화되리라"

이 재앙에서 해는 칠년대환난을 주도한 적그리스도를 상징한다. 따라서 넷째 천사가 대접을 적그리스도에 쏟으니 그가 권세를 받아 강한 열기(권세)로 사람들을 태우는(괴롭히는) 재앙이다. 이는 적그리스도가, 이어지는 다섯째 대접재앙이 그의 왕좌에 쏟아질 줄 알므로 마지막으로 사람들을 괴롭히는 것으로 읽혀진다(16:10). 또한 위도에 따라 태양열 받는 정도가 다르듯이, 천체 변동으로 태양의 위치가 조금만 더 가까워져도 그 열기로 화상을 입고 견디기 힘들 것이다(6:12~14).[422] 그런데도 그들이 재앙들을 다스리는 권능을 가지신 하나님의 이름을 모독할 뿐(13:6) 회개하지 않고 주님께 영광을 돌리지 않는다.

(16:10~11)

또 다섯째 천사가 그 대접을 짐승의 왕좌에 쏟으니 그 나라가 곧 어두워지며 사람들이 아파서 자기 혀를 깨물고 아픈 것과 종기로 말미암아 하늘의 하나님을 비방하고 그들의 행위를 회개하지 아니하더라

짐승의 왕좌는 사탄(용)으로부터 적그리스도가 받은 왕국을 말한다 (13:1~2). 다섯째 천사가 대접을 적그리스도의 왕좌에 쏟으니, 그 나라가 어두워지고 사람들이 고통과 종기로 인해 아파한다.[423] 그러나 그

---

422 마 24:29 "그 날 환난 후에 즉시 해가 어두워지며 달이 빛을 내지 아니하며 별들이 하늘에서 떨어지며 하늘의 권능들이 흔들리리라"

423 출 10:21~22 "여호와께서 모세에게 이르시되 하늘을 향하여 네 손을 내밀어 애굽 땅위에 흑암이 있게 하라 곧 더듬을 만한 흑암이리라 모세가 하늘을 향하여 손을 내밀매 캄캄한 흑암이 삼 일 동안 애굽 온 땅에 있어서"
출 9:10~11 "그들이 화덕의 재를 가지고 바로 앞에 서서 모세가 하늘을 향하여

들은 하나님을 비방하며 잘못을 회개하지 않는다.

(16:12~14)

또 여섯째 천사가 그 대접을 큰 강 유브라데에 쏟으매 강물이 말라서 동방에서 오는 왕들의 길이 예비되었더라 또 내가 보매 개구리 같은 세 더러운 영이 용의 입과 짐승의 입과 거짓 선지자의 입에서 나오니 그들은 귀신의 영이라 이적을 행하여 온 천하 왕들에게 가서 하나님 곧 전능하신 이의 큰 날에 있을 전쟁을 위하여 그들을 모으더라

여섯째 천사가 대접을 큰 강 유브라데에 쏟으니, 강물이 말라 아마겟돈 전쟁에 참여하기 위해 동방에서 오는 왕들의 길이 예비된다. 또 개구리처럼[424] 소란하고 무질서한 세 더러운 마귀의 영들이 용(사탄)과 짐승(적그리스도)과 거짓 선지자의 입에서 나온다. 그들이 이적을 행하며 전능하신 이의 큰 날, 곧 주님이 재림하실 때의 일전을 위해 최후 전쟁 지역인 아마겟돈으로 온 천하 왕들을 모은다(16:15~16, 19:19).[425]

아마겟돈 전쟁에 참여하고자 사탄이 주도하는 '동방'에서 오는 왕들의 길을 예비하므로, 그곳을 하나님이 계시는 상징적인 지역으로

날리니 사람과 짐승에게 붙어 악성 종기가 생기고 요술사들도 악성 종기로 말미암아 모세 앞에 서지 못하니 악성 종기가 요술사들로부터 애굽 모든 사람에게 생겼음이라"

424 레 11:41~42 "땅에 기어 다니는 모든 길짐승은 가증한즉 먹지 못할지니 곧 땅에 기어다니는 모든 기는 것 중에 배로 밀어 다니는 것이나 네 발로 걷는 것이나 여러 발을 가진 것이라 너희가 먹지 말지니 이것들은 가증함이니라"

425 습 3:8 "나 여호와가 말하노라 그러므로 내가 일어나 벌할 날까지 너희는 나를 기다리라 내가 뜻을 정하고 나의 분노와 모든 진노를 쏟으려고 여러 나라를 소집하며 왕국들을 모으리라 온 땅이 나의 질투의 불에 소멸되리라"

볼 수 없다. 따라서 전쟁에 참여할 왕들, 곧 적그리스도의 군대는 실제 유브라데강 동쪽 방향(중동 또는 중국 등)에 위치할 것으로 보인다.

(16:15~16)

보라 내가 도둑 같이 오리니 누구든지 깨어 자기 옷을 지켜 벌거벗고 다니지 아니하며 자기의 부끄러움을 보이지 아니하는 자는 복이 있도다 세 영이 히브리어로 아마겟돈이라 하는 곳으로 왕들을 모으더라

예수님의 재림은, 거듭나지 못하고 깨어 있지 않은 자들에게는 그들이 모르게 도둑 같이 오실 것이다(3:3).[426] 그렇지만 복음으로 깨어 있는 성도들은—무화과나무 가지가 연하여지고 잎사귀를 내면 여름이 가까운 줄 아는 것처럼[427]—디아스포라 유대인들이 돌아와 1948년 이스라엘을 재건하고, 또 장차 세상에 대환난이 오고 멸망의 가증한 적그리스도가 거룩한 성전에 선 것 등을 보면 주님의 재림이 가까운 줄을 알 수 있겠다.[428] 그러므로 누구든지 깨어 있어 그리스도의

---

426 마 24:42~44 "그러므로 깨어 있으라 어느 날에 너희 주가 임할는지 너희가 알지 못함이니라 너희도 아는 바니 만일 집 주인이 도둑이 어느 시각에 올 줄을 알았더라면 깨어 있어 그 집을 뚫지 못하게 하였으리라 이러므로 너희도 준비하고 있으라 생각하지 않은 때에 인자가 오리라"

427 마 24:32 "무화과나무의 비유를 배우라 그 가지가 연하여지고 잎사귀를 내면 여름이 가까운 줄을 아나니"

428 살전 5:4 "형제들아 너희는 어둠에 있지 아니하매 그 날이 도둑 같이 너희에게 임하지 못하리니"

마 24:15 "그러므로 너희가 선지자 다니엘이 말한 바 멸망의 가증한 것이 거룩한 곳에 선 것을 보거든 (읽는 자는 깨달을진저)"

마 24:29~33 "그 날 환난 후에 즉시 해가 어두워지며 달이 빛을 내지 아니하며 별들이 하늘에서 떨어지며 하늘의 권능들이 흔들리리라 그 때에 인자의 징조가 하늘에서 보이겠고 그 때에 땅의 모든 족속들이 통곡 하며 그들이 인자가

속량에 대한 믿음의 흰 옷(하나님 의義를 얻은 성도들의 옷)을 입음으로써 자기를 지키고 수치를 보이지 않은 자는 구원의 복을 얻을 것이다(3:18, 18:4).[429]

(16:17~21)

일곱째 천사가 그 대접을 공중에 쏟으매 큰 음성이 성전에서 보좌로부터 나서 이르되 되었다 하시니 번개와 음성들과 우렛소리가 있고 또 큰 지진이 있어 얼마나 큰지 사람이 땅에 있어 온 이래로 이같이 큰 지진이 없었더라 큰 성이 세 갈래로 갈라지고 만국의 성들도 무너지니 큰 성 바벨론이 하나님 앞에 기억하신 바 되어 그의 맹렬한 진노의 포도주 잔을 받으매 각 섬도 없어지고 산악도 간 데 없더라 또 무게가 한 달란트나 되는 큰 우박이 하늘로부터 사람들에게 내리매 사람들이 그 우박의 재앙 때문에 하나님을 비방하니 그 재앙이 심히 큼이러라

일곱째 천사가 마지막 대접을 사탄의 활동 근거지인 공중에 쏟으므로,[430] 하나님의 보좌에서 '되었다' 하시니 번개와 음성들과 우렛소리와 큰 지진이 발생한다. 이때 번개와 음성은 다가올 주님의 임

구름을 타고 능력과 큰 영광으로 오는 것을 보리라 그가 큰 나팔소리와 함께 천사들을 보내리니 그들이 그의 택하신 자들을 하늘 이 끝에서 저 끝까지 사방에서 모으리라 … 이와 같이 너희도 이 모든 일을 보거든 인자가 가까이 곧 문 앞에 이른 줄 알라"

429 롬 3:22~24 "곧 예수 그리스도를 믿음으로 말미암아 모든 믿는 자에게 미치는 하나님의 의니 차별이 없느니라 모든 사람이 죄를 범하였으매 하나님의 영광에 이르지 못하더니 그리스도 예수 안에 있는 속량으로 말미암아 하나님의 은혜로 값 없이 의롭다 하심을 얻은 자 되었느니라"

430 엡 2:2 "그 때에 너희는 그 가운데서 행하여 이 세상 풍조를 따르고 공중의 권세 잡은 자를 따랐으니 곧 지금 불순종의 아들들 가운데서 역사하는 영이라"

재(19장)를,[431] 우레와 지진은 큰 성 바벨론의 심판을 상징한다.[432]

큰 성 바벨론(음녀)은 적그리스도와 거짓 선지자의 활동 무대다(17:5, 18). 그 성이 인류 역사 이래 최대의 큰 지진으로 인해 세 갈래로 갈라지고 만국의 성들도 무너진다. 이는 적그리스도 왕국의 완전한 파괴와 초토화를 의미한다(18:2,21). 이렇듯 하나님의 맹렬한 진노의 포도주잔을 받으매 각 섬과 산악이 사라지고 간데없다. 또 하늘로부터 쏟아지는 한 달란트(약 34kg)나 되는 엄청난 무게의 큰 우박 재앙으로 인해 [433] 사람들이 하나님을 비방한다.

이어 음녀, 곧 큰 성 바벨론에 대한 심판과 패망의 모습들이 다음 장의 막간 장면들을 통해 좀 더 구체적이고 상세하게 펼쳐진다(17~18장).

---

431 마 24:27 "번개가 동편에서 나서 서편까지 번쩍임 같이 인자의 임함도 그러하리라"
    신 4:12 "여호와께서 불길 중에서 너희에게 말씀하시되 음성뿐이므로 너희가 그 말소리만 듣고 형상은 보지 못하였느니라"
432 사 29:6 "만군의 여호와께서 우레와 지진과 큰 소리와 회오리바람과 폭풍과 맹렬한 불꽃으로 그들을 징벌하실 것인즉"
433 출 9:24 "우박이 내림과 불덩이가 우박에 섞여 내림이 심히 맹렬하니 나라가 생긴 그로부터 애굽 온 땅에는 그와 같은 일이 없었더라"

제 17 장

큰 음녀 심판과 짐승의 정체(막간 7)

붉은 빛 짐승과 그 위에 탄 여자의 심판에 대한 장면이다. 그 짐승은—역대 하나님을 대적했던 일곱 국가의 일곱 왕을 뜻하는 일곱 머리와, 한동안 권세를 얻으나 나라를 얻지 못한 열 왕을 뜻하는 열 뿔을 가졌으며—적그리스도를 상징한다. 열 왕(열 뿔)이 한 목적을 가지고 자기들의 능력과 권세를 그에게 줄 것이다. 그리고 여자는 땅의 음녀(교회의 거짓 선지자)들과 가증한 것(불신자)들의 어미인 큰 바벨론을 상징한다.

본 장은 12~13장에 나타난 용과 짐승과 음녀의 실체들이 좀 더 구체적으로 나타난다. 이때 큰 음녀(17:1), 여자(17:3), 큰 바벨론(17:5), 큰 성(7:18)은 모두 칠년대환난을 주도하는 적그리스도가 왕이 될 거대한 국가(세계단일정부 형태)를 함의한다. 적그리스도와 열 왕들이, 결국 음녀인 큰 성 바벨론을 배반하여 망하게 하고 그녀의 살을 먹고 불로 아주 사르리라 하니 사탄의 가증한 본색이 드러난다. 그들이 재림하시는 예수님과 더불어 싸우지만, 만유의 주요 만왕의 왕이신 예수님과 택함을 받은 진실한 성도들이 반드시 이길 것이다.

한편 앞서 일곱째 대접부음(재앙)으로 내려지는(16:17~21), 큰 음녀인 바벨론 성이 심판을 받는 장면이 막간으로 상세히 나타난다(17~18장). 조명의 관점이 17장은 음녀의 심판, 18장은 바벨론의 패망에 중점을 두고 그 재앙의 구체적인 모습들이 펼쳐진다. 다시 말해 음녀인 큰 바벨론 성에 대한 심판을 강조하기 위한 유대 사회의 반복적, 문학적 표현 기법이라 할 수 있다. 이는 창세기 1장에 보인 하나님의 칠 일간 창조 기사에 대해, 2장은 사람의 창조 과정에 중점을 두고 반복하여 세부적으로 표현함으로써 강조한 것과 궤를 같이한다.

(17:1~2)

또 일곱 대접을 가진 일곱 천사 중 하나가 와서 내게 말하여 이르되 이리로 오라 많은 물 위에 앉은 큰 음녀가 받을 심판을 네게 보이리라 땅의 임금들도 그와 더불어 음행하였고 땅에 사는 자들도 그 음행의 포도주에 취하였다 하고

일곱 대접을 가진 천사 중 하나가 '큰 음녀가 받을 심판'을 보임으로써, 이 심판이 대접재앙(일곱째 대접부음)에 속함을 나타낸다(16:17~21). 큰 음녀는 정치, 경제, 사회, 문화, 종교 등 다방면에서 세속적이고 하나님을 떠난 것들을 총칭하는 큰 성 바벨론이다(17:5,15,18).[434] 따라서

---

434 겔 16:15 "그러나 네가 네 화려함을 믿고 네 명성을 가지고 행음하되 지나가는 모든 자와 더불어 음란을 많이 행하므로 네 몸이 그들의 것이 되도다"
약 4:4 "간음한 여인들아 세상과 벗된 것이 하나님과 원수 됨을 알지 못하느냐 그런즉 누구든지 세상과 벗이 되고자 하는 자는 스스로 하나님과 원수 되는 것이니라"

큰 음녀는 적그리스도가 지배할 세계단일정부 형태의 국가를 상징한다. 땅의 임금들인 각 나라의 왕들도 그녀(큰 바벨론 성)와 더불어 하나님 앞에 음행하였고, 땅에 사는 자(각 나라의 백성)들도 그녀와 음행의 늪에 깊이 빠졌다고 한다.[435]

(17:3~5)

곧 성령으로 나를 데리고 광야로 가니라 내가 보니 여자가 붉은 빛 짐승을 탔는데 그 짐승의 몸에 하나님을 모독하는 이름들이 가득하고 일곱 머리와 열 뿔이 있으며 그 여자는 자주 빛과 붉은 빛 옷을 입고 금과 보석과 진주로 꾸미고 손에 금 잔을 가졌는데 가증한 물건과 그의 음행의 더러운 것들이 가득하더라 그의 이마에 이름이 기록되었으니 비밀이라, 큰 바벨론이라, 땅의 음녀들과 가증한 것들의 어미라 하였더라

요한은 성령의 감동으로[436] 음녀에 대한 환상을 '광야'에서 본다.[437] 이와 대조적으로, 거룩한 성 예루살렘에 대한 환상은 '높은 산'에서 보게 된다(21:10).

본문에서 '붉은 빛'은 피 흘리는 전쟁을 좋아하는 사탄을 의미하는

---

435 나 3:4 "이는 마술에 능숙한 미모의 음녀가 많은 음행을 함이라 그가 그의 음행으로 여러 나라를 미혹하고 그의 마술로 여러 족속을 미혹하느니라"
     렘 51:7 "바벨론은 여호와의 손에 잡혀 있어 온 세계가 취하게 하는 금잔이라 뭇 민족이 그 포도주를 마심으로 미쳤도다"
436 고후 12:2 "내가 그리스도 안에 있는 한 사람을 아노니 그는 십사 년 전에 셋째 하늘에 이끌려 간 자라 (그가 몸 안에 있었는지 몸 밖에 있었는지 나는 모르거니와 하나님은 아시느니라)"
437 마 4:1 "그 때에 예수께서 성령에게 이끌리어 마귀에게 시험을 받으러 광야로 가사"

바,[438] 붉은 빛 짐승은 사탄이 주도하는 적그리스도다. 그리고 여자 (큰 바벨론 성)가 붉은 빛 짐승을 탄 것은, 그녀가 적그리스도(짐승)에 예속되어 있음을 말해준다.

한편 '일곱 머리'는 사탄의 원격 조정을 받아 이스라엘의 하나님을 적대시해 온 역대 적그리스도 국가(애굽, 앗수르, 바벨론, 메대바사, 헬라, 로마, 독일)의 일곱 왕들이다.(그림 Ⅲ-2 참고) 또 '열 뿔'은 여덟 번째 적그리스도 국가 주변에서 나라를 얻지 못하나 한동안 권세 얻을 열 왕들이다 (12:3, 13:1). 그들과 따로 출현하는 다른 한 왕이 그 왕들 가운데 세 왕을 굴복시키며, 그가 바로 여덟째 국가의 왕이 되어 멸망으로 들어갈 적그리스도(제8왕)인 것이다(17:11).[439]

'땅의 음녀들'은 세상과 짝하여 사는 교회의 거짓 그리스도인들이며 '가증한 것들'은 하나님을 떠나 사는 불신자들이다.[440] 이러한 땅의 음녀들과 가증한 것들의 어미인 여자(큰 바벨론 성)가 왕의 위엄과 호화스러움을 뜻하는 자주 빛과 붉은 빛 옷을 입었다. 그녀는 하나님 앞에 가증하고 음행의 더러운 것들이 가득한 금잔을 사랑한다고 한

---

438 나 2:3 "그의 용사들의 방패는 붉고 그의 무사들의 옷도 붉으며 그 항오를 벌이는 날에 병거의 쇠가 번쩍이고 노송나무 창이 요동하는도다"
439 단 7:24~26 "그 열 뿔은 그 나라에서 일어날 열 왕이요 그 후에 또 하나가 일어나리니 그는 먼저 있던 자들과 다르고 또 세 왕을 복종시킬 것이며 그가 장차 지극히 높으신 이를 말로 대적하며 또 지극히 높으신 이의 성도를 괴롭게 할 것이며 그가 또 때와 법을 고치고자 할 것이며 성도들은 그의 손에 붙인 바 되어 한 때와 두 때와 반 때를 지내리라 그러나 심판이 시작되면 그는 권세를 빼앗기고 완전히 멸망할 것이요"
440 약 4:4 "간음한 여인들아 세상과 벗된 것이 하나님과 원수 됨을 알지 못하느냐 그런즉 누구든지 세상과 벗이 되고자 하는 자는 스스로 하나님과 원수 되는 것이니라"

다(18:16).[441] 그리고 금방 패망할 그녀의 이마에, 육적인 사람들은 볼 (알) 수 없지만 '땅의 음녀들과 가증한 것들의 어미, 큰 바벨론'이라 인쳐져 있다(16:19, 18:2).

(17:6~8)

또 내가 보매 이 여자가 성도들의 피와 예수의 증인들의 피에 취한지라 내가 그 여자를 보고 놀랍게 여기고 크게 놀랍게 여기니 천사가 이르되 왜 놀랍게 여기느냐 내가 여자와 그가 탄 일곱 머리와 열 뿔 가진 짐승의 비밀을 네게 이르리라 네가 본 짐승은 전에 있었다가 지금은 없으나 장차 무저갱으로부터 올라와 멸망으로 들어갈 자니 땅에 사는 자들로서 창세 이후로 그 이름이 생명책에 기록되지 못한 자들이 이전에 있었다가 지금은 없으나 장차 나올 짐승을 보고 놀랍게 여기리라

여자(음녀, 곧 큰 바벨론 성)는 대환난 동안 그리스도의 증언자들인 두 증인과 성도들의 피를 흘리게 한 원흉이다(11:7, 13:15). 그리고 '전에 있었다가 지금은 없는 짐승'은 요한이 계시를 받기 전에 있었다가 계시 받을 당시(AD 95년경)에는 없는 짐승, 곧 적그리스도의 예표로 불리는 헬라의 에피파네스 황제(BC 215년경~BC 164년)로 여겨진다. 그의 성향을 닮은 자가 장차 무저갱으로부터 올라와 멸망으로 들어가는, 곧 사탄(20:7,10)의 조정을 받아 칠년대환난의 주역이 될 여덟째 왕으로서 불못에 던져질 자다(17:11). 지구상에 거하는 생명책에 이름이 기록되지 못한 자들은 그 짐승, 곧 적그리스도에게 경배하게 될 것이다(13:8).

---

441 렘 51:7 "바벨론은 여호와의 손에 잡혀 있어 온 세계가 취하게 하는 금잔이라 뭇 민족이 그 포도주를 마심으로 미쳤도다"

(17:9~10)

지혜 있는 뜻이 여기 있으니 그 일곱 머리는 여자가 앉은 일곱 산이요 또 일곱 왕이라 다섯은 망하였고 하나는 있고 다른 하나는 아직 이르지 아니하였으나 이르면 반드시 잠시 동안 머무르리라

앞서 말했듯이 '일곱 머리'는 역사적으로 볼 때, 사탄의 강력한 권세로 하나님을 모독하고 유대인들을 핍박했던 역대 국가들의 일곱 왕이다. 여기서 여자가 일곱 산에 앉은 것은, 큰 바벨론 성인 음녀가 일곱 국가(산)에 예속되었음을 보여준다(8:8).[442]

역대에 이스라엘의 하나님을 대적했던 일곱 왕들이 속한 국가는 요한이 밧모 섬에서 계시 받을 당시에 다섯(애굽, 앗수르, 바벨론, 메대바사, 헬라)은 이미 망하고 없었다. 그리고 하나(로마)는 있고, 다른 하나(유대인 대학살의 원흉인 히틀러가 속한 독일)는 시기가 이르지 아니하였으나 이르면 잠시 동안 머무를 것이라고 한다.[443](그림 III-2 참고)

(17:11~13)

전에 있었다가 지금 없어진 짐승은 여덟째 왕이니 일곱 중에 속한 자라 그가 멸망으로 들어가리라 네가 보던 열 뿔은 열 왕이니 아직 나라를 얻지 못하였으나 다만 짐승과 더불어 임금처럼 한동안 권세를 받으리라 그들이 한 뜻을 가지고 자기의 능력과 권세를 짐승에게 주더라

---

442 렘 51:25 "여호와의 말씀이니라 온 세계를 멸하는 멸망의 산아 보라 나는 네 원수라 나의 손을 네 위에 펴서 너를 바위에서 굴리고 너로 불탄 산이 되게 할 것이니"

443 강종수, 『다시 오실 예수 그리스도』, 266.
　　김중현, 『새로 조명한 요한계시록』, 388.

'일곱 중에 속한 자'는, 사탄에게 속한 악한 영으로서 이스라엘의 하나님을 대적해 온 역대 국가의 일곱 왕들 가운데 그(사탄)의 조종을 받는 한 왕을 뜻한다. 그리고 '전에 있었다가 지금 없어진' 짐승은, 앞서 말한 계시 받는 시점인 로마 전前에 이미 망하고 없는 다섯 국가의 왕들이다. 따라서 여덟째 왕은, 일곱 왕의 무리 가운데 당시 지나간 다섯 국가에 속한 한 왕을 많이 닮게 될 것이다. 헬라제국의 4대 분할 중 하나인 시리아 왕국의 셀류쿠스 왕조의 제8대 왕인 안티오크스 4세 에피파네스는 적그리스도의 예표로 불린다. 그가 BC 167년 성전에 제우스 신상을 세우며 번제단 위에 돼지고기 제물을 바쳐 우상을 숭배하게 하고 따르지 않는 자는 누구든지 다 죽였기 때문이다.444(Ⅳ부. 5의 제3성전 편 참고)

게다가 적그리스도는 사자의 잔인성(바벨론), 곰의 폭압성(메대바사), 표범의 민첩성(헬라)의 성향을 띠고(13:2), 몰인정하고 잔인한 인류의 파괴자요 적그리스도의 전형이 된 폭군 네로 황제를 닮을 것이다.(Ⅲ부. 13:16~18 해설 참고) 그는 칠년대환난의 주역으로서 한 이레(7년) 동안의 중간에 이스라엘과 평화 약정을 파기하고 성전에 앉아 자기가 하나님이라고 할 가증한 자다.445 그가 결국 강력한 여덟 번째 국가(다니엘 환상의 넷째 짐승)의 왕으로 출현하여 세계를 통치하다가 멸망으로 들어간

---

444 마 24:15 "그러므로 너희가 선지자 다니엘이 말한 바 멸망의 가증한 것이 거룩한 곳에 선 것을 보거든 (읽는 자는 깨달을진저) "
445 단 9:27 "그가 장차 많은 사람들과 더불어 한 이레 동안의 언약을 굳게 맺고 그가 그 이레의 절반에 제사와 예물을 금지할 것이며 또 포악하여 가증한 것이 날개를 의지하여 설 것이며 또 이미 정한 종말까지 진노가 황폐하게 하는 자에게 쏟아지리라 하였느니라 하니라"

다(19:20).[446]

그리고 열 뿔은 적그리스도 국가의 주변에서 일어날 열 왕이다.[447] 그들은 나라를 얻지 못하고 한동안 권세를 받아 한 뜻으로 자기들의 힘을 짐승, 곧 적그리스도(제8왕)에게 모아 주게 될 것이다.

여덟 번째 왕인 최후의 적그리스도[448]

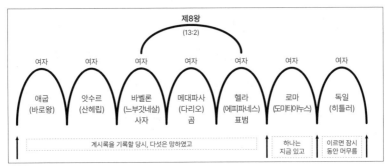

〔그림 Ⅲ-2〕

---

446 단 7:7~8 "내가 밤 환상 가운데에 그 다음에 본 넷째 짐승은 무섭고 놀라우며 또 매우 강하며 또 쇠로 된 큰 이가 있어서 먹고 부서뜨리고 그 나머지를 발로 밟았으며 이 짐승은 전의 모든 짐승과 다르고 또 열 뿔이 있더라 내가 그 뿔을 유심히 보는 중에 다른 작은 뿔이 그 사이에서 나더니 첫 번째 뿔 중의 셋이 그 앞에서 뿌리까지 뽑혔으며 이 작은 뿔에는 사람의 눈 같은 눈들이 있고 또 입이 있어 큰 말을 하였더라"

단 8:23~25 "이 네 나라 마지막 때에 반역자들이 가득할 즈음에 한 왕이 일어나리니 그 얼굴은 뻔뻔하며 속임수에 능하며 그 권세가 강할 것이나 자기의 힘으로 말미암은 것이 아니며 그가 장차 놀랍게 파괴 행위를 하고 자의로 행하여 형통하며 강한 자들과 거룩한 백성을 멸하리라 그가 꾀를 베풀어 제 손으로 속임수를 행하고 마음에 스스로 큰 체하며 또 평화로운 때에 많은 무리를 멸하며 또 스스로 서서 만왕의 왕을 대적할 것이나 그가 사람의 손으로 말미암지 아니하고 깨지리라"

447 단 7:24 "그 열 뿔은 그 나라에서 일어날 열 왕이요 그 후에 또 하나가 일어나리니 그는 먼저 있던 자들과 다르고 또 세 왕을 복종시킬 것이며"

448 김중현, 『새로 조명한 요한계시록』, 389 참고.

(17:14~16)

그들이 어린 양과 더불어 싸우려니와 어린 양은 만주의 주시요 만왕의 왕이시므로 그들을 이기실 터이요 또 그와 함께 있는 자들 곧 부르심을 받고 택하심을 받은 진실한 자들도 이기리로다 또 천사가 내게 말하되 네가 본 바 음녀가 앉아 있는 물은 백성과 무리와 열국과 방언들이니라 네가 본 바 이 열 뿔과 짐승은 음녀를 미워하여 망하게 하고 벌거벗게 하고 그의 살을 먹고 불로 아주 사르리라

만주의 주요 만왕의 왕으로서 예수님이 적그리스도와 열 왕을 반드시 이기시고, 택함을 받은 진실한 자들, 곧 주님이 재림하실 때에 함께 하는 성도들도 그들을 이길 것이다(19:6).[449]

한편 큰 성 바벨론인 음녀가 물(언어가 다른 많은 나라의 백성들과 무리들) 위에 앉아 그들을 지배하고 있다. 그러나 적그리스도와 열 왕은 그 음녀가 유익이 없게 될 때 배반하여 황폐케 하고 그녀의 살(세상적인 재물 등)을 먹고 불로 아주 태우리라고 한다. 이에 대해 다니엘이 받은 계시에서도, 이스라엘의 동북(동쪽과 북쪽)에서 나오는 음녀(큰 바벨론 성)에 대한 소문으로 그(적그리스도)가 분노하여 멸망시킬 것이라고 예언한 바 있다.[450]

(17:17~18)

이는 하나님이 자기 뜻대로 할 마음을 그들에게 주사 한 뜻을 이루게 하시고 그

---

449 롬 1:6 "너희도 그들 중에서 예수 그리스도의 것으로 부르심을 받은 자니라"
고전 15:23 "그러나 각각 자기 차례대로 되리니 먼저는 첫 열매인 그리스도요 다음에는 그가 강림하실 때에 그리스도에게 속한 자요"

450 단 11:44 "그러나 동북에서부터 소문이 이르러 그를 번민하게 하므로 그가 분노하여 나가서 많은 무리를 다 죽이며 멸망시키고자 할 것이요"

III. 요한계시록 본문 해설 267

들의 나라를 그 짐승에게 주게 하시되 하나님의 말씀이 응하기까지 하심이라 또 네가 본 그 여자는 땅의 왕들을 다스리는 큰 성이라 하더라

하나님이 적그리스도와 열 왕에게 자기들의 뜻대로 할 마음을 주시고, 그분의 말씀이 응하기까지 그들의 나라를 적그리스도에게 주게 하셨다(17:13). 그리고 '땅의 왕들을 다스리는 큰 성'은 음행케 하는 가증한 것들의 어미인 음녀, 곧 적그리스도의 왕국(세계단일정부 형태)인 큰 바벨론 성을 말한다(17:4~5). 그녀는 나라를 잃은 왕(통치자)들을 유혹하여 정치, 경제, 사회, 문화, 종교 등 전반에 걸쳐 하나님을 떠나 살게 할 것이다.

제 18 장

●

바벨론 패망(막간 8)

음녀(큰 성 바벨론) 심판과 멸망에 대한 상세한 실상이 나타나는 장면이다. 먼저 큰 권세를 가진 한 천사가 큰 바벨론 성의 무너짐을 강조하고자 반복하여 외친다. 또 하늘로부터 다른 음성이 나서 '내 백성아 거기서 나와 그녀의 죄에 참여하지 말고 그녀가 받을 재앙들을 받지 말라'고 경고한다. 이때 내 백성은, 주님이 재림하셔서 양과 염소로 구분하여 심판하실 때, 양에 속한 자들로서 전체 성도들의 추수 과정 중 천년왕국에서의 이삭줍기 대상이 될 것으로 보인다.

각 나라의 통치자들과 무역을 통해 부자가 된 상인들과 선주들과 상선의 선장들이 큰 성 바벨론의 패망을 애통해 한다. 한편 하늘의 음성은, 하늘과 성도들과 사도들과 선지자들에게, 너희를 위하여 하나님이 그 성을 심판하셨으므로 즐거워하라고 한다. 이에 한 힘센 천사가, 큰 맷돌 같은 돌을 바다에 던지며 그 성이 이같이 비참하게 던져져 결코 보이지 않을 것이다. 그것은 네 복술로 만국이 미혹되고 선지자들과 성도들과 땅 위에서 죽임을 당한 모든 사람의 피가 성중에서 발견되었기 때문이라고 한다.

(18:1~3)

> 이 일 후에 다른 천사가 하늘에서 내려 오는 것을 보니 큰 권세를 가졌는데 그의 영광으로 땅이 환하여지더라 힘찬 음성으로 외쳐 이르되 무너졌도다 무너졌도다 큰 성 바벨론이여 귀신의 처소와 각종 더러운 영이 모이는 곳과 각종 더럽고 가증한 새들이 모이는 곳이 되었도다 그 음행의 진노의 포도주로 말미암아 만국이 무너졌으며 또 땅의 왕들이 그와 더불어 음행하였으며 땅의 상인들도 그 사치의 세력으로 치부하였도다 하더라

이 일—진노의 일곱 대접재앙과 음녀 심판 장면의 환상(15:5~17:18)—후에 큰 권세를 가진 다른 천사가 하늘에서 내려오니 하나님의 후광 속에 그의 광채로 땅이 환하여진다.[451]

그 천사가 외치기를, 큰 성 바벨론(음녀)이 마귀들의 거처와 각종 더러운 영과 가증한 새들이 모이는 요새가 되었도다. 그 음행(우상숭배와 탐심)[452] 때문에 하나님의 진노로 만국이 무너졌도다.[453] 또 각 나라의 통치자들이 음녀와 더불어 음행하였으며 각 나라의 상인들도 그녀의

---

451 겔 43:2 "이스라엘 하나님의 영광이 동쪽에서부터 오는데 하나님의 음성이 많은 물 소리 같고 땅은 그 영광으로 말미암아 빛나니"

452 골 3:5 "그러므로 땅에 있는 지체를 죽이라 곧 음란과 부정과 사욕과 악한 정욕과 탐심이니 탐심은 우상숭배니라"
렘 3:2 "네 눈을 들어 헐벗은 산을 보라 네가 행음하지 아니한 곳이 어디 있느냐 네가 길 가에 앉아 사람들을 기다린 것이 광야에 있는 아라바 사람 같아서 음란과 행악으로 이 땅을 더럽혔도다"

453 사 21:9 "보소서 마병대가 쌍쌍이 오나이다 하니 그가 대답하여 이르시되 함락되었도다 함락되었도다 바벨론이여 그들이 조각한 신상들이 다 부서져 땅에 떨어졌도다 하시도다"

사치 바람에 치부하였다고 한다(17:2).

'음행의 진노의 포도주'는 성도들로 하여금 순교를 당하게 한 음녀(큰 성 바벨론)에 대한 하나님의 응징이며(14:8,19, 18:24), 이는 그 성에 대한 영원한 패망을 가져오게 된다(18:21). 일곱째 대접심판과 함께, 주님이 재림하셔서 적그리스도와 거짓 선지자와 그들의 군대를 심판하실 때 하나님의 맹렬한 진노의 포도주 틀을 밟으실 것이다(19:15).

(18:4~5)

또 내가 들으니 하늘로부터 다른 음성이 나서 이르되 내 백성아, 거기서 나와 그의 죄에 참여하지 말고 그가 받을 재앙들을 받지 말라 그의 죄는 하늘에 사무쳤으며 하나님은 그의 불의한 일을 기억하신지라

마지막 일곱 번째 나팔이 울림으로 성도들이 모두 부활 승천하여 추수된 후에도(11:15),[454] 하늘에서 '내 백성아' 부르는 것으로 보아 이 땅에 아직 하나님의 백성들이 남아 있다. 이들은 비록 휴거되지 못했지만, 칠년대환난 동안에 이마나 손에 적그리스도의 표를 받지 않고 성도(형제)들을 도왔던 자들이다.[455] 이들이 칠년대환난 전에 있을 남자아이 휴거와 대환난 동안 영원한 복음을 듣고(14:6) 자극을 받아 형

---

454 마 24:29~31 "그 때에 인자의 징조가 하늘에서 보이겠고 그 때에 땅의 모든 족속들이 통곡하며 그들이 인자가 구름을 타고 능력과 큰 영광으로 오는 것을 보리라 그가 큰 나팔소리와 함께 천사들을 보내리니 그들이 그의 택하신 자들을 하늘 이 끝에서 저 끝까지 사방에서 모으리라"

455 단 11:34 "하나님의 백성이 박해를 받고 있을 때 그들은 하나님을 믿지 않는 사람들에게 약간의 도움을 받을 것이지만 오히려 많은 사람들이 그들을 이용하려고 할 것이다"(현대인의 성경)

제들을 도왔지만 거듭나지 못해 육의 몸으로 천년왕국에 들어갈 것으로 보인다. 그래서 하나님의 백성으로서 음녀의 죄에 참여하지 말 것과 그로 인한 재앙을 받지 말라고 당부하는 것이다.[456] 이들은 천년왕국에서 예수님의 다스림 속에 새 생명을 얻고 그리스도의 장성한 분량에 이르러 구원을 얻게 된다. 이른바 하나님의 추수 가운데 이삭줍기에 속할 자들이다.

'내 백성'은 예수님이 재림하실 때 양과 염소의 심판에서 양에 속한 자들로서, 칠년대환난 동안 핍박 받는 형제들을 물과 양식으로 도운 자들이었다.[457] 반면 대환난의 때에 이들을 핍박하고 전혀 돕지 않았으므로 염소에 속한 자들은,[458] 영원히 여호와의 총회에 들지 못하고 심판에 이른다.[459] 노아의 때는 죄악이 '땅'에 관영했었지만, 종말에는 큰 성 바벨론(음녀)의 불의가 '하늘'에까지 사무쳐 기억하신바

---

456 렘 51:44~45 "내가 벨을 바벨론에서 벌하고 그가 삼킨 것을 그의 입에서 끌어 내리니 민족들이 다시는 그에게로 몰려가지 아니하겠고 바벨론 성벽은 무너졌 도다 나의 백성아 너희는 그 중에서 나와 각기 여호와의 진노를 피하라"

457 마 25:40 "임금이 대답하여 이르시되 내가 진실로 너희에게 이르노니 너희가 여기 내 형제 중에 지극히 작은 자 하나에게 한 것이 곧 내게 한 것이니라 하시 고"

458 마 25:45 "이에 임금이 대답하여 이르시되 내가 진실로 너희에게 이르노니 이 지극히 작은 자 하나에게 하지 아니한 것이 곧 내게 하지 아니한 것이니라 하 시리니"

459 느 13:1~3 "그 날 모세의 책을 낭독하여 백성에게 들렸는데 그 책에 기록하기 를 암몬 사람과 모압 사람은 영원히 하나님의 총회에 들어오지 못하리니 이는 그들이 양식과 물로 이스라엘 자손을 영접하지 아니하고 도리어 발람에게 뇌 물을 주어 저주하게 하였음이라 그러나 우리 하나님이 그 저주를 돌이켜 복이 되게 하셨다 하였는지라 백성이 이 율법을 듣고 곧 섞인 무리를 이스라엘 가운 데에서 모두 분리하였느니라"

되어 영원히 패망에 이르게 될 것이다.[460]

이사야 선지자가 본 새 하늘과 새 땅,[461] 즉 천년왕국 시대는 "거기는 날 수가 많지 못하여 죽는 어린이와 수한이 차지 못한 노인이 다시는 없을 것이라 곧 백 세에 죽는 자를 젊은이라 하겠고 백 세가 못되어 죽는 자는 저주 받은 자이리라"(사 65:20)는 예언으로 미루어 볼 때, 아담의 시대처럼 수명은 늘어나지만 죽음이 아직 존재한다. 이들은 변화 받지 않은 육의 몸이기 때문이다. 그러므로 이들은 천년이 끝나고 사탄이 잠시 옥에서 풀려 나와 한차례 큰 미혹이 있을 때(20:3~8), 만왕의 왕이신 예수님의 이름으로 끝까지 승리해야 한다. 그래야 변화를 받아, 이삭줍기에 속한 참 하나님의 백성으로서 새 생명을 얻어 영생의 영광 속으로 들어갈 것이다.[462]

(18:6~8)

그가 준 그대로 그에게 주고 그의 행위대로 갑절을 갚아 주고 그가 섞은 잔에도 갑절이나 섞어 그에게 주라 그가 얼마나 자기를 영화롭게 하였으며 사치하였든

---

460 렘 51:9 "우리가 바벨론을 치료하려 하여도 낫지 아니한즉 버리고 각각 고향으로 돌아가자 그 화가 하늘에 미쳤고 궁창에 달하였음이로다"
롬 1:18 "하나님의 진노가 불의로 진리를 막는 사람들의 모든 경건하지 않음과 불의에 대하여 하늘로부터 나타나나니"

461 사 65:17 "보라 내가 새 하늘과 새 땅을 창조하나니 이전 것은 기억되거나 마음에 생각나지 아니할 것이라"

462 마 25:31~34 "인자가 자기 영광으로 모든 천사와 함께 올 때에 자기 영광의 보좌에 앉으리니 모든 민족을 그 앞에 모으고 각각 구분하기를 목자가 양과 염소를 구분하는 것 같이 하여 양은 그 오른편에 염소는 왼편에 두리라 그 때에 임금이 그 오른편에 있는 자들에게 이르시되 내 아버지께 복 받을 자들이여 나아와 창세로부터 너희를 위하여 예비된 나라를 상속받으라"

지 그만큼 고통과 애통함으로 갚아 주라 그가 마음에 말하기를 나는 여왕으로 앉은 자요 과부가 아니라 결단코 애통함을 당하지 아니하리라 하니 그러므로 하루 동안에 그 재앙들이 이르리니 곧 사망과 애통함과 흉년이라 그가 또한 불에 살라지리니 그를 심판하시는 주 하나님은 강하신 자이심이라

'섞은 잔'에는 음녀(큰 성 바벨론)가 성도들을 심히 괴롭게 하였음이 배어 있다. 그래서 그녀의 행위대로 갑절을 갚아 주고 영화를 누리고 사치한 만큼 고통과 애통함으로 갚아 주라고 한다.[463] 그녀는 세상에 취해, 아직도 자신이 과부처럼 홀로가 아니라 여왕같이 군림하고 있는 자이므로 슬픈 일을 당하지 않으리라 착각한다(17:16).[464] 그러나 하루 동안에 사망과 아픔과 기갈의 재앙들이 이르고 심판 주인 강하신 하나님이 큰 성 바벨론을 불로 태워 버리실 것이다.[465]

(18:9~10)

그와 함께 음행하고 사치하던 땅의 왕들이 그가 불타는 연기를 보고 위하여 울고 가슴을 치며 그의 고통을 무서워하여 멀리 서서 이르되 화 있도다 화 있도다

---

463 렘 50:29 "활 쏘는 자를 바벨론에 소집하라 활을 당기는 자여 그 사면으로 진을 쳐서 피하는 자가 없게 하라 그가 일한 대로 갚고 그가 행한 대로 그에게 갚으라 그가 이스라엘의 거룩한 자 여호와를 향하여 교만하였음이라"

464 사 47:8 "그러므로 사치하고 평안히 지내며 마음에 이르기를 나뿐이라 나 외에 다른 이가 없도다 나는 과부로 지내지도 아니하며 자녀를 잃어버리는 일도 모르리라 하는 자여 너는 이제 들을지어다"

465 살전 5:3 "그들이 평안하다, 안전하다 할 그 때에 임신한 여자에게 해산의 고통이 이름과 같이 멸망이 갑자기 그들에게 이르리니 결코 피하지 못하리라"
렘 51:25 "여호와의 말씀이니라 온 세계를 멸하는 멸망의 산아 보라 나는 네 원수라 나의 손을 네 위에 펴서 너를 바위에서 굴리고 너로 불 탄 산이 되게 할 것이니"

큰 성, 견고한 성 바벨론이여 한 시간에 네 심판이 이르렀다 하리로다

음녀와 더불어 음행하던 각 나라의 통치자들이, 큰 바벨론 성이 불타는 연기를 보고 울며 가슴을 치며 그녀가 받는 고통을 무서워하는 장면이다.466 '화 있도다'를 반복함으로써 심판이 반드시 이르러 견고한 바벨론 성이 한순간에 무너지게 될 것을 예고한다(17:16, 18:16~19).

(18:11~13)

땅의 상인들이 그를 위하여 울고 애통하는 것은 다시 그들의 상품을 사는 자가 없음이라 그 상품은 금과 은과 보석과 진주와 세마포와 자주 옷감과 비단과 붉은 옷감이요 각종 향목과 각종 상아 그릇이요 값진 나무와 구리와 철과 대리석으로 만든 각종 그릇이요 계피와 향료와 향과 향유와 유향과 포도주와 감람유와 고운 밀가루와 밀이요 소와 양과 말과 수레와 종들과 사람의 영혼들이라

각 나라의 장사꾼들이 그들의 상품을 사는 자가 없기로 주요 고객이었던 큰 성 바벨론을 생각하고 울며 애통해한다. 이는 두로의 교만으로 하나님의 심판이 내려졌을 때 그들에 대한 애가를 연상케 한다.467 또 그 상품들은 7가지(귀금속류, 의류, 장식품류, 고급향유, 식료품류, 가축류,

---

466 겔 26:16 "그 때에 바다의 모든 왕이 그 보좌에서 내려 조복을 벗으며 수 놓은 옷을 버리고 떨림을 입듯 하고 땅에 앉아서 너로 말미암아 무시로 떨며 놀랄 것이며"
겔 27:35 "섬의 주민들이 너로 말미암아 놀라고 왕들이 심히 두려워하여 얼굴에 근심이 가득하도다"
467 겔 27:32 "그들이 통곡할 때에 너를 위하여 슬픈 노래를 불러 애도하여 말하기를 두로와 같이 바다 가운데에서 적막한 자 누구인고"

노예류)로 분류된다. 대부분 극단적인 물질주의를 예증하는 부와 권력과 영화와 사치의 상징물들이다.[468] 그리고 종들의 매매와 심지어 사람의 영혼들, 곧 인간의 생명과 고결성과 존귀성까지 무시당한 채 상품화로 유린당한 것이 나타난다.[469]

(18:14~16)

바벨론아 네 영혼이 탐하던 과일이 네게서 떠났으며 맛있는 것들과 빛난 것들이 다 없어졌으니 사람들이 결코 이것들을 다시 보지 못하리로다 바벨론으로 말미암아 치부한 이 상품의 상인들이 그의 고통을 무서워하여 멀리 서서 울고 애통하여 이르되 화 있도다 화 있도다 큰 성이여 세마포 옷과 자주 옷과 붉은 옷을 입고 금과 보석과 진주로 꾸민 것인데

음녀의 정신세계를 지배하던 '과일'은 세상의 탐욕적인 모든 것들을 상징한다. 큰 성 바벨론(음녀)의 패망으로 그것들이 없어지니 사람들이 다시 보지 못하고, 그녀로 인해 치부했던 장사꾼들은 패망의 고통을 무서워하여 울고 슬퍼하며 가슴 아파한다.[470] 그리고 '화 있도

---

468 겔 27:12~25 "다시스는 각종 보화가 풍부하므로 너와 거래하였음이여 은과 철과 주석과 납을 네 물품과 바꾸어 갔도다 야완과 두발과 메섹은 네 상인이 되었음이여 사람과 놋그릇을 가지고 네 상품을 바꾸어 갔도다 … 하란과 간네와 에덴과 스바와 앗수르와 길맛의 장사꾼들도 너의 상인들이라 이들이 아름다운 물품 곧 청색 옷과 수 놓은 물품과 빛난 옷을 백향목 상자에 담고 노끈으로 묶어 가지고 너와 거래하여 네 물품을 바꾸어 갔도다 다시스의 배는 떼를 지어 네 화물을 나르니 네가 바다 중심에서 풍부하여 영화가 매우 크도다"
469 겔 27:13 "야완과 두발과 메섹은 네 상인이 되었음이여 사람과 놋그릇을 가지고 네 상품을 바꾸어 갔도다"
470 겔 27:31 "그들이 다 너를 위하여 머리털을 밀고 굵은 베로 띠를 띠고 마음이 아프게 슬피 통곡하리로다"

다'를 반복함으로써, 각종 사치스러운 옷과 진귀한 보석들로 가득 찬 물질 만능주의적인 큰 성의 확실한 패망을 강조한다(17:4).

(18:17~20)

그러한 부가 한 시간에 망하였도다 모든 선장과 각처를 다니는 선객들과 선원들과 바다에서 일하는 자들이 멀리 서서 그가 불타는 연기를 보고 외쳐 이르되 이 큰 성과 같은 성이 어디 있느냐 하며 티끌을 자기 머리에 뿌리고 울며 애통하여 외쳐 이르되 화 있도다 화 있도다 이 큰 성이여 바다에서 배 부리는 모든 자들이 너의 보배로운 상품으로 치부하였더니 한 시간에 망하였도다 하늘과 성도들과 사도들과 선지자들아, 그로 말미암아 즐거워하라 하나님이 너희를 위하여 그에게 심판을 행하셨음이라 하더라

큰 성 바벨론이 그러한 부(각종 사치스러운 옷들과 값진 보석들)로 꾸며져 있었으나 순식간에 패망하였다. 또한 앞서 바다가 세상을 상징하는 것을 보았다(7:1, 8:8, 13:1, 16:3). 따라서 '바다에서 배 부리는 모든 자들'과 '모든 선장과 각처를 다니는 선객들과 선원들과 바다에서 일하는 자들'은 한 부류들로서 세상에서 하나님을 떠난 모든 불신자들을 총칭한다. 바다에서 배 부리는(세상의 지배층에 속한) 자들이 값진 상품으로 치부하더니 결국 한순간에 망하였다(18:10). 그리고 세상에 취한 채 각계각층의 요소요소에 종사하던 자들이 갑자기 생활 터전을 잃게 되어 안타까워하며 통곡한다.[471]

---

471 겔 27:29~30 "노를 잡은 모든 자와 사공과 바다의 선장들이 다 배에서 내려 언덕에 서서 너를 위하여 크게 소리 질러 통곡하고 티끌을 머리에 덮어쓰며 재 가운데에 뒹굴며"

한편 하늘의 천사들과 모든 그리스도인들에게, 우리를 위하여 하나님이 큰 성 바벨론을 심판하셨으니 즐거워하라고 한다.

(18:21~22)

이에 한 힘 센 천사가 큰 맷돌 같은 돌을 들어 바다에 던져 이르되 큰 성 바벨론이 이같이 비참하게 던져져 결코 다시 보이지 아니하리로다 또 거문고 타는 자와 풍류하는 자와 퉁소 부는 자와 나팔 부는 자들의 소리가 결코 다시 네 안에서 들리지 아니하고 어떠한 세공업자든지 결코 다시 네 안에서 보이지 아니하고 또 맷돌 소리가 결코 다시 네 안에서 들리지 아니하고

큰 맷돌이 바다에 던져지면 떠오를 수 없는 것처럼 큰 바벨론 성(적그리스도의 국가)이 패망하여 결코 회복할 수 없게 되었다(16:19).[472] 거문고와 풍류와 퉁소와 나팔 소리가 들리지 않으니 세상 향락이 끝이 났다.[473] 또 세공업자가 보이지 않고 맷돌 소리가 들리지 않으므로 사치와 향연이 영원히 종식되었음을 알 수 있다.

(18:23~24)

등불 빛이 결코 다시 네 안에서 비치지 아니하고 신랑과 신부의 음성이 결코 다시 네 안에서 들리지 아니하리로다 너의 상인들은 땅의 왕족들이라 네 복술로

---

472 렘 51:63~64 "너는 이 책 읽기를 다한 후에 책에 돌을 매어 유브라데 강 속에 던지며 말하기를 바벨론이 나의 재난 때문에 이같이 몰락하여 다시 일어서지 못하리니 그들이 피폐하리라 하라 하니라 예레미야의 말이 이에 끝나니라"
473 사 24:8 "소고 치는 기쁨이 그치고 즐거워하는 자의 소리가 끊어지고 수금 타는 기쁨이 그쳤으며"
겔 26:13 "내가 네 노래 소리를 그치게 하며 네 수금 소리를 다시 들리지 않게 하고"

말미암아 만국이 미혹되었도다 선지자들과 성도들과 및 땅 위에서 죽임을 당한 모든 자의 피가 그 성 중에서 발견되었느니라 하더라

    그리고 문명으로 인한 등불 빛들이 모두 사라지고 남녀 간의 혼인도 더 이상 없을 것이다.[474] 이는 큰 성 바벨론(음녀)의 주요 고객이었던 상인들은 땅의 왕족(각 나라의 지도자)들로서 그녀의 마법으로 온 세계가 미혹되었으며,[475] 예언자들과 성도들과 세상에서 죽임을 당한 모든 자의 피가 그 성에서 발견되었기 때문이라고 한다(6:11).

---

474 렘 25:10 "내가 그들 중에서 기뻐하는 소리와 즐거워하는 소리와 신랑의 소리와 신부의 소리와 맷돌 소리와 등불 빛이 끊어지게 하리니"

475 창 3:4~5 "뱀이 여자에게 이르되 너희가 결코 죽지 아니하리라 너희가 그것을 먹는 날에는 너희 눈이 밝아져 하나님과 같이 되어 선악을 알 줄 하나님이 아심이니라"

제 19 장

어린 양의 혼인 잔치와 재림

참되고 의로우신 하나님의 큰 음녀 심판에 대해, 하늘에서 허다한 무리의 할렐루야 찬양과 이십사 장로와 네 생물의 경배와 찬양이 있다. 앞서 들었던 땅의 왕들과 상인들, 그리고 바다의 선장과 선객들과 선원들과 그곳에서 일하는 자들의 장송곡과 대조적이다(18:9~19).

한편 성도들은 옳은 행실을 한 자로서 부활 및 휴거되어 세마포 옷을 입고 자신을 준비하였다. 이제 어린 양과의 혼인기약이 이르렀고 전능하신 우리 주 하나님이 친히 통치하실 것이다(11:15). 백마 타고 재림하시는 예수님은, 이름이 충신과 진실이요 눈이 불꽃 같고 머리에 많은 영광의 관들이 있으며 피 뿌린 옷을 입으셨다. 그리고 세마포 옷을 입은 군대(구원 얻은 성도들)가 그분을 따르며, 검(예리한 말씀)으로 만국을 치겠고 친히 철장(강한 권능)으로 다스리며, 친히 하나님의 맹렬한 진노의 포도주 틀을 밟으실 것이다.

적그리스도와 땅의 왕들과 그들의 군대들이 모여 재림하신 예수님을 대항하여 아마겟돈 전쟁을 일으킨다. 그러나 적그리스도와 그 앞에서 표적을 행하던 거짓 선지자가 함께 잡혀 이 둘이 산 채로 유황 불 붙는 못에 던져진다. 그 나머지는 그분의 입으로부터 나오는 말씀의 검에 죽으매 모든 새들의 잔치가 되고 만다.

(19:1~2)

이 일 후에 내가 들으니 하늘에 허다한 무리의 큰 음성 같은 것이 있어 이르되 할렐루야 구원과 영광과 능력이 우리 하나님께 있도다 그의 심판은 참되고 의로운지라 음행으로 땅을 더럽게 한 큰 음녀를 심판하사 자기 종들의 피를 그 음녀의 손에 갚으셨도다 하고

이 일―바벨론 패망의 광경(18장)―후에 하늘에서 엄청난 무리의 큰 음성 같은 것을 요한이 듣게 된다. 이는 땅을 더럽게 하고 주님의 종들의 피를 흘리게 한 큰 음녀를 심판하신, 구원과 영광과 능력의 하나님께 대한 찬양의 소리다(16:7, 18:20). 또 그녀에 대한 심판으로 제단 아래서 하소연하던 하나님의 종들, 곧 순교자들의 신원이 이루어졌다고 한다(6:9~11).[476]

(19:3~5)

두 번째로 할렐루야 하니 그 연기가 세세토록 올라가더라 또 이십사 장로와 네 생물이 엎드려 보좌에 앉으신 하나님께 경배하여 이르되 아멘 할렐루야 하니 보좌에서 음성이 나서 이르시되 하나님의 종들 곧 그를 경외하는 너희들아 작

---

476 신 32:43 "너희 민족들아 주의 백성과 즐거워하라 주께서 그 종들의 피를 갚으사 그 대적들에게 복수하시고 자기 땅과 자기 백성을 위하여 속죄하시리로다"

은 자나 큰 자나 다 우리 하나님께 찬송하라 하더라

예수님이 지상에 재림하시기 직전의 장면이다. 즉 첫 열매 성도들과 마지막 일곱째 나팔을 불 때 부활 및 승천한 모든 성도들이 예수님과 함께 공중 혼인잔치를 앞둔 상황인 것이다.

큰 음녀인 바벨론 성(적그리스도의 국가)에 대한 참되고 의로우신 하나님의 심판이 내려지니, 고통을 상징하는 연기가 세세토록 올라간다 (14:11, 18:9).[477] 또 이십사 장로와 네 생물이 엎드려 경배하여 '아멘 할렐루야'로 하나님께 영광을 돌린다(4:9~10, 5:13~14). 이에 보좌로부터 음성이 나와 작은 자나 큰 자나 하나님의 종들, 곧 그분을 경외하는 모든 천사들과 구원 얻은 성도들에게 다 우리 하나님께 찬송하라고 한다.[478]

(19:6~8)

또 내가 들으니 허다한 무리의 음성과도 같고 많은 물 소리와도 같고 큰 우렛소리와도 같은 소리로 이르되 할렐루야 주 우리 하나님 곧 전능하신 이가 통치하시도다 우리가 즐거워하고 크게 기뻐하며 그에게 영광을 돌리세 어린 양의 혼인 기약이 이르렀고 그의 아내가 자신을 준비하였으므로 그에게 빛나고 깨끗한 세마포 옷을 입도록 허락하셨으니 이 세마포 옷은 성도들의 옳은 행실이로다 하더라

---

477 사 34:10 "낮에나 밤에나 꺼지지 아니하고 그 연기가 끊임없이 떠오를 것이며 세세에 황무하여 그리로 지날 자가 영영히 없겠고"
478 사 43:21 "이 백성은 내가 나를 위하여 지었나니 나를 찬송하게 하려 함이니라"

또 엄청난 무리의 음성과 많은 물소리와 큰 우렛소리 같은 소리의 할렐루야! 찬양이 들린다. 이는 우리 주 하나님의 통치에 영광을 돌리며, 어린 양과 성도들의 공중 혼인잔치에 대한 기쁨과 감사의 찬양이다.[479] 구원받은 성도들이 부활 및 휴거하여 공중(사망)권세 잡은 사탄으로부터 완전히 해방되었다.[480] 그래서 이들이 예수님과 공중 혼인잔치에 이르렀으며, 그분의 재림으로 전능하신 이가 통치하시는 우리 주와 그리스도의 나라가 이루어진다(11:15).

혼인잔치의 약속 기한이 이르러, 그리스도께서 피흘려 사신 교회, 곧 신부가 세마포 옷으로 자신을 준비하였다(21:9).[481] 이때 신부들이 입은 빛나고 깨끗한 그 옷은, 큰 음녀의 저속한 자주 빛, 붉은 빛 옷과 대조적이다(17:4). 거듭난 자들만이 입을 수 있는 고결한 구원의 옷이기 때문이다. 신부는 오직 그리스도의 속량을 믿음으로 자기를 위해 예수님이 피로 값 주고 산 이 옷을 입었다.[482] 게다가 그리스도와 온

---

479 살전 4:16~17 "주께서 호령과 천사장의 소리와 하나님의 나팔 소리로 친히 하늘로부터 강림하시리니 그리스도 안에서 죽은 자들이 먼저 일어나고 그 후에 우리 살아 남은 자들도 그들과 함께 구름 속으로 끌어 올려 공중에서 주를 영접하게 하시리니 그리하여 우리가 항상 주와 함께 있으리라"

480 엡 2:2 "그 때에 너희는 그 가운데서 행하여 이 세상 풍조를 따르고 공중의 권세 잡은 자를 따랐으니 곧 지금 불순종의 아들들 가운데서 역사하는 영이라"

481 고후 11:2 "내가 하나님의 열심으로 너희를 위하여 열심을 내노니 내가 너희를 정결한 처녀로 한 남편인 그리스도께 드리려고 중매함이로다"
호 2:18~19 "내가 네게 장가 들어 영원히 살되 공의와 정의와 은총과 긍휼히 여김으로 네게 장가 들며 진실함으로 네게 장가 들리니 네가 여호와를 알리라"
사 61:10 "내가 여호와로 말미암아 크게 기뻐하며 내 영혼이 나의 하나님으로 말미암아 즐거워하리니 이는 그가 구원의 옷을 내게 입히시며 공의의 겉옷을 내게 더하심이 신랑이 사모를 쓰며 신부가 자기 보석으로 단장함 같게 하셨음이라"

482 엡 2:8~9 "너희는 그 은혜에 의하여 믿음으로 말미암아 구원을 받았으니 이것

전히 결합하게 될 '혼인' 날까지 정절, 곧 믿음을 지킴으로써 자신을 준비했을 것이다.

본문에서 성도들의 옳은 행실은, 예수님이 우리 죄를 대신하여 죽으셨다가 부활한 사실을 믿음으로 하나님의 의義(righteousness)[483]를 거저 얻어 거듭난 성도들이 생명의 성령의 법을 따라 살아가는 것을 뜻한다.[484] 다시 말해 사람이 구원받기 위한 행위가 아닌, 성도가 그리스도의 속량을 믿음으로 구원 받았다는 사실이 반영된 성령을 좇아 살아가는 의로운 행실인 것이다.[485]

칠년대환난을 앞두고 그리스도의 구속에 대한 믿음이 신실한 성도를 상징하는 남자아이에 속한 자들은 휴거되어 낙원에 머물러 있게 될 것이다(12:5). 그리고 대환난이 지난 후, 마지막 일곱째 천사의

은 너희에게서 난 것이 아니요 하나님의 선물이라 행위에서 난 것이 아니니 이는 누구든지 자랑하지 못하게 함이라"
그랜트 오스본, 『적용을 도와주는 요한계시록』, 339.

483 정동수, 『킹제임스 흠정역 한영대역 성경전서』, 계 19:8 참고.

484 롬 8:1~2 "그러므로 이제 그리스도 예수 안에 있는 자에게는 결코 정죄함이 없나니 이는 그리스도 예수 안에 있는 생명의 성령의 법이 죄와 사망의 법에서 너를 해방하였음이라"
갈 5:16 "내가 이르노니 너희는 성령을 따라 행하라 그리하면 육체의 욕심을 이루지 아니하리라"

485 허성갑, 『히브리어·헬라어 직역성경』, 계 19:8 참고.
약 2:20~26 "아아 허탄한 사람아 행함이 없는 믿음이 헛것인 줄을 알고자 하느냐 우리 조상 아브라함이 그 아들 이삭을 제단에 바칠 때에 행함으로 의롭다 하심을 받은 것이 아니냐 네가 보거니와 믿음이 그의 행함과 함께 일하고 행함으로 믿음이 온전하게 되었느니라 이에 성경에 이른 바 아브라함이 하나님을 믿으니 이것을 의로 여기셨다는 말씀이 이루어졌고 그는 하나님의 벗이라 칭함을 받았나니 이로 보건대 사람이 행함으로 의롭다 하심을 받고 믿음으로만은 아니니라 … 영혼없는 몸이 죽은 것 같이 행함이 없는 믿음은 죽은 것이니라"

나팔울림으로 죽은 성도들이 첫째 부활을 한다. 이때 이 땅에서 기름을 준비한 자, 곧 거듭나서[486] 성령을 따라 행한 자들인 슬기로운 다섯 처녀는 부활한 성도들과 함께 휴거되어, 이미 승천하여 낙원에 있던 성도들과 더불어 공중 혼인잔치에 참여한다.[487] 하지만 기름이 떨어진 자, 즉 외형상 예수님을 믿는 것처럼 보일지라도 성령을 소멸한 상태로 살아가는 미련한 다섯 처녀는 이 땅에 남아 주님으로부터 외면을 당할 것이다.[488]

아담과 하와는 그리스도와 교회에 대한 그림자다. 아담의 옆구리에서 갈빗대를 취하여 하와를 지으셨던 것처럼, 그리스도의 옆구리

---

486 요 3:3 "예수께서 대답하여 이르시되 진실로 진실로 네게 이르노니 사람이 거듭나지 아니하면 하나님의 나라를 볼 수 없느니라"

487 마 25:1~7 "그 때에 천국은 마치 등을 들고 신랑을 맞으러 나간 열 처녀와 같다 하리니 그 중의 다섯은 미련하고 다섯은 슬기 있는 자라 미련한 자들은 등을 가지되 기름을 가지지 아니하고 슬기 있는 자들은 그릇에 기름을 담아 등과 함께 가져갔더니 신랑이 더디 오므로 다 졸며 잘새 밤중에 소리가 나되 보라 신랑이로다 맞으러 나오라 하매 이에 그 처녀들이 다 일어나 등을 준비할새"

488 마 25:8~13 "미련한 자들이 슬기 있는 자들에게 이르되 우리 등불이 꺼져가니 너희 기름을 좀 나눠 달라 하거늘 슬기 있는 자들이 대답하여 이르되 우리와 너희가 쓰기에 다 부족할까 하노니 차라리 파는 자들에게 가서 너희 쓸 것을 사라 하니 그들이 사러 간 사이에 신랑이 오므로 준비하였던 자들은 함께 혼인잔치에 들어가고 문은 닫힌지라 그 후에 남은 처녀들이 와서 이르되 주여 주여 우리에게 열어 주소서 대답하여 이르되 진실로 너희에게 이르노니 내가 너희를 알지 못하노라 하였느니라 그런즉 깨어 있으라 너희는 그 날과 그 때를 알지 못하느니라"
마 22:11~14 "임금이 손님들을 보러 들어올새 거기서 예복을 입지 않은 한 사람을 보고 이르되 친구여 어찌하여 예복을 입지 않고 여기 들어왔느냐 하니 그가 아무 말도 못하거늘 임금이 사환들에게 말하되 그 손발을 묶어 바깥 어두운 데에 내 던지라 거기서 슬피 울며 이를 갈게 되리라 하니라 청함을 받은 자는 많되 택함을 입은 자는 적으니라"
살전 5:19 "성령을 소멸하지 말며"

에서 흘린 보혈의 피로 교회를 값 주고 사셨다. 이렇듯 하나님의 궁극적인 목표는, 성도들의 영원한 안식을 위한 그리스도와 교회로 이루어진 신랑과 신부의 거처가 되는 새 예루살렘 성(천국)에로의 초대인 것이다.[489]

(19:9~10)

천사가 내게 말하기를 기록하라 어린 양의 혼인 잔치에 청함을 받은 자들은 복이 있도다 하고 또 내게 말하되 이것은 하나님의 참되신 말씀이라 하기로 내가 그 발 앞에 엎드려 경배하려 하니 그가 나에게 말하기를 나는 너와 및 예수의 증언을 받은 네 형제들과 같이 된 종이니 삼가 그리하지 말고 오직 하나님께 경배하라 예수의 증언은 예언의 영이라 하더라

'어린 양의 혼인잔치에 청함을 받은 자들'은 마지막 일곱째 나팔을 불 때 부활 및 휴거되어, 먼저 승천하여 낙원에 머물던 모든 성도들과 함께 강림하신 신랑 예수님을 공중에서 맞이하는 자들이다. 천사는, 이들이 복된 자들임을 '하나님의 참되신 말씀'으로써 강조하고 있다. 요한이 그에게 경배하려 하자, 자기는 예수님의 증언을 가진 형제들과 같은 종으로서 대언하는 자므로, 오직 하나님께 경배하라고 한다(22:8~9).

---

489 김중현, 『새로 조명한 요한계시록』, 407.

심판의 종류

창조주이신 하나님과 예수님의 심판에 대해 다음과 같이 크게 세 가지로 분류해 볼 수 있다. 즉 구원 얻은 자들에 대한 그리스도의 심판, 주님 재림 후의 양과 염소에 대한 심판, 천년왕국 후의 모든 불신자들에 대한 흰 보좌 심판이다.

첫째, 그리스도의 심판대(공중강림 시)

칠년대환난이 지나고 마지막인 일곱째 천사의 나팔이 울릴 때에 첫째 부활(생명의 부활)이 있다. 그리고 성도들이 부활 및 휴거되어 공중 강림하신 예수님과 혼인잔치를 한다.[490] 이때 구원 얻은 모든 성도들을 대상으로 그리스도의 심판대에서 선악 간에 계수가 이루어진다.[491] 이는 예수님이 재림하신 후(19:14~16) 성도들이 천년왕국에서 왕노릇 할 때 상급의 기준이 될 것이다.[492]

둘째, 양과 염소 심판(지상재림 시)

예수님이 공중 혼인잔치 후에, 모든 성도들과 더불어 지상에 재림

---

490 살전 4:16~17 "주께서 호령과 천사장의 소리와 하나님의 나팔 소리로 친히 하늘로부터 강림하시리니 그리스도 안에서 죽은 자들이 먼저 일어나고 그 후에 우리 살아 남은 자들도 그들과 함께 구름 속으로 끌어 올려 공중에서 주를 영접하게 하시리니 그리하여 우리가 항상 주와 함께 있으리라"

491 고후 5:10 "이는 우리가 다 반드시 그리스도의 심판대 앞에 나타나게 되어 각각 선악간에 그 몸으로 행한 것을 따라 받으려 함이라"

492 눅 19:16~19 "그 첫째가 나아와 이르되 주인이여 당신의 한 므나로 열 므나를 남겼나이다 주인이 이르되 잘하였다 착한 종이여 네가 지극히 작은 것에 충성하였으니 열 고을 권세를 차지하라 하고 그 둘째가 와서 이르되 주인이여 당신의 한 므나로 다섯 므나를 만들었나이다 주인이 그에게도 이르되 너도 다섯 고을을 차지하라 하고"

하셔서 만왕의 왕으로서 영광의 보좌에 앉으실 천년왕국 입성을 앞두고 내리시는 심판이다(19:8,11).[493] 이때 이미 구원 얻은 성도들은 '영에 속한 자'들로서 변화 받은 몸이 되었으나, 지상에는 거듭나지 않은 자들이 남아 있게 된다. 후자는 또 대환난을 지나는 동안 형제(성도)들을 도운 자들(양)과 돕지 않은 자들(염소)로 나누어진다. 이른바 양과 염소를 구분하는 심판이다. 양에 속한 자들은 아직 변화되지 않은 육의 몸으로 '하나님의 백성'으로서 천년왕국에 들어간다(18:4). 그러나 염소에 속한 자들은 왕국에 들어가지 못하고 영벌의 심판이 따르게 될 것이다.

셋째, 흰 보좌의 심판(천년왕국 후)

천년왕국의 시대가 끝나면, 죽은 자들이 둘째 부활(심판의 부활)하여 크고 흰 보좌에 앉으신 예수님 앞에서 최후의 심판을 받는다. 이때 그들이 꺼지지 않는 불못에 던져져[494] 둘째 사망의 영벌에 처해진다

---

493 마 25:31~46 "인자가 자기 영광으로 모든 천사와 함께 올 때에 자기 영광의 보좌에 앉으리니 모든 민족을 그 앞에 모으고 각각 구분하기를 목자가 양과 염소를 구분하는 것 같이 하여 양은 그 오른편에 염소는 왼편에 두리라 … 임금이 대답하여 이르시되 내가 진실로 너희에게 이르노니 너희가 여기 내 형제 중에 지극히 작은 자 하나에게 한 것이 곧 내게 한 것이니라 하시고 … 이에 임금이 대답하여 이르시되 내가 진실로 너희에게 이르노니 이 지극히 작은 자 하나에게 하지 아니한 것이 곧 내게 하지 아니한 것이니라 하시리니 그들은 영벌에, 의인들은 영생에 들어가리라 하시니라"
정동수, 『킹제임스 흠정역 성경전서(부록)』(인천 : 그리스도 예수안에, 2008), 192 참조.
494 마 3:12 "손에 키를 들고 자기의 타작 마당을 정하게 하사 알곡은 모아 곳간에 들이고 쭉정이는 꺼지지 않는 불에 태우시리라"
막 9:47~48 "만일 네 눈이 너를 범죄하게 하거든 빼버리라 한 눈으로 하나님의 나라에 들어가는 것이 두 눈을 가지고 지옥에 던져지는 것보다 나으니라 거기에서는 구더기도 죽지 않고 불도 꺼지지 아니하느니라"

(20:11~15). 그들은 주님이 십자가에서 흘리신 보혈의 사랑과 은혜를 받아들이지 않았으며, 천년왕국에서도 새 생명을 얻지 못해 생명책에 기록되지 못한 자들이다. 하지만 생명책에 기록된 모든 성도들은 주님이 준비해 두신 새 예루살렘 성(천국)으로 들어가 영원한 안식과 기쁨을 누릴 것이다.

(19:11~13)

또 내가 하늘이 열린 것을 보니 보라 백마와 그것을 탄 자가 있으니 그 이름은 충신과 진실이라 그가 공의로 심판하며 싸우더라 그 눈은 불꽃 같고 그 머리에는 많은 관들이 있고 또 이름 쓴 것 하나가 있으니 자기밖에 아는 자가 없고 또 그가 피 뿌린 옷을 입었는데 그 이름은 하나님의 말씀이라 칭하더라

하늘이 열린 것은, 우주적 사건인 예수님의 재림을 위한 준비적 상황이다.[495] 그분이 승리를 상징하는 백마를 타셨으며, 또 심판주로서 눈이 불꽃 같고 위엄과 지혜가 넘치신다(1:14, 2:18).[496] 그리고 만왕의 왕으로서 무한한 권능을 가지고 모든 싸움에서 이기심으로써 머리에 많은 영광의 관들이 있다. 우리의 구원을 위해 흘리신 값진 피로 물든 옷을 입으셨고(7:14),[497] 그분의 이름은 하나님의 말씀, 곧 태초에

---

495 막 14:62 "예수께서 이르시되 내가 그니라 인자가 권능자의 우편에 앉은 것과 하늘 구름을 타고 오는 것을 너희가 보리라 하시니"
496 단 10:6 "또 그의 몸은 황옥 같고 그의 얼굴은 번갯빛 같고 그의 눈은 횃불 같고 그의 팔과 발은 빛난 놋과 같고 그의 말소리는 무리의 소리와 같더라"
497 출 29:21 "제단 위의 피와 관유를 가져다가 아론과 그의 옷과 그의 아들들과 그의 아들들의 옷에 뿌리라 그와 그의 옷과 그의 아들들과 그의 아들들의 옷이 거룩하리라"

말씀이 육신이 되어 오신 분이라 불리운다.498

또한 충신과 진실이라는 이름을 가지신 예수님의 재림으로 양과 염소에 속한 자들을 공의로 심판하신다. 이때 염소에 속한 자들은 영원한 불 속에 던져지게 될 것이다.499 한편 앞서 밝힌 대로, 대환난 동안 거듭나지 않아 마지막 나팔 소리에 휴거하지 못한 자들 가운데, 그리스도인들을 도와 양에 속한 하나님의 백성들이 있다(18:4).500 그들은 육에 속한 자들로서, 통곡하고 회개하며 창세로부터 예비된 천년왕국으로 들어간다. 변화 받지 못한 육의 몸으로 그곳에 들어가, 천년이 끝나고 사탄이 잠시 놓일 때 미혹되지 않은 자들이 이삭줍기에 해당된 자들로서 구원을 얻을 것이다.

하지만 그리스도의 몸처럼 변화를 받아 이미 부활 및 휴거했던 성도들은—영에 속한 자들로서501—예수님과 더불어 천년왕국에서 왕 노릇 한다.

---

498 요 1:1 "태초에 말씀이 계시니라 이 말씀이 하나님과 함께 계셨으니 이 말씀은 곧 하나님이시니라"
요 1:14 "말씀이 육신이 되어 우리 가운데 거하시매 우리가 그의 영광을 보니 아버지의 독생자의 영광이요 은혜와 진리가 충만하더라"
499 마 25:41 "또 왼편에 있는 자들에게 이르시되 저주를 받은 자들아 나를 떠나 마귀와 그 사자들을 위하여 예비된 영원한 불에 들어가라"
시 96:13 "그가 임하시되 땅을 심판하러 임하실 것임이라 그가 의로 세계를 심판하시며 그의 진실하심으로 백성을 심판하시리로다"
500 마 25:40 "임금이 대답하여 이르시되 내가 진실로 너희에게 이르노니 너희가 여기 내 형제 중에 지극히 작은 자 하나에게 한 것이 곧 내게 한 것이니라 하시고"
501 벧전 1:23 "너희가 거듭난 것은 썩어질 씨로 된 것이 아니요 썩지 아니할 씨로 된 것이니 살아 있고 항상 있는 하나님의 말씀으로 되었느니라"

(19:14~16)

하늘에 있는 군대들이 희고 깨끗한 세마포 옷을 입고 백마를 타고 그를 따르더라 그의 입에서 예리한 검이 나오니 그것으로 만국을 치겠고 친히 그들을 철장으로 다스리며 또 친히 하나님 곧 전능하신 이의 맹렬한 진노의 포도주 틀을 밟겠고 그 옷과 그 다리에 이름을 쓴 것이 있으니 만왕의 왕이요 만주의 주라 하였더라

본문은 예수님의 장엄하신 재림 장면으로 이때 전무후무한 우주적 상황이 전개될 것이다. 희고 깨끗한 세마포 옷을 입고 백마 탄 군대들은, 그리스도의 속량을 믿음으로 하나님의 의를 거저 얻은 성도들의 큰 무리를 상징한다(19:7~8). 이들은 거듭남으로 변화를 받아 부활 및 휴거되어, 공중 혼인잔치 후에 재림하시는 예수님과 함께 이 땅에 내려온다.[502] 그리고 영에 속한 자들로서 천년왕국에 들어가 왕 노릇하게 된다.

재림하신 예수님이 하나님의 맹렬한 진노의 포도주 틀을 밟음으로써,[503] 인류 최후의 아마겟돈 전쟁(16:16)에 참여한 모든 불신자들이

---

502 유 1:14 "아담의 칠대 손 에녹이 이 사람들에 대하여도 예언하여 이르되 보라 주께서 그 수만의 거룩한 자와 함께 임하셨나니"

골 3:4 "우리 생명이신 그리스도께서 나타나실 그 때에 너희도 그와 함께 영광 중에 나타나리라"

살전 4:13~14 "형제들아 자는 자들에 관하여는 너희가 알지 못함을 우리가 원하지 아니하노니 이는 소망 없는 다른 이와 같이 슬퍼하지 않게 하려 함이라 우리가 예수께서 죽으셨다가 다시 살아나심을 믿을진대 이와 같이 예수 안에서 자는 자들도 하나님이 그와 함께 데리고 오시리라"

503 사 63:3 "만민 가운데 나와 함께 한 자가 없이 내가 홀로 포도즙틀을 밟았는데 내가 노함으로 말미암아 무리를 밟았고 분함으로 말미암아 짓밟았으므로 그들의 선혈이 내 옷에 튀어 내 의복을 다 더럽혔음이니"

그분의 말씀의 검에 죽게 될 것이다(19:19~21). 예수님의 입에서 나오는 예리한 검(심령과 골수를 쪼개는 말씀)으로 만국을 치겠고(1:15~16, 19:21)[504] 또 철장(절대적 권세)으로 천년왕국을 다스릴 것이다(2:26~27). 옷과 다리에 만왕의 왕이요 만주의 주라 쓰인 것은 그분에게 절대적인 권능과 모든 주권이 있음을 함의한다.[505]

(19:17~18)

또 내가 보니 한 천사가 태양 안에 서서 공중에 나는 모든 새를 향하여 큰 음성으로 외쳐 이르되 와서 하나님의 큰 잔치에 모여 왕들의 살과 장군들의 살과 장사들의 살과 말들과 그것을 탄 자들의 살과 자유인들이나 종들이나 작은 자나 큰 자나 모든 자의 살을 먹으라 하더라

태양은 빛이 되신 하나님을 상징한다.[506] 그런즉 한 천사가 태양 안에 서서, 곧 하나님의 경륜과 거룩하신 뜻에 따라 공중에 나는 모든 새들에게 큰 소리로 외친다. 그 천사가 하나님의 큰 잔치(아마겟돈 전쟁)에서 죽게 될(16:14)—왕들과 장군들과 용사들과 말들과 그것을 탄

---

504 히 4:12 "하나님의 말씀은 살아 있고 활력이 있어 좌우에 날선 어떤 검보다도 예리하여 혼과 영과 및 관절과 골수를 찔러 쪼개기까지 하며 또 마음의 생각과 뜻을 판단하나니"
살후 2:8 "그 때에 불법한 자가 나타나리니 주 예수께서 그 입의 기운으로 그를 죽이시고 강림하여 나타나심으로 폐하시리라"
505 딤전 6:15 "기약이 이르면 하나님이 그의 나타나심을 보이시리니 하나님은 복되시고 유일하신 주권자이시며 만왕의 왕이시며 만주의 주시요"
506 마 17:1~2 "엿새 후에 예수께서 베드로와 야고보와 그 형제 요한을 데리시고 따로 높은 산에 올라 가셨더니 그들 앞에서 변형되사 그 얼굴이 해 같이 빛나며 옷이 빛과 같이 희어졌더라"

자들 및 주종을 막론하고 전쟁에 참여하는[507]—모든 자의 살을 먹으라고 그 새들에게 통고함으로써 전투 결과에 대한 확실성을 분명하게 알려 준다.[508]

(19:19~21)

또 내가 보매 그 짐승과 땅의 임금들과 그들의 군대들이 모여 그 말 탄 자와 그의 군대와 더불어 전쟁을 일으키다가 짐승이 잡히고 그 앞에서 표적을 행하던 거짓 선지자도 함께 잡혔으니 이는 짐승의 표를 받고 그의 우상에게 경배하던 자들을 표적으로 미혹하던 자라 이 둘이 산 채로 유황불 붙는 못에 던져지고 그 나머지는 말 탄 자의 입으로부터 나오는 검에 죽으매 모든 새가 그들의 살로 배 불리더라

'땅의 임금들'은 요한이 바다(세상)에서 나온 짐승한테서 본 열 뿔에 속한 왕들과 더불어 전쟁에 참여하는 만국의 왕들로 보인다(13:1). 그 짐승(적그리스도)과 만국의 왕들과 그들의 군대들이 모여 재림하신 예수님의 군대와 더불어 아마겟돈 전쟁을 일으킨다(16:16). 그 결과 적그리스도와 그 앞에서 표적을 행하던 거짓 선지자가 잡히고 둘이 산 채로 유황불 붙는 못에 던져진다(13:1~5, 11~18).[509] 또 적그리스도를 따르던 세

---

507 시 110:5~6 "주의 오른쪽에 계신 주께서 그의 노하시는 날에 왕들을 쳐서 깨뜨리실 것이라 뭇 나라를 심판하여 시체로 가득하게 하시고 여러 나라의 머리를 쳐서 깨뜨리시며"

508 겔 39:17 "주 여호와께서 이같이 말씀하셨느니라 너 인자야 너는 각종 새와 들의 각종 짐승에게 이르기를 너희는 모여 오라 내가 너희를 위한 잔치 곧 이스라엘 산 위에 예비한 큰 잔치로 너희는 사방에서 모여 살을 먹으며 피를 마실지어다"

509 렘 51:25 "여호와의 말씀이니라 온 세계를 멸하는 멸망의 산아 보라 나는 네 원

상의 왕들과 그들의 군대는 예수님의 말씀의 검에 죽으매 모든 새들의 밥이 되고 만다.[510]

한편 예수님이 재림하신 후에, 이 땅에서 예루살렘을 치러 왔던 모든 이방 나라들 중에서 남은 자들, 곧 아마겟돈 전쟁에 참여하지 않은 자들이 회개하게 된다.[511] 이들은 비록 거듭나지 않아 휴거되지 못했지만, 대환난 중에 성도들을 도왔던 자들로서 주님의 오른편에 선양에 속한 자들이다. 이른바 이삭줍기 대상으로 추수될 성도들이다. 이들이 변화되지 않은 육의 몸으로 천년왕국의 백성으로 들어가 하나님을 경배할 것이다(18:4).[512]

수라 나의 손을 네 위에 펴서 너를 바위에서 굴리고 너로 불 탄 산이 되게 할 것이니"

510 마 24:27~28 "번개가 동편에서 나서 서편까지 번쩍임 같이 인자의 임함도 그러하리라 주검이 있는 곳에는 독수리들이 모일 것이니라"
　　겔 39:17 "주 여호와께서 이같이 말씀하셨느니라 너 인자야 너는 각종 새와 들의 각종 짐승에게 이르기를 너희는 모여 오라 내가 너희를 위한 잔치 곧 이스라엘 산 위에 예비한 큰 잔치로 너희는 사방에서 모여 살을 먹으며 피를 마실지어다"

511 슥 14:16 "예루살렘을 치러 왔던 이방 나라들 중에 남은 자가 해마다 올라와서 그 왕 만군의 여호와께 경배하며 초막절을 지킬 것이라"

512 마 25:31~34 "인자가 자기 영광으로 모든 천사와 함께 올 때에 자기 영광의 보좌에 앉으리니 모든 민족을 그 앞에 모으고 각각 구분하기를 목자가 양과 염소를 구분하는 것 같이 하여 양은 그 오른편에 염소는 왼편에 두리라 그 때에 임금이 그 오른편에 있는 자들에게 이르시되 내 아버지께 복 받을 자들이여 나아와 창세로부터 너희를 위하여 예비된 나라를 상속받으라"

제 20 장

●

천년왕국과 흰 보좌의 심판

천사가 무저갱의 열쇠와 큰 쇠사슬을 가지고 하늘로부터 내려온
다. 그가—옛 뱀이요 마귀요 사탄인—용을 잡아서 천 년 동안 결박하
여 무저갱에 던져 넣어 인봉하였는데 기간이 찬 후에는 반드시 잠깐
놓이게 된다.

한편 예수님이 영광의 보좌에 앉으실 천년왕국 시대는, 그분을 따
르는 자들도 보좌에 앉아 세상을 심판한다. 또 적그리스도(짐승)와 그
의 우상에게 경배하지 아니하고, 이마와 손에 표를 받지 아니한 자들
이 살아서 그리스도와 더불어 천 년 동안 왕 노릇 한다. 이들은 첫째
부활에 속한 자들로서 복이 있고 거룩한 성도들이며, 둘째 사망이 이
들을 다스리는 권세가 없다. 도리어 하나님과 그리스도의 제사장이
되어 천 년 동안 그리스도와 더불어 왕 노릇 한다. 그러나 나머지 죽
은 자들은 그 천 년이 차기까지 살아나지 못할 것이다.

천 년의 기한이 다 차매 사탄이 무저갱에서 놓일 때, 땅의 사방 백
성 가운데 그의 미혹에 넘어간 자들의 수가 바다 모래 같이 많다. 그

들이 주님의 사랑하시는 성과 진을 두르니 하늘에서 불이 내려와 태워 버린다. 그들을 속이던 사탄(마귀)은 마침내 적그리스도와 거짓 선지자가 괴로움을 받고 있는 유황 불못에 던져진다. 그리고 크고 흰 보좌 앞에서, 땅과 하늘이 사라져 흔적조차 보이지 않는다. 또 죽은 자들이 둘째 부활하여 큰 자나 작은 자나 보좌 앞에서 자기 행위에 따라 심판을 받고 사망과 음부도 불못에 던져진다. 누구든지 생명책에 기록되지 못한 자는 그곳에 던져지니, 곧 둘째 사망이다.

(20:1~3)

또 내가 보매 천사가 무저갱의 열쇠와 큰 쇠사슬을 그의 손에 가지고 하늘로부터 내려와서 용을 잡으니 곧 옛 뱀이요 마귀요 사탄이라 잡아서 천년 동안 결박하여 무저갱에 던져 넣어 잠그고 그 위에 인봉하여 천 년이 차도록 다시는 만국을 미혹하지 못하게 하였는데 그 후에는 반드시 잠깐 놓이리라

무저갱은 적그리스도(짐승)를 지배하고 조종하는 사탄(용)이 나온 장소다(11:7, 17:8). 그곳의 열쇠를 가진 천사는, 다섯째 천사가 나팔을 불 때 무저갱의 열쇠를 받고 하늘로부터 땅에 떨어진 별(천사)과 동류로 보인다(9:1). 그가 옛 뱀, 곧 사탄(마귀)을 잡아서 일천 년 동안 무저갱에 넣어 잠그고 인봉하여 만국을 미혹하지 못하게 한다.

사탄이 무저갱에 갇혀있는 천 년 동안은, 그리스도께서 지상에서 통치하시는 천년왕국 시대의 기간과 같다(20:2~6).[513] 따라서 그 시기는 사탄이 지상에 존재하지 않고 주님과 더불어 성도들이 왕 노릇 하

---

513 하용조, 『개역한글』 계 20:2 참고.

는 장차 올 실재적實在的 일천 년(a thousand years: KJV, NIV 참조)이다.[514](I 부의 3. 기간에 대한 수의 해석 및 IV부의 2. 천년왕국 편 참조) 그 천 년이 끝나면, 그가 반드시 잠깐 놓여 만국을 미혹할 것이다(20:7~8).

무천년설의 오류들

현재적 천년주의자(무천년설을 지지하는 자)들은, 선지자들이 예언하여 왔던 실재 천년왕국과 성도들의 휴거를 부인하고, 신자들과 불신자들의 동시 부활을 주장한다. 지금 우리나라 교회들에 누룩처럼[515] 만연하고 있는 이 학설의 오류와 허구성을 성경적 관점에서 몇 가지 살펴본다.

하나. 현재적 천년주의, 즉 장래 천년왕국이 실재하지 않고, 지금을 포함한 신약의 교회시대 전全 기간이라는 주장에 대해…?

만일 천년왕국 시대가 장차 오지 않는 현재를 의미한다면, 사탄은 신약시대인 지금 무저갱에 감금되어 있어야 한다(20:1~3). 앞서 말한 대로 그리스도의 통치 시기와 사탄이 무저갱에 감금된 시기가 동일하기 때문이다.

하지만 바울은 에베소 교회에 보낸 서신에서 "그 때에 너희는 그

---

514 정동수, 『KJV』 및 정형철, 『NIV』 계 20:2 참조.
　　그랜트 오스본, 『적용을 도와주는 요한계시록』, 355.
515 마 16:6~12 "예수께서 이르시되 삼가 바리새인과 사두개인들의 누룩을 주의하라 하시니 … 그제서야 제자들이 떡의 누룩이 아니요 바리새인과 사두개인들의 교훈을 삼가라고 말씀하신 줄을 깨달으니라"

가운데서 행하여 이 세상 풍조를 따르고 공중의 권세 잡은 자를 따랐으니 곧 지금 불순종의 아들들 가운데서 역사하는 영이라"(엡 2:2)고 하였다. 이처럼 공중의 권세 잡은 자인 사탄은, 지금도 불순종의 아들들 가운데 역사하고 있다. 그는 무저갱에 감금되어 있지 않고, 그리스도의 초림 이후에도 신약시대의 거의 모든 기간 동안 세상에서 그의 유혹이 진행 중에 있는 것이다. 따라서 말세지 말인 작금의 상황들이 사탄이 존재하지 않는 세상이라고 할 수 없다는 것은 삼척동자도 알 수 있는 일이다.

둘. 실재적 휴거를 부인하고, 이를 단순히 예수님의 재림 시에 성도들이 부활하여 영원히 천국 가는 것을 말한다는 주장은…?

이는 부활 및 휴거의 내용이 담긴 "주께서 호령과 천사장의 소리와 하나님의 나팔 소리로 친히 하늘로부터 강림하시리니 그리스도 안에서 죽은 자들이 먼저 일어나고 그 후에 우리 살아 남은 자들도 그들과 함께 구름 속으로 끌어 올려 공중에서 주를 영접하게 하시리니 그리하여 우리가 항상 주와 함께 있으리라"(살전 4:16~17)는 말씀과 정면으로 충돌한다. 그들은 성도들이 공중으로 끌어 올려가는 실재적 휴거의 개념에 대해 부활과 분리하여 생각하지 못한 듯하다.

공중 강림하신 예수님은 부활 및 휴거한 성도들과 함께 혼인잔치를 마친 후에(19:7~9) 지상으로 재림하신다(19:11~14). 이때 아마겟돈 전쟁에 적그리스도와 거짓 선지자와 함께 참여한 모든 불신자들을 심판하시고(19:15~21), 주님의 나라인 실재 천년왕국의 시대로 이어진다(20:4). 이후 천 년이 지나고, 죽은 자들이 둘째 부활하여 생명책에 기록되지 못한 자들은 흰 보좌의 심판으로 둘째 사망인 영벌의 불못에 던져진다(20:11~15). 그리고 성도들은 영원한 안식과 희락의 나라인 새 예루살렘 성, 곧 천국으로 입성할 것이다(21:1~2, 26~27).[516] 그렇지만 무천년주의자들은 이러한 분명한 사실들에 대해 엄청나게 모순된 자의적 해석으로, 하나님의 구원 경륜을 왜곡하여 변개하니 참으로 애석한 일이 아닐 수 없다.

셋. 신자들과 불신자들의 동시 부활 주장에 대해…?

"아담 안에서 모든 사람이 죽은 것 같이 그리스도 안에서 모든 사람이 삶을 얻으리라 그러나 각각 자기 차례대로 되리니 먼저는 첫 열매인 그리스도요 다음에는 그가 강림하실 때에 그리스도에게 속한 자요 그 후에는 마지막이니 그가 모든 통치와 모든 권세와 능력을 멸하시고 나라를 아버지 하나님께 바칠 때라"(고전 15:22~24)는 말씀에서 보듯이 부활에는 순서가 있다. 먼저 그리스도에게 속한 생명의 부활이 있고(20:5~6), 그리스도의 나라를 하나님께 바칠 때인 심판의 부활은 나중이다(20:12~13). 그리고 생명의 부활인 첫째 부활과 심판의 부활인 둘째 부활에는 일천 년의 간극이 있다(20:5).

그들은 생명의 부활과 심판의 부활 사이에, 예수님이 친히 실재로 다스리시는 천 년 동안, 즉 사탄이 무저갱에 가두어진 기간이 통째로 사라져 버리는 해석을 한다. 안타깝게도 영적 눈이 어두워 이사야 선지자가 본, 하나님께 바치기 위한 복원기인, 그리스도의 나라인 천년

---

516 롬 14:17 "하나님의 나라는 먹는 것과 마시는 것이 아니요 오직 성령 안에 있는 의와 평강과 희락이라"

(20:4)

또 내가 보좌들을 보니 거기에 앉은 자들이 있어 심판하는 권세를 받았더라 또 내가 보니 예수를 증언함과 하나님의 말씀 때문에 목 베임을 당한 자들의 영혼들과 또 짐승과 그의 우상에게 경배하지 아니하고 그들의 이마와 손에 그의 표를 받지 아니한 자들이 살아서 그리스도와 더불어 천 년 동안 왕 노릇 하니

예수님이 신부인 성도들을 데리고 재림하실 때 이들도 천년왕국에서 보좌에 앉아 왕 노릇 한다(3:21).[518] 이때는 부활 및 휴거하여 혼인잔치에 참여했던 영에 속한 성도들이,[519] 아직 거듭나지 않아 휴

---

517 사 11:1~9 "… 그의 입의 막대기로 세상을 치며 그의 입술의 기운으로 악인을 죽일 것이며 공의로 그의 허리띠를 삼으며 성실로 그의 몸의 띠를 삼으리라 그 때에 이리가 어린 양과 함께 살며 표범이 어린 염소와 함께 누우며 송아지와 어린 사자와 살진 짐승이 함께 있어 어린 아기에게 끌리며 암소와 곰이 함께 먹으며 그것들의 새끼가 함께 엎드리며 사자가 소처럼 풀을 먹을 것이며 젖 먹는 아이가 독사의 구멍에서 장난하며 젖 뗀 어린 아이가 독사의 굴에 손을 넣을 것이라 …"

사 65:17~25 "… 거기는 날 수가 많지 못하여 죽는 어린이와 수한이 차지 못한 노인이 다시는 없을 것이라 곧 백 세에 죽는 자를 젊은이라 하겠고 백 세가 못되어 죽는 자는 저주 받은 자이리라 그들이 가옥을 건축하고 그 안에 살겠고 포도나무를 심고 열매를 먹을 것이며 그들이 건축한 데에 타인이 살지 아니할 것이며 그들이 심은 것을 타인이 먹지 아니하리니 …"

518 단 7:22 "옛적부터 항상 계신 이가 와서 지극히 높으신 이의 성도들을 위하여 원한을 풀어 주셨고 때가 이르매 성도들이 나라를 얻었더라"

단 7:26~27 "그러나 심판이 시작되면 그는 권세를 빼앗기고 완전히 멸망할 것이요 나라와 권세와 온 천하 나라들의 위세가 지극히 높으신 이의 거룩한 백성에게 붙인 바 되리니 그의 나라는 영원한 나라이라 모든 권세 있는 자들이 다 그를 섬기며 복종하리라"

519 옵 1:21 "구원 받은 자들이 시온 산에 올라와서 에서의 산을 심판하리니 나라가 여호와께 속하리라"

거하지 못하고 천년왕국에 들어간 육(양)에 속한 자들을 심판할 것이다.[520] 그들은 비록 변화 받지 못했지만, 천사가 전한 '영원한 복음'을 듣고 대환난을 지나며 짐승과 그의 우상에게 경배를 거부했던 자들이다(14:6~10). 그리고 짐승의 표를 받지 않은 성도들을 도왔으며, 아마겟돈 전쟁에 참여하지 않은 양에 속한 하나님의 백성들이다(18:4).

또한 천년왕국 시대에는, 그리스도의 증언과 하나님의 말씀 때문에 순교한 영혼들과 또 적그리스도와 그의 우상에게 경배하지 않고 이마와 손에 그의 표를 받지 않은 성도들이 살아서, 예수님과 더불어 천 년 동안 왕 노릇 할 것이다(20:5~6).[521]

(20:5-6)

(그 나머지 죽은 자들은 그 천 년이 차기까지 살지 못하더라) 이는 첫째 부활이

마 19:28 "예수께서 이르시되 내가 진실로 너희에게 이르노니 세상이 새롭게 되어 인자가 자기 영광의 보좌에 앉을 때에 나를 따르는 너희도 열두 보좌에 앉아 이스라엘 열두 지파를 심판하리라"

고전 6:2~3 "성도가 세상을 판단할 것을 너희가 알지 못하느냐 세상도 너희에게 판단을 받겠거든 지극히 작은 일 판단하기를 감당하지 못하겠느냐 우리가 천사를 판단할 것을 너희가 알지 못하느냐 그러하거든 하물며 세상 일이랴"

520 고전 2:14 "육에 속한 사람은 하나님의 성령의 일들을 받지 아니하나니 이는 그것들이 그에게는 어리석게 보임이요, 또 그는 그것들을 알 수도 없나니 그러한 일은 영적으로 분별되기 때문이라"
워치만 니, 『영에 속한 사람 2』, 정동섭 역(서울 : 생명의 말씀사, 2014), 133. "육적인 사람은 아직 거듭나지 못해서 새 영을 소유하지 못하고 있는 사람을 말한다."

521 딤후 2:11~12 "미쁘다 이 말이여 우리가 주와 함께 죽었으면 또한 함께 살 것이요 참으면 또한 함께 왕 노릇 할 것이요 우리가 주를 부인하면 주도 우리를 부인하실 것이라"
정동수, 『킹제임스 흠정역 한영대역 성경전서』, 계 20:4 참조.

라 이 첫째 부활에 참여하는 자들은 복이 있고 거룩하도다 둘째 사망이 그들을 다스리는 권세가 없고 도리어 그들이 하나님과 그리스도의 제사장이 되어 천 년 동안 그리스도와 더불어 왕 노릇 하리라

마지막 일곱째 나팔을 불 때(11:15) '첫째 부활에 참여하는 자들'은 그리스도의 구속을 믿음으로 거듭난 모든 성도들이다.[522] 이들은 영생을 얻음으로 복이 있고 거룩한 자들로서 하나님과 그리스도의 제사장이 되어 천년왕국에서 예수님과 더불어 왕 노릇 한다(5:10, 20:4).[523] 그리고 천 년의 끝 무렵에 그 왕국이 아버지 하나님께 바쳐질 것이다. 이로써 모든 성도들은, 불신자들이 겪게 될 영벌의 둘째 사망에 이르지 않고 영생복락의 새 예루살렘 성(천국)으로 들어간다(20:13~15).

한편 '그 나머지 죽은 자들'은 첫째 부활에 참여하지 못하고 음부에 있는 모든 죽은 자들을 말한다. 천 년이 지난 다음, 즉 천년왕국 후인 둘째 부활의 때에 생명책에 기록되지 못한 자들이 흰 보좌의 심판으로 영벌(영원히 타는 불못인 지옥)에 처해진다.[524]

---

522 고전 15:51~52 "보라 내가 너희에게 비밀을 말하노니 우리가 다 잠 잘 것이 아니요 마지막 나팔에 순식간에 홀연히 다 변화되리라 나팔 소리가 나매 죽은 자들이 썩지 아니할 것으로 다시 살아나고 우리도 변화되리라"

523 고전 15:22~26 "아담 안에서 모든 사람이 죽은 것 같이 그리스도 안에서 모든 사람이 삶을 얻으리라 그러나 각각 자기 차례대로 되리니 먼저는 첫 열매인 그리스도요 다음에는 그가 강림하실 때에 그리스도에게 속한 자요 그 후에는 마지막이니 그가 모든 통치와 모든 권세와 능력을 멸하시고 나라를 아버지 하나님께 바칠 때라 그가 모든 원수를 그 발 아래에 둘 때까지 반드시 왕 노릇 하시리니 맨 나중에 멸망 받을 원수는 사망이니라"

벧전 2:9 "그러나 너희는 택하신 족속이요 왕 같은 제사장들이요 거룩한 나라요 그의 소유가 된 백성이니 이는 너희를 어두운 데서 불러 내어 그의 기이한 빛에 들어가게 하신 이의 아름다운 덕을 선포하게 하려 하심이라"

524 요 5:29 "선한 일을 행한 자는 생명의 부활로, 악한 일을 행한 자는 심판의 부활

(20:7~10)

천 년이 차매 사탄이 그 옥에서 놓여 나와서 땅의 사방 백성 곧 곡과 마곡을 미혹하고 모아 싸움을 붙이리니 그 수가 바다의 모래 같으리라 그들이 지면에 널리 퍼져 성도들의 진과 사랑하시는 성을 두르매 하늘에서 불이 내려와 그들을 태워버리고 또 그들을 미혹하는 마귀가 불과 유황 못에 던져지니 거기는 그 짐승과 거짓 선지자도 있어 세세토록 밤낮 괴로움을 받으리라

'곡과 마곡'은 구약 시대에 이스라엘을 침공했던 왕과 나라로서 곡은 왕명, 마곡은 지명을 말한다.[525] 따라서 이것들은 사탄의 마지막 유혹을 받아 예수님과 성도들을 마지막으로 공격하기 위해 연합한 열방을 상징한다.

천 년이 다 찬 후 사탄이 무저갱(옥)에서 잠깐 놓일 때(20:2~3), 그가 세계 만방에서 셀 수 없이 많은 사람들을 미혹하여 성도들의 군대와 싸움을 일으킨다.[526] 그의 군대가 성도들의 진과 사랑하시는 성(주님이 계시는 성)을 에워싸니 하늘에서 불이 내려와 그들을 태워버린다.[527] 그

<hr />

로 나오리라"

[525] 겔 38:2~3 "인자야 너는 마곡 땅에 있는 로스와 메섹과 두발 왕 곧 곡에게로 얼굴을 향하고 그에게 예언하여 이르기를 주 여호와께서 이같이 말씀하시기를 로스와 메섹과 두발 왕 곡아 내가 너를 대적하여"

[526] 겔 38:14~16 "인자야 너는 또 예언하여 곡에게 이르기를 주 여호와께서 이같이 말씀하시기를 내 백성 이스라엘이 평안히 거주하는 날에 네가 어찌 그것을 알지 못하겠느냐 네가 네 고국 땅 북쪽 끝에서 많은 백성 곧 다 말을 탄 큰 무리와 능한 군대와 함께 오되 구름이 땅을 덮음 같이 내 백성 이스라엘을 치러 오리라 곡아 끝날에 내가 너를 이끌어다가 내 땅을 치게 하리니 이는 내가 너로 말미암아 이방 사람의 눈 앞에서 내 거룩함을 나타내어 그들이 다 나를 알게 하려 함이라"

[527] 겔 38:18~23 "그 날에 곡이 이스라엘 땅을 치러 오면 내 노여움이 내 얼굴에 나타나리라 주 여호와의 말씀이니라 … 불과 유황으로 그와 그 모든 무리와 그와

리고 사탄은 영원토록 꺼지지 않는 불과 유황 못에 던져져—일천 년 전 아마겟돈 전쟁으로 그곳에 던져진 적그리스도와 거짓 선지자와 함께(19:20)—영벌의 고통에 처해질 것이다.[528]

(20:11~12)

또 내가 크고 흰 보좌와 그 위에 앉으신 이를 보니 땅과 하늘이 그 앞에서 피하여 간 데 없더라 또 내가 보니 죽은 자들이 큰 자나 작은 자나 그 보좌 앞에서 있는데 책들이 펴 있고 또 다른 책이 펴졌으니 곧 생명책이라 죽은 자들이 자기 행위를 따라 책들에 기록된 대로 심판을 받으니

천년왕국 시대의 땅과 하늘이 사라지고, 하나님은 심판을 다 아들에게 맡기셨기에 예수님으로 여겨지는 분이 크고 흰(백白) 보좌에 앉아 계신다.[529] 죽은 자(무론대소하고 생명책에 기록되지 않은 자)들이[530] 그 보좌 앞에 서서 펴진 책들에 기록된 대로 자기 행위에 근거하여 심판을 받

함께 있는 많은 백성에게 비를 내리듯 하리라 이같이 내가 여러 나라의 눈에 내 위대함과 내 거룩함을 나타내어 나를 알게 하리니 내가 여호와인 줄을 그들이 알리라"

528 사 27:1 "그 날에 여호와께서 그의 견고하고 크고 강한 칼로 날랜 뱀 리워야단 곧 꼬불 꼬불한 뱀 리워야단을 벌하시며 바다에 있는 용을 죽이시리라"
사 66:24 "그들이 나가서 내게 패역한 자들의 시체들을 볼 것이라 그 벌레가 죽지 아니 하며 그 불이 꺼지지 아니하여 모든 혈육에게 가증함이 되리라"

529 요 5:22 "아버지께서 아무도 심판하지 아니하시고 심판을 다 아들에게 맡기셨으니"
단 7:9 "내가 보니 왕좌가 놓이고 옛적부터 항상 계신 이가 좌정하셨는데 그의 옷은 희기가 눈 같고 그의 머리털은 깨끗한 양의 털 같고 그의 보좌는 불꽃이요 그의 바퀴는 타오르는 불이며"

530 시 69:28 "그들을 생명책에서 지우사 의인들과 함께 기록되지 말게 하소서"

는다(3:5, 20:5).[531] 이때 생명책에 기록된 모든 성도들은 그들의 영생복락을 위해 마련된 하나님의 나라, 곧 항상 생명과가 열리고 생명수가 흐르는 아름다운 천국(새 예루살렘 성)으로 들어갈 것이다.

(20:13~15)

바다가 그 가운데에서 죽은 자들을 내주고 또 사망과 음부도 그 가운데에서 죽은 자들을 내주매 각 사람이 자기의 행위대로 심판을 받고 사망과 음부도 불못에 던져지니 이것은 둘째 사망 곧 불못이라 누구든지 생명책에 기록되지 못한 자는 불못에 던져지더라

바다는 세상을 상징하므로(18:17), '바다가 그 가운데서 죽은 자들'은 오는 세상인 천년왕국 기간 중에 죽은 모든 자들을 말한다(20:7). 그곳에는 천 년이 차서 사탄이 잠시 놓일 때 그의 미혹에 넘어간 자들도 들어있다. 그리고 '사망과 음부도 그 가운데서 죽은 자들'은 그리스도로 인해 거듭나지 못하고 죽어 음부에 있는 모든 자들을 지칭한다.[532]

천년왕국이 지난 후에, 모든 죽은 자들이 둘째 부활할 때 흰 보좌 앞에서 자기의 행위에 따라 심판을 받는다. 하나님의 은혜와 사랑을 배반함으로써 생명책에 기록되지 못한 자들은 결국 둘째 사망, 곧 영

---

531 단 7:10 "불이 강처럼 흘러 그의 앞에서 나오며 그를 섬기는 자는 천천이요 그 앞에서 모셔 선 자는 만만이며 심판을 베푸는데 책들이 펴 놓였더라"
532 눅 16:23 "그가 음부에서 고통중에 눈을 들어 멀리 아브라함과 그의 품에 있는 나사로를 보고"

벌의 불못(지옥)에 던져진다.[533] 그리고 사망과 음부도 불못에 던져지고 만다.[534]

첫째 사망과 둘째 사망

△ 첫째 사망(음부)

아담이 하나님의 말씀에 불순종하여 선악과를 먹고 알게 된 죄의 삶으로 모든 인류가 겪는 육신의 죽음이 첫째 사망이다. 사람들을 긍휼히 여기사 구원하고자 친히 단번의 제사로 이루신 그리스도의 속량을 믿지 않는 자들, 다시 말해 거듭나지 못한 영혼이 가는 곳이 성경에서 음부, 혹은 옥으로 나타난다.[535] 그곳은 주님이 십자가에서 죽으셨을 때, 영으로 가서 복음을 선포하셨던 장소이기도 하다.[536]

한편 그리스도의 구속을 믿음으로 거듭난 성도들은 하나님의 의義를 거저 얻어 곧바로 낙원에 이르는 은총을 누린다.[537]

---

533 마 25:46 "그들은 영벌에, 의인들은 영생에 들어가리라 하시니라"
534 고전 15:26 "맨 나중에 멸망 받을 원수는 사망이니라"
535 눅 16:23 "그가 음부에서 고통 중에 눈을 들어 멀리 아브라함과 그의 품에 있는 나사로를 보고"
536 벧전 3:19 "그가 또한 영으로 가서 옥에 있는 영들에게 선포하시니라"
537 요 3:3 "예수께서 대답하여 이르시되 진실로 진실로 네게 이르노니 사람이 거듭나지 아니하면 하나님의 나라를 볼 수 없느니라"
   눅 23:43 "예수께서 이르시되 내가 진실로 네게 이르노니 오늘 네가 나와 함께 낙원에 있으리라 하시니라"

△ 둘째 사망(지옥)

천년왕국이 끝나고 최후 흰 보좌의 심판을 받아 영벌로 가게 되는 것이 둘째 사망이다. 첫째 부활에 참여하지 못한 모든 죽은 자들이 둘째 부활할 때, 생명책에 기록되지 못한 자들은 흰 보좌의 심판을 받아 영원히 꺼지지 않는 불과 유황으로 타는 못에 던져진다.[538] 그들이 둘째 사망하여 형벌로 가는 곳이 성경에서 지옥,[539] 또는 불못이라 불린다(19:20, 20:10,14,15, 21:8). 이 최후 심판의 대상에 대해 예견되는 불신자들을 몇 가지 유형별로 살펴본다.

첫째, 십자가의 희생제사로 이루신 그리스도의 사랑을 받아들이지 않아 칠년대환난 후 마지막 나팔 불 때 생명의 첫째 부활에 참여하지 못한 자들이다(20:5~6). 그들은 예수님이 십자가에서 죽임을 당하셨을 때 음부(옥)에 내려가 죽은 자들에게 전하셨던 복음(육으로는 심판을 받으나 영으로는 하나님을 따라 살게 하려는 기쁜 소식)에도 깨어나지 못했다.[540] 둘째, 예수님의 재림 시에 양과 염소를 구분하는 심판에서 염소에 속한 자(대

---

538 막 9:43 "만일 네 손이 너를 범죄하게 하거든 찍어버리라 장애인으로 영생에 들어가는 것이 두 손을 가지고 지옥 곧 꺼지지 않는 불에 들어가는 것보다 나으니라"

539 마 5:22 "나는 너희에게 이르노니 형제에게 노하는 자마다 심판을 받게 되고 형제를 대하여 라가라 하는 자는 공회에 잡히게 되고 미련한 놈이라 하는 자는 지옥 불에 들어가게 되리라"
마 10:28 "몸은 죽여도 영혼은 능히 죽이지 못하는 자들을 두려워하지 말고 오직 몸과 영혼을 능히 지옥에 멸하실 수 있는 이를 두려워하라"
눅 12:5 "마땅히 두려워할 자를 내가 너희에게 보이리니 곧 죽인 후에 또한 지옥에 던져 넣는 권세 있는 그를 두려워하라 내가 참으로 너희에게 이르노니 그를 두려워하라"

540 벧전 4:6 "이를 위하여 죽은 자들에게도 복음이 전파되었으니 이는 육체로는 사람으로 심판을 받으나 영으로는 하나님을 따라 살게 하려 함이라"

환난에서 그리스도인들을 전혀 돕지 않은 자)들과 더불어 아마겟돈 전쟁에서 적그리스도와 함께 참여한 자들이다(19:19~21). 그리고 셋째, 천년왕국에 양에 속하여 육의 몸으로 살아간 자들 가운데, 만왕의 왕이신 예수님의 말씀에 불순종함으로써 새 생명을 얻지 못하고 죽은 자들과 천 년이 찰 때에 잠시 놓인 사탄에게 미혹당한 부류들이 될 것이다(20:8~9).

제 21 장

●

새 하늘과 새 땅과 새 예루살렘 성

　새 하늘과 새 땅에 신부가 남편을 위해 단장한 것 같은 거룩한 성 새 예루살렘이 하늘에서 내려오니, 신부가 남편을 위해 단장한 것 같다. 이제 하나님의 장막이 사람들 가운데 있어 성도들의 눈에서 모든 눈물을 씻어 주시므로 처음 것들이 다 지나갔음을 알 수 있다. 또 예수 그리스도에 대한 믿음과 순종으로 이긴 자들이, 처음과 나중이요 알파요 오메가이신 하나님이 목마른 자들에게 주시는 생명수 샘물(성령)을 거저 받는다. 하나님의 자녀로서 영생의 복을 얻는 것이다.

　새 예루살렘 성은 하나님의 영광으로 빛이 지극히 귀한 보석 같고 벽옥과 수정 같으며, 크고 높은 성곽과 열두 문에 열두 천사가 있다. 문들 위에 구약시대 백성들을 상징하는 열두 지파의 이름이 있고, 성곽에는 신약시대 성도들을 상징하는 열두 사도 이름이 있는 열두 기초석이 있다. 또한 성곽이 백사십사(12지파×12사도) 규빗인 바, 그 성 안에 모든 세대의 구원 얻은 성도들이 함께 공존함을 시사한다.

　그리고 성과 성곽에 대해, 금처럼 불순물이 없는 신성과 갈대처럼 흔들림이 없는 신앙의 척도를 재고자 금 갈대 자로 측량한다. 그 결

과 성의 길이와 너비와 높이가 같은 만 이천(12사도×1,000 많은 수) 스다디
온이다. 따라서 셀 수 없이 많은 수가 그리스도에 대한 순수한 믿음
과 인내로써 택함을 받아 구원을 얻는 것을 말해준다.

또 그 성은 주 하나님과 어린 양이 친히 성전이 되신다. 하나님의
영광이 비치며 어린 양이 그 등불이 되시기 때문에 해나 달이 필요
없다. 주님 안에서 자유를 얻은 만국의 성도들이, 자기 영광과 존귀
를 가지고 그 빛 가운데로 다니게 될 것이다.

(21:1~2)

또 내가 새 하늘과 새 땅을 보니 처음 하늘과 처음 땅이 없어졌고 바다도 다시
있지 않더라 또 내가 보매 거룩한 성 새 예루살렘이 하나님께로부터 하늘에서
내려오니 그 준비한 것이 신부가 남편을 위하여 단장한 것 같더라

요한은 결코 아픔과 사망이 없는 영원 복락의 세계인 신천 신지
를 보게 되는 바(21:4), 처음 하늘과 처음 땅은 바다와 함께 사라져 버
렸다(20:11). 또 신랑되신 예수님을 위하여 신부가 아름답게 단장한 것
같은 거룩한 성 새 예루살렘이 하늘에서 하나님으로부터 내려온다.
그 고귀한 성(천국)에서 우리 성도들은 그리스도의 신부로서 영생복락
을 누리게 될 것이다(22:17).

한편 이사야 선지자가 보았던 '새 하늘과 새 땅'은,[541] 요한이 본 것
과 다름에 유의해야 한다. 전자는 영에 속한 자(거듭남으로 부활 및 휴거했던

---

541 벧후 3:13~14 "우리는 그의 약속대로 의가 있는 곳인 새 하늘과 새 땅을 바라보
　　도다"

자)들과 육에 속한 자(변화받지 못하고 육신의 죽음이 남아있는 자)들이 아직 상존하는,[542] 만물을 하나님께 바치기 위한 복원기인 천년왕국의 시대였다(20:7~10). 하지만 본문에 나타난 후자의 환상은, 천년왕국이 지나고 죽은 자들이 둘째 부활하여 생명책에 기록되지 못한 자들이 최후의 흰 보좌 심판을 받고 영원한 불못에 던져진 이후를 일컫는다. 이는 바로 만물이 새롭게 되어 하나님의 경륜이 완성됨으로써, 항상 빛과 사랑이 넘치며 그리스도의 신부로서 살아가게 되는 영생의 천국시대가 도래한 것이다(21:5~7).

(21:3~4)

내가 들으니 보좌에서 큰 음성이 나서 이르되 보라 하나님의 장막이 사람들과 함께 있으매 하나님이 그들과 함께 계시리니 그들은 하나님의 백성이 되고 하나님은 친히 그들과 함께 계셔서 모든 눈물을 그 눈에서 닦아 주시니 다시는 사망이 없고 애통하는 것이나 곡하는 것이나 아픈 것이 다시 있지 아니하리니 처음 것들이 다 지나갔음이러라

하나님이 아담과 하와가 살았던 에덴동산을 거니셨듯이 천국에서

---

542 사 65:17~20 "보라 내가 새 하늘과 새 땅을 창조하나니 이전 것은 기억되거나 마음에 생각나지 아니할 것이라 너희는 내가 창조하는 것으로 말미암아 영원히 기뻐하며 즐거워할지니라 보라 내가 예루살렘을 즐거운 성으로 창조하며 그 백성을 기쁨으로 삼고 내가 예루살렘을 즐거워하며 나의 백성을 기뻐하리니 우는 소리와 부르짖는 소리가 그 가운데에서 다시는 들리지 아니할 것이며 거기는 날 수가 많지 못하여 죽는 어린이와 수한이 차지 못한 노인이 다시는 없을 것이라 곧 백 세에 죽는 자를 젊은이라 하겠고 백 세가 못되어 죽는 자는 저주 받은 자이리라"

성도들 가운데 임재하사[543] 성도들이 항상 하나님의 빛과 영광과 사랑 가운데 거한다. 그리고 모든 눈물을 그 눈에서 닦아 주신다는 것은 하나님의 임재 속에서 눈물이 있음을 뜻함이 아니다. 이는 처음 것들인 아담의 범죄로 인해 타락해진 모든 것들, 곧 사망과 애통과 아픈 것들이 모두 사라진다는 은유적 표현으로 읽힌다(7:17). 천국에서는 언제나 주님의 품 안에서 오직 의와 평강과 희락이 넘치게 될 것이다.[544]

(21:5~7)

보좌에 앉으신 이가 이르시되 보라 내가 만물을 새롭게 하노라 하시고 또 이르시되 이 말은 신실하고 참되니 기록하라 하시고 또 내게 말씀하시되 이루었도다 나는 알파와 오메가요 처음과 마지막이라 내가 생명수 샘물을 목마른 자에게 값없이 주리니 이기는 자는 이것들을 상속으로 받으리라 나는 그의 하나님이 되고 그는 내 아들이 되리라

보좌에 앉으신 하나님이 '만물을 새롭게 하노라'시며 이전 것들인 죄악 세상이 다 지나간 신천 신지의 도래를 선포하신다(21:1~2).[545] 이

---

543 창 3:8 "그들이 그 날 바람이 불 때 동산에 거니시는 여호와 하나님의 소리를 듣고 아담과 그의 아내가 여호와 하나님의 낯을 피하여 동산나무 사이에 숨은지라"

544 사 35:10 "여호와의 속량함을 받은 자들이 돌아오되 노래하며 시온에 이르러 그들의 머리 위에 영영한 희락을 띠고 기쁨과 즐거움을 얻으리니 슬픔과 탄식이 사라지리로다"
   롬 14:17 "하나님의 나라는 먹는 것과 마시는 것이 아니요 오직 성령 안에 있는 의와 평강과 희락이라"

545 고후 5:17 "그런즉 누구든지 그리스도 안에 있으면 새로운 피조물이라 이전 것은 지나갔으니 보라 새 것이 되었도다"

에 대해 위로와 확신을 주기 위해 '신실하고 참되니 기록하라'고 이르신다(19:9). 또 자신이 알파와 오메가요 처음과 마지막으로서 친히 천지만물을 시종일관 주관하시며 구원의 경륜을 다 이루었다고 하신다(1:8).[546]

하나님의 나라를 갈망하며 그리스도를 구주로 영접한 자들은 죄사함을 얻어 거듭남으로써[547] 생명수 샘물(성령)을 값없이 받게 된다.[548] 하나님의 사랑하는 자녀로서 새 생명을 얻고 세상을 이긴 자들은[549] 이것들을 상속 받아 천국에서 영생의 복을 누릴 것이다.[550]

---

546 롬 11:36 "이는 만물이 주에게서 나오고 주로 말미암고 주에게로 돌아감이라 그에게 영광이 세세에 있을지어다 아멘"

547 요 3:5 "예수께서 대답하시되 진실로 진실로 네게 이르노니 사람이 물과 성령으로 나지 아니하면 하나님의 나라에 들어갈 수 없느니라"
벧전 1:3 "우리 주 예수 그리스도의 아버지 하나님을 찬송하리로다 그의 많으신 긍휼대로 예수 그리스도를 죽은 자 가운데서 부활하게 하심으로 말미암아 우리를 거듭나게 하사 산 소망이 있게 하시며"

548 요 4:14 "내가 주는 물을 마시는 자는 영원히 목마르지 아니하리니 내가 주는 물은 그 속에서 영생하도록 솟아나는 샘물이 되리라"
요 7:37~39 "명절 끝날 곧 큰 날에 예수께서 서서 외쳐 이르시되 누구든지 목마르거든 내게로 와서 마시라 나를 믿는 자는 성경에 이름과 같이 그 배에서 생수의 강이 흘러 나오리라 하시니 이는 그를 믿는 자들이 받을 성령을 가리켜 말씀하신 것이라 (예수께서 아직 영광을 받지 않으셨으므로 성령이 아직 그들에게 계시지 아니하시라)"

549 요일 5:4~5 "무릇 하나님께로부터 난 자마다 세상을 이기느니라 세상을 이기는 승리는 이것이니 우리의 믿음이니라 예수께서 하나님의 아들이심을 믿는 자가 아니면 세상을 이기는 자가 누구냐"
요 1:12~13 "영접하는 자 곧 그 이름을 믿는 자들에게는 하나님의 자녀가 되는 권세를 주셨으니 이는 혈통으로나 육정으로나 사람의 뜻으로 나지 아니하고 오직 하나님께로부터 난 자들이니라"

550 갈 4:6~7 "너희가 아들이므로 하나님이 그 아들의 영을 우리 마음 가운데 보내사 아빠 아버지라 부르게 하셨느니라 그러므로 네가 이 후로는 종이 아니요 아들이니 아들이면 하나님으로 말미암아 유업을 받을 자니라"

(21:8)

그러나 두려워하는 자들과 믿지 아니하는 자들과 흉악한 자들과 살인자들과 음행하는 자들과 점술가들과 우상 숭배자들과 거짓말하는 모든 자들은 불과 유황으로 타는 못에 던져지리니 이것이 둘째 사망이라

'두려워하는 자들'은 하나님의 사랑 안에 거하지 않고 세상을 두려워하며 사탄을 따르는 겁쟁이들이다.[551] 또 '거짓말하는 모든 자들'은 그리스도를 부인하며 진실을 거스려 말하는 자들이다.[552] 그들은 하나님을 믿지 않은 자들, 흉악한 자들, 살인자들, 음행하는 자들, 점술가들, 우상숭배자들과 함께 둘째 사망에 처해질 것이다.

모든 사람들이 죄를 알게 되어 겪어야 하는 첫째 사망은 육신의 죽음이다. 이때 그리스도를 구주로 믿고 거듭난 자들의 영혼은 낙원에 머물다 첫째 생명의 부활로, 그렇지 못한 자들은 먼저 고통이 수반되는 음부로 가게 된다. 그리고 천년왕국 후에 음부에 있던 모든 죽은 자들이 둘째 부활할 때 생명책에 기록되지 않은 자들이 흰 보좌의 심판을 받음으로써 불과 유황 못(지옥)에 영벌로 던져진다(20:14~15). 이것이 곧 둘째 사망이다(2:11, 20:6).

---

551 딤후 1:7 "하나님이 우리에게 주신 것은 두려워하는 마음이 아니요 오직 능력과 사랑과 절제하는 마음이니"
요 14:27 "평안을 너희에게 끼치노니 곧 나의 평안을 너희에게 주노라 내가 너희에게 주는 것은 세상이 주는 것과 같지 아니하니라 너희는 마음에 근심하지도 말고 두려워하지도 말라"

552 요일 2:22 "거짓말하는 자가 누구냐 예수께서 그리스도이심을 부인하는 자가 아니냐 아버지와 아들을 부인하는 그가 적그리스도니"

(21:9~10)

일곱 대접을 가지고 마지막 일곱 재앙을 담은 일곱 천사 중 하나가 나아와서 내
게 말하여 이르되 이리 오라 내가 신부 곧 어린 양의 아내를 네게 보이리라 하고
성령으로 나를 데리고 크고 높은 산으로 올라가 하나님께로부터 하늘에서 내려
오는 거룩한 성 예루살렘을 보이니

일곱 대접재앙을 가진 천사 중 하나가, 요한에게 성령의 감동으로
553 '어린 양의 아내인 신부'를 보이지만,554 앞서 이와 대조적인 '큰
음녀의 받을 심판'을 보였다(17:1). 또 그가 요한에게 '높은 산'에서 예
수님의 신부인 거룩한 예루살렘 성을 보이지만, '광야'에서 붉은 빛
짐승을 탄 음녀의 모습을 보였다(17:3~5).

이는 자비로우신 하나님이 모든 성도들에게, 인내로써 지킨 믿음
의 결국에 심판을 면하고, 어린 양의 신부로서 거룩한 하늘 나라의
백성이 될 것이라는 위로와 소망을 주시려는 메시지로 보인다.

(21:11~14)

하나님의 영광이 있어 그 성의 빛이 지극히 귀한 보석 같고 벽옥과 수정 같이 맑
더라 크고 높은 성곽이 있고 열두 문이 있는데 문에 열두 천사가 있고 그 문들 위
에 이름을 썼으니 이스라엘 자손 열두 지파의 이름들이라 동쪽에 세 문, 북쪽에
세 문, 남쪽에 세 문, 서쪽에 세 문이니 그 성의 성곽에는 열두 기초석이 있고 그
위에는 어린 양의 열두 사도의 열두 이름이 있더라

---

553 벧후 1:21 "예언은 언제든지 사람의 뜻으로 낸 것이 아니요 오직 성령의 감동하
심을 받은 사람들이 하나님께 받아 말한 것임이라"
554 고후 11:2 "내가 하나님의 열심으로 너희를 위하여 열심을 내노니 내가 너희를
정결한 처녀로 한 남편인 그리스도께 드리려고 중매함이로다 …"

하나님의 영광으로 새 예루살렘 성의 빛이 지극히 귀한 보석 같고 벽옥과 수정 같이 맑다고 한다. 이는 신랑이신 예수님과 신부인 성도들의 영원한 거처가 될 그 성이, 비할 데 없이 고귀하고 거룩하며 영광스러운 곳임을 말해준다.[555]

그 성의 열두 문에 '이스라엘 자손 열두 지파의 이름'은 그곳이 이스라엘 백성의 보금자리임을 의미한다.[556] 또한 열두 기초석 위에 '어린 양의 열두 사도의 열두 이름'은 예수 그리스도의 터 위에 지어진 성도들의 안식처임을 보여준다.[557] 그리고 크고 높은 성곽은 성의 영원한 안전성을, 동서남북에 세 개씩 문은 구원의 문이 사방에 활짝 열려 있음을 함의한다.

(21:15~18)

내게 말하는 자가 그 성과 그 문들과 성곽을 측량하려고 금 갈대 자를 가졌더라 그 성은 네모가 반듯하여 길이와 너비가 같은지라 그 갈대 자로 그 성을 측량하니 만 이천 스다디온이요 길이와 너비와 높이가 같더라 그 성곽을 측량하매 백 사십사 규빗이니 사람의 측량 곧 천사의 측량이라 그 성곽은 벽옥으로 쌓았고 그 성은 정금인데 맑은 유리 같더라

'금 갈대 자'는 주님께 의지하는 믿음에 대해, 금처럼 불순물이 섞

---

555 출 29:43 "내가 거기서 이스라엘 자손을 만나리니 내 영광으로 말미암아 회막이 거룩하게 될지라"
556 출 39:14 "이 보석들은 이스라엘의 아들들의 이름 곧 그들의 이름대로 열둘이라 도장을 새김 같이 그 열두 지파의 각 이름을 새겼으며"
557 엡 2:20 "너희는 사도들과 선지자들의 터 위에 세우심을 입은 자라 그리스도 예수께서 친히 모퉁잇돌이 되셨느니라"

이지 않은 순수성과[558] 갈대처럼 흔들리지 않는 순종성의 정도를 측량한다는 상징적 표현이다(11:1). 그래서 금 갈대 자는 '사람의 측량 곧 천사의 측량' 다시 말해 영적 측량으로써 순전한 믿음의 정도를 나타내는 척도尺度가 되는 것이다.

금 갈대 자로 거룩한 성 새 예루살렘을 측량하니, 장광고가 지성소처럼[559] 똑같음은 하나님이 계신 천국의 항구적 안전성을 나타낸다. 또 성의 크기가 만 이천(12 택한수×1,000많은 수) 스다디온으로 하나님의 택한 성도들이 충만하게 차 있음을 보여준다.[560] 그리고 성곽이 백사십사(12지파 ×12사도) 규빗은 모든 세대에서 구원 얻은 성도들의 영원한 안식처임을 말해준다. 또한 그 성곽이 고귀하고 아름다운 벽옥으로 쌓인 것은 하나님의 임재를 나타낸다(4:3). 더욱이 성이 정금같이 순수하고 맑은 유리같이 투명하므로 거짓과 불결한 것이 전혀 없음을 알 수 있다.[561]

△ 1 스다디온은 192m, 1 규빗은 45.6cm[562]

---

558 고전 3:12~14 "만일 누구든지 금이나 은이나 보석이나 나무나 풀이나 짚으로 이 터 위에 세우면 각 사람의 공적이 나타날 터인데 그 날이 공적을 밝히리니 이는 불로 나타내고 그 불이 각 사람의 공적이 어떠한 것을 시험할 것임이라 만일 누구든지 그 위에 세운 공적이 그대로 있으면 상을 받고"

559 왕상 6:19~20 "여호와의 언약궤를 두기 위하여 성전 안에 내소를 마련하였는데 그 내소의 안은 길이가 이십 규빗이요 너비가 이십 규빗이요 높이가 이십 규빗이라 정금으로 입혔고 백향목 제단에도 입혔더라"

560 요 6:70 "예수께서 대답하시되 내가 너희 열둘을 택하지 아니하였느냐 …"

561 엡 5:27 "자기 앞에 영광스러운 교회로 세우사 티나 주름 잡힌 것이나 이런 것들이 없이 거룩하고 흠이 없게 하려 하심이라"

562 http://terms.naver.com/entry.nhn?docId=2397769&cid=50762&category

(21:19~21)

그 성의 성곽의 기초석은 각색 보석으로 꾸몄는데 첫째 기초석은 벽옥이요 둘째는 남보석이요 셋째는 옥수요 넷째는 녹보석이요 다섯째는 홍마노요 여섯째는 홍보석이요 일곱째는 황옥이요 여덟째는 녹옥이요 아홉째는 담황옥이요 열째는 비취옥이요 열한째는 청옥이요 열두째는 자수정이라 그 열두 문은 열두 진주니 각 문마다 한개의 진주로 되어 있고 성의 길은 맑은 유리 같은 정금이더라

교회의 기초인 12사도의 이름이 기록되어 있는 성곽의 열두 기초석은(21:14) 비할 데 없이 값지고 아름다운 각색 보석으로 장식되어 있다. 이는 교회를 이루는 신약시대의 성도들이 참으로 고귀하고 값진 천국 백성들임을 의미한다. 또 열두 문이 열두 진주로 되어 있고 열두 지파의 이름이 각 문에 있어(21:12), 구약시대의 성도들 역시 아름답고 고귀한 진주처럼 영롱한 천국 백성들임을 말해준다.[563] 그리고 성의 길이 맑고 유리 같은 정금인 것은, 천국이 맑고 투명하며 흠이 전혀 없이 순전함을 보여준다.

(21:22~25)

성 안에서 내가 성전을 보지 못하였으니 이는 주 하나님 곧 전능하신 이와 및 어린 양이 그 성전이심이라 그 성은 해나 달의 비침이 쓸 데 없으니 이는 하나님의 영광이 비치고 어린 양이 그 등불이 되심이라 만국이 그 빛 가운데로 다니고 땅의 왕들이 자기 영광을 가지고 그리로 들어가리라 낮에 성문들을 도무지 닫지

Id=51387, 라이프성경사전, 성경의 도량형과 월력 <길이> 참고.
563 마 13:45~46 "또 천국은 마치 좋은 진주를 구하는 장사와 같으니 극히 값진 진주 하나를 발견하매 가서 자기의 소유를 다 팔아 그 진주를 사느니라"

아니하리니 거기에는 밤이 없음이라

에스겔이 보았던 천년왕국에는, 특별하게 구별하여 드려진 거룩한 땅 중앙에 여호와의 성소, 곧 하나님의 성전이 있다.564 이른바 제4성전이다.(IV부의 5. 이스라엘의 성전 역사 편 참고) 하지만 요한이 본 천년왕국이 지난 후에 도래하는 새 예루살렘 성(천국)에서는, 전능하신 하나님과 어린 양이 친히 성전이 되시므로565 성 안에 성전이 따로 없다(21:22). 또 항상 하나님의 영광이 비치고 만국의 구원 얻은 성도들에게 예수님이 등불이 되셔서 해나 달의 빛이 필요 없다.566 땅의 왕들, 곧 그리스도의 속량으로 자유함을 얻은 왕 같은 제사장인 모든 성도들이,567 수고한 대로 값진 상급을 받아 자기 영광을 가지고 거룩한 그 성에 들어갈 것이다(21:26).568

---

564 겔 48:10 "이 드리는 거룩한 땅은 제사장에게 돌릴지니 북쪽으로 길이가 이만 오천 척이요 서쪽으로 너비는 만 척이요 동쪽으로 너비가 만 척이요 남쪽으로 길이가 이만 오천 척이라 그 중앙에 여호와의 성소가 있게 하고"

565 요 2:21 "그러나 예수는 성전된 자기 육체를 가리켜 말씀하신 것이라"

566 사 60:19 "다시는 낮에 해가 네 빛이 되지 아니하며 달도 네게 빛을 비추지 않을 것이요 오직 여호와가 네게 영원한 빛이 되며 네 하나님이 네 영광이 되리니"

567 갈 5:1 "그리스도께서 우리를 자유롭게 하려고 자유를 주셨으니 그러므로 굳건하게 서서 다시는 종의 멍에를 메지 말라"
벧전 2:9 "그러나 너희는 택하신 족속이요 왕 같은 제사장들이요 거룩한 나라요 그의 소유가 된 백성이니 이는 너희를 어두운 데서 불러 내어 그의 기이한 빛에 들어가게 하신 이의 아름다운 덕을 선포하게 하려 하심이라"

568 빌 2:16 "생명의 말씀을 밝혀 나의 달음질이 헛되지 아니하고 수고도 헛되지 아니함으로 그리스도의 날에 내가 자랑할 것이 있게 하려 함이라"

(21:26~27)

사람들이 만국의 영광과 존귀를 가지고 그리로 들어가겠고 무엇이든지 속된 것이나 가증한 일 또는 거짓말하는 자는 결코 그리로 들어가지 못하되 오직 어린 양의 생명책에 기록된 자들만 들어가리라

모든 속된 것이나 가증한 일하는 자는, 세상적인 더러운 짓이나 괘씸하고 얄미운(우상숭배처럼 역겨운) 짓을 하는 자들이다. 그리고 거짓말하는 자는, 하나님과 아들이신 그리스도를 부인하고 하나님과 사귐이 있다고 하면서 어둠 속에 행하며 또 진실을 왜곡하여 말하는 자들이다.[569] 그들은 결코 천국에 들어가지 못하고(21:8, 22:15), 오직 그리스도에 대한 믿음과 순종으로 생명책에 이름이 기록된 자들만 하나님의 영광의 빛이 비추는 그곳에 들어갈 것이다(20:12~15).[570]

---

569 요 1:6 "만일 우리가 하나님과 사귐이 있다 하고 어둠에 행하면 거짓말을 하고 진리를 행하지 아니함이거니와"
요일 2:4 "그를 아노라 하고 그의 계명을 지키지 아니하는 자는 거짓말하는 자요 진리가 그 속에 있지 아니하되"
570 사 52:1 "시온이여 깰지어다 깰지어다 네 힘을 낼지어다 거룩한 성 예루살렘이여 네 아름다운 옷을 입을지어다 이제부터 할례받지 아니한 자와 부정한 자가 다시는 네게로 들어옴이 없을 것임이라"

제 22 장

생명수水와 생명과果 그리고 기다림

아담과 하와가 타락하기 전, 하나님이 처음 에덴 동산에 대해 기대하셨던 바가 새 에덴, 곧 새 예루살렘 성(천국)에서 성취되는 장면이다. 수정같이 맑은 생명수의 강이 하나님과 어린 양의 보좌로부터 나와 길 가운데로 흐른다. 하나님의 영광의 빛이 성도들에게 비치시므로 등불과 햇빛이 필요 없으며 이들이 세세토록 왕 노릇 할 것이다.

일곱 대접재앙을 가진 천사 중 하나가, 선지자들의 영의 하나님이 반드시 속히 이루어질 일들을 종들에게 보이시려고 천사를 보내셨다고 한다. 그때 예수님이 '내가 속히 오리니 이 두루마리의 예언의 말씀을 지키는 자는 복이 있으리라'고 하신다.

자기 두루마기를 빠는 자(회개하는 자)들은 생명나무인 그리스도께로 나아가며 문들을 통하여 거룩한 성에 들어갈 권세를 얻는다. 그러나 토하였던 것으로 돌아가는 더러운 개처럼 복음의 도를 안 후에 옛 길(죄와 사망의 법)로 되돌아가는 자들은 그 성에 들어갈 수 없다.[571] 또 점

---

571 벧후 2:22 "참된 속담에 이르기를 개가 그 토하였던 것에 돌아가고 돼지가 씻었

술가들, 음행하는 자들, 살인자들, 우상 숭배자들, 그리고 거짓말을 좋아하며 지어내는 자들도 다 그곳에 들어가지 못할 것이다.

성령과 신부(교회)가 말씀하시기를 듣는 자와 목마른 자와 원하는 자는 다 와서 값없이 생명수(성령)를 받으라고 하신다. 또 예수님이 진실로 속히 오리라 하시니, 요한이 간절한 기다림으로 '아멘 주 예수님 어서 오시옵소서, 진실로 주 예수님의 은혜가 모든 자들에게 있으시길 기도합니다. 아멘' 하며 막이 내린다.

(22:1~2)

또 그가 수정 같이 맑은 생명수의 강을 내게 보이니 하나님과 및 어린 양의 보좌로부터 나와서 길 가운데로 흐르더라 강 좌우에 생명나무가 있어 열두 가지 열매를 맺되 달마다 그 열매를 맺고 그 나무 잎사귀들은 만국을 치료하기 위하여 있더라

'수정 같이 맑은 생명수의 강'은 티 없이 투명하고 마르지 않는 생명의 양식으로서의 성령을 함의한다(1:4, 3:1, 4:5).[572] 따라서 하나님과 예수님의 보좌로부터 나오는 생명수의 강(성령)이 영원토록 신부인 성도들을 적시게 될 것이다(22:17). 이처럼 천국에서도 성령이 항상 우리와 함께 하신다는 의미로써 성부와 성자와 성령의 삼위일체 하나님

다가 더러운 구덩이에 도로 누웠다 하는 말이 그들에게 응하였도다"
572 요 4:14 "내가 주는 물을 마시는 자는 영원히 목마르지 아니하리니 내가 주는 물은 그 속에서 영생하도록 솟아나는 샘물이 되리라"
요 7:38 "나를 믿는 자는 성경에 이름과 같이 그 배에서 생수의 강이 흘러나오리라 하시니"

의 모습이 보인다(5:6). 그리고 생명나무의 열두 가지 열매와 만국을 치료하는 잎사귀들은,[573] 천국의 풍성함과 함께 더 이상 아픔과 눈물이 없으며 의와 평강과 희락이 항존함을 말해준다(7:17, 21:4).[574]

하나님은 처음 에덴동산 가운데에 생명과를 맺는 생명나무와, 선악과를 맺는 선악을 아는 지식의 나무를 두셨다.[575] 사탄의 유혹으로 아담과 하와는, 그 열매들 가운데 선악과를 먹으면 반드시 죽을 테니 먹지 말라는 하나님의 말씀에 불순종하여 죄성이 그들의 마음에 잠입하게 되었다.[576] 그래서 하나님은 부득이 죄성을 지닌 사람들의 영생을 막고자 동산 동쪽에 그룹들과 두루 도는 불 칼을 두고 생명나무를 지키도록 하신 것이다.[577]

'강 좌우에 생명나무'는 그리스도와 더불어 성도들이 새 생명을 얻는 에덴의 복원을 암시한다.[578] 하나님은 인류에 대한 구원을 이루

573 겔 47:12 "강 좌우 가에는 각종 먹을 과실나무가 자라서 그 잎이 시들지 아니하며 열매가 끊이지 아니하고 달마다 새 열매를 맺으리니 그 물이 성소를 통하여 나옴이라 그 열매는 먹을 만하고 그 잎사귀는 약 재료가 되리라"
574 롬 14:17 "하나님의 나라는 먹는 것과 마시는 것이 아니요 오직 성령 안에 있는 의와 평강과 희락이라"
575 창 2:8~9 "여호와 하나님이 동방의 에덴에 동산을 창설하시고 그 지으신 사람을 거기 두시니라 여호와 하나님이 그 땅에서 보기에 아름답고 먹기에 좋은 나무가 나게 하시니 동산 가운데에는 생명 나무와 선악을 알게 하는 나무도 있더라"
576 창 2:17 "선악을 알게 하는 나무의 열매는 먹지 말라 네가 먹는 날에는 반드시 죽으리라 하시니라"
577 창 3:24 "이같이 하나님이 그 사람을 쫓아내시고 에덴 동산 동쪽에 그룹들과 두루 도는 불 칼을 두어 생명나무의 길을 지키게 하시니라"
578 창 3:22~24 "여호와 하나님이 이르시되 보라 이 사람이 선악을 아는 일에 우리 중 하나 같이 되었으니 그가 그의 손을 들어 생명 나무 열매도 따먹고 영생할까 하노라 하시고 … 이같이 하나님이 그 사람을 쫓아내시고 에덴 동산 동쪽에 그룹들과 두루 도는 불 칼을 두어 생명 나무의 길을 지키게 하시니라"

고자, 모세를 통해 먼저 죄를 깨닫도록 율법을 주시고, 그분의 자비와 크신 사랑으로 그리스도를 이 땅에 보내사 인류의 죄를 단번의 제사로 대속하시고 부활하셨다. 오직 이를 믿는 자들을 속량하여 새 생명을 얻게 하심으로 하나님의 뜻을 이루신 것이다.[579] 오~ 할렐루야!! 우리를 구원하신 주 아버지 하나님께 감사드리나이다.

(22:3~5)

다시 저주가 없으며 하나님과 그 어린 양의 보좌가 그 가운데에 있으리니 그의 종들이 그를 섬기며 그의 얼굴을 볼 터이요 그의 이름도 그들의 이마에 있으리라 다시 밤이 없겠고 등불과 햇빛이 쓸 데 없으니 이는 주 하나님이 그들에게 비치심이라 그들이 세세토록 왕 노릇 하리로다

에덴에 내린 저주가 온전히 거두어진다(21:4).[580] 성도들은, 모세조차도 마주 볼 수 없었던 찬란한 빛의 영광스러운 하나님과[581] 백성 가운데 예수님이 항상 함께 하셔서 대면하여 보며 섬길 것이다.[582]

---

579 요일 5:12~13 "아들이 있는 자에게는 생명이 있고 하나님의 아들이 없는 자에게는 생명이 없느니라 내가 하나님의 아들의 이름을 믿는 너희에게 이것을 쓰는 것은 너희로 하여금 너희에게 영생이 있음을 알게 하려 함이라"
요 19:30 "예수께서 신 포도주를 받으신 후에 이르시되 다 이루었다 하시고 머리를 숙이니 영혼이 떠나가시니라"
580 창 3:17 "아담에게 이르시되 네가 네 아내의 말을 듣고 내가 네게 먹지 말라 한 나무의 열매를 먹었은즉 땅은 너로 말미암아 저주를 받고 너는 네 평생에 수고하여야 그 소산을 먹으리라"
581 출 33:20 "또 이르시되 네가 내 얼굴을 보지 못하리니 나를 보고 살 자가 없음이니라"
582 요일 3:2 "사랑하는 자들아 우리가 지금은 하나님의 자녀라 장래에 어떻게 될지는 아직 나타나지 아니하였으나 그가 나타나시면 우리가 그와 같을 줄을 아는 것은 그의 참모습 그대로 볼 것이기 때문이니"

이때 하나님의 이름이 성도들의 이마에 있는 것은 그분의 영원한 소유임을 나타낸다(3:12). 한편 대환난의 때에, 적그리스도는 이를 모방하여 오른손이나 이마에 그의 소유로서 표 인침을 받은 자들만 매매하게 한다.

천국에서의 성도들은 그리스도의 완전하신 속량으로 왕처럼 자유로움 속에 영생하는 삶이다.[583] 하지만 천년왕국 시대는 "거기는 날수가 많지 못하여 죽는 어린이와 수한이 차지 못한 노인이 다시는 없을 것이라 곧 백 세에 죽는 자를 젊은이라 하겠고 백 세가 못 되어 죽는 자는 저주 받은 자이리라"(사 65:20)는 이사야 선지자의 예언처럼, 아직 거듭나지 않아 죄에서 속량을 받지 못한 육에 속한 자들의 죽음의 저주가 남아 있는 것을 볼 수 있다.

(22:6~7)

또 그가 내게 말하기를 이 말은 신실하고 참된지라 주 곧 선지자들의 영의 하나님이 그의 종들에게 반드시 속히 되어질 일을 보이시려고 그의 천사를 보내셨도다 보라 내가 속히 오리니 이 두루마리의 예언의 말씀을 지키는 자는 복이 있으리라 하더라

일곱 대접재앙을 가진 천사 중 하나가 '이 말은 신실하고 참된지라'고 강조하며, 선지자들에게 성령을 주시는 하나님이 종들에게 반

---

583 롬 5:17 "한 사람의 범죄로 말미암아 사망이 그 한 사람을 통하여 왕 노릇 하였은즉 더욱 은혜와 의의 선물을 넘치게 받는 자들은 한 분 예수 그리스도를 통하여 생명 안에서 왕 노릇 하리로다"

드시 속히 되어질 일을 보이시려고 자신의 천사를 보내셨다고 한다
(1:1).[584] 그때 예수님이 '내가 속히 오리니 이 두루마리(요한계시록 전문)의
예언의 말씀을 지키는 자는 복이 있으리라'고 강조하신다(1:3).

(22:8~9)

이것들을 보고 들은 자는 나 요한이니 내가 듣고 볼 때에 이 일을 내게 보이던
천사의 발 앞에 경배하려고 엎드렸더니 그가 내게 말하기를 나는 너와 네 형제
선지자들과 또 이 두루마리의 말을 지키는 자들과 함께 된 종이니 그리하지 말
고 하나님께 경배하라 하더라

거룩한 성 새 예루살렘의 모습들과 예수님이 속히 재림하신다는
말씀 등을 보고 들을 때에(21:9~22:7), 요한이 이 일들을 보여준 천
사에게 경배하려고 한다. 그러자 자신은 너와 네 형제 선지자들과 이
두루마리의 예언의 말씀을 지키는 사람들과 같은 종이므로, 오직 예
배와 흠모받기에 합당하신 하나님께 경배하라고 한다(19:10).[585]

(22:10~11)

또 내게 말하되 이 두루마리의 예언의 말씀을 인봉하지 말라 때가 가까우니라
불의를 행하는 자는 그대로 불의를 행하고 더러운 자는 그대로 더럽고 의로운
자는 그대로 의를 행하고 거룩한 자는 그대로 거룩하게 하라

---

584 암 3:7 "주 여호와께서는 자기의 비밀을 그 종 선지자들에게 보이지 아니하시
고는 결코 행하심이 없으시리라"
585 마 4:10 "이에 예수께서 말씀하시되 사탄아 물러가라 기록되었으되 주 너의 하
나님께 경배하고 다만 그를 섬기라 하였느니라"

구약시대 선지자 다니엘은, 대환난과 잠자는 자들이 일어나는 부활과 구원 얻을 자들이 기록된 책(생명책)에 관해 예언한 바 있다.[586] 이때 다니엘은, 이 말씀들을 비밀로 하고 많은 사람이 빨리 왕래하며 지식이 더해지는 마지막 때까지 그 책을 봉함하라고 들었음을 기록하고 있다.[587]

그러나 여기서는 요한에게, 예수 그리스도의 계시인 이 두루마리의 예언의 말씀을 때가 가까우니 인봉하지 말 것을 당부한다(1:1). 이는 불의를 행하는 자와 더러운 자는 영적 눈이 어두워 알지 못할지라도, 온 인류를 구원하기 위해 오신 예수님을 구주로 믿는 의로운 자와 거룩한 자는 종말에 있을 재림의 때를 밝은 영안으로 깨달을 수 있기 때문으로 읽혀진다.[588]

---

586 단 12:1~3 "그 때에 네 민족을 호위하는 큰 군주 미가엘이 일어날 것이요 또 환난이 있으리니 이는 개국 이래로 그 때까지 없던 환난일 것이며 그 때에 네 백성 중 책에 기록된 모든 자가 구원을 받을 것이라 땅의 티끌 가운데에서 자는 자 중에서 많은 사람이 깨어나 영생을 받는 자도 있겠고 수치를 당하여서 영원히 부끄러움을 당할 자도 있을 것이며 지혜 있는 자는 궁창의 빛과 같이 빛날 것이요 많은 사람을 옳은 데로 돌아오게 한 자는 별과 같이 영원토록 빛나리라"

587 단 12:4 "다니엘아 마지막 때까지 이 말을 간수하고 이 글을 봉함하라 많은 사람이 빨리 왕래하며 지식이 더하리라"
단 12:4 "너 다니엘아 이 말씀들을 비밀로 하고 그 책을 종말 때까지 봉하여라 많은 자가 이리저리 다니며 지식이 많아질 것이다"(히브리어 헬라어 직역성경)

588 단 12:10 "많은 사람이 연단을 받아 스스로 정결하게 하며 희게 할 것이나 악한 사람은 악을 행하리니 악한 자는 아무것도 깨닫지 못하되 오직 지혜 있는 자는 깨달으리라"

(22:12~13)

보라 내가 속히 오리니 내가 줄 상이 내게 있어 각 사람에게 그가 행한 대로 갚아 주리라 나는 알파와 오메가요 처음과 마지막이요 시작과 마침이라

예수님이 속히 재림하리라고 확증하시며 각 성도들이 행한 대로 상급으로 보응해 주겠다고 하신다.[589] '알파와 오메가'는 헬라어 알파벳의 처음과 끝 글자다. 이는 자신이 곧 창조주로서 인류 역사의 처음부터 마지막까지 시종일관 모두 주관하고 계심을 함의한다 (21:6).[590]

(22:14~15)

자기 두루마기를 빠는 자들은 복이 있으니 이는 그들이 생명나무에 나아가며 문들을 통하여 성에 들어갈 권세를 받으려 함이로다 개들과 점술가들과 음행하는 자들과 살인자들과 우상 숭배자들과 및 거짓말을 좋아하며 지어내는 자는 다 성 밖에 있으리라

자기 두루마기를 빠는 자(회개와 함께 성령을 좇아 살아가는 자)들은 생명나무인 예수께로 나아가며 천국에 들어갈 권세를 받는다.[591] 한편 '개'

---

589 마 16:27 "인자가 아버지의 영광으로 그 천사들과 함께 오리니 그 때에 각 사람이 행한 대로 갚으리라"

590 사 48:12 "야곱아 내가 부른 이스라엘아 내게 들으라 나는 그니 나는 처음이요 또 나는 마지막이라"

591 요 3:3 "예수께서 대답하여 이르시되 진실로 진실로 네게 이르노니 사람이 거듭나지 아니하면 하나님의 나라를 볼 수 없느니라"
벧전 1:3 "우리 주 예수 그리스도의 아버지 하나님을 찬송하리로다 그의 많으신 긍휼대로 예수 그리스도를 죽은 자 가운데서 부활하게 하심으로 말미암아 우리를 거듭나게 하사 산 소망이 있게 하시며"

는 토하였던 것을 다시 삼키는 불결한 짐승으로 그리스도의 복음을 듣고도 율법주의(죄와 사망의 법)에서 벗어나지 못하고 미련한 짓을 계속 행하는 자들을 상징한다.[592] 또 '거짓말을 좋아하며 지어내는 자'는 그리스도를 부인하며 거짓된 교리와 지식을 지어내고 진실을 왜곡하여 말하는 자들이다. 그들과 점술가들과 음행하는 자들과 살인자들과 우상 숭배자들은 회개하지 않으므로 그리스도의 생명을 얻지 못해 새 예루살렘 성(천국)에 들어갈 권세를 얻지 못할 것이다(20:15, 21:8).

(22:16~17)

나 예수는 교회들을 위하여 내 사자를 보내어 이것들을 너희에게 증언하게 하였노라 나는 다윗의 뿌리요 자손이니 곧 광명한 새벽 별이라 하시더라 성령과 신부가 말씀하시기를 오라 하시는도다 듣는 자도 오라 할 것이요 목마른 자도 올 것이요 또 원하는 자는 값없이 생명수를 받으라 하시더라

'교회들'은 당시 예수님이 요한을 통해 편지를 보낸 일곱 교회를 말한다(1:11). 이 일곱 교회는 전全 세대에 걸쳐 그리스도 터 위에 세워진 세계 열방 모든 교회의 대표성을 띠므로 이 증언들은 세계 모든 교회에 적용된다. 그리고 '다윗의 뿌리요 자손'은 지혜와 총명과 모

---

592 빌 3:2~3 "개들을 삼가고 행악하는 자들을 삼가고 몸을 상해하는 일을 삼가라 하나님의 성령으로 봉사하며 그리스도 예수로 자랑하고 육체를 신뢰하지 아니하는 우리가 곧 할례파라"
　　갈 2:18 "만일 내가 헐었던 것을 다시 세우면 내가 나를 범법한 자로 만드는 것이라"
　　잠 26:11 "개가 그 토한 것을 도로 먹는 것 같이 미련한 자는 그 미련한 것을 거듭 행하느니라"

략과 재능과 영광의 왕으로 다시 오실 예수님을 함의한다(5:5).[593] 그
분은 어두운 밤(죄악 세상)을 진리로 밝게 비춰주시며 온 인류를 위해
찬란하게 빛나는 광명한 샛별이시다(2:28).[594]

성령과 신부, 즉 성령과 어린 양의 아내인 교회가 하나 되어[595] 듣
는 자와 목마른 자와 원하는 자에게 생명수를 거저 받으라고 말씀하
신다(19:7, 21:9~10). 듣는 자와 목마른 자는 그리스도의 복음을 듣는 자
와 진리를 갈망하는 자들이요, 또 원하는 자는 하나님의 나라를 바라
는 자들이다. 이들에게 예수 그리스도의 구속을 믿음으로 배에서 솟
아나는 샘물인 생명수(성령)를 값없이 받으라고 하신다.[596]

(22:18~19)

내가 이 두루마리의 예언의 말씀을 듣는 모든 사람에게 증언하노니 만일 누구
든지 이것들 외에 더하면 하나님이 이 두루마리에 기록된 재앙들을 그에게 더
하실 것이요 만일 누구든지 이 두루마리의 예언의 말씀에서 제하여 버리면 하
나님이 이 두루마리에 기록된 생명나무와 및 거룩한 성에 참여함을 제하여 버

---

593 사 11:1~2 "이새의 줄기에서 한 싹이 나며 그 뿌리에서 한 가지가 나서 결실할
    것이요 그의 위에 여호와의 영 곧 지혜와 총명의 영이요 모략과 재능의 영이요
    지식과 여호와를 경외하는 영이 강림하시리니"
594 벧후 1:19 "또 우리에게는 더 확실한 예언이 있어 어두운 데를 비추는 등불과
    같으니 날이 새어 샛별이 너희 마음에 떠오르기까지 너희가 이것을 주의하는
    것이 옳으니라"
    요 8:12 "예수께서 또 말씀하여 이르시되 나는 세상의 빛이니 나를 따르는 자는
    어둠에 다니지 아니하고 생명의 빛을 얻으리라"
595 사 54:5 "이는 너를 지으신 이가 네 남편이시라 그의 이름은 만군의 여호와이
    시며 네 구속자는 이스라엘의 거룩한 이시라 그는 온 땅의 하나님이라 일컬음
    을 받으실 것이라"
596 사 55:1 "오호라 너희 모든 목마른 자들아 물로 나아오라 돈 없는 자도 오라 너
    희는 와서 사 먹되 돈 없이, 값없이 와서 포도주와 젖을 사라"

리시리라

창세기 3장의 기사를 통해서, 뱀이 하나님의 말씀을 교묘히 변개시켜 모든 피조물들이 엄청난 저주의 멍에를 지게 된 사실을 우리는 너무 잘 알고 있다.[597]

요한이 누구든지 이 두루마리에 기록된 예언의 말씀들 외에 더하면 하나님이 전문에 기록된 재앙들을 그에게 더하실 것이라고 한다.[598] 또 만일 예언의 말씀에서 제하여 버리면, 하나님이 생명나무와 거룩한 성(천국)에 참여하는 특권을 제하여 버리실 것이라는 엄중한 경고다. 이는 두루마리의 예언의 말씀을 듣고 보는 모든 사람에게 주어진다. 따라서 전 세대에 걸쳐 누구든지, 이 예언의 말씀들 외에 가감하지 않도록 해야 한다.[599]

더욱이 마지막(일곱째) 나팔을 불 때 성도들의 부활이 없다든지, 그리스도의 재림이 없다든지, 칠년대환난이 없다든지, 천년왕국이 없다는 등 이단적인 사상으로 자의적 해석을 하지 않아야 한다.[600] 요

---

597 창 3:4~5 "뱀이 여자에게 이르되 너희가 결코 죽지 아니하리라 너희가 그것을 먹는 날에는 너희 눈이 밝아져 하나님과 같이 되어 선악을 알 줄 하나님이 아심이니라"

598 잠 30:5~6 "하나님의 말씀은 다 순전하며 하나님은 그를 의지하는 자의 방패시니라 너는 그의 말씀에 더하지 말라 그가 너를 책망하시겠고 너는 거짓말하는 자가 될까 두려우니라"

599 신 4:2 "내가 너희에게 명령하는 말을 너희는 가감하지 말고 내가 너희에게 내리는 너희 하나님 여호와의 명령을 지키라"

600 행 23:8 "이는 사두개인은 부활도 없고 천사도 없고 영도 없다 하고 …"
벧후 3:4 "이르되 주께서 강림하신다는 약속이 어디 있느냐 조상들이 잔 후로부터 만물이 처음 창조될 때와 같이 그냥 있다 하니"

한계시록을 접근할 때, 예수님의 메시지가 왜곡되지 않도록 통전적 마인드와 함께 항상 경외심을 가지고 성령께 의지하며 깊은 묵상 가운데 참뜻을 깨달아야 할 것이다.[601]

(22:20~21)

이것들을 증언하신 이가 이르시되 내가 진실로 속히 오리라 하시거늘 아멘 주 예수여 오시옵소서 주 예수의 은혜가 모든 자들에게 있을지어다 아멘

이 두루마리의 계시의 주체이신 예수님이 진실로 속히 재림하리라고 거듭 확언하신다(3:11, 22:7,12). 이때 요한이 '아멘'으로 화답하며, 우리 주 예수님의 은혜가 모든 사람들과 함께 하시기를 축복(기도)한다.[602] 이제 모든 그리스도인들은 이 요한계시록에 담겨진 내용을 올곧게 깨달음으로써 항상 하나님을 찬송하며 성령의 교통하심에 따라 예수님의 재림에 대비해야 할 것이다.[603] 할렐루야, 주 예수님 어서 오시옵소서! 아멘.

---

601 벧후 1:19~21 "또 우리에게는 더 확실한 예언이 있어 어두운 데를 비추는 등불과 같으니 날이 새어 샛별이 너희 마음에 떠오르기까지 너희가 이것을 주의하는 것이 옳으니라 먼저 알 것은 성경의 모든 예언은 사사로이 풀 것이 아니니 예언은 언제든지 사람의 뜻으로 낸 것이 아니요 오직 성령의 감동하심을 받은 사람들이 하나님께 받아 말한 것임이라"
그랜트 오스본,『적용을 도와주는 요한계시록』, 411.

602 갈 6:18 "형제들아 우리 주 예수 그리스도의 은혜가 너희 심령에 있을지어다 아멘"

603 고후 13:13 "주 예수 그리스도의 은혜와 하나님의 사랑과 성령의 교통하심이 너희 무리와 함께 있을지어다"

IV
성경의
바른 이해

Standard The Bible, 즉 성경을 기준으로 참된 말씀주의 관점에서 하나님의 추수와 부활, 천년왕국, 이긴 자들, 요한계시록과 복음서·다니엘서의 관계, 그리고 이스라엘의 성전 역사를 살펴봄으로써 성경의 올바른 전체적, 통전적 이해를 도모하였다.

제1장

하나님의 추수와 부활

고전 15:23~24 "그러나 각각 자기 차례대로 되리니 먼저는 첫열매인 그리스도 요 (첫째 부활) 다음에는 그가 강림하실 때에 그리스도에게 속한 자요 그 후에는 마지막이 (둘째 부활) 니 그가 모든 통치와 모든 권세와 능력을 멸하시고 나라를 아버지 하나님께 바 칠 때라"

모든 죽은 자들이 다시 살아나는 '부활'에 대하여는 이미 오래전 선지자들을 통해 예언되어 왔다.[1] 이는 다시 성도들이 추수되는 생명 의 부활과 음부에 있던 죽은 자들이 살아나서 생명책에 기록되지 못 한 자들이 영벌에 처해지는 심판의 부활로 나뉜다.[2]

---

1 사 26:19 "주의 죽은 자들은 살아나고 그들의 시체들은 일어나리이다 티끌에 누 운 자들아 너희는 깨어 노래하라 주의 이슬은 빛난 이슬이니 땅이 죽은 자들을 내 어 놓으리로다"
   단 12:2 "땅의 티끌 가운데에서 자는 자 중에서 많은 사람이 깨어나 영생을 받는 자도 있겠고 수치를 당하여서 영원히 부끄러움을 당할 자도 있을 것이며"
2 요 5:28~29 "이를 놀랍게 여기지 말라 무덤 속에 있는 자가 다 그의 음성을 들을 때가 오나니 선한 일을 행한 자는 생명의 부활로, 악한 일을 행한 자는 심판의 부 활로 나오리라"
   행 24:15 "그들이 기다리는 바 하나님께 향한 소망을 나도 가졌으니 곧 의인과 악 인의 부활이 있으리라 함이니이다"

먼저 영생에 속한 첫째 생명의 부활은 천년왕국이 도래하기 전에 있으며(20:5~6), 죽은 자들이 흰 보좌 심판으로 영벌에 처해지는 둘째 심판의 부활은 천년왕국이 지난 후다(20:12~13). 이처럼 첫째 부활과 둘째의 부활 사이에 천 년의 간극이 있는 바, 그 기간이 예수님이 재림하신 이후에 하나님께 드리기 위한 복원기이자 이삭줍기가 있는 천년왕국의 시대인 것이다.

그러므로 본 장은 하나님의 추수에 대해, 부활과 연계하여 그분의 경륜에 따라 일어나는 사건들을 순서적으로 살펴본다.

1. 첫째 부활

롬 8:11 "예수를 죽은 자 가운데서 살리신 이의 영이 너희 안에 거하시면 그리스도 예수를 죽은 자 가운데서 살리신 이가 너희 안에 거하시는 그의 영으로 말미암아 너희 죽을 몸도 살리시리라"

요한계시록에는 첫 열매(12:5, 14:4) 및 성도들의 추수(11:15, 14:14~18) 장면들이 등장한다.[3] 이들은 모두 그리스도의 구속을 믿음으로 이긴 자들로서, 구원 얻은 성도들을 알곡으로 추수하는 생명의 부활, 곧 첫째 부활에 속한 자들이다.[4] 첫 열매와 곡식·포도 추수의 구분은 이른

---

3 레 23:10 "이스라엘 자손에게 말하여 이르라 너희는 내가 너희에게 주는 땅에 들어가서 너희의 곡물을 거둘 때에 너희의 곡물의 첫 이삭 한 단을 제사장에게로 가져갈 것이요"
  출 34:26 "네 토지 소산의 처음 익은 것을 가져다가 네 하나님 여호와의 전에 드릴지며 너는 염소 새끼를 그 어미의 젖으로 삶지 말지니라"
4 요 11:25 "예수께서 이르시되 나는 부활이요 생명이니 나를 믿는 자는 죽어도 살

바 '추수 장'이라 불리는 14장의 본문을 중심으로 그 근거를 찾아볼 수 있다.

이 내용을 살펴보면, 시온 산에서 이마에 하나님의 이름(구약시대의 성도들)과 어린 양의 이름(신약시대의 성도들)이 쓰여있는 첫 열매인 십사만 사천의 성도들이 찬양을 한다(14:1~5). 그 후 칠년대환난이 발생하고 (14:6~13), 대환난이 지난 후에 마지막 나팔 불 때의 부활 및 휴거를 일컫는 성도들의 곡식 추수, 포도 추수가 있으며, 또 악한 자들에 대한 심판 장면이 출현한다(14:14~20). 따라서 대환난 전에 있게 될 남자(사내) 아이 휴거를 첫 열매에 속한 자들로 구분한다(3:10, 12:5).

1) 첫 열매

예수님이 죽은 자 가운데서 다시 살아나사 첫 열매가 되셨으며,[5] 이때 그분이 십자가 상에서 죽으실 때 무덤에서 일어난 자들이 있었다. 그리고 칠년대환난 전에 남자아이에 속해 휴거될 자들이 있다. 이들은 모두 하나님의 추수 과정 가운데 첫 열매에 속하며 편의상 필자는 전자를 첫 열매a, 후자를 첫 열매b로 구분하고자 한다.(별지. 구성 흐름도 참고)

겠고"

5 고전 15:20 "그러나 이제 그리스도께서 죽은 자 가운데서 다시 살아나사 잠자는 자들의 첫 열매가 되셨도다"

○ 예수님이 부활·승천하실 때 하늘 위에 오른 자들[6](첫 열매a)

마 27:51~53 "이에 성소 휘장이 위로부터 아래까지 찢어져 둘이 되고 땅이 진동하며 바위가 터지고 무덤들이 열리며 자던 성도의 몸이 많이 일어나되 예수의 부활 후에 그들이 무덤에서 나와서 거룩한 성에 들어가 많은 사람에게 보이니라"

엡 4:8~10 "그러므로 이르기를 그가 위로 올라가실 때에 사로잡혔던 자들을 사로잡으시고 사람들에게 선물을 주셨다 하였도다 올라가셨다 하였은즉 땅 아래 낮은 곳으로 내리셨던 것이 아니면 무엇이냐 내리셨던 그가 곧 모든 하늘 위에 오르신 자니 이는 만물을 충만하게 하려 하심이라

○ 대환난 직전 남자 아이로서 휴거될 자들(첫 열매b)

눅 21:18~20 "너희 머리털 하나도 상하지 아니하리라 너희의 인내로 너희 영혼을 얻으리라 너희가 예루살렘이 군대들에게 에워싸이는 것을 보거든 그 멸망이 가까운 줄을 알라"

왕하 2:11 "두 사람이 길을 가며 말하더니 불수레와 불말들이 두 사람을 갈라놓고 엘리야가 회오리 바람으로 하늘로 올라가더라"

결국 첫 열매에 속한 성도들은, 예수님의 십자가 사건 당시 부활·

---

6 마 12:39~40 "요나가 밤낮 사흘 동안 큰 물고기 뱃속에 있었던 것 같이 인자도 밤낮 사흘 동안 땅 속에 있으리라 심판 때에 니느웨 사람들이 일어나 이 세대 사람을 정죄하리니 이는 그들이 요나의 전도를 듣고 회개하였음이거니와 요나보다 더 큰 이가 여기 있으며"

승천하실 때 사로잡혀 휴거했던 자들이다. 또 여기에는, 그리스도를 구주로 믿어 거듭나 악한 사탄을 이김으로써 칠년대환난 직전에 시험의 때를 면하여 휴거될 자들(남자아이)도 들어있다(3:10, 12:5,11).

첫 열매의 수인 '십사만 사천'의 의미를 바르게 이해하기 위해 이를 다시 분류하면, 예수님 부활하실 때 일어난 자들과, 대환난의 시험의 때를 면할 이방인들과 이스라엘 열두 지파가 있다. 다시 말해 이방인과 유대인들이 모두 포함되어 있는 하나님과 어린 양이 속한 첫 열매의 수가 십사만 사천인 것이다(14:1,4). 한편 대환난 전에 하나님의 인침을 받은 첫 열매의 일부인 이스라엘 백성들(유대인)의 수도 '십사만 사천'으로써(7:4), 그 수가 첫 열매의 전체 수와 일치한다.

이처럼 이들의 숫자는 '십사만 사천'으로 똑같지만 그 의미가 각각 다르므로 문자적이 아닌, 각각 다른 함의의 상징적인 수인 것을 명확히 알 수 있다.(7:4, 14:1,4의 해설 참조)

2) 곡식·포도 추수

칠년대환난의 후삼년반 동안에 순교한 두 증인이 사흘 반 후에 살아나 휴거한다. 또 대환난이 지나고 마지막 나팔 불 때 부활 및 휴거하는 성도들이 발생하는 바, 이들은 모두 곡식·포도 추수에 속한 자들로 구분할 수 있다.

○ '삼 일 반' 후 두 증인의 부활·휴거(11:11~12)

후삼년반이 시작될 무렵 순교한, 기름부음 받은 두 증인, 곧 두 감람나무(선지자)와 두 촛대(교회)는 사흘 반 후에 살아나 부활·휴거(포도 추수)된다.(Ⅲ부. 14:17~18 해설 참고) 이때 사흘 반은 살아남은 성도들의 구원을 위해 예수님이 말씀하신 대환난, 곧 후삼년반을 감한 상징적인 기간으로도 읽혀진다.

○ 일곱째 나팔 불 때 성도들의 부활 및 휴거(10:7, 11:15)

살전 4:16~17 "주께서 호령과 천사장의 소리와 하나님의 나팔 소리로 친히 하늘로부터 강림하시리니 그리스도 안에서 죽은 자들이 먼저 일어나고 그 후에 우리 살아 남은 자들도 그들과 함께 구름 속으로 끌어 올려 공중에서 주를 영접하게 하시리니 그리하여 우리가 항상 주와 함께 있으리라"

고전 15:51~52 "보라 내가 너희에게 비밀을 말하노니 우리가 다 잠 잘 것이 아니요 마지막 나팔에 순식간에 홀연히 다 변화되리니 나팔 소리가 나매 죽은 자들이 썩지 아니할 것으로 다시 살아나고 우리도 변화되리라"

마지막인 일곱째 나팔 불 때에 하나님의 비밀인, 대우주적 사건이 될 성도들의 부활 및 휴거가 있다. 이들은 그리스도 안에서 이미 죽어 있는 순교자를 포함한 모든 성도들이 살아나고, 대환난을 지나는 동안 알곡으로 무르익어 거듭난 성도들과 함께 공중으로 올려져 곡식과 포도로서 추수된다.(Ⅲ부. 14:14~18 해설 참고) 주님이 이들을 수확하실 시점은, 대환난 중 멸망의 가증한 것이 거룩한 성전에 서게 될[7] 후삼년반이 시작될 날로부터 1,335일이 지날 것이라고 다니엘 선지자가 예언한 바 있다.[8]

△ 이삭줍기

사 17:5~7 "마치 추수하는 자가 곡식을 거두어 가지고 그의 손으로 이삭을 벤 것 같고 르바임 골짜기에서 이삭을 주운 것 같으리라 그러나 그 안에 주울 것이 남으리니 감람나무를 흔들 때에 가장 높은 가지 꼭대기에 과일 두세 개가 남음 같겠고 무성한 나무의 가장 먼 가지에 네다섯 개가 남음 같으리라 이스라엘의 하나님 여호와의 말씀이니라 그 날에 사람이 자기를 지으신 이를 바라보겠으며 그의 눈이 이스라엘의 거룩하신 이를 뵙겠고"

또 천년왕국 시대에 이긴 자로서 마지막 추수인 이른바 이삭줍기에 속할 자들이 있다. 이들은 예수님이 재림하셔서 양과 염소로 구분하여 심판하실 때, 대환난에서 그리스도인(형제)들을 도운 양에 속한 하나님의 백성들로서 육의 몸으로 천년왕국으로 들어간다(18:4).[9] 이

---

7 마 24:15 "그러므로 너희가 선지자 다니엘이 말한 바 멸망의 가증한 것이 거룩한 곳에 선 것을 보거든 (읽는 자는 깨달을진저)"

8 단 12:11~13 "매일 드리는 제사를 폐하며 멸망하게 할 가증한 것을 세울 때부터 천이백구십 일을 지낼 것이요 기다려서 천삼백삼십오 일까지 이르는 그 사람은 복이 있으리라 너는 가서 마지막을 기다리라 이는 네가 평안히 쉬다가 끝날에는 네 몫을 누릴 것임이라"

9 마 25:31~40 "인자가 자기 영광으로 모든 천사와 함께 올 때에 자기 영광의 보좌에 앉으리니 모든 민족을 그 앞에 모으고 각각 구분하기를 목자가 양과 염소를 구분하는 것 같이 하여 양은 그 오른편에 염소는 왼편에 두리라 그 때에 임금이 그 오른편에 있는 자들에게 이르시되 내 아버지께 복 받을 자들이여 나아와 창세로

들 가운데 만왕의 왕이신 예수님께 대해 순종함으로써 새 생명을 얻고, 사탄이 잠시 동안 놓여 사방 백성들을 유혹할 때(20:7~8) 미혹되지 않고 승리한 자들이 이삭줍기에 속해 영생의 구원을 얻을 것으로 보인다.

하나님의 추수

앞서 살펴본 대로, 하나님의 추수 관점에서, 첫째 부활에 속한 성도들을 첫 열매와 곡식·포도 추수로 구분할 수 있으며 또 천년왕국 시대의 이삭줍기가 있다. 따라서 하나님이 구약 및 신약 성경을 통해 주신 말씀들과 예수 그리스도의 계시인 요한계시록의 내용 가운데 추수와 관련된 구절들을 비교하여 아래 표와 같이 요약·정리해 본다.

부터 너희를 위하여 예비된 나라를 상속받으라 … 임금이 대답하여 이르시되 내가 진실로 너희에게 이르노니 너희가 여기 내 형제 중에 지극히 작은 자 하나에게 한 것이 곧 내게 한 것이니라 하시고"

구분	첫 열매	곡식·포도 추수	이삭줍기
구 약	• 안식일 이튿날에 첫 이삭 한 단을 여호와 앞에 요제로 드림 (레 23:10~11)	• 요제일로부터 오십 일째 새 소제 드림 (레 23:15~16)	• 추수하는 자가 이삭을 모음 (사 17:5~7)
신 약	• 안식 후 첫날 예수님의 부활 (막 16:9, 고전 15:20) • 예수님의 부활 당시에 일어난 자들 (마 27:52~53) • 하나님의 뜻, 곧 진리의 말씀으로써 첫 열매로 낳은 자들 (약 1:18)	• 오순절 날에 성령의 충만함을 받음 (행 2:1~4) • 마지막 나팔 불 때 부활 및 휴거한 자들 (고전 15:51~52)	• 예수님의 재림 시 양과 염소로 구분하여 심판하실 때, 양에 속하여 창세로부터 예비된 천년왕국에 들어가 승리한 자들 (마 25:31~40)
요한 계시록	• 시험의 때인 대환난을 면한 자들 (3:10, 7:1~4) • 칠년대환난 전, 남자 아이의 휴거에 속한 자들 (12:5) • 새 노래를 부르는 첫 열매에 속한 자들 (14:1~4)	• 삼 일 반 후, 두 증인의 부활·휴거 (11:11~12) • 마지막 일곱째 나팔 불 때 복음, 곧 하나님의 비밀이 이루어짐 (10:7, 11:15) • 곡식·포도 추수에 속한 자들 (14:14~18)	• 천년왕국에 들어간 하나님의 백성들 가운데, 새 생명을 얻고 또 왕국이 끝날 무렵 사탄에게 미혹되지 않는 자들 (18:4, 20:7~8)

2. 둘째 부활

20:11~12 "또 내가 크고 흰 보좌와 그 위에 앉으신 이를 보니 땅과 하늘이 그 앞에서 피하여 간 데 없더라 또 내가 보니 죽은 자들이 큰 자나 작은 자나 그 보좌 앞에 서 있는데 책들이 펴 있고 또 다른 책이 펴졌으니 곧 생명책이라 죽은 자들이 자기 행위를 따라 책들에 기록된 대로 심판을 받으니"

심판에 속한 둘째 부활은, 천년왕국 후에 왕이신 예수님이 나라를 아버지 하나님께 바칠 때인, 최후 흰 보좌의 심판을 앞두고 일어날 음부에 있는 모든 죽은 자들의 부활을 말한다.[10] 그들은 이미 죽은 자들 가운데, 성도 추수인 마지막 나팔을 불 때 생명의 첫째 부활에 참여하지 못한 자들이다. 또 대환난을 지난 자들 중에 예수님이 재림하실 때의 심판에서 염소에 속한 자들과, 아마겟돈 전쟁에서 적그리스도와 함께 일전一戰에 참여한 자들도 있다. 그리고 천년왕국에 육에 속한 몸으로 들어가 죽은 자들과,[11] 왕국 시대가 끝날 무렵 무저갱에 갇힌 사탄이 잠깐 놓일 때 그에게 미혹된 자들을 포함한다(20:7~9).

이렇듯 흰 보좌의 심판은, 예수님이 일천 년 동안 친히 검(말씀)과 철장(권능)으로 왕국을 통치하신 후에 있게 된다. 사탄이 먼저 적그리스도와 거짓 선지자가 있는 영원히 꺼지지 않는 불못에 던져진다. 그리고 죽은 자들이 둘째 부활할 때, 생명책에 기록되지 않은 모든 자들이 무익한 쭉정이로서 불못에 던져지는 영벌의 최후 심판이 따르게 될 것이다.

---

10 행 24:15 "그들이 기다리는 바 하나님께 향한 소망을 나도 가졌으니 곧 의인과 악인의 부활이 있으리라 함이니이다"
11 사 65:20 "거기는 날 수가 많지 못하여 죽는 어린이와 수한이 차지 못한 노인이 다시는 없을 것이라 곧 백 세에 죽는 자를 젊은이라 하겠고 백 세가 못되어 죽는 자는 저주 받은 자이리라"

제2장

천년왕국

현재 많은 학자들이 주장하는 이른바 천년왕국설은 대체로 예수님의 재림 시기를 기준으로 구분하며, 이는 전천년설前千年說(왕국 전 재림), 후천년설後千年說(왕국 후 재림), 무천년설無千年說(현재적 천년주의)의 세 종류로 대별해 볼 수 있다. 전천년설은 다시 재림 시기의 칠년대환난 전·후, 교회의 대환난 통과 여부에 따라 환난전 세대주의, 고전적 역사주의, 점진적 세대주의 등으로 구분한다.

예수 그리스도의 계시인 요한계시록을 해석할 때 특히 유의해야 할 점은─시대적 사조思潮와 단편적인 생각의 주장을 지양하고─성경 말씀 안에서 통전적, 논리적으로 흠결 없이 설명되어져야 한다. 필자가 본 사탄은 종종 사조적 바람을 일으켜 예수님이 주신 계시의 큰 그림을 훼손하곤 한다. 하나님과 성도들의 바른 관계를 가능한 어긋나게 하여 서로를 멀어지게 하려는 전략인 것이다.

하지만 성경을 기준으로 한 계시도가 명확히 그려질 때 학설들의 오류가 선명하게 드러난다. 따라서 여기서는 우선 그들이 주장하는 학설에 대한 문제점들을 간략히 살펴보고, 오롯이 성경에 나타나는 천년왕국에 대해 왕국 이전, 왕국 시대, 왕국 이후로 구분하여 서술해보고자 한다.(별지. 구성 흐름도 참고)

1. 천년왕국설

세대주의적 전천년설

예수님의 공중과 지상의 이중적 재림을 말한다. 그리고 이스라엘이 메시야를 거절하였기 때문에 왕국이 보류 또는 연기되었다고 한다. 또 칠년대환난은 이방인의 때로서 연기된 유대인의 회복 기간이며 교회는 대환난 전에 휴거(부활이 포함된 개념)한다고 한다.

그들이 주장하는 왕국 연기설은 이스라엘과 교회의 철저한 구분으로 그 연관성을 단절시킨다. 또 대환난 후에 불게 될 마지막 나팔로 인한 부활 및 휴거의 시기와 개념이 확실하지 않아 보인다. 더욱이 그리스도의 단번의 제사로 인해 죄로부터의 속량이 이루어지고 옛 언약이 파기되어 새 언약이 세워지는 복음의 핵심을 심각히 침해한다.[12]

---

12 히 7:16~19 "그는 육신에 속한 한 계명의 법을 따르지 아니하고 오직 불멸의 생명의 능력을 따라 되었으니 증언하기를 네가 영원히 멜기세덱의 반차를 따르는 제사장이라 하였도다 전에 있던 계명은 연약하고 무익하므로 폐하고 (율법은 아무 것도 온전하게 못할지라 이에 더 좋은 소망이 생기니 이것으로 우리가 하나님께 가까이 가느니라"

역사적 전천년설

고전적 전천년설이라고도 하며, 칠년대환난 후에 예수님의 단회적 재림과 성도들의 부활 및 휴거를 주장한다. 그리고 교회가 대환난을 지나고 환난을 이겨낸 자가 그리스도와 함께 천 년 동안 지상에서 다스린다고 한다.

하지만 그들은 안타깝게 첫 열매에 속한 칠년대환난(온 세상에 임할 시험의 때)을 면하는 남자아이(그리스도의 속량을 믿음으로 거듭나 악한 사탄을 이기고 성령을 좇아 살아가는 성도들을 상징)의 휴거를 보지 못한다(3:10, 7:4, 12:5, 14:4).

점진적 세대주의 전천년설

전통적 세대주의에 진보하여 교회의 정체성을 유대인과 이방인에 대해 구별하지 않고 오직 그리스도 안에서 구원받는 자들로 이해한다. 또 성경을 전 인류의 구원 계획에 대한 통전적 계시라고 믿는다. 구약은 축복의 약속이며, 신약은 복음 선포와 예수님의 재림과 부활 소망으로 구원의 역사를 부분적, 점진적으로 이루어가는 과정이라고 한다. 그리고 전체적인 구원이 재림과 성도 부활로 완전히 실현된다고 주장한다.

이는 역사적 전천년주의를 기반으로 하면서 전통적 세대주의와 견해를 달리하는 새로운 학파다. 그들은 종말론과 관련해서는 대체로 환난 전 휴거를 주장하지만 일치된 견해는 없어 보인다.(본 장의 성경에

나타난 천년왕국 편 참고)

무천년설

현재적 천년설로도 불리며, 예수님을 통한 영적 통치가 현재, 곧 신약시대에 온전히 이루어지고 있다고 주장한다. 그래서 실재적인 천년왕국을 부인하며, 예수님의 재림 시에 의인과 악인이 함께 부활한다고한다. 또 그들이 말하는 휴거는, 성도들의 부활이나 죽어서 천국에 가는 것을 가리키는 것으로 휴거와 부활의 구분이 분명하지 않다.

현재 우리나라의 많은 교회들을 미혹하는 이 학설은, 예수님이 재림하신 후 만왕의 왕으로서 친히 다스리시는 천년왕국에 관한 그분의계시를 부인한다. 또 산 자들도 휴거하여 공중에서 주를 영접하리라는 사도 바울의 주장과도 크게 충돌한다.[13](20장 무천년설의 오류들 해설 참고)

후천년설

현재적 천년주의자들이 말하는 예수님의 영적 통치 기간인 신약시대의 종말에, 온 세상에 건설되는 그리스도적 이상 사회인 천 년의기간이 온다고 믿는다. 그 후 대환난을 지나서 예수님의 재림이 있다

---

13 살전 4:16~17 "주께서 호령과 천사장의 소리와 하나님의 나팔 소리로 친히 하늘로부터 강림하시리니 그리스도 안에서 죽은 자들이 먼저 일어나고 그 후에 우리살아 남은 자들도 그들과 함께 구름 속으로 끌어 올려 공중에서 주를 영접하게하시리니 그리하여 우리가 항상 주와 함께 있으리라"

고 주장한다.

하지만 예수님이 재림 후에 반드시 친히 성도들과 더불어 왕 노릇 하시는 천 년이 지나서 그 나라를 아버지 하나님께 바치게 되므로 (20:4~6),[14] 그 순서가 성경 말씀들과 크게 모순되어 적절하지 않다.

2. 성경에 나타난 천년왕국

하나님의 경륜에 따른, 인류의 구원에 관한 말세지 말 일어날 상황들에 대해 오직 성경을 통해 규명해 본다.

먼저 마지막 한 이레인 칠년대환난 전에, 그리스도의 구속에 대한 믿음으로 죄사함을 얻은 사내아이에 속한 성도들의 휴거가 있다 (12:5). 이들은 유대인과 이방인 가운데 거듭남으로 악한 사탄을 이긴 자들이다.[15] 또 대환난 기간 중 전삼년반이 지나 순교당한 두 증인(두 감람나무요 두 촛대)은 사흘 반 후 살아나 휴거된다. 그리고 구원 얻은 성도들의 부활 및 휴거는 대환난을 지나고 마지막 일곱째 나팔을 불 때 이루어진다.

이때 공중에서 강림하신 예수님과 모든 성도들의 혼인잔치가 있겠

---

14 고전 15:24~25 "그 후에는 마지막이니 그가 모든 통치와 모든 권세와 능력을 멸하시고 나라를 아버지 하나님께 바칠 때라 그가 모든 원수를 그 발 아래에 둘 때까지 반드시 왕 노릇 하시리니"

15 요일 2:12~13 "자녀들아 내가 너희에게 쓰는 것은 너희 죄가 그의 이름으로 말미암아 사함을 받았음이요 아비들아 내가 너희에게 쓰는 것은 너희가 태초부터 계신 이를 알았음이요 청년들아 내가 너희에게 쓰는 것은 너희가 악한 자를 이기었음이라"

고, 예수님이 지상에 재림하실 때 성도들이 함께 천년왕국에 들어가 왕 노릇 한다. 첫째 생명의 부활과 둘째 심판의 부활 사이에는 천 년의 간극이 있는 바, 그 기간 동안이 천년왕국의 시대다. 사탄이 무저갱에 갇혀있는 그 천 년 동안이 예수님이 친히 다스리시는 죄악 세상으로부터의 온전한 복원 시기인 것이다.

육에 속해 천년왕국에 들어간 하나님의 백성들은, 예수님의 다스림 속에 새 생명을 얻는 자들과 왕국이 끝날 무렵 사탄이 잠깐 놓일 때 그에게 미혹되지 않은 자들이 영생의 구원을 얻는다. 그리고 사탄의 모든 통치와 권세와 능력을 멸하고 그 왕국이 아버지 하나님께 바쳐질 것이다. 이때 음부에 있던 죽은 자들이 둘째 부활할 때 생명책에 기록되지 않은 자들이 흰 보좌의 심판으로 불못(지옥)에 던져진다. 하지만 생명책에 기록된 모든 성도들은 새 하늘과 새 땅의 새 예루살렘 성(천국)에서 예수님과 더불어 영생에 이를 것이다.

앞서 살펴본 천년왕국설 가운데, 애석하게도 성경과 오롯이 일치하는 학설은 찾아보기 어렵다. 그래서 필자는 천년왕국과 그 전·후에 일어날 일들에 대해 오직 성경에서 보여진 점들을 기준으로, 역사적 전천년설(대환난 후 성도들의 부활)의 관점에서 점진적 세대주의의 요소를 가미하여 좀 더 상세히 정리해 보고자 한다. 그리고 여기에서 부족한 점은 추후 보완하여 논하기로 한다.

1) 천년왕국 이전

팔레스타인을 떠나 전 세계에 흩어져 살던 디아스포라 유대인들이 다시 모여들기 시작하여 드디어 1948년 이스라엘 국가를 재건하기에 이르렀다. 돌아온 유대인들과 세계 각 나라 백성들 가운데, 회개하고 그리스도를 구주로 믿는 성도들은 칠년대환난 이전에 구원을 얻을 것이다.[16] 이들은 그리스도의 속량을 믿음으로 새 생명을 얻어 거듭나 악한 사탄을 이긴 성도들로서 믿음이 신실하고 강한 남자(사내)아이에 속한다(12:5). 그래서 빌라델비아 교회처럼, 온 세상에 임하는 시험의 때인 대환난을 면하여 하나님이 기쁘게 받으심이 되어 첫 열매로 휴거될 것이다(3:10, 7:4, 14:4).

이즈음 적그리스도는 이스라엘과 칠 년 동안의 평화약정을 맺고, 두 증인이 권능을 받아 후삼년반 상황에 대해 예언하는 전삼년반 동안은 평화를 가장할 것이다. 두 증인은 두 감람나무요 두 촛대, 곧 성령의 기름부음 받은 두 선지자와 이들과 함께하는 교회들로 보인다.

전삼년반 기간이 끝날 무렵 적그리스도는 약정을 위반하여 두 증인을 죽이고, 후삼년반 동안 정치, 경제, 사회, 문화 등 다방면에 걸쳐 전방위적으로 온 세상을 통치하게 된다. 또 거짓 선지자는 멸망의 가증한 것, 곧 적그리스도 우상을 거룩한 성전에 세우게 된다.[17] 그리고

---

16 단 12:1 "그 때에 네 민족을 호위하는 큰 군주 미가엘이 일어날 것이요 또 환난이 있으리니 이는 개국 이래로 그 때까지 없던 환난일 것이며 그 때에 네 백성 중 책에 기록된 모든 자가 구원을 받을 것이라"
사 57:1~2 "의인이 죽을지라도 마음에 두는 자가 없고 자비한 자들이 취하여 감을 입을지라도 그 의인은 화액 전에 취하여 감을 입은 것인 줄로 깨닫는 자가 없도다 그는 평안에 들어갔나니 무릇 정로로 행하는 자는 자기들의 침상에서 편히 쉬느니라"(개역한글)
17 마 24:15 "그러므로 너희가 선지자다니엘이 말한 바 멸망의 가증한 것이 거룩한

그 우상을 경배하지 않은 자는 다 죽이게 할 것이다(13:15). 하지만 사흘 반 후에, 두 증인이 살아나 휴거되며(11:12), 이때 사흘 반은 구원 얻은 성도들을 위해 후삼년반을 감한 상징적 기간으로도 읽혀진다.

한편 다니엘 선지자를 통해 계시하신 칠십 이레의 기한은, 마지막 한 이레인 칠년대환난으로 성취된다.[18] 그리고 대환난 후 마지막 나팔을 불 때, 죽은 성도들의 부활·휴거와 대환난을 지나는 동안 거듭 남으로써 이긴 성도들의 휴거가 이루어진다(11:15, 14:14~16).[19] 이어 이들이 낙원에 머물던 첫 열매와 순교한 두 증인에 속한 자들과 더불어 공중 강림하신 예수님과 혼인잔치를 할 것이다(19:7~8). 이때 구원 얻은 성도들의 행실이 선악간에 계수되는 그리스도의 심판이 있을 것으로 예상된다.[20]

이후 예수님의 지상 재림으로, 적그리스도와 거짓 선지자와 그들의 군대가 아마겟돈 전쟁에서 패하고 유황불 붙는 못에 던져진다. 그리고 혼인잔치에 참여한 모든 성도들은 영에 속한 자들로서 예수님

곳에 선 것을 보거든 (읽는 자는 깨달을진저)"

18 단 9:24~27 "네 백성과 네 거룩한 성을 위하여 일흔 이레를 기한으로 정하였나니 허물이 그치며 죄가 끝나며 죄악이 용서되며 영원한 의가 드러나며 환상과 예언이 응하며 또 지극히 거룩한 이가 기름 부음을 받으리라 … 그가 장차 많은 사람들과 더불어 한 이레 동안의 언약을 굳게 맺고 그가 그 이레의 절반에 제사와 예물을 금지할 것이며 또 포악하여 가증한 것이 날개를 의지하여 설 것이며 또 이미 정한 종말까지 진노가 황폐하게 하는 자에게 쏟아지리라 하였느니라 하니라"

19 고전 15:51~52 "보라 내가 너희에게 비밀을 말하노니 우리가 다 잠 잘 것이 아니요 마지막 나팔에 순식간에 홀연히 다 변화되리니 나팔 소리가 나매 죽은 자들이 썩지 아니할 것으로 다시 살아나고 우리도 변화되리라"

20 고후 5:10 "이는 우리가 다 반드시 그리스도의 심판대 앞에 나타나게 되어 각각 선악간에 그 몸으로 행한 것을 따라 받으려 함이라"

과 함께 땅의 영광(상급)을 가지고 왕 노릇하는 천년왕국에 입성한다. 이때 그리스도의 통치 기간인 천 년 동안 사탄은 무저갱에 갇혀있게 될 것이다.

2) 천년왕국 시대

예수님이 모든 천사와 더불어 영광에 둘러싸여 재림하실 때에 공중 혼인잔치를 마친 신부인 성도들이 따른다(19:8,14). 이때 예수님은 영광의 보좌에 앉아, 땅에 사는 자들에 대해 양과 염소를 구분하는 것 같이 심판하실 것이다.[21] 양에 속한 자들은, 대환난 동안 영원한 복음을 듣고(14:6), 적그리스도와 그의 우상에게 경배하지 않고 오른손이나 이마에 표를 받지 않은 하나님의 백성들이다(18:4). 이들은 비록 거듭나지 못했지만, 칠년대환난의 때에 핍박받는 그리스도인(형제)들을 도왔으므로, 양에 속한 자들로서 창세로부터 예비된 천년왕국에 입성한다.[22] 이곳에서 주님과 영에 속한 성도들의 다스림 속에 변화 받지 않은 육의 몸으로 공존할 것이다.

이 왕국에서는 예수님을 따르는 성도들도 보좌에 앉아 세상을 심

---

21 마 19:28 "예수께서 이르시되 내가 진실로 너희에게 이르노니 세상이 새롭게 되어 인자가 자기 영광의 보좌에 앉을 때에 나를 따르는 너희도 열두 보좌에 앉아 이스라엘 열두 지파를 심판하리라"
마 25:31~33 "인자가 자기 영광으로 모든 천사와 함께 올 때에 자기 영광의 보좌에 앉으리니 모든 민족을 그 앞에 모으고 각각 구분하기를 목자가 양과 염소를 구분하는 것 같이 하여 양은 그 오른편에 염소는 왼편에 두리라"
22 마 25:34 "그 때에 임금이 그 오른편에 있는 자들에게 이르시되 내 아버지께 복 받을 자들이여 나아와 창세로부터 너희를 위하여 예비된 나라를 상속받으라"

판한다(20:4).[23] 또 그리스도를 증언함과 하나님의 말씀 때문에 순교한 자들, 곧 적그리스도와 그의 우상에게 경배하지 않고 그 표를 받지 않아 죽임을 당한 성도들이 부활하여 주님과 함께 천 년 동안 왕 노릇 한다(20:4). 이처럼 첫째 부활에 참여한 모든 성도들은 천 년 동안 하나님과 그리스도의 제사장이 되어 왕 노릇 할 것이다(20:6). 결국 이들은 영생복락의 세계(천국)에 들어갈 자들로서 복이 있고 거룩하며 둘째 사망(20:14), 곧 불신자들이 겪게 될 영벌에서 벗어날 자들이다.

한편 천년왕국이 시작될 무렵, 하늘에서 천사가 무저갱의 열쇠와 큰 쇠사슬을 가지고 옛 뱀이요 마귀요 사탄인 용을 잡아서, 천 년(a thousand years)[24] 동안 만국을 미혹하지 못하도록 무저갱에 넣어 잠그고 인봉한다. 그 기간은 예수님이 성도들과 더불어 친히 왕 노릇하시는 천 년(a thousand years)과 일치한다(20:2~7).[25] 이는 천년왕국이 '현재적 일천 년(무천년설)'이 아닌, 장차 실재하는 '일천 년의 왕국시대'임을 확실히 말해주고 있다.

앞서 말한 양에 속한 자들은, 천년왕국에서 새 생명을 얻은 자들과 천 년 끝 무렵 사탄이 잠시 놓일 때 미혹되지 않는 자들이 이삭줍기로서 영생의 구원을 얻을 것이다. 그러나 염소에 속한 자들은, 대환

---

23 고전 6:2 "성도가 세상을 판단할 것을 너희가 알지 못하느냐 세상도 너희에게 판단을 받겠거든 지극히 작은 일 판단하기를 감당하지 못하겠느냐"

24 하용조, 『개역성경』, 계 20:2.
정동수, 『KJV 흠정역 한영대역 성경전서』 및 정형철, 『KJV 한영성경』, 계 20:2 참조.

25 정동수, 『KJV 흠정역 한영대역 성경전서』 및 정형철, 『KJV 한영성경』, 계 20:4 참조.

난 동안 성도들을 돕지 않고 적그리스도와 그의 우상에게 경배하며 그 표를 받은 자들이다. 그들은 왕국을 상속받지 못하고, 사탄과 그 사자들을 위하여 예비된 영원한 불못, 곧 영벌의 세계로 던져진다.(마 25:34~46 참고)

이사야 선지자의 예언처럼, 천년왕국 시대는 이리와 어린 양이 함께 먹고 사자가 짚을 먹으며 주님이 자기 백성의 상처를 친히 싸매시는 아담과 하와가 타락하기 전으로의 복원 시기다.[26] 하지만 저주 받은 자가 백 세가 못되어 죽는 것을 보니 죽음이 완전히 없어지지 않고, 육을 가진 사람의 수명이 노아의 때처럼 많이 연장될 것으로 보인다.[27] 아버지 하나님께 복원된 왕국이 바쳐지고 하나님의 구원에 대한 경륜이 다 이루어져 성도들이 새 예루살렘 성(천국)의 생명수 강가에 이를 때, 저주가 완전히 없어지고 모든 슬픔과 아픔이 사라질 것이다(21:4, 22:3~4).

3) 천년왕국 이후

천 년이 다 찬 후에는, 사탄이 반드시 잠깐 놓여 만국을 미혹하고

---

[26] 사 65:25 "이리와 어린 양이 함께 먹을 것이며 사자가 소처럼 짚을 먹을 것이며 뱀은 흙을 양식으로 삼을 것이니 나의 성산에서는 해함도 없겠고 상함도 없으리라 여호와께서 말씀하시니라"
사 30:26 "여호와께서 자기 백성의 상처를 싸매시며 그들의 맞은 자리를 고치시는 날에는 달빛은 햇빛 같겠고 햇빛은 일곱 배가 되어 일곱 날의 빛과 같으리라"
[27] 사 65:20 "거기는 날 수가 많지 못하여 죽는 어린이와 수한이 차지 못한 노인이 다시는 없을 것이라 곧 백 세에 죽는 자를 젊은이라 하겠고 백 세가 못되어 죽는 자는 저주 받은 자이리라"

그들을 모아 성도들과 예수님을 대적하게 된다. 그러나 하늘에서 불이 내려와 그들을 태워버리고, 미혹했던 사탄은—적그리스도와 거짓 선지자가 아마겟돈 전쟁에서 예수님에게 패하여 산 채로 던져진—불과 유황 못에 던져진다(20:7~10). 또 첫째 생명의 부활에 참여하지 못한 모든 죽은 자들이 둘째 부활할 때 생명책에 기록되지 못한 자들이 모두 흰 보좌에 앉아계신 예수님의 심판을 받고 불못에 던져져 영벌에 들어간다(20:11~15). 그리고 모든 통치와 권세와 능력을 멸하신 만국의 왕이신 예수님이 그 왕국을 어버지 하나님께 넘겨 드리게 된다.[28]

한편 생명책에 이름이 기록된 모든 성도들은, 새 하늘과 새 땅과 새 예루살렘 성, 곧 영원무궁의 세계인 천국에서 그분의 사랑하는 신부로서 살아간다. 성 삼위일체이신 하나님과 예수 그리스도, 그리고 성령과 더불어 의와 평강과 희락 속에서 생명과와 생명수를 먹고 마시며 영생복락을 누리게 될 것이다(22:1~5). 아멘.

---

28 고전 15:24 "그 후에는 마지막이니 그가 모든 통치와 모든 권세와 능력을 멸하시고 나라를 아버지 하나님께 바칠 때라"

제3장

이긴 자들

요한계시록에 등장하는 일곱 교회의 이긴 자는(2:7,11,17,26, 3:5,12,21), 그리스도를 구주로 믿음으로 죄사함을 얻고 거듭나 악한 사탄을 이긴 성도들을 총칭한다.[29] 즉 그리스도의 속량을 믿음으로써 죄와 사망의 법에서 해방되어 성령을 좇아 살아가는 성도들이다.[30]

첫 열매이신 예수님부터 시작된, 이긴 자들의 부활 및 휴거 사건은 역사상 점진적으로 발생하는 것을 볼 수 있다. 그래서 이긴 자들은

---

29 롬 10:9~10 "네가 만일 네 입으로 예수를 주로 시인하며 또 하나님께서 그를 죽은 자 가운데서 살리신 것을 네 마음에 믿으면 구원을 받으리라 사람이 마음으로 믿어 의에 이르고 입으로 시인하여 구원에 이르느니라"
요 3:5 "예수께서 대답하시되 진실로 진실로 네게 이르노니 사람이 물과 성령으로 나지 아니하면 하나님의 나라에 들어갈 수 없느니라"
요일 2:12~13 "자녀들아 내가 너희에게 쓰는 것은 너희 죄가 그의 이름으로 말미암아 사함을 받았음이요 아비들아 내가 너희에게 쓰는 것은 너희가 태초부터 계신 이를 알았음이요 청년들아 내가 너희에게 쓰는 것은 너희가 악한 자를 이기었음이라"

30 롬 8:1~2 "그러므로 이제 그리스도 예수 안에 있는 자에게는 결코 정죄함이 없나니 이는 그리스도 예수 안에 있는 생명의 성령의 법이 죄와 사망의 법에서 너를 해방하였음이라"
갈 5:16 "내가 이르노니 너희는 성령을 따라 행하라 그리하면 육체의 욕심을 이루지 아니하리라"

첫째 생명의 부활에 참여하여 강림하신 예수님과 공중 혼인잔치를 마치고, 천년왕국에서 그리스도와 함께 왕 노릇 한다(20:5~6). 나아가 천년왕국에서 새 생명을 얻어 승리한 이삭줄기에 속한 자들과 더불어, 생명수가 흐르는 거룩한 새 예루살렘 성(천국)에서 영생복락을 누리며 살아갈 것이다. 이렇듯 모든 '이긴 자'들에 대해, 성경에 나타난 점들을 중심으로 역사적 관점에서 일어난 사건들의 순서에 따라 정리해 본다.

1. 예수님의 영혼이 떠나실 때 일어난 성도들

> 마 27:50~53 "예수께서 다시 크게 소리 지르시고 영혼이 떠나시니라 이에 성소 휘장이 위로부터 아래까지 찢어져 둘이 되고 땅이 진동하며 바위가 터지고 무덤들이 열리며 자던 성도의 몸이 많이 일어나되 예수의 부활 후에 그들이 무덤에서 나와서 거룩한 성에 들어가 많은 사람에게 보이니라"

첫 열매이신 예수님이 십자가에서 숨을 거두실 때 잠든 많은 성도들이 일어났다. 그리고 예수님이 부활하신 후에, 이들이 무덤에서 나와 거룩한 예루살렘 성에 들어가 많은 사람들에게 나타나 보였다고 한다. 이들은 율법시대를 포함한 그리스도 이전 모든 세대의 죽은 사람들 가운데, 오실 그리스도를 믿어온[31] 첫 열매로 구원 얻은 성도들로 여겨진다. 지금은 낙원에서 주님과 함께 안식을 누리고 있을 것이다.

---

31 벧전 4:6 "이를 위하여 죽은 자들에게도 복음이 전파되었으니 이는 육체로는 사람으로 심판을 받으나 영으로는 하나님을 따라 살게 하려 함이라"

2. 대환난 전 남자아이의 휴거

3:10 "네가 나의 인내의 말씀을 지켰은즉 내가 또한 너를 지켜 시험의 때를 면하게 하리니 이는 장차 온 세상에 임하여 땅에 거하는 자들을 시험할 때라"

12:5 "여자가 아들을 낳으니 이는 장차 철장으로 만국을 다스릴 남자라 그 아이를 하나님 앞과 그 보좌 앞으로 올려가더라"

14:4 "이 사람들은 여자와 더불어 더럽히지 아니하고 순결한 자라 어린 양이 어디로 인도하든지 따라가는 자며 사람 가운데에서 속량함을 받아 처음 익은 열매로 하나님과 어린 양에게 속한 자들이니"

적은 능력을 가지고도 하나님의 말씀을 지키며 주님을 배반하지 않으므로 온 세상에 임하는 칠년대환난의 시험의 때를 면할 성도들이다(3:10). 이들은 여자(교회)가 낳은(양육하여 산출한) 그리스도의 구속에 대한 믿음이 신실하고 강한 사내아이에 속한 자들로서, 거듭나 악한 사탄을 이기고 자아를 부인하며 죽기까지 자기 생명을 아끼지 아니하였다(12:5,11). 또 어린 양이신 예수님이 어디로 인도하든지 따라가는 자들이며(14:4), 대환난을 앞두고 휴거되어, 이른바 성도들의 추수장이라 불리는 계시록 14장의 첫 열매에 속한 자들이다.(14:4 해설 및 IV부. 1장의 첫째 부활 편 참조) 이때 이방인들과 유대인들 가운데 그리스도의 구속을 믿고 회개함으로써 아버지 하나님께로 돌아온 많은 자들이 구원을 얻을 것으로 보인다(7:4, 14:4).

3. 대환난 중 두 증인의 부활·휴거

11:11~12 "삼 일 반 후에 하나님께로부터 생기가 그들 속에 들어가매 그들이 발로 일어서니 구경하는 자들이 크게 두려워하더라 하늘로부터 큰 음성이 있어 이리로 올라오라 함을 그들이 듣고 구름을 타고 하늘로 올라가니 그들의 원수들도 구경하더라"

칠년대환난이 시작되자 전삼년반 동안에, 기름부음 받은 두 증인—두 감람나무(선지자)와[32] 두 촛대(교회)—이 적그리스도가 다스리게 될 후삼년반 상황을 예언한다. 이들이 증언을 마칠 때에, 무저갱으로부터 올라온 사탄의 조종으로, 적그리스도가 전쟁을 일으켜 이들을 이기고 죽이지만 사흘 반 후에 살아나 휴거된다(11:3~7, 11~12). 이들은 순교자들로서, 하나님의 추수 관점에서 볼 때, 후삼년반 동안에 수확할 익은 포도에 속한다 하겠다(14:17~18).

4. 마지막 나팔 불 때 성도들의 부활 및 휴거

고전 15:51~52 "보라 내가 너희에게 비밀을 말하노니 우리가 다 잠 잘 것이 아

---

32 슥 4:10~14 "작은 일의 날이라고 멸시하는 자가 누구냐 사람들이 스룹바벨의 손에 다림줄이 있음을 보고 기뻐하리라 이 일곱은 온 세상에 두루 다니는 여호와의 눈이라 하니라 내가 그에게 물어 이르되 등잔대 좌우의 두 감람나무는 무슨 뜻이니이까 하고 다시 그에게 물어 이르되 금 기름을 흘리는 두 금관 옆에 있는 이 감람나무 두 가지는 무슨 뜻이니이까 하니 그가 내게 대답하여 이르되 네가 이것이 무엇인지 알지 못하느냐 하는지라 내가 대답하되 내 주여 알지 못하나이다 하니 이르되 이는 기름 부음 받은 자 둘이니 온 세상의 주 앞에 서 있는 자니라 하더라"

니요 마지막 나팔에 순식간에 홀연히 다 변화되리니 나팔 소리가 나매 죽은 자들이 썩지 아니할 것으로 다시 살아나고 우리도 변화되리라"

살전 4:15~17 "우리가 주의 말씀으로 너희에게 이것을 말하노니 주께서 강림하실 때까지 우리 살아 남아 있는 자도 자는 자보다 결코 앞서지 못하리라 주께서 호령과 천사장의 소리와 하나님의 나팔 소리로 친히 하늘로부터 강림하시리니 그리스도 안에서 죽은 자들이 먼저 일어나고 그 후에 우리 살아 남은 자들도 그들과 함께 구름 속으로 끌어 올려 공중에서 주를 영접하게 하시리니 그리하여 우리가 항상 주와 함께 있으리라"

칠년대환난이 지나고, 마지막인 일곱째 나팔 불 때에 이루어질 하나님의 비밀, 곧 성도들의 부활 및 휴거가 있다(10:7, 11:15). 이는 성도들의 추수 가운데 곡식과 포도를 추수하는 장면이다(14:14~18). 이때는 그리스도의 속량을 믿음으로 거듭나 낙원에 머물던 죽은 성도들이 먼저 일어난다. 그리고 이 땅에 살아있는 자들 중에, 대환난 전에 거듭나지 못했으나, 환난을 거치면서 깨어 거듭나 변화 받은 성도들이 공중으로 함께 끌어올려져 수확될 것이다.

5. 천년왕국에서 성도들의 왕 노릇

20:4 "또 내가 보좌들을 보니 거기에 앉은 자들이 있어 심판하는 권세를 받았더라 또 내가 보니 예수를 증언함과 하나님의 말씀 때문에 목 베임을 당한 자들의 영혼들과 또 짐승과 그의 우상에게 경배하지 아니하고 그들의 이마와 손에 그의 표를 받지 아니한 자들이 살아서 그리스도와 더불어 천 년 동안 왕 노릇 하니"

첫 열매와 곡식·포도 추수 때에 수확한 모든 성도들은 이긴 자에 속하며, 하나님의 의義(그리스도의 속량을 믿음으로 인쳐진 성령을 좇아 살아가는 성도들의 의)로써[33] 예수님의 신부 자격을 얻어 공중 혼인잔치에 참여한다(19:7~8). 이들은 복이 있고 거룩함을 입은 영(하늘)에 속한 자들로서, 예수님이 재림하실 때 천년왕국에서 세상을 심판하며 그분과 더불어 왕 노릇 한다(20:4~6).[34] 이때는 대환난 동안에도 거듭나지 않아 휴거되지 못하고, 아직 그리스도 안에서 미성숙한 양들로서 육(땅)에 속한 하나님의 백성들을 다루시는 복원 기간인 것이다.[35]

6. 이삭줍기에 속한 하나님의 백성들

마 25:31~34 "인자가 자기 영광으로 모든 천사와 함께 올 때에 자기 영광의 보좌에 앉으리니 모든 민족을 그 앞에 모으고 각각 구분하기를 목자가 양과 염소를 구분하는 것 같이 하여 양은 그 오른편에 염소는 왼편에 두리라 그 때에 임금이 그 오른편에 있는 자들에게 이르시되 내 아버지께 복 받을 자들이여 나아와

---

33 롬 3:22 "곧 예수 그리스도를 믿음으로 말미암아 모든 믿는 자에게 미치는 하나님의 의니 차별이 없느니라"
　계 19:8 "또 그녀가 깨끗하고 희고 고운 아마포 옷을 차려 입도록 허락하셨는데 그 고운 아마포는 성도들의 의니라 하더라"(KJV 흠정역)
34 마 19:28 "예수께서 이르시되 내가 진실로 너희에게 이르노니 세상이 새롭게 되어 인자가 자기 영광의 보좌에 앉을 때에 나를 따르는 너희도 열두 보좌에 앉아 이스라엘 열두 지파를 심판하리라"
35 사 65:17~19 "보라 내가 새 하늘과 새 땅을 창조하나니 이전 것은 기억되거나 마음에 생각나지 아니할 것이라 너희는 내가 창조하는 것으로 말미암아 영원히 기뻐하며 즐거워할지니라 보라 내가 예루살렘을 즐거운 성으로 창조하며 그 백성을 기쁨으로 삼고 내가 예루살렘을 즐거워하며 나의 백성을 기뻐하리니 우는 소리와 부르짖는 소리가 그 가운데에서 다시는 들리지 아니할 것이며"

창세로부터 너희를 위하여 예비된 나라를 상속받으라"

20:7~8 "천 년이 차매 사탄이 그 옥에서 놓여 나와서 땅의 사방 백성 곧 곡과
마곡을 미혹하고 모아 싸움을 붙이리니 그 수가 바다의 모래 같으리라"

성도들과 공중 혼인잔치를 마치신 예수님의 재림을 앞두고 이 땅
에 대접재앙이 내릴 때, 누구든지 깨어 자기 옷을 지켜 벌거벗고 다
니지 않고 수치를 보이지 않으면 복이 있다는 음성이 들린다(16:15). 또
천년왕국의 도래를 앞두고 남아 있는 '하나님의 백성'들에게 음녀(큰
성 바벨론)의 죄에 참여하지 말 것을 당부하는 음성이 들린다(18:4). 이들
은 비록 거듭나지 못했으나, 칠년대환난 때에 핍박받는 그리스도의
형제인 성도들을 도운 자들이다.[36]

그래서 예수님이 재림하셔서 영광의 보좌에 앉아 양과 염소로 구
분하여 심판하실 때, 이들이 양에 속한 자들로서 변화되지 않은 육의
몸으로 천년왕국에 하나님의 백성으로 들어간다. 그리고 천년왕국에
서 새 생명을 얻은 자들과 천 년 끝에 사탄이 잠깐 놓여 미혹할 때 결
국 넘어가지 않고 승리한 자들이 성도들의 추수 가운데 이삭줍기에
속하여 구원을 얻을 것이다.

---

36 마 25:40 "임금이 대답하여 이르시되 내가 진실로 너희에게 이르노니 너희가 여
   기 내 형제 중에 지극히 작은 자 하나에게 한 것이 곧 내게 한 것이니라 하시고"

7. 새 예루살렘 성에서의 영원한 인식

21:2 "또 내가 보매 거룩한 성 새 예루살렘이 하나님께로부터 하늘에서 내려오니 그 준비한 것이 신부가 남편을 위하여 단장한 것 같더라"

롬 14:17 "하나님의 나라는 먹는 것과 마시는 것이 아니요 오직 성령 안에 있는 의와 평강과 희락이라"

모든 이긴 자들은 삼위일체이신 성부와 성자와 성령 하나님과 더불어 그리스도의 신부로서 거룩한 천국에서 영생복락한다(22:1~2). 이곳이 바로 하나님이 우리를 구원하신 궁극의 목표인, 생명수가 흐르고 그 좌우에 열두 생명과실이 열리는 새 하늘과 새 땅의 새 예루살렘 성이다. 구원 얻은 모든 성도들이, 어떠한 시기와 다툼과 미움과 아픔도 없이 항상 빛과 사랑이 넘치며 의와 평강과 희락이 충만한 하나님의 나라에서 영원한 안식 가운데 머물 것이다.

제4장

요한계시록과 복음서·다니엘서의 관계

1. 복음서와 관계[37]

〔표 IV-2〕

구분	마태복음(24장)		요한계시록	
	절	내 용	장 : 절	내 용
1	4~5	거짓 선지자	6:1~2	흰 말 탄 자 (거짓 선지자)
2	6~7	전쟁	6:3~4	붉은 말 탄 자 (전쟁)
3	7	기근, 지진	6:5~6	흑색말 탄 자 (기근)
4	4~8	거짓 선지자, 전쟁, 기근, 지진, 전염병[38]	6:7~8	청황색말 탄 자 (땅의 짐승, 검, 흉년, 사망)
	10~13	불법이 성해 많은 사람의 사랑이 식음 (무서운 광경과 큰 징조들)	8:7~12, 9:1~21	땅, 바다, 강과 물샘, 해달별들에 쏟아지는 재앙과 세계대전쟁
5	9	성도들의 순교 예고	6:9~10	순교자들의 호소
6	15~22	큰 환난	6:11, 11:2~7, 12:6, 14, 13:5	칠년대환난 (순교자의 수가 참)
7	29	천체 변동	6:12~17, 16:8~9	천체 변동
8	30~33, 44~47	성도 추수 및 재림과 천년왕국	10:7, 11:15, 12:5, 14:14~18, 19:11~21, 20:4~6	성도 추수 및 재림과 천년왕국

---

37 강종수, 『다시 오실 예수 그리스도』(서울 : 2008), 26. 참고
38 눅 21:11 "곳곳에 큰 지진과 기근과 전염병이 있겠고 또 무서운 일과 하늘로부터
　 큰 징조들이 있으리라"

2. 다니엘서와 관계

1) 느부갓네살왕의 꿈(단 2:31~45)

〔표 Ⅳ-3〕

꿈		해 석	요한계시록	
			장·절	내 용
머리	정금	바벨론	13:2	사자
가슴과 팔	은	메대, 파사	13:2	곰
배와 넓적다리	놋	헬라		표범
종아리	철	로마		사자, 곰, 표범
발과 발가락	철 + 진흙	유물사상(철, 단 2:40)과 유신사상(진흙, 사 64:8)의 공존[39]	9:9	공산전체주의(철흉갑)와 자유민주주의의 공존

2) 다니엘의 꿈(단 7:2~27)

〔표 Ⅳ-4〕

꿈	해 석		요한계시록	
	뜻	왕국	장·절	내 용
첫째 짐승, 사자	잔인·가증함	바벨론		사자
둘째 짐승, 곰	큰 위력	메대, 바사	13:2	곰
셋째 짐승, 표범	빠른 정복	헬라		표범
넷째 짐승, 두렵고 무서우며 매우 강함. 큰 철 이와 열 뿔이 있고, 또 다른 작은 뿔로 인해 먼저 뿔 중 셋이 뽑히며 그 뿔에는 사람 같은 눈과 큰 말하는 입이 있음	다른 한 왕이 열 왕 중 세 왕을 복종시키고, 또 동류보다 크고 심히 교만하며 가증한 큰 말을 함	로마처럼 무섭고 놀라우며 또 매우 강하고, 유물 사상을 가진 큰 적그리스도의 국가임	9:9 13:1~2 13:6	황충군대가 철 흉갑을 입었고, 큰 권세를 가진 적그리스도가 출현하며 신성모독 하는 입이 있음

---

39 단 2:40~42 "넷째 나라는 강하기가 쇠 같으리니 쇠는 모든 물건을 부서뜨리고 이기는 것이라 쇠가 모든 것을 부수는 것 같이 그 나라가 뭇 나라를 부서뜨리고 찧을 것이며 왕께서 그 발과 발가락이 얼마는 토기장이의 진흙이요 얼마는 쇠인 것을 보셨은즉 그 나라가 나뉠 것이며 왕께서 쇠와 진흙이 섞인 것을 보셨은즉 그 나라가 쇠 같은 든든함이 있을 것이나 그 발가락이 얼마는 쇠요 얼마는 진흙인즉 그 나라가 얼마는 든든하고 얼마는 부서질 만할 것이며"

느부갓네살 왕이 꿈에서 본 신상 중 종아리와 발의 일부가 '철'이요, 다니엘이 꿈에서 본 넷째 짐승의 이가 '철'이다.[40] 또 요한이 환상에서 본 다섯째 나팔 불 때 본 무저갱에서 나온 황충 군대가 '철' 흉갑을 입었다(9:9). 그들에게서 공통적으로 보이는 것이 '철'이다. 창조주이신 토기장이의 '진흙'과[41] 대비되는 '철'은 하나님을 대적하는 적그리스도 국가를 상징한다. 따라서 적그리스도는 유물 사상에 기초한 공산전체주의 국가와 연합하여 출현할 것으로 읽혀진다. 또한 현세의 정치적 상황들처럼 진흙이 상징하는 유신사상을 가진 자유민주주의 국가들과 서로 섞이지만, 신상의 발같이 피차에 합하지는 않을 것이다.[42]

그러므로 예수님(손대지 아니한 뜨인 돌)은, 세계단일정부 형태의 적그리스도의 국가인 공산전체주의(철, 유물론)와 자유민주주의(진흙, 유신론) 사상이 상존하는 이 시대에 다시 오실 것으로 보인다. 그래서 '철과 진흙이 섞인 발'을 쳐서 부서뜨린 것처럼 온 세상 나라들을 무너뜨리실 것이다.[43] 이로써 바벨론 문화, 즉 이 세상의 모든 악한 것들을 심판

---

40 단 7:19 "이에 내가 넷째 짐승에 관하여 확실히 알고자 하였으니 곧 그것은 모든 짐승과 달라서 심히 무섭더라 그 이는 쇠요 그 발톱은 놋이니 먹고 부서뜨리고 나머지는 발로 밟았으며"

41 롬 9:20~21 "이 사람아 네가 누구이기에 감히 하나님께 반문하느냐 지음을 받은 물건이 지은 자에게 어찌 나를 이같이 만들었느냐 말하겠느냐 토기장이가 진흙 한 덩이로 하나는 귀히 쓸 그릇을, 하나는 천히 쓸 그릇을 만들 권한이 없느냐" 사 64:8 "그러나 여호와여, 이제 주는 우리 아버지시니이다 우리는 진흙이요 주는 토기장이시니 우리는 다 주의 손으로 지으신 것이니이다"

42 단 2:43 "왕께서 쇠와 진흙이 섞인 것을 보셨은즉 그들이 다른 민족과 서로 섞일 것이나 그들이 피차에 합하지 아니함이 쇠와 진흙이 합하지 않음과 같으리이다"

43 단 2:34~35 "또 왕이 보신즉 손대지 아니한 돌이 나와서 신상의 쇠와 진흙의 발을 쳐서 부서뜨리매 그 때에 쇠와 진흙과 놋과 은과 금이 다 부서져 여름 타작 마당의 겨 같이 되어 바람에 불려 간 곳이 없었고 우상을 친 돌은 태산을 이루어 온 세계에 가득하였나이다"

하시고, 예수님이 친히 성도들과 함께 왕 노릇 하시는 이른바 천년왕국 시대가 도래하게 된다(19:11~21).[44]

3) 일흔 이레

〔표 Ⅳ-5〕

다니엘서	해 설	요한계시록	
		장·절	내용
9:2	BC 538년 다니엘이 예루살렘의 황폐함이 칠십 년 만에 그칠 것을 깨달음. - 예레미야의 70년 동안 포로 회복 예언 성취[45] (BC 605년 1차 바벨론 포로 이주, 70년째인 BC 536년에 성전 건축 시작) - 포로 귀환(BC 537년 1차 스룹바벨 / BC 458년 2차 에스라 / BC 444년 3차 느헤미야)	16:19~20 18:1~24	큰 바벨론 성 패망
9:24 (일흔 이레)	일흔 이레를 기한으로 정함(죄의 종식과 영원한 의가 드러나며 지극히 거룩한 이가 기름 부음을 받음)	5:5 11:15 19:14~16	어린 양의 승리 주의 나라 이룸 재림 예수님
9:25전 (일곱 이레)	BC 538년 고레스 원년 예루살렘 중건 명령이 내려짐(단 1:21, 대하 36:21~23, 사 44:28, 45:13)		
9:25중,후 (예순두 이레)	BC 444년 아닥사스다 20년 예루살렘 성벽의 재건(느 2:1~8, 6:15)과 BC 4년 메시야의 초림		
9:26전	AD 30년 예순두 이레 후 메시야 끊어짐 (십자가 사건)	5:6	죽임을 당한 어린 양
9:26중	장차 한 왕의 백성이 성읍, 성소를 훼파함	11:7	칠년대환난 (적그리스도의 출현)

---

44 김중현,『새로 조명한 요한계시록』(서울 : 엘맨, 2002), 376-377.

45 렘 25:11~13 "이 모든 땅이 폐허가 되어 놀랄 일이 될 것이며 이 민족들은 칠십 년 동안 바벨론의 왕을 섬기리라 여호와의 말씀이니라 칠십 년이 끝나면 내가 바벨론의 왕과 그의 나라와 갈대아인의 땅을 그 죄악으로 말미암아 벌하여 영원히 폐허가 되게 하되 내가 그 땅을 향하여 선언한 바 곧 예레미야가 모든 민족을 향하여 예언하고 이 책에 기록한 나의 모든 말을 그 땅에 임하게 하리라"

9:26후	끝까지 전쟁이 있으며 황폐할 것이 작정됨	19:19~21	아마겟돈 전쟁
9:27전,중 (한 이레)	그가 장차 많은 사람과 더불어 한 이레 동안의 언약을 맺고, 언약 기간 절반에 제사와 예물을 금지함(이스라엘과 적그리스도가 7년 동안의 평화 협상을 맺으나, 대환난의 절반인 3년 반 만에 멸망의 가증한 것이 언약을 파기하고 거룩한 성전에 섬, 마 24:15)	11:2~9 12장 13장	칠년대환난 전삼년반 후삼년반
9:27후	종말까지 진노가 황폐하게 하는 자에게 쏟아짐(큰 성 바벨론과 적그리스도 패망)	17~18장 19:11~21	예수님의 재림으로 짐승과 거짓 선지자가 불 못에 던져짐

• 다니엘의 일흔이레 예언(단 9:2,24~27)

²곧 그 통치 원년에 나 다니엘이 책을 통해 여호와께서 말씀으로 선지자 예레미야에게 알려 주신 그 연수를 깨달았나니 곧 예루살렘의 황폐함이 칠십 년만에 그치리라 하신 것이니라 … ²⁴네 백성과 네 거룩한 성을 위하여 일흔 이레를 기한으로 정하였나니 허물이 그치며 죄가 끝나며 죄악이 용서되며 영원한 의가 드러나며 환상과 예언이 응하며 또 지극히 거룩한 이가 기름 부음을 받으리라 ²⁵그러므로 너는 깨달아 알지니라 예루살렘을 중건하라는 영이 날 때부터 기름 부음을 받은 자 곧 왕이 일어나기까지 일곱 이레와 예순두 이레가 지날 것이요 그 곤란한 동안에 성이 중건되어 광장과 거리가 세워질 것이며 ²⁶예순두 이레 후에 기름 부음을 받은 자가 끊어져 없어질 것이며 <u>장차 한 왕의 백성이 와서 그 성읍과 성소를 무너뜨리려니와</u> 그의 마지막은 홍수에 휩쓸림 같을 것이며 또 끝까지 전쟁이 있으리니 황폐할 것이 작정되었느니라 ²⁷그가 장차 많은 사람들과 더불어 한 이레 동안의 언약을 굳게 맺고 그가 그 이레의 절반에 제사와 예물을 금지할 것이며 또 포악하여 가증한 것이 날개를 의지하여 설 것이며 또 이미 정한 종말까지 진노가 황폐하게 하는 자에게 쏟아지리라 하였느니라 하니라.

위의 다니엘이 받은 계시 가운데 밑줄 친, 장차 그 성읍과 성소를 무너뜨릴 한 왕의 백성에 대해 좀 더 살펴보자.

여기서 천년왕국 시대에 만왕의 왕으로 오실 한 왕은 예수님으로서, 그분의 백성이 이스라엘 민족인 바, 장차 그(유대인)가 성읍과 성소를 무너뜨린다고 한다. 그가 바로 한 이레(칠년대환난) 동안의 평화 협약을 맺고 그 중간에 언약을 파기할 멸망의 가증한 적그리스도다(단 9:27). 따라서 그 성읍과 성소(예루살렘에 지어질 미래의 제3성전)를 파괴할 적그리스도는, 천년왕국의 통치자로서 임하실 예수님의 백성인 유대인의 혈통에서 난 자인 것이다.

이에 대해 아래의 KJV와 NIV 성경 원문과 번역본을 유의하여 보면 더 명확히 알 수 있다.

○ KJV "… the people of the prince that shall come shall destroy the city and the sanctuary …"

〔흠정역〕"… 장차 임할 통치자의 백성이 그 도시와 그 성소를 파괴하려니와 …"

〔한글킹제임스〕 "… 장차 올 그 통치자의 백성이 도성과 성소를 파괴하리니 …"

○ NIV "… The people of the ruler who will come will destroy the city and the sanctuary …"

〔개역개정〕"… 장차 한 왕의 백성이 와서 그 성읍과 성소를 무너뜨리려니와 …"

제5장

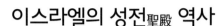

이스라엘의 성전聖殿 역사

이스라엘 민족과 떼어 놓을 수 없는 것이 성전의 역사며, 이에 대한 바른 이해는 전 세계인들에게도 종말론과 관련하여 실로 중차대한 일이라 하겠다. 그래서 본 장은 성경과 이스라엘의 역사를 통해 과거 제1성전과 제2성전의 건축, 파괴 과정에 대해 연대순으로 요약하였다. 또 다니엘 선지자의 예언과 예수님이 말씀하신 '멸망의 가증한 것이 서게 될 거룩한 곳'으로 일컫는, 차후 칠년대환난 전에 지어질 제3성전에 대해 정리해 본다. 그리고 에스겔 선지자를 통해 환상으로 보여주신 천년왕국의 제4성전에 대해 살펴보기로 한다.

제1성전 (솔로몬 성전)

BC 10C 솔로몬 왕의 성전 건축
- 이스라엘 백성들의 세 차례 바벨론 포로 이주(1차 BC 605년, 2차 BC 597년, 3차 BC 586년)

- 바벨론 느부갓네살 왕의 성전 파괴(BC 586년)

제2성전 (스룹바벨 성전)

BC 538년 고레스 왕 원년 예루살렘 중건 영이 내림
- 1차 바벨론 포로 이주부터 70년째 되는 해 성전 건축 공사 시작(BC 536년)
- '솔로몬 성전' 파괴로부터 70년 되는 해 재건(BC 516년)

BC 63년 로마 장군 폼페이우스의 성전 파괴

BC 20년~AD 64년 제2성전 증축(헤롯 성전)
- 유대 민족의 대반란과 이스라엘 멸망(AD 66년~70년)
- 로마 장군 티투스의 성전 파괴(AD 70년)

제3성전 (미래의 이스라엘 성전)

약 2천 년 동안 전 세계에 흩어져 살던 디아스포라 유대인들이 돌아와 1948년 5월 14일에 이스라엘 국가를 재건하고, 이듬해 12월 예루살렘을 수도로 선포하기에 이르렀다. 그 후 1995년 제정된 예루살렘을 이스라엘의 수도로 인정하는 미 대사관 법안은 클린턴, 부시, 오바마 등 미국 역대 대통령들이 국가 안전을 이유로 이전 유예 상태였다. 하지만 트럼프 전 대통령은 이스라엘의 텔아비브에 있는 미 대사관을 2018년 5월 14일 예루살렘으로 이전 완료하였다. '21세기 고

레스'로 불리는 트럼프는, 역사적 사건인 이스라엘 독립 70주년의 유의미한 해에 예루살렘을 수도로 인정하였다.

고레스는 예루살렘의 회복과 성전 건축 칙령을 내린 페르시아 초대 왕이다. 그래서 유대인들은 그를 다윗 왕의 회복과 성전 재건이라는 간절한 희망을 실현해 주는 하나님의 구원자적 관점에서 보았던 것이다. 다니엘의 예언대로 마지막 때에 일흔 이레가 완성되려면 반드시 성전이 있어야 한다. 또한 대부분 유대인들이 아직도 기다리는 메시야가 오실 것을 믿으므로, 그들이 성전을 지으려고 하는 것은 역사적 숙명이다.

고레스가 예루살렘을 중건하라는 영을 내림으로 시작된 일흔 이레 가운데, 마지막 한 이레를 앞두고, 트럼프를 통해 수도가 예루살렘으로 회복되어가는 상황이다. 그래서 유대인들이 고레스와 트럼프를 같은 맥락으로 이해하는 것 같다. 또 하나님이 고레스 왕에게 '그가 나의 모든 기쁨을 성취하는 내 목자'라고 하셨듯이,[46] 대부분 유대인들은 트럼프를 그들의 왕처럼 좋아한다고 알려져 있다. 더욱이 이스라엘 건국기념 주화에는 고레스(별호: 메시야, 기름부은 자)와 트럼프의 형상을 함께 두었으며,[47] 그 이면에 제3성전의 모형도를 그려 넣었다. 이는 성전 재건이 임박했음을 강력히 시사한다.

---

46 사 44:28 "고레스에 대하여는 이르기를 내 목자라 그가 나의 모든 기쁨을 성취하리라 하며 예루살렘에 대하여는 이르기를 중건되리라 하며 성전에 대하여는 네 기초가 놓여지리라 하는 자니라"

47 사 45:1 "여호와께서 그의 기름 부음을 받은 고레스에게 이같이 말씀하시되 내가 그의 오른손을 붙들고 그 앞에 열국을 항복하게 하며 내가 왕들의 허리를 풀어 그 앞에 문들을 열고 성문들이 닫히지 못하게 하리라"

이스라엘 건국기념 주화[48]

〔그림 Ⅳ-1〕

2016년 10월 이스라엘 산헤드린 공회는 미국 트럼프, 러시아 푸틴에게 성전 재건을 요청한 바 있다. 또 그들은 세계 70개국을 초청하여 수전절[49] 마지막 날인 2018년 12월 10일, 제3성전 번제단 봉헌식을 가졌다.

과거 헬레니즘 시대 시리아 왕국의 안티오쿠스 에피파네스 왕이 성전에 제우스 동상을 세우고 번제단 위에 돼지고기를 바쳐 우상을 숭배하게 하여 성전을 더럽혔다. 그래서 에피파네스 왕은 장차 마지막 때에 등장할 적그리스도의 예표로 불린다. 유다 마카비는 B.C. 164년경 군사를 일으켜 수리아 군대를 물리치고 성전을 정결케 하였

---

48 http://blog.daum.net/ojinmr/25496

49 요 10:22~23 "예루살렘에 수전절이 이르니 때는 겨울이라 예수께서 성전 안 솔로몬 행각에서 거니시니"

다.[50] 이 날을 기념하는 수전절(히브리말로 하누카)은 더럽혀진 성전을 정화하고 봉헌한 날을 기념하는 이스라엘의 중요한 절기다.

아직 성전 터는 미정이지만 성전 설계도 및 기구들 제작은 거의 완성 단계라고 한다. 또 성전위원회는 독립 70주년이 되는 해에 흠 없는 붉은 암송아지가 태어났다고 2018년 8월 28일 밝힌 바 있다. 진영 밖으로 끌려나가 희생되었던 붉은 암송아지는, 성문 밖 골고다 언덕에서 십자가에서 피를 흘리신 그리스도를 예표한다.[51] 예수님을 메시야로 믿지 않는 유대인들에게, 이 붉은 암송아지는 예루살렘 제3성전에서 성전을 정결케 하고 속죄제를 위한 희생 제물로 쓰여질 것이다.

예수님은 재림과 세상 끝에 일어날 징조로 "그러므로 너희가 선지자 다니엘이 말한 바 멸망의 가증한 것이 거룩한 곳에 선 것을 보거든 (읽는 자는 깨달을진저)"(마 24:15)라고 하셨다.[52] 이 말씀 가운데 '멸망의 가증한 것'은 장차 마지막 한 이레인 칠년대환난 때에 출현할 적그리스도요, '거룩한 곳'은 칠년대환난 전에 건축되어질 제3성전이 될 것이다. 그러나 예수님이 재림하실 때, 이 땅에 전능하신 이의 맹렬

---

50 https://blog.naver.com/esedae/221412675467

51 민 19:2 "여호와께서 명령하시는 법의 율례를 이제 이르노니 이스라엘 자손에게 일러서 온전하여 흠이 없고 아직 멍에 메지 아니한 붉은 암송아지를 네게로 끌어오게 하고"

52 단 9:27 "그가 장차 많은 사람들과 더불어 한 이레 동안의 언약을 굳게 맺고 그가 그 이레의 절반에 제사와 예물을 금지할 것이며 또 포악하여 가증한 것이 날개를 의지하여 설 것이며 또 이미 정한 종말까지 진노가 황폐하게 하는 자에게 쏟아지리라 하였느니라 하니라"
살후 2:3 "누가 어떻게 하여도 너희가 미혹되지 말라 먼저 배교하는 일이 있고 저 불법의 사람 곧 멸망의 아들이 나타나기 전에는 그 날이 이르지 아니하리니"

한 진노의 틀을 밟으심으로써 적그리스도와 거짓 선지자가 불못에 던져지고, 이 성전의 수명은 다할 것으로 보인다(19:14~21).[53]

제4성전 (에스겔이 본 천년왕국의 성전)

에스겔 선지자를 통해 환상 속에 보여주신 성전의 모습은 예수님이 친히 왕으로 임하실 천년왕국시대의 거룩한 성전의 청사진이다. 바벨론 포로로 끌려가 깊은 실의에 빠졌던 이스라엘 백성에게 죄를 깨우쳐 주고, 이들뿐만 아니라 전全 세대의 세계 민족들에게 구원의 소망을 주기 위해 보여주신 것이다.

에스겔 성전의 지성소에는 언약궤, 진설병상, 등잔대 그리고 특히 휘장이 없다. 따라서 예수님이 재림하신 후에 존재 가능한 성전임을 말해준다. 언약궤는 미래에 말하거나 생각하거나 기억하거나 찾거나 만들지 아니할 것이라고 예레미야 선지자가 예언한 바 있다.[54] 또 성소와 지성소 사이에 휘장이 없는 것은,[55] 그리스도의 단번의 희생 제

---

53 슥 14:4 "그 날에 그의 발이 예루살렘 앞 곧 동쪽 감람 산에 서실 것이요 감람 산은 그 한 가운데가 동서로 갈라져 매우 큰 골짜기가 되어서 산 절반은 북으로, 절반은 남으로 옮기고"
단 8:13~14 "내가 들은즉 한 거룩한 이가 말하더니 다른 거룩한 이가 그 말하는 이에게 묻되 환상에 나타난 바 매일 드리는 제사와 망하게 하는 죄악에 대한 일과 성소와 백성이 내준 바 되며 짓밟힐 일이 어느 때까지 이를꼬 하매 그가 내게 이르되 이천삼백 주야까지니 그 때에 성소가 정결하게 되리라 하였느니라"

54 렘 3:16 "여호와의 말씀이니라 너희가 이 땅에서 번성하여 많아질 때에는 사람들이 여호와의 언약궤를 다시는 말하지 아니할 것이요 생각하지 아니할 것이요 기억하지 아니할 것이요 찾지 아니할 것이요 다시는 만들지 아니할 것이며"

55 겔 41:2~4 "그 문 통로의 너비는 열 척이요 문 통로 이쪽 벽의 너비는 다섯 척이

사로 다 이루셨으므로 더 이상 불필요하며, 이스라엘 민족이 돌아와 예수님을 구주로 영접한 후에 성전을 지었다는 강력한 증거다. 또한 지금 이스라엘이 지으려고 하는 제3성전과의 중요한 차이 중 하나다. 나아가 천국에서는 하나님과 예수님이 친히 성전이 되시므로 성전이 따로 필요 없을 것이다(21:22).

그러므로 에스겔 성전은, 칠년대환난을 지나 예수님이 재림하시고, 천국(새 예루살렘 성)에 입성하기 전에 성전의 모습으로 읽혀진다. 결국 여호와 삼마, 곧 만군의 왕으로서 재림하시는 예수님이 거처하시는 천년왕국 때 성전의 모습이라 하겠다.[56]

에스겔의 환상에 성전 문지방 밑에서 강의 근원지가 되어 유다의 강들에 물이 흐른다.[57] 이로써 생수(성령)의 근원지로서 물이 예루살렘에서 솟아나 사시사철 마르지 않고 흐를 것이다.[58] 그리고 예루살렘을 치러 왔던 모든 민족들 가운데, 남아 있는 자들이 해마다 올라와

요 저쪽 벽의 너비는 다섯 척이며 그가 성소를 측량하니 그 길이는 마흔 척이요 그 너비는 스무 척이며 … 그가 내전을 측량하니 길이는 스무 척이요 너비는 스무 척이라 그가 내게 이르되 이는 지성소니라 하고"

56 겔 48:10 "이 드리는 거룩한 땅은 제사장에게 돌릴지니 북쪽으로 길이가 이만 오천 척이요 서쪽으로 너비는 만 척이요 동쪽으로 너비가 만 척이요 남쪽으로 길이가 이만 오천 척이라 그 중앙에 여호와의 성소가 있게 하고"
겔 48:35 "그 사방의 합계는 만 팔천 척이라 그 날 후로는 그 성읍의 이름을 여호와삼마라 하리라"

57 겔 47:1 "그가 나를 데리고 성전 문에 이르시니 성전의 앞면이 동쪽을 향하였는데 그 문지방 밑에서 물이 나와 동쪽으로 흐르다가 성전 오른쪽 제단 남쪽으로 흘러 내리더라"

58 슥 14:8 "그 날에 생수가 예루살렘에서 솟아나서 절반은 동해로, 절반은 서해로 흐를 것이라 여름에도 겨울에도 그러하리라"

서 만군의 왕 여호와께 경배하며 초막절을 지킨다고 한다.[59] 이때에 율법적 절기를 지키며 속죄제, 번제, 감사제 등을 드리는 제사는, 공중 혼인잔치에 참여하지 못했던 아직 변화 받지 않은 육에 속한 자(양에 속한 하나님의 백성)들이 드리는 제사로 예상된다.[60] 단번의 제사로 이루신 그리스도의 속량을 믿는 자들에게는 다시 죄를 위하여 제사드릴 것이 없기 때문이다.[61]

그리스도의 은혜의 복음시대는 칠년대환난 후 성도들의 추수인 부활 및 휴거 사건 후 이 땅에 쏟아지는 대접심판으로 막을 내릴 것으로 보인다. 이후 만물이 회복되는 천년왕국 시대에 남는 자들의 구원은,[62] 검과 철장처럼 예리하고 강하신 예수님의 말씀과 성도들의 다스림 속에, 은혜의 복음을 깨닫지 못했던 육에 속한 자들을 훈육하여 얻는 이삭줍기가 될 것이다(2:27, 12:5, 19:15, 20:4~6).[63]

---

59 슥 14:6 "예루살렘을 치러 왔던 이방 나라들 중에 남은 자가 해마다 올라와서 그 왕 만군의 여호와께 경배하며 초막절을 지킬 것이라"

60 겔 43:26~27 "이같이 칠 일 동안 제단을 위하여 속죄제를 드려 정결하게 하며 드릴 것이요 이 모든 날이 찬 후 제팔일과 그 다음에는 제사장이 제단 위에서 너희 번제와 감사제를 드릴 것이라 그리하면 내가 너희를 즐겁게 받으리라 주 여호와의 말씀이니라"

61 히 10:17~18 "또 그들의 죄와 그들의 불법을 내가 다시 기억하지 아니하리라 하셨으니 이것들을 사하셨은즉 다시 죄를 위하여 제사 드릴 것이 없느니라"

62 행 3:20~21 "또 주께서 너희를 위하여 예정하신 그리스도 곧 예수를 보내시리니 하나님이 영원 전부터 거룩한 선지자들의 입을 통하여 말씀하신 바 만물을 회복하실 때까지는 하늘이 마땅히 그를 받아 두리라"

63 시 2:9~10 "네가 철장으로 그들을 깨뜨림이여 질그릇 같이 부수리라 하시도다 그런즉 군왕들아 너희는 지혜를 얻으며 세상의 재판관들아 너희는 교훈을 받을지어다"

V
나가며

성도들은 다니엘의 일흔 이레 가운데 마지막 한 이레를 앞두고 있는 현재의 시대적 위치를 잘 알아야 한다. 이를 위해 예수님이 계시하신 요한계시록을 통해 하나님의 구원의 경륜을 올바르게 깨닫는 것이 중요하다. 나아가 그리스도의 구속을 믿음으로 얻은 구원의 확신 가운데 이긴 자로서 그리스도와 동행하는 삶을 살아가야 할 것이다. 모든 성도들이 성령 안에서 의와 평강과 희락 속에 하나님의 자녀로서의 행복한 여정을 살아갈 수 있기를 간절히 소망한다.

하나님은 세상을 창조하실 때, 에덴동산에 영생하는 생명과가 열린 생명나무와 탐스런 선악과가 맺힌 선악을 아는 지식의 나무를 함께 두셨다.[1] 이때 아담과 하와는 선악과를 먹으면 반드시 죽으니 먹지 말라는 말씀에 불순종하여,[2] 그 열매를 따먹음으로 죄를 알게 되어 거룩하신 하나님과 멀어지게 되었다. 결국 그들이 수정같이 맑고 의로우신 하나님과 교제할 수 없는 죄인의 신분이 되어버렸다.

부득이 하나님은 사람들이 죄성을 지닌 상태로 영생함을 막기 위해 동산 동쪽에 그룹들과 두루 도는 불 칼을 두고 생명나무를 지키게 하셨다.[3] 이후 하나님의 놀라운 자비와 위대한 사랑으로 때가 되사 죄인들을 구원하기 위해 자신의 아들이신 그리스도를 이 땅에 보내셨다. 그리고 십자가 위에서 드리신 그리스도의 단번의 희생 제사로 이를 믿는 자들의 죄를 도말해 주셨다. 인류의 죄를 대속하시고 부활하사, 그리스도를 구주로 믿는 자들을 속량하여 새 생명을 얻게 함으로써 하나님의 거룩하신 뜻을 이루신 것이다.[4]

---

1 창 2:8~9 "여호와 하나님이 동방의 에덴에 동산을 창설하시고 그 지으신 사람을 거기 두시니라 여호와 하나님이 그 땅에서 보기에 아름답고 먹기에 좋은 나무가 나게 하시니 동산 가운데에는 생명 나무와 선악을 알게 하는 나무도 있더라"
2 창 2:17 "선악을 알게 하는 나무의 열매는 먹지 말라 네가 먹는 날에는 반드시 죽으리라 하시니라"
3 창 3:24 "이같이 하나님이 그 사람을 쫓아내시고 에덴 동산 동쪽에 그룹들과 두루 도는 불 칼을 두어 생명 나무의 길을 지키게 하시니라"
4 요 19:30 "예수께서 신 포도주를 받으신 후에 이르시되 다 이루었다 하시고 머리를 숙이니 영혼이 떠나가시니라"
요일 5:12~13 "아들이 있는 자에게는 생명이 있고 하나님의 아들이 없는 자에게는 생명이 없느니라 내가 하나님의 아들의 이름을 믿는 너희에게 이것을 쓰는 것은 너희로 하여금 너희에게 영생이 있음을 알게 하려 함이라"

하나님의 천지 창조와 구원의 섭리 가운데, 모든 경륜은 '7'의 숫자에 의한 시제적時制的 흐름으로 나타나는 것을 볼 수 있다. 하나님은 6일 동안 세상을 창조하신 후, 7번째 날에 안식하셨다. 그리고 아브라함부터 그리스도까지 42대,[5] 곧 6(세상의 수)이 7(완성의 수)번 반복되어진 끝에, 인류의 구원을 이루시고자 율법의 마침으로 그리스도를 이 땅에 보내셨다. 또한 부활·승천하신 예수님은 불신자들에 대한 심판의 경고와 더불어 모든 성도들에게 구원의 소망을 주시고자 사도 요한을 통해 두루마리 계시를 주셨다. 여기에 나타난 하나님의 진노에 따른 재앙의 구성 역시 인개봉-나팔울림-대접부음의 7-7-7 시리즈에 속한다. 이때 7번째 봉인은 7 나팔울림을 포함하고, 마지막 7번째 나팔울림은 성도들의 부활 및 휴거와 함께 7 대접부음을 포함하고 있다.

이렇듯 '7'이라는 숫자에 의해 질서 가운데 하나님의 경륜을 성취해 나가신다. 따라서 그리스도의 초림 이후 이천여 년을 지나고 있는 현재의 시점이, 777 재앙 시리즈 가운데 어느 부분까지 진행되어 왔는가를 아는 것은 대단히 중요하다.

예수 그리스도의 계시 이후, 이 땅에는 전쟁과 기근과 전염병과 지진이 처처에 발생해 왔으며 거짓된 진리로 사람들을 속이는 거짓 선지자들이 난무한 실정이다. 이는 넷째 인재앙에 속한 청황색 말의 출현으로, 검(전쟁)과 흉년(기근)과 사망(전염병과 지진), 땅의 짐승(거짓 선지자)들

---

5 마 1:17 "그런즉 모든 대 수가 아브라함부터 다윗까지 열네 대요 다윗부터 바벨론으로 사로잡혀 갈 때까지 열네 대요 바벨론으로 사로잡혀 간 후부터 그리스도까지 열네 대더라"

로써 땅의 사분의 일을 죽이는 현상이다. 말세시 말인 지금도 지속되는 상황인 만큼 이 재앙은 거의 신약시대 전全 기간 동안 진행 중인 것이다.

이어 다섯째 인의 제단 아래 순교자들의 호소와, 여섯째 인의 불신자들의 심판 예고와 이스라엘 민족 및 전 세계 백성들의 구원 예고 장면이 등장한다. 따라서 다섯~여섯째 인개봉은, 장차 칠년대환난 전후에 일어날 일들을 보여주신 광경들이다. 이후 마지막 일곱째 인개봉에 따른 첫째~넷째 나팔재앙이 삼분의 일로 확대, 심화되어 땅(교회의 거짓 선지자들 증가), 바다(세상의 전쟁 확대), 강과 물샘(그리스도 복음의 변질), 해달별(하나님의 크고 작은 종들에 타격)에 내려짐으로써 지금 진행 중에 있다.

이제 세 천사들이 나팔소리로 알리는 세 번의 화가 남아있다(8:13). 즉 5번째(황충 군대 재앙), 6번째(세계대전과 7년대환난), 7번째(7 대접부음 재앙) 나팔울림이다. 이로써 이 땅은 현재 황충 재앙과 칠년대환난을 앞둔 상황이라고 할 수 있겠다. 마지막인 일곱째 나팔을 불기 전에 발생하는 7년대환난은 다니엘 선지자를 통해 계시하신 70 이레 가운데 마지막 1 이레를 의미한다. 이때에 멸망의 가증한 것(적그리스도)이 이스라엘과 맺은 평화 협정을 파기하고 거룩한 성전에 우상을 세우며 하나님을 대적하게 될 것이다.[6]

---

6 마 24:15 "그러므로 너희가 선지자다니엘이 말한 바 멸망의 가증한 것이 거룩한 곳에 선 것을 보거든 (읽는 자는 깨달을진저)"
마 24:21 "이는 그 때에 큰 환난이 있겠음이라 창세로부터 지금까지 이런 환난이 없었고 후에도 없으리라"
단 11:31~36 "군대는 그의 편에 서서 성소 곧 견고한 곳을 더럽히며 매일 드리는 제사를 폐하며 멸망하게 하는 가증한 것을 세울 것이며 … 그 왕은 자기 마음대로 약 이천 년 동안 세계 각지에 흩어졌던 유대인들이 팔레스타인으로 다시 이주하여 1948년 이스라엘 국가를 재건하기에 이르렀다. 이렇듯 디아스포라 유대 민족들이 돌아오는, 세계 역사상 전무후무한 사건을 우리는 목전에 두고 있는 상황이다.

또한 다음 [표 Ⅴ-1]과 같이, 작금의 세대는 성경 역사 6천 년이라는 하나님의 구원의 경륜 가운데 교회시대(순서 5)의 마지막 정점을 살아가고 있다. 머지않은 날에 남자아이에 속한 자들의 휴거가 있겠고 적그리스도의 출현으로 칠년대환난(순서 6)이 오며, 마지막 나팔 불 때에 성도들의 부활 및 휴거와 공중 혼인잔치, 그리고 그리스도의 재림에 이어 천년왕국(순서 7)이 도래할 것이다. 그러므로 오늘날 성도들은 예수님이 말씀하신 무화과나무의 비유처럼,[7] 현 시대적 상황들을 직시함으로써 마지막 때가 임박했음을 분명히 깨달아야 한다.

창세 전에 예수 그리스도 안에서 교회(성도들)를 택정하신 하나님은,[8] 자신의 아들로 말미암아 둘째 아담으로서 온 인류의 죄의 질고를 짊어지고 대신 죽으사 부활하여 산 자의 첫 열매가 되게 하셨다. 우리는 오직 이를 마음에 믿고 구주라 시인하므로 그리스도와 연

행하며 스스로 높여 모든 신보다 크다 하며 비상한 말로 신들의 신을 대적하며 형통하기를 분노하심이 그칠 때까지 하리니 이는 그 작정된 일을 반드시 이룰 것임이라"

7 마 24:32~33 "무화과나무의 비유를 배우라 그 가지가 연하여지고 잎사귀를 내면 여름이 가까운 줄을 이와 같이 너희도 이 모든 일을 보거든 인자가 가까이 곧 문 앞에 이른 줄 알라"

8 엡 1:4~5 "곧 창세 전에 그리스도 안에서 우리를 택하사 우리로 사랑 안에서 그 앞에 거룩하고 흠이 없게 하시려고 그 기쁘신 뜻대로 우리를 예정하사 예수 그리스도로 말미암아 자기의 아들들이 되게 하셨으니"

하나님의 구원에 관한 경륜經綸

〔표 V-1〕

구분	시대별	성경 역사	주요 사역
1	창조시대	약 4천년 (구약)	구원 계획
2	족장시대		(믿음의 조상 아브라함에게 복을 약속하심)9
3	율법시대		(모세의 율법을 통해 죄를 깨닫게 하심)
4	고난시대	약 2천년 (신약)	초림/ 첫 열매(부활·휴거)
5	교회시대		예수그리스도의 복음전파 (남자아이의 휴거)
6	환난시대		(두 증인의 부활·휴거)
			곡식·포도 추수(부활 및 휴거)/ 공중 강림(혼인잔치)과 지상 재림
7	성자시대	1천년 (천년왕국)10	이삭줍기 (왕국을 아버지 하나님께 바침)11
8	영 생	새 예루살렘 성 (천국)	

---

9 행 3:25 "너희는 선지자들의 자손이요 또 하나님이 너희 조상과 더불어 세우신 언약의 자손이라 아브라함에게 이르시기를 땅 위의 모든 족속이 너의 씨로 말미암아 복을 받으리라 하셨으니"

10 고전 15:25 "그가 모든 원수를 그 발 아래에 둘 때까지 반드시 왕 노릇 하시리니"

11 고전 15:24 "그 후에는 마지막이니 그가 모든 통치와 모든 권세와 능력을 멸하시고 나라를 아버지 하나님께 바칠 때라"

합하여 첫째 부활에 참여하는 자가 되었다. 십자가에서 흘리신 그리스도의 보혈의 공로로 값없이 은혜의 구원을 얻어, 사시사철 내내 생명과가 열리고 수정처럼 맑은 생명수 강이 흐르는 새 예루살렘 성(천국)에 이르게 될 것이다.

성령과 신부(교회)가 말씀하시기를, 듣는 자와 목마른 자와 원하는 자는 와서 값없이 생명수(성령)를 마시라고 하신다. 이 생명수로써 성도들은 거듭난 새 생명과 함께 얻어진 구원의 확신 속에, 그리스도께 의지하며 빛과 사랑이 넘치는 영원한 복락 세계인 천국을 향하여 기쁨으로 나아가야 한다. 이를 위해서 예수님이 친히 계시하신 두루마리(요한계시록) 내용을 논리적, 통전적으로 바르게 이해함으로써, 하나님의 구원의 경륜을 감사와 더불어 더욱 깊고 풍성히 깨달을 수 있기를 강권한다. 그리고 성령 안에서 참 평강 가운데 새 계명,[12] 곧 예수님이 우리를 사랑하신 것 같이 서로 사랑하라는 말씀을 좇는 복된 성도로서 삶의 여정이 되기를 간절히 바란다.

본 서書로써 부족한 점들은 주님이 간섭하셔서 더 온전히 보완해 주실 것을 소망하며 원고를 마친다. 할렐루야!

---

12 요 15:12 "내 계명은 곧 내가 너희를 사랑한 것 같이 너희도 서로 사랑하라 하는 이것이니라"

〈참고문헌〉

강종수, 『다시 오실 예수 그리스도』, 서울 : 영문출판사, 2008.

김서택, 『새 요한계시록 강해(상, 하)』, 서울 : 기독교문사, 2015.

김서택, 『역사의 대 드라마 요한계시록』, 서울 : 성서유니온선교회, 2009.

김중현, 『새로 조명한 요한계시록』, 서울 : 엘맨출판사, 2002.

김형종, 『읽기만 해도 열리는 요한계시록』, 서울 : 도서출판 솔로몬, 2011.

그레고리 K. 비일, 『NIGTC 요한계시록(상, 하)』, 오광만 역, 서울 : 새물결플
러스, 2016.

그레엄 골즈워디, 『복음과 요한계시록』, 김영철 역, 서울 : 한국성서유니온,
2014.

그랜트 오스본, 『적용을 도와주는 요한계시록』, 전광규 역, 서울 : 성서유니
온선교회, 2008.

노우호, 『쉽게 이해되는 요한계시록』, 서울 : 도서출판 하나, 2011.

매튜 에머슨, 『십자가와 보좌 사이 : 요한계시록』, 김광남 역, 경기 : 도서출
판 이레 서원, 2017.

박영숙, 『내가 곧 오리라, 예수님의 재림과 전후의 사건들』, 서울 : 나눔사,
2005.

박윤선, 『성경주석 요한계시록』, 경기 : 도서출판 영음사, 2005.

박정식, 『하나님의 사랑 요한계시록』, 서울 : 기독교문서선교회, 2008.

서달석, 『역사로 보는 요한계시록 강해』, 경기 : 생명의 서신, 2012.

성 어거스틴, 『참회록』, 오병학 임금선 역, 서울 : 예찬사, 2011.

스티븐 위트머, 『ESV 성경공부시리즈 요한계시록』, 김장복 역, 서울 : 부흥
과 개혁사, 2017.

이광복, 『계시록 설교노트』, 경기 : 흰돌, 2009.

이달, 『요한계시록』, 서울 : 한국장로교출판사, 2008.

이뢰자, 『요한계시록 강해』, 서울 : 스룹바벨선교회, 2013.

이상근, 『신약주해 요한계시록』, 대구 : 성등사, 1998.

이종일, 『이 세대에 주님이 주신 계시록의 비밀』, 경기 : 호산나출판사, 2011.

이필찬, 『요한계시록 어떻게 읽을 것인가』, 서울 : 성서유니온선교회, 2012.

임진남, 『개혁주의 신학에 근거한 요한계시록 해설』, 경기 : 우리시대, 2018.

오광만, 『영광의 복음 요한계시록』, 서울 : 생명나무, 2011.

유동근, 『요한계시록 강해』, 경기 : 벧엘서원, 2013.

유도순, 『신약성경 파노라마 요한계시록』, 서울 : 머릿돌, 2005.

워치만 니, 『영에 속한 사람 1, 2, 3권』, 정동섭 역, 서울 : 생명의 말씀사, 2014.

윌리엄 바클레이, 『바클레이 성경주석 요한계시록』, 역자 편찬위원회, 서울 : 기독교문사, 2009.

잔느 귀용, 『잔느귀용의 요한계시록』, 임정아 역, 서울 : 도서출판 순전한 나드, 2016.

장빈, 『계시인가, 혁명인가? 요한계시록 강해』, 서울 : 생명나무, 2011.

조건정, 『예수 그리스도의 계시』, 서울 : 아가페토이, 2014.

조병철, 『새로운 요한계시록 강해』, 경기 : 도서출판 새글, 2018.

조용기, 『요한계시록 강해』, 서울 : 서울말씀사, 2011.

찰스 스펄전, 『스펄전 설교전집 요한계시록』, 김원주 역, 경기 : 크리스챤다이제스트, 2011.

최계식, 『나에게 찾아온 요한계시록』, 서울 : 쿰란출판사, 2018.

최대광, 『요한계시록 강해』, 서울 : 스룹바벨선교회, 2011.

캔들 H. 이슬리, 『메인아이디어 요한계시록』 홍원팔 역, 서울 : 도서출판 디모데, 2005.

케네스 해긴, 『방언 : 오순절 다락방 경험을 넘어』, 김진호 역, 경기 : 믿음의 말씀사, 2012.

크레이그 S. 키너, 『NIV 적용주석 요한계시록』, 배용덕 역, 서울 : 도서출판 솔로몬, 2010.

톰 라이트, 『모든 사람을 위한 요한계시록』, 이철민 역, 서울 : 한국기독학생회출판부, 2015.

http://cafe.naver.com/pseudo1/9150 (666의 정체)
http://cafe.naver.com/soonlye/593 (히브리어 알파벳 숫자값)
http://info.catholic.or.kr/bible/list.asp (카톨릭 성경)
http://terms.naver.com/entry.nhn?docId=2397769&cid=50762&catego
　　　ryId=51387 (라이프성경사전, 성경의 도량형과 월력)
http://blog.daum.net/ojinmr/25496
https://blog.naver.com/esedae/221412675467
https://www.google.co.kr/search?q=소아시아+7교회+지도&tbm
https://www.google.co.kr/search?q=히브리어+알파벳+숫자&tbm

인용한 성경

김창영, 『현대인의 성경』, 서울 : 생명의 말씀사, 2011.
대한성서공회편집부, 『성경전서 표준새번역』, 서울 : 대한성서공회, 2001.
대한성서공회편집부, 『새번역 성경』, 서울 : 대한성서공회, 2004.
민영진, 『공동번역 성서개정판』, 서울 : 대한성서공회, 2004.
이송오, 『킹제임스 스코필드 한영주석성경』, 서울 : 말씀보존학회, 2008.
이희득, 『결정성경』, 경기 : 한국복음서원, 2012.
정동수, 『킹제임스 흠정역 스터디 성경전서』, 인천 : 그리스도 예수안에,
　　　2008.
정동수, 『킹제임스 흠정역 한영대역 성경전서』, 인천 : 그리스도 예수안에,
　　　2008.
정형철, 『쉬운성경 NIV 한영성경』, 서울 : 아가페출판사, 2005.
하용조, 『비전성경 개역한글』, 서울 : 도서출판 두란노, 2002.
하용조, 『우리말 성경』, 서울 : 도서출판 두란노, 2017.
한국성경공회편집부, 『바른성경』, 경기 : 한국성경공회, 2016.
허성갑, 『히브리어 헬라어 직역성경』, 충북 : 말씀의집, 2013.
현대어성경편찬위원회, 『현대어성경』, 경기 : 성서원, 2013.

알기 쉬운 요한계시록

2판 1쇄 발행 2023년 9월 25일
지은이 강신해

편집 양보람   **마케팅·지원** 김혜지
펴낸곳 (주)하움출판사   **펴낸이** 문현광

이메일 haum1000@naver.com   **홈페이지** haum.kr
블로그 blog.naver.com/haum1000   **인스타** @haum1007

ISBN 979-11-6440-421-6 (03230)

좋은 책을 만들겠습니다.
하움출판사는 독자 여러분의 의견에 항상 귀 기울이고 있습니다.
파본은 구입처에서 교환해 드립니다.